郑杰文

张 伟

著

中国墨学简史

人民出版社

目 录

导　言

中国墨学通史的研究，首先要搜集和整理原始研究资料，然后分析研究这些资料，从而勾画墨学形成史，研究墨学流传史。本书撰写是在查阅近三千种古籍（某些典籍借助电子文本）基础上，从210余种著作中剔查到数千条研究资料，进行归类研究。这些资料大致分为三类：其一，从战国诸子及同时代相关著述中搜集对墨子、墨学、墨家的评论介绍和对《墨子》的引用和评说，依此钩稽墨学形成史，研究墨家后学；其二，从秦汉至清末古典文献中，搜集对墨子、墨学、墨家的评论介绍和对《墨子》的引用和评说，研究汉代至清代墨学流传史；其三，搜查近、今人著述目录辑成《中国历代墨学书目》及《中国墨学论文目录》，依此查阅近、今人《墨子》整理研究著作和墨家、墨学研究论著，从而研究和撰写百年来的《墨子》整理和墨学研究史。

不陈因相袭、求创新发展，是本研究追求的目标。关于中国墨学史研究，本书提出如下新见解供学界参考、批评。

（一）就墨学创立问题，认为今传《墨子》53篇所反映的墨家学说，有一个较长时期的发展过程。

（二）就墨家学团问题，提出墨家学团是一个政治一体化、经济一体化的准军事化的学术结社组织。

（三）就墨家后学派别问题，认为墨家后学派别经过了孟胜掌控学团、田襄子接位失权、腹䵍时墨家自斗、"墨离为三"四个阶段的变化。

（四）就墨家与上古典籍的关系，考证出墨家传《诗》《书》有自己的独立的学术系统，提出"梅赜伪造古文《尚书》"的传统观点应重新研究。

（五）就"墨学中绝"及与之相关的儒墨关系问题，认为自汉人起"视墨同儒"的学术观念妨碍了墨学的研究和流传。

（六）就"儒墨为用"与墨道佛关系问题，认为唐宋以来的"儒墨为用"之争是宋学反汉学的结果，魏晋至宋元间儒墨道佛关系搅扰纠葛反映着"学术争用"。

（七）就墨学与明清实学关系问题，认为明清时墨学重兴与抵制心学的"经世致用"之实学的提倡有关。

（八）就墨学与西学关系问题，认为西学思想和方法的传入使墨学研究大兴，但时有"以西解中"的方法论弊端出现。

（九）《史记》载墨子传记24字为残篇。

（十）《墨子》抄本、刻本流传中存在三个系统。

学术史的写作有"学案式"和"通论式"，前者重个案分析，后者重学术演变。今将两者结合，先列举分析墨学发展流传中重要人士的研究论述，再在此基础上勾画墨学的流传和影响，并结合各历史时代的主流学术探索其流传规律。

第一章　墨学的形成与墨家的发展

　　墨家学派的创立者是墨翟。关于墨翟及其学派和学说的情况，《史记》所述不像对孔子、孟子、荀子、老子、韩非那样详细，在《孟子荀卿列传》中仅留下了"盖墨翟，宋之大夫。善守御，为节用。或曰并孔子时，或曰在其后"24字①，使人难以详知。所幸在《墨子》中不但保存了墨家的主要学说，还记述了诸多墨翟和弟子及时人的言行问答；所幸在战国及其后诸多典籍中保留了部分墨家学说和言行故事；这便使得我们可以重新勾勒墨家学说的形成、发展、流传过程和研究、影响等情况。

第一节　墨学的初创和墨子学团的形成

　　《墨子》今存53篇，古人一直以之为墨家弟子后学所记、所作，自胡适将《墨子》53篇分为五组，并各论真伪后，关于《墨子》各部分的作者才引发了持久的讨论。如今学界多认为，胡适所谓的"第四组"五篇即《耕柱》《贵义》《公孟》《鲁问》《公输》，"乃是墨家后人把墨子一生的言行辑聚起来"，"其中有许多材料比第二组"即从《尚贤》到《非儒》24篇"还更为重要"，说得很有道理。②

　　《墨子》中《耕柱》等5篇，是比胡适所谓的《墨子》"第二组"即从

---

① 　[日]泷川资言等：《史记会注考证附校补》，上海古籍出版社1986年版，第1434页。
② 　参见杨俊光：《墨子新论》，江苏教育出版社1992年版，第38—49页。

《尚贤》到《非儒》24篇（又称《墨子》"十论"）更为重要、更为原始的墨家资料，可从以下诸方面得到证明。

其一，《耕柱》等5篇中多次记载了某些人士对墨子学说的质疑。如《耕柱》载巫马子质问墨子"鬼神孰与圣人明智"①、质疑墨子"兼爱何利"②，如《耕柱》载子夏之徒质问墨子"君子有斗"③否，如《公孟》载公孟子与墨子的"义祥之辩"④、载墨子与公孟子辩"三年之丧"⑤，如《鲁问》载吴虑质问墨子为何"行义"而"不耕"⑥，等等，都显示出墨子从儒家分化出来而自创新说时，被儒家人士及同时代其他人士质疑、批评乃至责难的真实状况。从这一点来说，用这些材料讨论墨家是如何从儒家中分化出来，探讨墨子初创学说时的主要内容等，便是可信的。

其二，《耕柱》等5篇中多次记载了学生对他家学说的倾慕和对于所学内容的疑问。如《公孟》载学生言"告子胜为仁"⑦、载学生对于告子批评墨子"言义而行甚恶"的言论不能当面驳斥反而心存疑虑而告墨子⑧、载"成学"的学生"复于子墨子学射"而表现出对于墨子"岂能成学有成射"这种分学生类别而教授知识技能的教学方式的质疑⑨，等等。所有这些，都是一个学术团体刚刚形成时，团体成员对于团体学说正确与否尚无信心时才有的现象。

其三，《耕柱》等5篇中多次记载了学生对墨子的批评，甚至有反叛墨子者。如《公孟》载学生"责仕于子墨子"⑩、载"游于子墨子之门者"

① 孙诒让：《墨子间诂》，中华书局1986年版，第385—386页。
② 孙诒让：《墨子间诂》，中华书局1986年版，第390—391页。
③ 孙诒让：《墨子间诂》，中华书局1986年版，第392页。
④ 孙诒让：《墨子间诂》，中华书局1986年版，第417页。
⑤ 孙诒让：《墨子间诂》，中华书局1986年版，第417—419页。
⑥ 孙诒让：《墨子间诂》，中华书局1986年版，第434—435页。
⑦ 孙诒让：《墨子间诂》，中华书局1986年版，第426页。
⑧ 孙诒让：《墨子间诂》，中华书局1986年版，第426页。
⑨ 孙诒让：《墨子间诂》，中华书局1986年版，第426页。
⑩ 孙诒让：《墨子间诂》，中华书局1986年版，第423页。

质疑墨子"以鬼神为明知"且能为人祸福的说教"不善"①、载学生跌鼻因墨子"有疾"而怀疑墨子"鬼神有明"之言"不善"②；如《耕柱》载"有反于子墨子而反者"③，孙诒让曰"盖门人有倍墨子而归者"④；等等。这些都是一个学术团体刚刚形成时，团体首领尚无足够的威信，团体成员思想不坚定，说到底是团体成员对本派首领尚无信心时才有的现象。

其四，《耕柱》等5篇中诸多论说不及《墨子》"十论"诸篇内容丰富、论证缜密、思想深刻，甚至有观点相异处。如《墨子·鲁问》载"鲁祝以一豚祭，而求百福于鬼神"时，墨子以为"不可"的原因是"施人薄而望人厚"，而"古者圣王事鬼神"则仅"祭而已"⑤。这与《礼记·礼器》"祭祀不祈"郑玄注"祭祀不为求福也"⑥所阐发的儒家观点相似，而与《墨子·明鬼下》载墨子言"吾为祭祀"的目的在于"上于交鬼神之福，下以合欢聚众，取亲乎乡里"⑦的观念相去较远。还有，《墨子·鲁问》所载墨子在鲁的四次言谈，与《墨子》"十论"所载墨家的成熟思想学说存有较大差异。如此等等的例子，呈现着由《耕柱》等5篇到《墨子》"十论"诸篇所承载的墨家思想学说由初步、不成熟，到复杂、成熟的发展过程。

其五，《耕柱》等5篇中诸多论说文体简短，不似《墨子》"十论"诸篇那般篇章长大。《耕柱》等5篇主要为对话体，其对话篇幅虽然较《论语》所载孔子与弟子及时人的对话为长，但较《孟子》所载孟子与弟子、时人的对话却短得多，不似《墨子》"十论"诸篇所载墨子与学生的对话，比《孟子》所载孟子与弟子、时人的对话还要长得多。

其六，有一问题需要澄清。《墨子·鲁问》载魏越问"既得见四方之

---

① 孙诒让：《墨子间诂》，中华书局1986年版，第424—425页。
② 孙诒让：《墨子间诂》，中华书局1986年版，第425—426页。
③ 孙诒让：《墨子间诂》，中华书局1986年版，第397页。
④ 孙诒让：《墨子间诂》，中华书局1986年版，第397页。
⑤ 孙诒让：《墨子间诂》，中华书局1986年版，第438页。
⑥ 孔颖达：《礼记正义》，《十三经注疏》，中华书局1980年版，第1434—1435页。
⑦ 孙诒让：《墨子间诂》，中华书局1986年版，第226页。

君子，则将先语"时，墨子说："凡入国，必择务而从事焉。国家昏乱，则语之尚贤、尚同；国家贫，则语之节用、节葬；国家憙音湛湎，则语之非乐、非命；国家滛僻无礼，则语之尊天、事鬼；国家务夺侵凌，即语之兼爱、非攻。故曰择务而从事焉。"① 墨子在此明确讲到《墨子》"十论"的十大主张，那么是否是墨子在世时，作为墨家主导社会学说的《墨子》"十论"就已完成并且十分完善？ 若果如此，我们讨论墨翟初创墨家学说时的最主要原始资料当为此《墨子》"十论"。但上举《墨子·鲁问》载墨子所言祭祀目的，与《墨子·明鬼下》载墨子言祭祀的目的，已明显看出"初创学说"与"成熟学说"的差别；《墨子·鲁问》所载墨子在鲁的四次言谈，与《墨子》"十论"所载墨家的成熟思想学说有较大差异；并且，这样的例子在《耕柱》等5篇与《墨子》"十论"诸篇的对比中尚多（详后）。那么我们就有理由相信，《墨子》"十论"是由墨子、墨子弟子、墨家后学逐步完善而形成的。所以，我们讨论墨子初创墨家学说时的主要内容，当然应依据《耕柱》等5篇而不能依据《墨子》"十论"。

由上论可见，《耕柱》等5篇确实是比《墨子》"十论"诸篇更为原始的墨家资料。所以，以下主要依据此五篇所记，参考《墨子》其他篇章及其他战国典籍所述，对墨学创立的过程及主要内容、墨子及弟子活动作如下考说。

一、墨学初创时的主要内容

首先，我们从墨子与他人的论辩中考查墨学初创时的主要内容。

（一）创立节葬节丧非乐说

据《淮南子·要略》讲，墨学因纠正儒学的弊端而生："墨子学儒者

---

① 孙诒让：《墨子间诂》，中华书局1986年版，第436—437页。

之业，受孔子之术，以为其礼烦扰而不说，厚葬靡财而贫民，[久] 服伤生而害事①，故背周道而用夏政。……故节财、薄葬、闲服生焉。"② 较之于儒学，墨学的特点是改"从周"为"从夏"，改周之奢为夏之俭。依此，节葬、节丧学说是墨学初创时的主要内容之一，而从墨子与时人的辩论中也可看出这一点。

《墨子·公孟》："公孟子谓子墨子曰：'子以三年之丧为非，子之三月之丧亦非也。'③ 子墨子曰：'子以三年之丧非三月之丧，是犹保谓撅者不恭也。'"④ 公孟子，惠栋曰："公孟子即公明子。"宋翔凤曰："《孟子》公明仪、公明高，曾子弟子。……'孟'与'明'通，公孟子即公明子，其人非仪即高，正与墨翟同时。"⑤ 曾子以孝闻名，其弟子为维护表示孝道的"三年之丧"的儒家主张，故与墨子发生争论。由《墨子·公孟》所载另一则故事中墨子与公孟论辩时自称自述曰"翟以是知行之不在服也"来看，公孟的年辈资历当长于墨子。

公孟子坚持"三年之丧"，坚持的还是孔子与宰我论争此问题时孔子阐述的理由——"子生三年然后免于父母之怀"⑥，以此与墨子辩论。《墨子·公孟》："公孟子曰：'三年之丧，学吾子⑦之慕父母。'子墨子曰：'夫婴儿子之知，独慕父母而已。父母不可得也，然号而不止，此亓故何也？即愚之至也。然则儒者之知，岂有以贤于婴儿子哉？'"⑧ 墨子反驳公孟，有点调侃的味道。实际上，墨子坚持的理由，也还主要是宰我对孔子申说

① "久"字，从王念孙校增。参见王念孙：《读书杂志》，江苏古籍出版社1985年版，第961页。
② 刘文典：《淮南鸿烈集解》，中华书局1989年版，第709—710页。
③ 此"月"字与下句之"月"字，原均作"日"，从毕沅校改。（参见孙诒让：《墨子间诂》，中华书局1986年版，第419页）
④ 孙诒让：《墨子间诂》，中华书局1986年版，第419页。
⑤ 孙诒让：《墨子间诂》，中华书局1986年版，第411页。
⑥ 杨伯峻：《论语译注》，中华书局1980年版，第188页。
⑦ "吾"下之"子"字从俞樾说增。（参见俞樾：《诸子平议》，上海书店1988年版，第210页）
⑧ 孙诒让：《墨子间诂》，中华书局1986年版，第420页。

的理由"三年不为礼,礼必坏;三年不为乐,乐必崩"①。《墨子·公孟》:"子墨子谓公孟子曰:'丧礼,君与父母、妻、后子死,三年丧服;伯父、叔父、兄弟期;族人五月;姑、姊、舅、甥皆有数月之丧。或以不丧之间诵《诗》三百,弦《诗》三百,歌《诗》三百,舞《诗》三百。若用子之言,则君子何日以听治?庶人何日以从事?'"②儒家之丧制,儒家之礼乐,使"君子无日以听治,庶人无日以从事",故墨子非之。

久丧繁礼不但妨害"君子听治""庶人从事",还糜费钱财,故墨子倡导节俭,这自然遭到儒家之徒的反对。墨家诸多"从俭"学说,公孟子都曾予以反驳,谓墨子改革不从古。《墨子·公孟》:"公孟子曰:'君子必古言、服,然后仁。'子墨子曰:'昔者商王纣、卿士费仲为天下之暴人,箕子、微子为天下之圣人,此同言而或仁或不仁也。周公旦为天下之圣人,关叔为天下之暴人,此同服或仁或不仁。然则不在古服与古言矣。且子法周而未法夏也,子之古,非古也。'"③墨子批判了"必古言、服,然后仁"的观点后,一针见血地指出公孟子"法周而未法夏也,子之古,非古也"。法周之奢侈礼乐,与法夏之简朴实用,不但成为墨家与儒家历史观的区别,也是墨家与儒家在社会制度改革方面的主要区别之一。

墨家认为,与久丧繁礼同样妨害"君子听治""庶人从事"的还有礼乐,故墨家在反对厚葬久丧的同时,也反对儒家的繁礼淫乐,因而同样受到公孟子的质问。《墨子·公孟》:"公孟子曰:'国乱则治之,国治则为礼乐;国贫则从事④,国富则为礼乐。'子墨子曰:'……今子曰国治则为礼乐,乱则治之,是譬犹渴而穿井也⑤,死而求医也。古者三代暴王桀、纣、

① 杨伯峻:《论语译注》,中华书局1980年版,第188页。
② 孙诒让:《墨子间诂》,中华书局1986年版,第417—418页。
③ 孙诒让:《墨子间诂》,中华书局1986年版,第416页。
④ "国贫"原作"国治",从王念孙说改。(参见王念孙:《读书杂志》,江苏古籍出版社1985年版,第607页)
⑤ "渴"原作"噎",从毕沅说改。(参见孙诒让:《墨子间诂》,中华书局1986年版,第418页)

幽、厉，蘮为声乐，不顾其民，是以身为刑僇，国为戾虚者，皆从此道也。'"① 墨子认为"古者三代暴王桀、纣、幽、厉"是因为沉湎于音乐，"不顾其民"才"身为刑僇"，失去政权而遗臭万年的。将沉湎于音乐与暴王虐政联系起来，可见墨家对音乐的反对态度。

下则记载更可见墨子的"非乐"态度。《墨子·公孟》："子墨子问于儒者曰② ：'何故为乐?'曰：'乐以为乐也。'子墨子曰：'子未我应也。今我问曰："何故为室?"曰："冬避寒焉，夏避暑焉，且以为男女之别也。"③ 则子告我为室之故矣。今我问曰"何故为乐"，曰"乐以为乐也"，是犹曰"何故为室"，曰"室以为室也"。'"④ 此则记载，墨子主动出击，向儒家发难，展开要论辩"礼乐是非"的架势；而儒家却不应战，以答非所问的"乐以为乐"搪塞过去。这种情况，有可能是当时墨家"非乐"说已有很大的社会影响，声势浩大，故使儒家无以为应。

由以上墨子与时人论辩的诸条记载，我们可以就墨家的"节葬节丧非乐"学说的形成作如下推想。

首先，据《墨子·贵义》载，墨子游说楚惠王不成的原因，穆贺归结为"贱人之所为而不用"，又据《韩非子·外储说左上》墨子能制作"木鸢"、《墨子·贵义》又载墨子游卫"载书甚多"，故当今研究界多认为：墨子出身于当时作为"贱人"阶层的工匠，后读书成为士人。⑤ 由下层"贱人"而成为士人，才有身份及时间参与士阶层乃至执政阶层的礼乐活动，故而才惊讶于儒家推行的礼乐丧葬制度对社会资财的浪费，因此才起而反对。

其次，公孟子与墨子的辩论，皆由公孟子设题发端，主动出击；且

---

① 孙诒让：《墨子间诂》，中华书局 1986 年版，第 418—419 页。

② "曰"字原在"问"字前，从苏时学校改。（参见孙诒让：《墨子间诂》，中华书局 1986 年版，第 420 页）

③ "且"原作"是"，从俞樾说改。（参见俞樾：《诸子平议》，上海书店 1988 年版，第 210 页）

④ 孙诒让：《墨子间诂》，中华书局 1986 年版，第 420—421 页。

⑤ 参见杨俊光：《墨子新论》，江苏教育出版社 1992 年版，第 14—17 页。

《墨子·耕柱》载公孟子曾告诫墨子"君子不作，术而已"①，《墨子·公孟》载公孟子曾批评墨子没有像君子那样"共己以待"别人问，均甚含教训口气；而墨子以"是言有三物焉，子乃今知其一耳②……今未有扣，子而言，是子之谓'不扣而鸣'邪，是子之所谓'非君子'邪"③云云与之辩，亦反唇相讥。这可以看出：其一，公孟子似与墨子学术辈分相当，或者就是一同学习"孔子之术"的同窗；其二，公孟子主动出击且言辞含教训口气，可能其资历稍高于墨子，因见墨子所主学说逐渐远离儒学宗旨，故而教训之；其三，公孟子攻击墨子"非扣则鸣"，引发墨子申辩，这似是墨子刚刚从儒家分化出来而主动宣传自己学说时的事。

再次，墨子与曾子之徒公孟子滔滔论辩，言辞坚定且论说有理有据，可能是此时墨子已初步形成了自己的学术观点体系，已经在广做宣传，推行自己的学说了。若果这样，公孟子与墨子的这些论辩，应是墨学形成的标志。

最后，由以上考论可以说，墨学初创时的内容是先从节葬非乐、校正侈靡的社会风气开始的。那么，《淮南子·要略》所言"墨子学儒者之业，受孔子之术，以为其礼烦扰而不说，厚葬靡财而贫民，[久]服伤生而害事，故背周道而用夏政"④，言墨学以校正儒家繁礼淫乐为创立契机，则其言不虚。

（二）非攻学说的创立及逐步完善

墨子为校正儒学流弊而创立节葬节丧非乐学说，其目的是改革社会制度弊端，救民众于苦难。而彼时的广大民众所承受的社会苦难，更甚于执

---

① 孙诒让：《墨子间诂》，中华书局 1986 年版，第 397 页。

② "耳"原作"身也"，从王引之说改。参见王念孙：《读书杂志》，江苏古籍出版社 1985 年版，第 606 页。

③ 孙诒让：《墨子间诂》，中华书局 1986 年版，第 412—413 页。

④ 刘文典：《淮南鸿烈集解》，中华书局 1989 年版，第 709—710 页。

政者厚葬久丧、繁礼淫乐所带来的沉重经济负担，是诸侯连年争城夺地战争所造成的生活动荡乃至性命不保。据近、今人考证，墨子主要活动于孔子死后、孟子生前，即战国前期。而此一时期，正是"战国七雄并立"局势形成前诸侯激烈兼并时期。针对战争频仍的社会现实，墨子提出了"非攻"主张。

《墨子·耕柱》："子夏之徒问于子墨子曰：'君子有斗乎？'子墨子曰：'君子无斗。'子夏之徒曰：'狗豨犹有斗，恶有士而无斗矣？'子墨子曰：'伤矣哉！言则称于汤、文，行则譬于狗豨，伤矣哉！'"①争论士君子"有斗""无斗"，显然是针对墨家非攻止斗主张而发。据《墨子·耕柱》载墨子曾与骆滑氂争辩"好勇"与"恶勇"②，说明墨子时尚有像骆滑氂一类自恃有"勇"的士人存在。古之士人，平时督耕治民，战时披甲出战，文武兼备；至春秋末孔子教学，犹有"射、御"诸科；故"子夏之徒"以"恶有士而无斗"质问墨子。而质问者为子夏之徒，墨子之反驳并非像游说诸侯时那般就攻战弊端滔滔不绝地分析申说，这似应是墨子"学孔子之术"后发觉弊端另创新说但尚未完全脱离儒家集团，亦即尚与儒家人士经常相处，也可以说是儒墨阵线尚未完全分明时的事。

墨子先学儒家之术而后以倡导"非攻"闻名，故鲁君就"齐人攻"问题请教墨子。《墨子·鲁问》："鲁君谓子墨子曰：'吾恐齐之攻我也，可救乎？'子墨子曰：'可。昔者，三代之圣王禹、汤、文、武，百里之诸侯也，说忠行义，取天下。三代之暴王桀、纣、幽、厉，雠怨行暴，失天下。吾愿主君之上者尊天事鬼，下者爱利百姓，厚为皮币，卑辞令，亟遍礼四邻诸侯，驱国而以事齐，患可救也。非此，顾无可为者。'"③此文载墨子止攻之术，仅限于劝鲁君"上者尊天事鬼，下者爱利百姓，厚为皮币，卑辞令，亟遍礼四邻诸侯，驱国而以事齐"，还没有像止楚攻宋时那样既有

①　孙诒让：《墨子间诂》，中华书局1986年版，第392页。
②　孙诒让：《墨子间诂》，中华书局1986年版，第400—401页。
③　孙诒让：《墨子间诂》，中华书局1986年版，第428页。

"义、利"等理论游说，又设守御器械，还有弟子率数百人持械助宋守城，这当是墨子非攻理论尚未完善、与非攻理论相辅而行的守御器械尚未研制成功、训练有素的守城弟子队伍尚未形成时的事。其救鲁之"策"似应是墨子"非攻"理论初创时的形态。而据钱穆多方考证，墨子救宋发生在楚惠王四十五年即前444年稍后。① 因而，鲁君就"齐人攻"与墨子的问答，当发生在墨子救宋前即前444年前。这次问答，应是墨家"非攻"学说萌生的标志。

墨子答鲁君问之后，认识到诸侯对攻战问题的迫切关注，故而在此一方面思索研究，初步形成了非攻理论，用以游说诸侯，制止攻战。其初期非攻理论的核心是"战争是否合于义与利"，这从墨子止楚攻宋的两段说辞中可以看得出来。《墨子·公输》载墨子听到公输盘"为楚造云梯之械，成，将以攻宋"后，至郢"见公输盘。公输盘曰：'夫子何命焉为？'子墨子曰：'北方有侮臣，原藉子杀之。'……公输盘曰：'吾义固不杀人。'子墨子起，再拜，曰：'请说之。吾从北方闻子为梯，将以攻宋。宋何罪之有？荆国有余于地而不足于民，杀所不足而争所有余，不可谓智。宋无罪而攻之，不可谓仁。知而不争，不可谓忠。争而不得，不可谓强。义不杀少而杀众，不可谓知类。'公输盘服。……子墨子见王，曰：'今有人于此，舍其文轩，邻有敝舆而欲窃之；舍其锦绣，邻有短褐而欲窃之；舍其粱肉，邻有糠糟而欲窃之。此为何若人？'王曰：'必为窃疾矣。'子墨子曰：'荆之地方五千里，宋之地方五百里，此犹文轩之与敝舆也。荆有云梦，犀兕麋鹿满之，江汉之鱼鳖鼋鼍为天下富，宋所为无雉兔狐狸者也，此犹粱肉之与糠糟也。荆有长松文梓楩楠豫章，宋无长木，此犹锦绣之与短褐也。臣以三事之攻宋也，为与此同类，臣见大王之必伤义而不得。'……子墨子曰：'公输子之意，不过欲杀臣。杀臣，宋莫能守，可攻也。然臣之弟子禽滑釐等三百人，已持臣守圉之器，在宋城上而待楚寇矣。虽杀

① 参见钱穆：《先秦诸子系年》，商务印书馆2001年版，第159—162页。

臣，不能绝也。'楚王曰：'善哉，吾请无攻宋矣。'……"① 在墨子游说公输盘的说辞中，能够打动公输盘的主要是一个"义"字，"义"是士人的立身之本，故墨子以"义"动之；在墨子游说楚王的说辞中，能够打动楚王的主要是一个"利"字，是否能够战胜得利，是诸侯最为关心的事。动之以义、晓之以利，是墨子宣扬非攻学说的主要方式；以合义、得利为主要标准说明非攻理由，是墨子宣扬非攻学说的主要内容。以如此方式阐述如此内容，确能使"公输盘服"，确能使楚王"无攻宋"，可以说，以"义"与"利"游说诸侯止攻，标志着墨子非攻学说的初步形成。

除了人们熟悉的墨子止楚攻宋故事中墨子的说辞外，墨子游说鲁阳文君勿攻郑的说辞，亦对墨家非攻理论阐述得较为明白。

《墨子·鲁问》载："子墨子谓鲁阳文君曰：'攻其邻国，杀其民人，取其牛马粟米货财，则书之于竹帛，镂之于金石，以为铭于钟鼎。传遗后世子孙，曰"莫若我多"。今贱人也，亦攻其邻家，杀其人民，取其狗豕食粮衣裘，亦书之竹帛，以为铭于席豆，以遗后世子孙，曰"莫若我多"。亓可乎？'鲁阳文君曰：'然。吾以子之言观之，则天下之所谓可者，未必然也。'"② 这是以"义"游说之。

《墨子·鲁问》又载："子墨子谓③鲁阳文君曰：'世俗之君子，皆知小物而不知大物。今有人于此，窃一犬一彘，则谓之不仁；窃一国一都，则以为义。譬犹小视白谓之白，大视白则谓之黑。是故世俗之君子，知小物而不知大物者，此若言之谓也。'"④ 这也是以"义"游说之。

《墨子·鲁问》还载："鲁阳文君将攻郑，子墨子闻而止之，谓鲁阳文君曰：'今使鲁四境之内，大都攻其小都，大家伐其小家，杀其人民，取

---

① 孙诒让：《墨子间诂》，中华书局1986年版，第443—449页。
② 孙诒让：《墨子间诂》，中华书局1986年版，第431页。
③ 谓，原作"为"，从孙诒让引吴钞本改。（参见孙诒让：《墨子间诂》，中华书局1986年版，第431页）
④ 孙诒让：《墨子间诂》，中华书局1986年版，第431页。

其牛马狗豕布帛米粟货财，则何若？'鲁阳文君曰：'鲁四境之内，皆寡人之臣也。今大都攻其小都，大家伐其小家，夺之货财，则寡人必将厚罚之。'子墨子曰：'夫天之兼有天下也，亦犹君之有四境之内也。今举兵将以攻郑，天诛亓不至乎？'鲁阳文君曰：'先生何止我攻郑也？我攻郑，顺于天之志。郑人三世杀其君 ①，天加诛焉，使三年不全，我将助天诛也。'子墨子曰：'郑人三世杀其君，而天加诛焉，使三年不全，天诛足矣。今又举兵，将以攻郑，曰"吾攻郑也，顺于天之志"，譬有人于此，其子强梁不材，故其父笞之，其邻家之父举木而击之，曰"吾击之也，顺于其父之志"，则岂不悖哉！'"② 这是先以利害游说之，又以"天意"警示之。

此三则故事，在篇中连排在一起 ③，都是关于墨子止鲁阳文君攻郑的游说记载，可能是不同弟子就此事各自所记的杂凑，与《墨子》"十论"各有上、中、下同。就此三则记载看，墨子说鲁阳文君勿攻郑，先以"攻其邻国，杀其民人，取其牛马粟米货财"，却"书之于竹帛……传遗后世子孙，曰'莫若我多'"说之，即以这种甚不合"义"的行为比况之；复以"窃一犬一彘，则谓之不仁；窃一国一都，则以为义"，即复以攻郑是否合"义"劝说之；又以"今使鲁四境之内，大都攻其小都，大家伐其小家，杀其人民，取其牛马狗豕布帛米粟货财"的利害劝说之；不能奏效之后，又以"今举兵将以攻郑，天诛其不至乎"威警之。可见此时墨子的非攻学说，已加进"天志说"的内容，已与"天志说"结合起来了。但申述天志天诛说时，墨子又先以"天之兼有天下也，亦犹君之有四境之内"比况，又先以天诛由天实施而不假人手的道理告诫，与《墨子·非攻》中总结的非攻能"上中天之利，而中中鬼之利，而下中人之利"，和"古之仁

---

① 此"杀其君"与下"杀其君"之"君"字，原作"父"，从苏时学校改。（参见孙诒让：《墨子间诂》，中华书局 1986 年版，第 430 页）

② 孙诒让：《墨子间诂》，中华书局 1986 年版，第 430—431 页。

③ 《道藏》本系统之《墨子·鲁问》篇中顺序与此异。

人有天下者，必交①大国之说，一天下之和，总四海之内，焉率天下之百姓，以农臣事上帝山川鬼神，利人多，功故又大。是以天赏之，鬼富之，人誉之"诸说②，不但言词整饬程度有异，而且理论的成熟程度亦有异，又带有"非攻"与"天志"两种学说初步结合时的痕迹。这应是墨子非攻学说内容发生性质变化的标志。墨子游说鲁阳文君的时间，钱穆曾在考证中驳孙诒让、梁启超诸说而定在周安王八、九年③，即前394年或者前393年，已在墨子晚年。准此，是墨子的非攻学说，在晚年才与天志说结合起来。

由上引诸例可见，墨子所创立的非攻理论的要义有四。

首先，将"义、仁"作为衡量战争性质的准则。上引《墨子·公输》载，墨子至楚见公输盘，借公输盘说"吾义固不杀人"而问之曰："荆国有余于地而不足于民，杀所不足而争所有余，不可谓智。宋无罪而攻之，不可谓仁。知而不争，不可谓忠。争而不得，不可谓强。义不杀少而杀众，不可谓知类。"④据《墨子·鲁问》载，墨子止楚攻宋，曾以"义"使公输盘彻底改变战争观念："公输子谓子墨子曰：'吾未得见之时，我欲得宋。自我得见之后，予我宋而不义，我不为。'子墨子曰：'翟之未得见之时也，子欲得宋，自翟得见子之后，予子宋而不义，子弗为，是我予子宋也。子务为义，翟又将予子天下。'"⑤善制攻击之械的公输盘改变了战争观念，对于推行墨家非攻学说甚为有利。

其次，以众人所不齿的偷窃行为比况不义之战。上引《墨子·公输》载墨子说楚王停止攻宋，即用此法，而《墨子·耕柱》载墨子游说鲁阳文君停止攻郑也用此法："子墨子谓鲁阳文君曰：'今有一人于此，羊牛刍豢，

---

① "交"，原作"反"，从孙诒让校改。（参见孙诒让：《墨子间诂》，中华书局1986年版，第130页）

② 孙诒让：《墨子间诂》，中华书局1986年版，第129—130页。

③ 参见钱穆：《先秦诸子系年》，商务印书馆2001年版，第207—209页。

④ 孙诒让：《墨子间诂》，中华书局1986年版，第445页。

⑤ 孙诒让：《墨子间诂》，中华书局1986年版，第443页。

雍人^①但割而和之，食之不可胜食也，见人之生饼，则还然窃之，曰："舍余食。"不知耳目^②安不足乎？其有窃疾乎？'鲁阳文君曰：'有窃疾也。'子墨子曰：'楚四竟之田，旷芜而不可胜辟，訏灵数千，不可胜入^③，见宋、郑之闲邑，则还然窃之，此与彼异乎？'鲁阳文君曰：'是犹彼也，实有窃疾也。'"^④

再次，以攻战于人于己均不利说之。《墨子·耕柱》载墨子游说鲁阳文君时又说："子墨子谓鲁阳文君曰：'大国之攻小国，譬犹童子之为马也。童子之为马，足用而劳。今大国之攻小国也，守者农夫不得耕，妇人不得织，以守为事。攻人者亦农夫不得耕，妇人不得织，以攻为事。故大国之攻小国也，譬犹童子之为马也。'"^⑤ 童子骑竹马，"足用而劳"，夹竹竿曳地而行，名为"骑马"，实自劳其足。今"大国之攻小国"，与童子骑竹马同，名为获利，而是自己国内亦"农夫不得耕，妇人不得织"，误耕误织，得不偿失。墨子直接以攻战无论对攻国还是守国都无利而有害说之。分析利害，当是墨子止战说辞中的重要内容。

最后，以预示攻必不胜制止之。此即《墨子·公输》载墨子与公输盘的"子墨子解带为城，以牒为械，公输般九设攻城之机变，子墨子九距之。公输般之攻械尽，子墨子之守圉有余"，并且已令弟子三百人持"守圉之器，在宋城上而待楚寇"^⑥。晓之以义，说之以弊，示之以利，先知胜败，故能游说诸侯，止战成功。

---

① "雍人"原作"维人"，从孙诒让校改。（参见孙诒让：《墨子间诂》，中华书局 1986 年版，第 399 页）

② "耳目"原作"日月"，从孙诒让校改。（参见孙诒让：《墨子间诂》，中华书局 1986 年版，第 399 页）

③ "入"字原脱，从孙诒让校补。（参见孙诒让：《墨子间诂》，中华书局 1986 年版，第 399 页）

④ 孙诒让：《墨子间诂》，中华书局 1986 年版，第 399—400 页。

⑤ 孙诒让：《墨子间诂》，中华书局 1986 年版，第 394—395 页。

⑥ 孙诒让：《墨子间诂》，中华书局 1986 年版，第 447—448 页。

而以上所诸例之最应注意者，为其所蕴含的墨子非攻学说内容性质的变化。墨子的非攻学说，至迟应在墨子止楚攻宋时，即楚惠王四十五年（前444年）已初步形成，但当时的内容要义是"义、利"；而在墨子游说鲁阳文君时，即周安王八年（前394年）或九年（前393年），亦即墨子晚年时，墨子的非攻学说已与天志说结合起来。这是先秦墨学术史上尤应注意的问题之一。

(三)"交相爱"的兼爱利人学说

墨子创立节葬节丧非乐说的起因在于纠正儒学之弊，而其学说的出发点则是为了爱人，为了减轻世人的经济负担，为了爱"生人"而不爱死人，即《荀子·礼论》所说的"刻死附生"；墨子创立非攻学说，是为了改变诸侯频繁攻战的社会局面，为了改变世人的生存环境，也是为了爱人。所以说，爱人学说是墨子所创学说的出发点和立足点，是墨学的核心要义。

爱人学说与节葬学说和非攻学说是紧密相连的，墨子曾在与公输盘的辩论中涉及此问题。《墨子·鲁问》："公输子自鲁南游楚，焉始为舟战之器，作为钩强之备，退者钩之，进者强之。量其钩强之长，而制为之兵。楚之兵节，越之兵不节。楚人因此若势，亟败越人。公输子善其巧，以语子墨子曰：'我舟战有钩强，不知子之义亦有钩强乎？'子墨子曰：'我义之钩强，贤于子舟战之钩强。我钩强，我钩之以爱，强[1]之以恭。弗钩以爱则不亲，弗强以恭则速狎，狎而不亲则速离。故交相爱，交相恭，犹若相利也。今子钩而止人，人亦钩而止子，子强而距人，人亦强而距子。交相钩，交相强，犹若相害也。故我义之钩强，贤子舟战之钩强。'"[2] 墨子与公输盘论"钩强"，以"交相爱，交相恭"说之，强调了他那"交相爱"

---

[1] 此"强"字与下"弗强以恭"之"强"原皆作"揣"，从吴毓江说改。（参见吴毓江：《墨子校注》，《无求备斋墨子集成》第44册，台湾成文出版社1975年版，第558页）

[2] 孙诒让：《墨子间诂》，中华书局1986年版，第440—441页。

的兼爱学说，将此学说作为制止战争、维护和平的有力工具，得出"我义之钩强，贤于子舟战之钩强"的结论。

墨子与巫马子的论辩，对兼爱学说的要义申述得更为明白。《墨子·耕柱》："巫马子谓子墨子曰：'我与子异，我不能兼爱。我爱邹人于越人，爱鲁人于邹人，爱我乡人于鲁人，爱我家人于乡人，爱我亲于我家人，爱我身于吾亲，以为近我也。击我则疾，击彼则不疾于我，我何故疾者之不拂，而不疾者之拂？故有杀彼以利我，无杀我以利彼。'① 子墨子曰：'子之义将匿耶？意将以告人乎？'巫马子曰：'我何故匿我义？吾将以告人。'子墨子曰：'然则，一人说子，一人欲杀子以利己；十人说子，十人欲杀子以利己；天下说子，天下欲杀子以利己。一人不说子，一人欲杀子，以子为施不祥言者也；十人不说子，十人欲杀子，以子为施不祥言者也；天下不说子，天下欲杀子，以子为施不祥言者也。说子亦欲杀子，不说子亦欲杀子，是所谓经者口也，杀常之身者也。'子墨子曰：'子之言恶利也，若无所利而不言，是荡口也。'"②

此则论辩可见如下三点：其一，巫马子，苏时学谓"当为儒者"③。巫马子扬言自己"我爱邹人于越人，爱鲁人于邹人，爱我乡人于鲁人，爱我家人于乡人，爱我亲于我家人，爱我身于吾亲，以为近我也"，所宣扬的是儒家的等差亲亲之爱，可见墨家"兼相爱"的兼爱学说也是为改造儒家"差等爱"的弊端而产生的。其二，巫马子说"有杀彼以利我，无杀我以利彼"，所宣扬的又不纯粹是儒家的从血缘近疏出发的"差等爱"，又近于《孟子·尽心上》所攻击的杨朱"拔一毛而利天下不为也"的"为我说"，可见墨子宣传自己学说时面对的论敌不仅有儒家，还有"为我说"一派。其三，据钱穆考证，杨朱与孟子同时而

---

① "故有杀彼以利我，无杀我以利彼"原作"故有我有杀彼以我，无杀我以利"，从俞樾说改。（参见俞樾：《诸子平议》，上海书店 1988 年版，第 208 页）

② 孙诒让：《墨子间诂》，中华书局 1986 年版，第 398 页。

③ 参见孙诒让：《墨子间诂》，中华书局 1986 年版，第 385 页。

稍前①，那么杨朱创立学说必在墨子创立学说后。据此，宣传"有杀彼以利我，无杀我以利彼"的"为我说"的巫马子，必不是杨朱的学生而是杨朱的前辈。巫马子的学说出自儒家从血缘近疏出发的"差等爱"而又不同于儒家，可见其也是从儒家分化出来而自创新说的另一学派，与墨子同，故孟子对墨子和发展了巫马子学说的杨朱大加鞭挞。

巫马子与墨子的争论不止此一次。《墨子·耕柱》又载："巫马子谓子墨子曰：'子兼爱天下，未云利也；我不爱天下，未云贼也。功皆未至，子何独自是而非我哉？'子墨子曰：'今有燎者于此，一人奉水将灌之，一人掺火将益之，功皆未至，子何贵于二人？'巫马子曰：'我是彼奉水者之意，而非夫掺火者之意。'子墨子曰：'吾亦是吾意，而非子之意也。'"②

此则论辩可见如下两点：其一，从巫马子的"功皆未至"中可以看出，巫马子与墨子争论时，墨家"交相爱"的兼爱学说才刚刚创立，还未产生较大的社会效应，故曰"未云利也"。其二，由巫马子"子何独自是而非我"之言可以推想，墨子曾与巫马子的"为我说"发生过激烈论战，或者在宣传学说时猛烈地抨击过巫马子的"为我说"。那么墨学初创时，与墨子激烈辩论的除儒家传人孟子一派外，还有从儒家分化出来而为杨朱先声的巫马子一派。

从以上所引诸例，我们可以看出如下两点。

首先，墨子宣扬"兼相爱"的爱人学说的目的之一，在于非攻止战。墨子的非攻学说，经过了由"义、利"为游说核心向以"天志"为游说核心的转化，这当是战争兼并日益激烈，战略战术日益发展，战争武器日益进步，从而使得争城夺地日益得逞，即战争所获利益日益巨大所引发的。墨子所处的战国前期，战争频仍。前497年至前453年，晋六卿长久内战、相互蚕食吞并致"三家分晋"；前461年秦亡大荔；前447年楚亡蔡；

---

① 参见钱穆：《先秦诸子系年》，商务印书馆2001年版，第284—287页。

② 孙诒让：《墨子间诂》，中华书局1986年版，第390—391页。

前 445 年楚亡杞；前 431 年楚亡莒并攻郑取地；前 414 年越亡滕；前 413 年越亡郯；前 412 至前 407 年齐连续攻鲁夺地；前 413 年至前 409 年魏连续攻秦大夺地，其后魏连续三年攻中山而终灭之；前 405 年至前 404 年韩魏赵联军大败齐师而攻入齐长城；前 400 年至前 391 年韩魏赵联军大战楚而大取地……战争规模日大，争城夺地日多，儒家所宣扬的"仁义"观念被抛却一边，战争获利的现实日益明显。如此情况下再以"义、利"游说止战显然是不现实的，故墨子重提"天欲人兼相爱而不欲人交相攻"的"天志""兼爱"学说以制止战争。可见，这种变化，是社会形势的变化使然。

其次，战争规模日益扩大，步兵逐步替代甲士而在战争起主导作用；战争武器日益进步，从而使得公输盘之类工匠的重要作用日益受到重视；新兴地主凭借经济实力日益取代贵族而登上政治舞台；所有这些，都使得原有的贵族等级制逐步淡化，人人平等的社会格局日益出现。因而，不再像孔子所处的社会时代那样以调整士以上贵族间关系为社会政治第一需要，而是以调整所有社会成员间关系为社会政治第一需要。因而，墨子强调的社会成员人人相爱的兼爱学说，是符合社会政治形势变化的需要的。从这种意义上说，墨子是站在社会政治前列的思想家。

（四）鬼明鬼佑鬼罚说

战国前期，有条件实施繁礼、沉湎于淫乐中的主要是彼时的当政者。而就彼时的社会变化来说，执政者是将原来鬼神祖宗所能享受、而生人只能在主祭参祭中旁听和分享"祭之余"时才有权和能够享受的东西，堂而皇之、毫无顾忌地自己享受，享受音乐歌舞、享受美酒佳肴；并且为了满足自己的私欲而攻城略地，向周边扩张以扩大财富聚敛面。为了制止执政者的淫欲和扩张，墨子创立了鬼明鬼佑鬼罚学说。这一学说遭到某些思想家的反对。

首先对墨子"明鬼"说提出质疑的是公孟子。《墨子·公孟》："公孟子谓子墨子曰：'有义不义，无祥不祥。'子墨子曰：'古者^①圣王皆以鬼神为神明，而为祸福，执"有祥不祥"，是以政治而国安也。自桀、纣以下，皆以鬼神为不神明，不能为祸福，执"无祥不祥"，是以政乱而国危也。故先王之书《箕子》^②有之曰："其傲也，出于子，不祥。"此言为不善之有罚，为善之有赏。'"^③孔子讲仁义道德，不言怪力乱神，故后学公孟子提出"有义不义，无祥不祥"，而墨家推行"明鬼"说的依据在于"信鬼神则有贞祥，不信则受灾祸"，故公孟子与之论辩。墨子则因历史传说，谓"桀、纣以下，皆以鬼神为不神明，不能为祸福，执'无祥不祥'，是以政乱而国危"，即重提信鬼神对于国家治理的威慑作用，来与之论辩。

《墨子》还载有墨子与公孟子关于鬼神的另一次争论。《墨子·公孟》："公孟子曰：'无鬼神。'又曰：'君子必学祭礼。'子墨子曰：'执无鬼而学祭礼，是犹无客而学客礼也，是犹无鱼而为鱼罟也。'"^④这里，墨子主要就儒家倡"无鬼神"与"必学祭礼"以祭鬼神的矛盾来反诘公孟子。这一矛盾，可能使公孟子难以解释，故而没有像《墨子》中其他记录公孟子与墨子论辩的那样，再记有公孟子的驳辩或对墨子的训导。

这两次关于鬼神的论辩，皆由公孟子首先发难，提出质疑，而墨子被迫应战，这当是墨子关于此一方面的理论已显示出与儒家不同、但尚未成熟时的事情。

原属于儒家的巫马子也与墨子辩论过鬼神问题。《墨子·耕柱》："巫马子谓子墨子曰：'鬼神孰与圣人明智？'子墨子曰：'鬼神之明智于圣人，犹聪耳明目之与聋瞽也。昔者夏后开使蜚廉折金于山川，而陶铸之于昆

---

① "者"字原脱，从吴抄本增。（参见孙诒让：《墨子间诂》，中华书局1986年版，第417页）

② "箕子"原作"子亦"，从戴望说改。（参见孙诒让：《墨子间诂》，中华书局1986年版，第417页）

③ 孙诒让：《墨子间诂》，中华书局1986年版，第417页。

④ 孙诒让：《墨子间诂》，中华书局1986年版，第419页。

吾；是使翁难雉乙卜于白若之龟，曰："鼎成四足①而方，不炊而自烹，不举而自臧，不迁而自行。以祭于昆吾之虚，上乡！"乙又言兆之由曰："飨矣！逢逢白云，一南一北，一西一东，九鼎既成，迁于三国。"夏后氏失之，殷人受之。殷人失之，周人受之。夏后、殷、周之相受也，数百岁矣。使圣人聚其良臣，与其桀相而谋，岂能智数百岁之后哉？而鬼神智之。是故曰鬼神之明智于圣人也，犹聪耳明目之与聋瞽也。'"②墨子既主张"法夏从圣"以治世，又倡"鬼明鬼佑"以慑世治民，故巫马子以"鬼神孰与圣人明智"质问墨子。

从墨子的答词中可看出两点：其一，墨子答曰"鬼神之明智于圣人，犹聪耳明目之与聋瞽也"，是其主张"天诛鬼佑"高于"法夏从圣"。墨子此一观点，对于我们梳理《墨子》"十论"中各"论"间的关系尤为重要；其二，墨子据历史证明鬼神之先见，所举为占卜例，似与墨子接受宋所承传的殷商文化传统有关。殷商文化重鬼神而轻社稷，与重社稷而轻鬼神的姬周文化有异。③由此可见，《史记·孟子荀卿列传》称墨子"宋大夫"，当有所据。

除公孟子、巫马子外，与墨子论辩过鬼神问题的还有程繁。《墨子·公孟》："子墨子谓程子曰：'儒之道足以丧天下者，四政焉。儒以天为不明，以鬼为不神，天、鬼不说，此足以丧天下。又厚葬久丧，重为棺椁，多为衣衾，送死若徙，三年哭泣，扶后起，杖后行，耳无闻，目无见，此足以丧天下。又弦歌鼓舞，习为声乐，此足以丧天下。又以命为有，贫富寿夭、治乱安危有极矣，不可损益也。为上者行之，必不听治矣；为下者行之，必不从事矣。此足以丧天下。'程子曰：'甚矣，先生之毁儒也！'子

---

① "四足"原作"三足"，从王念孙校改。参见王念孙：《读书杂志》，江苏古籍出版社1985年版，第603页。
② 孙诒让：《墨子间诂》，中华书局1986年版，第385—390页。
③ 上古时代有不同的文化系统，孔子曾予论说。殷商与姬周分属于上古不同文化系统。（参见郑杰文：《上古两大主导文化系统及其思想影响》，《孔子研究》2001年第2期）

墨子曰：'儒固无此若四政者，而我言之，则是毁也。今儒固有此四政者，而我言之，则非毁也，告闻也。'程子无辞而出。子墨子曰：'迷之！'反，复坐①，进复曰：'乡者先生之言有可闻者焉。若先生之言，则是不誉禹，不毁桀、纣也。'子墨子曰：'不然。夫应孰辞，称议而为之，敏也。厚攻则厚吾，薄攻则薄吾。应孰辞而称议，是犹荷辕而击蛾也。'"②从墨子对儒家学说的批评中，可看出儒墨两家论辩的焦点主要为"儒以天为不明，以鬼为不神"即天志明鬼问题、"厚葬久丧"即节葬节丧问题、"弦歌鼓舞，习为声乐"即非乐问题、"命为有"即非命问题。与墨子争论的"程子"，苏时学谓即《墨子·三辩》中载与墨子讨论"夫子曰'圣王不为乐'"之是非的程繁。③此文载程繁称墨子为"先生"，与《三辩》载程繁称墨子为"夫子"同，程繁或是年辈小于墨子的儒家传人。

由《墨子》之《天志》《明鬼》诸篇来看，墨子创立鬼明鬼佑鬼罚学说的目的有四：一为限制执政者淫欲无度、靡费资财，倡导节用；二为制止诸侯间连年攻战，平定社会动荡；三为威慑世人，劝人行善去恶；四为教育弟子，统驭内部。前两点，由上述引文已可见。而后两点，从墨子与弟子的某些问答中可以推见。

《墨子·公孟》："有游于子墨子之门者，谓子墨子曰：'先生以鬼神为明知，能为祸人哉福，为善者富之，为暴者祸之。今吾事先生久矣，而福不至。意者，先生之言有不善乎？鬼神不明乎？我何故不得福也？'子墨子曰：'虽子不得福，吾言何遽不善？而鬼神何遽不明？子亦闻乎匿徒之刑之有刑乎？'对曰：'未之得闻也。'子墨子曰：'今有人于此，什子，子能什誉之而一自誉乎？'对曰：'不能。''有人于此，百子，子能终身誉亓善而子无一乎？'对曰：'不能。'子墨子曰：'匿一人者犹有罪，今子所匿

---

① "复坐"原作"后坐"，从王念孙说改。（参见王念孙：《读书杂志》，江苏古籍出版社1985年版，第607页）

② 孙诒让：《墨子间诂》，中华书局1986年版，第421—422页。

③ 孙诒让：《墨子间诂》，中华书局1986年版，第421页。

者若此亓多，将有厚罪者也，何福之求？'"① 弟子问"先生以鬼神为明知，能为祸福，为善者富之，为暴者祸之……我何故不得福也"，王念孙云"富与福同"②，"富之"即"福之"。墨子曾用鬼明鬼佑鬼罚学说教导弟子，劝弟子"为善"不"为暴"以求去祸来福。但如今此弟子却"事先生久矣，而福不至"，故引发此弟子对于鬼明鬼佑鬼罚学说的怀疑。墨子以"匿徒之刑之有刑"来比况"匿人之善"而谓"将有厚罪"，来解释"不得福"的原因，虽有些诡辩味道，但目的在于劝学生持久为善而不懈，还是有一定积极意义的。

对于墨子所倡导的鬼神福佑说产生疑问而向墨子发问的学生，非仅此一人。《墨子·公孟》载："子墨子有疾，跌鼻进而问曰：'先生以鬼神为明，能为祸福：为善者赏之，为不善者罚之。今先生，圣人也，何故有疾？意者，先生之言有不善乎？鬼神不明知乎？'子墨子曰：'虽使我有病，何遽不明？人之所得于病者多方：有得之寒暑，有得之劳苦。百门而闭一门焉，则盗何遽无从入？'"③ 墨子以"鬼神为明""为善者赏之，为不善者罚之"教导学生，并且自己身体力行，威于神明而去恶从善，身似"圣人"，但依旧"有疾"得祸，故学生跌鼻有此问。墨子用身体得病的客观原因回答跌鼻的疑问，坚持自己的明鬼说。

而墨子与曹公子的问答，则集中表现出墨子对明鬼说意义的阐述。《墨子·鲁问》："子墨子士④曹公子于宋。三年而反，睹子墨子曰：'始吾游于子之门，短褐之衣，藜藿之羹，朝得之则夕弗得，弗得⑤祭祀鬼神。今而以夫子之教，家厚于始也。有家厚，谨祭祀鬼神。然而人徒多死，六畜不蕃，身湛于病。吾未知夫子之道之可用也！'子墨子曰：'不然！夫鬼神之

① 孙诒让：《墨子间诂》，中华书局 1986 年版，第 424—425 页。
② 王念孙：《读书杂志》，江苏古籍出版社 1985 年版，第 607 页。
③ 孙诒让：《墨子间诂》，中华书局 1986 年版，第 425 页。
④ "士"原作"出"，从俞樾说改。（参见俞樾：《诸子平议》，上海书店 1988 年版，第 211—212 页）
⑤ "弗得"二字，从孙诒让说补。（参见孙诒让：《墨子间诂》，中华书局 1986 年版，第 437 页）

所欲于人者多。欲人之处高爵禄则以让贤也,多财则以分贫也。夫鬼神岂唯擢季拑肺之为欲哉?今子处高爵禄而不以让贤,一不祥也。多财而不以分贫,二不祥也。今子事鬼神,唯祭而已矣,而曰"病何自至哉"?是犹百门而闭一门焉,曰"盗何从入"?若是而求福于有怪之鬼,岂可哉!'"①曹公子从墨子游,得以仕宋,使其家境发生了变化,因而有财力厚祭鬼神,但却不能得福佑,"人徒多死,六畜不蕃,身湛于病",因而困惑不解,请教墨子。墨子以"今子处高爵禄而不以让贤,一不祥也。多财而不以分贫,二不祥也""若是而求福于有怪之鬼,岂可哉"答之,解说原因。从中我们可以看出:其一,墨子早期的明鬼学说,可能仅限于要求弟子和百姓笃信鬼神之有而虔诚祭祀,威于鬼神而不做坏事和亏心事。那么,其明鬼说的早期功能主要在于以此威慑内部、促使弟子严格要求自己。其二,随着弟子学成出仕而引发的社会政治地位特别是经济地位的变化,墨子在明鬼说中加入新的内容,即"处高爵禄"而"让贤","多财"而"以分贫",从而"求福于有怪之鬼",得到福佑而使自身和家人平安。这样,明鬼学说就不但是墨家学团成员自律的信条和工具,也成为当时执政者加强自身修养、约束自身言行从而加强自律的信条和工具,这就加深了墨子明鬼说的社会意义。

由上所引及其分析,我们可以对墨子明鬼说作如下综说:

首先,由公孟子对墨子的质疑,可以看出墨子明鬼说创立的时间为刚刚从儒家集团中分化出之时。儒家不语乱力怪神,其约束内部的方式主要为:主张以"君子"为目标,强调自身的道德修养,这对有经济能力读书的儒家弟子们来说可以做到。而主要由"贱人"等下层人士组成的墨家集团,其主要人士大部分要为衣食奔波,饥寒所迫之时,可能无所不为,因而再用"君子"为信条来束缚就显得软弱无力。针对此一情况,墨子提出"鬼神为明知,能为祸福"的明鬼说,用以束缚内部,规范弟子言行。

---

① 孙诒让:《墨子间诂》,中华书局1986年版,第437—438页。

其次，由上述《墨子》诸条引文，还可看出墨子明鬼学说内容性质的前后变化。墨子早期的明鬼学说，主要内容在于宣扬鬼神确有，并且可以明鉴人间善恶，并依据人之善恶，福佑人或为祸人，由此要求弟子和百姓笃信鬼神而虔诚祭祀，威于鬼神而去恶从善。后来，随着弟子身份地位的变化，墨子将明鬼说的内容从仅仅促使弟子洁身自好而扩展到促使弟子选拔人才和"有财以分人"，从而使明鬼说更能发挥净化社会、促进社会改革的作用，使明鬼说更能发挥其社会政治意义。

最后，墨子明鬼说受到内部弟子的长久质疑，这主要是由于明鬼说所宣扬的祸福内容与现实生活间的矛盾造成的。曹公子"谨祭祀鬼神。然而人徒多死，六畜不蕃，身湛于病"，连墨子修善积德为天下奔忙却"有疾"，这均与墨子所宣扬的"鬼神为明，能为祸福：为善者赏之，为不善者罚之"不符。经过了春秋"人神易位"所兴起的"民本思想"熏陶的人们，再用鬼查鬼罚来约束他们，就显得苍白无力了。有鉴于此，至迟到秦惠王所处的战国中期，墨家内部就改为依靠连巨子①腹䵍都不得不遵守的"墨家之法"来严格约束内部了（参见《吕氏春秋·去私》，说详后）。

（五）墨学初创时的内容概说

由以上所引及所述，我们可对墨学初创时期的主要内容概述如下。

首先，节葬节丧非乐学说。由《淮南子·要略》所述可知，墨学为改革孔子学说的弊端而生，所以墨学初创时的最主要内容是对孔门儒学的改革与批判，由此而形成了节葬节丧非乐学说，因而引起了以讲孝道著称的孔门弟子曾参的后学公孟子的质疑和批判。由公孟子对墨子的教训口气和墨子自称"翟"来看，公孟子的年资当长于墨子。公孟子坚持"三年之丧"的理由还是孔子的"子生三年然后免于父母之怀"，墨子坚持"三月之丧"的理由也还是宰我的"三年不为礼，礼必坏；三年不为乐，乐必崩"，这

---

① 巨子，又称钜子，为保持上下文与引文一致，本书中两种用法均有出现。

应当是墨子虽然产生异端思想，但尚未形成自己学说体系时的情形。节葬节丧学说，应该是墨子最早的学说主张。公孟子还与墨子辩论过"非乐"的是与非，"非乐"也当为墨子所主张的早期学说之一。

其次，非攻学说。子夏亦为孔子的学生且年纪长于曾参，其弟子当与曾参弟子同时或者稍早，从时间上推算他们与墨子的争论也应当发生在墨子初创学说时。《墨子·耕柱》载子夏弟子就"君子有斗""无斗"向墨子发难，墨子尚无成熟的理论与其辩论，也说明其非攻学说在此时刚刚萌芽。《墨子·鲁问》载鲁君就齐人进攻向墨子讨教应对措施，墨子"上者尊天事鬼，下者爱利百姓"，中结邻"以事齐"来应对，既无救宋时的城守措施，亦无止鲁阳文君攻郑时的滔滔辩说，说明其非攻学说此时尚不成熟。墨子止楚攻宋时，既以非攻理论论辩，又有与之相辅而行的守御器械和守城弟子队伍，说明其非攻学说及非攻措施均已形成；参考钱穆考证，我们可知此当在前444年，约略在墨子"而立"之年左右。《墨子·鲁问》载墨子止鲁阳文君攻郑时将非攻学说与天志学说结合起来，表现了墨子非攻学说的质的变化，标志了墨家非攻学说的成熟。

再次，兼爱利人学说。兼爱利人学说，是墨子初期学说的主要内容之一，也是墨子初期节葬节丧非乐学说和非攻止战学说的进一步发展和基本出发点。其与儒家所倡导的"爱"的内容的最主要区别，在于墨家提倡无等差的博爱，而不是基于血缘亲疏关系的人伦等差之爱，所以巫马子用"以近我与否而施爱"的等差爱与之争论。

最后，鬼监鬼罚、尊天事鬼学说。由时人的论辩与学生的质疑可见，鬼监鬼罚、尊天事鬼学说也是墨子早期学说的要义之一。墨子宣扬此学说的早期目的在于威慑弟子内部加强纪律性以洁身自好、统一行动，其后其目的发展为：使社会地位发生变化的中下层执政者由洁身自好而扩展到选拔人才和"有财以分人"，并起到威慑君主，使之勿厚葬以靡财、勿攻伐以扩地的作用。

总之，墨子初创学说时的主要内容在于，在社会经济方面宣传节葬节丧非乐的节用说，在社会政治方面宣扬非攻止战的和平学说，在社会伦理方面宣扬无等差之爱的兼爱说，在宗教哲学方面宣扬鬼监鬼罚、尊天事鬼的天威学说，由此形成了政治、经济、伦理、哲学四位一体的早期墨家学说。

二、墨家学团的形成

墨子创立学说的主要目的是救世，而墨子选取的最主要的救世途径也像孔子那样，广招门徒以宣扬学说，四处游说以推行学说。在这招生授徒、宣扬学说、推行学说的过程中，形成了墨家学团。

（一）墨子招收弟子的方式及弟子的类别

墨家学团的首领是墨子，由于弟子门人的尊崇，在后学记录下来的《墨子》诸篇中，他被称为"子墨子"。

墨子发现孔门儒学的弊端，改革诸弊端而自成新学说体系后，便招收信徒，以传其学。《墨子·公孟》："有游于子墨子之门者，子墨子曰：'盍学乎？'对曰：'吾族人无学者。'子墨子曰：'不然。夫好美者，岂曰吾族人莫之好，故不好哉？夫欲富贵者，岂曰我族人莫之欲，故不欲哉？好美、欲富贵者，不视人，犹强为之。夫义，天下之大器也，何以视人？必强为之。'"① 由墨子以"好美""欲富贵"为比喻而不是以向他学习后可以"为仕"为诱惑来看，这当是墨学初创、尚未产生较大社会影响时的事情。而下则记载的则似是墨学已产生影响、被部分诸侯欣赏时的事情。

《墨子·公孟》："有游于子墨子之门者，身体强良，思虑徇通，欲使随而学。子墨子曰：'姑学乎，吾将仕子。'劝于善言而学。其年，而责仕于子墨子。子墨子曰：'不仕子。子亦闻夫鲁语乎？鲁有昆弟五人者，亓

---

① 孙诒让：《墨子间诂》，中华书局 1986 年版，第 424 页。

父死，其长子嗜酒而不葬，其四弟曰："子与我葬，当为子沽酒。"劝于善言而葬。已葬，而责酒于其四弟。四弟曰："吾未^① 予子酒矣。子葬子父，我葬吾父，岂独吾父哉？子不葬，则人将笑子，故劝子葬也。今子为义，我亦为义，岂独我义也哉？子不学，则人将笑子，故劝子于学。'"^② 墨子许其弟子学成后"吾将仕子"，是墨学产生相当大的影响、被部分诸侯欣赏且部分诸侯已经接受墨家之徒为官后的事，否则墨子空言所许，是不会被"游于子墨子之门者"者所信从的。

由这两则记载，我们可以看出如下几点。

首先，这两则记载，不论是在墨学初创、尚未产生较大社会影响而门徒寡少时，还是在墨学产生相当大的影响、被部分诸侯欣赏、应该是门徒众多后，墨子无一例外地都是主动招徕生徒向他学"天下之大器"的"义"，墨子无一例外地都强调学习是人的天经地义的事，这都是墨子的"强力为之""挌而不舍"的执著精神在学习观念上的表现。

其次，由这两则记载看，在墨子门徒中有"游于子墨子之门者"与"学"者的区别。联系《墨子·耕柱》所载墨子答治徒娱、县子硕之问时讲的学生中"能谈辩者谈辩，能说书者说书，能从事者从事"^③，可能是"游于子墨子之门者"是指"能从事者"，指从事工匠技艺或守城保卫等体力劳动的弟子，他们皆出身于下层，之前没有从学的身份资格和习惯，故而墨子劝他们中的一员学习时，他说"吾族人无学者"；而墨家弟子中的"学"者，则是指"能说书者说书"一类人，即那些"思虑徇通"之人，他们可堪造就，故墨子令其学习；而墨家弟子中那些不仅"思虑徇通"，而且"身体强良"，即一表人才且又具从政潜能者，墨子则既令其学习，又令其锻炼"谈辩"以游说、以出仕，即学到一定理论学说后或外出传学，或推荐到诸侯国中

---

① "未"原作"末"，从道藏本、吴抄本改。（参见孙诒让：《墨子间诂》，中华书局1986年版，第423页）

② 孙诒让：《墨子间诂》，中华书局1986年版，第423页。

③ 孙诒让：《墨子间诂》，中华书局1986年版，第390页。

为官，以更加有利于推行墨家学说。《墨子·公孟》所载"游于子墨子之门者"，虽"身体强良，思虑徇通"，但可能不具从政潜能，故墨子仅使其"随而学"，而最后没有把"吾将仕子"的许诺付诸实际。

最后，由以上所引及分析又可看出，墨子教授弟子时注重因材施教、因能分工，让学生"能谈辩者谈辩，能说书者说书，能从事者从事"，这可能是墨子先学孔门儒学，并接受孔子教学方式方法的结果。

（二）墨家三类弟子的不同课业

墨家弟子既有"从事""说书""谈辩"的不同，即将来所从事的工作不同，因而在学习时，其内容和方法也不同。

"从事"类弟子即那些从事工匠技艺等体力劳动或守城保卫的弟子，他们应学"规矩方圆"，应学"射"等军事技艺。这种教育弟子的方式，符合墨子"天下从事者，不可以无法仪"的一贯思想。《墨子·法仪》："子墨子曰：'天下从事者，不可以无法仪。无法仪而其事能成者，无有也。虽至士之为将相者皆有法，虽至百工从事者亦皆有法。百工为方以矩，为圆以规，平以水①，直以绳，正以县。无巧工不巧工，皆以此五者为法。巧者能中之，不巧者虽不能中，放依以从事，犹逾己。故百工从事，皆有法度②。今大者治天下，其次治大国，而无法度，此不若百工辩也。'"③《墨子》之《法仪》篇，胡适谓"墨家的余论"，而梁启超以为"墨家记墨学概要"④。总之，我们用它来考察墨子言行，不致大谬。此则语录载墨子讲：不论从事工匠技艺还是从政治国，都应遵从"法仪"。这些话虽不一

---

① "平以水"三字本脱，从孙诒让说补。（参见孙诒让：《墨子间诂》，中华书局1986年版，第19页）

② 此"度"字与下"无法度"之"度"字前，原皆有"所"字，从《群书治要》本删。（参见魏徵：《群书治要》，影印宫内厅书陵部藏镰仓写本，第五册，日本汲古书院1989年版，第259—260页）

③ 孙诒让：《墨子间诂》，中华书局1986年版，第18—19页。

④ 杨俊光：《墨子新论》，江苏教育出版社1992年版，第38—39页。

定就是针对弟子的学习所言，但我们可从中分析墨子的教学思想：在墨子看来，"百工从事者"与"治天下""治大国"者是有区别的。像后者必须具备一种"法仪"一样，前者也必须具备另一种"法仪"，这另一种"法仪"就是"为方以矩，为圆以规，平以水，直以绳，正以县"的五种技艺。从墨子要求此类弟子所掌握的技能，可推测出墨子教授"从事"类弟子的课业即此五种技艺的学习与练习；而《墨子》之《经上》《经下》《经说上》《经说下》，极有可能就是接受这五种技艺的弟子所记录的课业内容。

"从事"类弟子还有一种课业内容，即学射。《墨子·公孟》："二三子有复于子墨子学射者。子墨子曰：'不可。夫知者必量其力所能至而从事焉。国士战且扶人，犹不可及也。今子非国士也，岂能成学又成射哉？'"[1]在墨子看来，"学"与"射"是两类不同的知识和技艺，"国士"犹不可兼具，那么他的弟子更不可能兼"成"，故墨子反问弟子"岂能成学又成射哉"。由《墨子·公输》载墨子言"臣之弟子禽滑釐等三百人，已持臣守圉之器，在宋城上而待楚寇矣"可知，墨家弟子中有很大一部分人是学军事技艺的，"成射"当是墨子教授"从事"类弟子的一种课业内容。

由上述可见，"从事"类弟子的课业内容是"为方以矩，为圆以规，平以水，直以绳，正以县"的五种工匠技艺，和"学射"等军事家技艺。

对于另一批所谓的"坐而言义"的"说书"类的弟子，即将来要传墨子之学的一类弟子，墨子则十分强调他们向文献典籍学习。《墨子·贵义》："子墨子曰：'古之圣王，欲传其道于后世，是故书之竹帛，镂之金石，传遗后世子孙，欲后世子孙法之也。今闻先王之遗而不为，是废先王之传也。'"[2]据《淮南子·要略》，墨子改革孔门儒学弊端的途径是"背周道而用夏政"，倡"夏政"故讲"古之圣王"之"道"。"古之圣王"之"道"都"书之竹帛，镂之金石"而"欲后世子孙法之"，所以要向古文典籍学习。

---

① 孙诒让：《墨子间诂》，中华书局 1986 年版，第 426 页。
② 孙诒让：《墨子间诂》，中华书局 1986 年版，第 407 页。

向载籍学习，既是墨子自身的做法，也是墨子教"说书"类弟子的学习方式。为"后世子孙法"的"书之竹帛，镂之金石"的古圣王之"道"载于古文典籍中，成为墨子"说书"类弟子的主要课业内容。

由于此类弟子注重向文献典籍学习，故而《墨子》中引《书》达40处之多，引《诗》达15处之多。

"谈辩"类弟子与"说书"类弟子的学习方式又有不同。《墨子·贵义》："子墨子南游使卫，关中载书甚多。弦唐子见而怪之，曰：'吾夫子教公尚过曰"揣曲直而已"，今夫子载书甚多，何有也？'子墨子曰：'昔者周公旦朝读书百篇，夕见漆十士，故周公旦佐相天子，其修至于今。翟上无君上之事，下无耕农之难，吾安敢废此？翟闻之：同归之物，信有误者。然而民听不钧，是以书多也。今若过之心者，数逆于精微。同归之物，既已知其要矣，是以不教以书也。而子何怪焉？'"①弦唐子听公尚过说墨子教他学习时仅强调"揣曲直而已"，今见墨子外出还带如此多的书，故怪而问之。这则记载反映了墨子依据弟子不同资质和将来从事不同工作而教以不同的学习方法。"读书"应是墨子教那些"说书"类弟子的学习方法。对于古代历史特别是"古之圣王"之"道"，因为"民听不钧"而致使"同归之物，信有误者"，所以一定要向书本学习，这是自周公以来建立的学习方法，树立的学习传统。这类的弟子以弦唐子为代表。他们将来要传墨家之学，故要好好向书本学习，学古圣王之"道"，学墨子的种种思想主张。但仅仅向书本学习是不够的，《墨子·公孟》载儒墨两家曾就《诗》《书》作用发生过争论："公孟子谓子墨子曰：'昔者圣王之列也，上圣立为天子，其次立为卿大夫。今孔子博于《诗》《书》，察于礼乐，详于万物。若使孔子当圣王，则岂不以孔子为天子哉？'子墨子曰：'夫知者，必尊天事鬼、爱人节用，合焉，为知矣。今子曰"孔子博于诗书，察于礼乐，详于万物"，而曰可以为天子，是数人之齿，而以为

---

① 孙诒让：《墨子间诂》，中华书局1986年版，第407—408页。

富.'"① 儒家之徒公孟子认为"博于《诗》《书》，察于礼乐，详于万物"，便掌握了治世之法宝，便可以"为天子"；但墨子认为《诗》《书》作为治世的法宝，已是前代圣王之事，若今天还如此认为，则是"数人之齿，而以为富"，即捡了别人记录财富的刻契就认为自己已经拥有这些财富一样虚假可笑。也就是说，墨家认为《诗》《书》只是上古圣王治世经验的记载，《诗》《书》承载的只是历史，将这些历史记载与现实社会需要结合起来，才可治世。所以，对于"谈辩"类弟子，墨子更强调他们要锻炼出与现实社会需要结合的"揣曲直"。"揣曲直"是墨子教公尚过等"谈辩"类弟子的学习方法。据《墨子·鲁问》，墨子曾"游公尚过于越。公尚过说越王，越王大说"②。由此可见，公尚过颇具游说才能。公尚过应是"谈辩"类弟子的代表。而在那个骋才驰辩的时代，游说成功便可为官为仕。墨子对于此类弟子，因他们于"同归之物，既已知其要矣，是以不教以书"而令其"揣曲直"，强调自身的分析能力和体悟能力的提高，以便将来面对纷纭复杂的政治形势和各类棘手的问题时，可以凭自己的分析和感悟从容应付，制定行之有效的解决方案。从中可看出墨子教学时从实际出发的现实精神。

但是，无论是哪类弟子，墨子都特别强调他们在学习中对自身道德的改造。《墨子·所染》："子墨子见③染丝者而叹曰：'染于苍则苍，染于黄则黄，所入者变，其色亦变，五入必，而已则为五色矣。故染不可不慎也！'"④墨子正是从染丝中受到启发，"所入者变，其色亦变"，才极力强调坚持不懈地学习，强调"慎于染"以改造自己。

墨子强调学习，更强调言行结合，强调通过学习圣人之"言"来改

---

① 孙诒让：《墨子间诂》，中华书局1986年版，第416页。
② 孙诒让：《墨子间诂》，中华书局1986年版，第436页。
③ "见"前原有"言"字，从孙诒让校删。（参见孙诒让：《墨子间诂》，中华书局1986年版，第10页）
④ 孙诒让：《墨子间诂》，中华书局1986年版，第10—11页。

造自己的"行"。《墨子·贵义》:"子墨子曰:'言足以迁行者,常之;不足以迁行者,勿常。不足以迁行而常之,是荡口也。'"①《尔雅·释诂》"迁,徙也",迁行,即改变行为。"言足以迁行者常之"即足以使自己改变行为的那些合于"道"的言语教诲,必须应经常诵习。此则语录与《墨子·耕柱》"言足以复行者常之"云云②一则语录应当有异,故编辑者作为两条不同的墨子语录收录。墨子以为这些载"道"的言语可使人改变自己的行为,可以使人改造自己的思想品质,从而加强自身的道德修养,故强调不断诵习此类载"道"的语言,以改造自己。

另外,墨子特别强调无论如何,无论挫折与成功,各类弟子都不能放弃自己的"道",即各自所接受的课业精华。《墨子·贵义》:"子墨子谓二三子曰:'为义而不能,必无排其道。譬若匠人之斫而不能,无排其绳。'"③"匠人之斫而不能"是其技艺不成,不能因此而放弃绳墨,否则更不成;墨家弟子"为义而不能",是其学说不精、"辩谈"技术不到家,不能因此而"排其道",否则更不能成其事,更不能达到自己的人生目标。坚信自己所学习的"道"——或"从事"之道,或"说书"之道,或"谈辩"之道——的正确性,将其付诸实践,是墨子对弟子的坚定不移的要求,所以墨子曾想方设法运用比喻来教育弟子要行"义"到底。《墨子·贵义》:"子墨子曰:'商人之四方,市贾倍④徙,虽有关梁之难、盗贼之危,必为之。今士坐而言义,无关梁之难、盗贼之危,此为倍徙不可胜计,然而不为。则士之计利,不若商人之察也。'"⑤商人趋利,士人为义。商人不畏"关梁之难、盗贼之危",是因为他们看到了"倍徙"之利;士人无此决绝态度,是因为他们短视,没有看到"坐而言义"之后的"倍徙"之利"不

---

① 孙诒让:《墨子间诂》,中华书局 1986 年版,第 405 页。
② 孙诒让:《墨子间诂》,中华书局 1986 年版,第 395 页。
③ 孙诒让:《墨子间诂》,中华书局 1986 年版,第 405 页。
④ 此"倍"字与下"此为倍徙"之"倍"字原皆作"信",从孙诒让校改。(参见孙诒让:《墨子间诂》,中华书局 1986 年版,第 409—410 页)
⑤ 孙诒让:《墨子间诂》,中华书局 1986 年版,第 409—410 页。

可胜计"。墨子学孔子的"儒家之业",从一个"贱人"成为士人,进入知识阶层;墨子自立学说,"坐而言义",又从一个士人成为学团首领,游说诸侯,推荐学生,辞越王"地方五百里"之封(《墨子·鲁问》),在行义于天下的同时实现了自己的人生价值,从某种意义上说终获"不可胜计"的"倍徙"之利。而部分学生看不到"坐而言义"背后那"不可胜计"的"倍徙"之利,不能坚定"言义""行义"的信心,故墨子有此教导。

在墨子苦口婆心的教导下,众多弟子坚定信心,各学其"道",各行其"义",形成了声势浩大的墨家学团。

三、墨家学团中三类弟子的不同工作

墨子要求弟子各学其"道",各行其"义",各尽其能,即其所说的"能谈辩者谈辩,能说书者说书,能从事者从事"①,我们就以此来分别看墨子在世时墨家三类弟子学成后所从事的不同活动。

(一)"谈辩"者游说从政

由上文可见,墨子教授弟子有诸多层次,因其能力而教之以"从事""说书""谈辩"等不同课业。"谈辩"弟子应是墨子所教弟子中的最高层次。他们多以自己的"谈辩"能力游说诸侯,推行墨子的学说。见于记载的墨子"谈辩"类弟子除以上涉及的仕宋的曹公子外,还有高石子、管黔敖、公尚过、胜绰、高孙子、魏越等人。

墨子"谈辩"类弟子中最可称道者为高石子。《墨子·耕柱》:"子墨子使管黔敖②游高石子于卫,卫君致禄甚厚,设之于卿。高石子三朝必尽言,而言无行者。去而之齐,见子墨子曰:'卫君以夫子之故,致禄甚厚,

---

① 孙诒让:《墨子间诂》,中华书局1986年版,第390页。
② "敖"原作"澂"字,从孙诒让校改。(参见孙诒让:《墨子间诂》,中华书局1986年版,第395页)

设我于卿，石三朝必尽言，而言无行，是以去之也。卫君无乃以石为狂乎？'子墨子曰：'去之苟道，受狂何伤！古者周公旦非关叔，辞三公，东处于商奄①，人皆谓之狂，后世称其德，扬其名，至今不息。且翟闻之，为义非避毁就誉。去之苟道，受狂何伤！'高石子曰：'石去之，焉敢不道也！昔者夫子有言曰："天下无道，仁士不处厚焉。"今卫君无道，而贪其禄爵，则是我为苟陷人长也。'子墨子说，而召子禽子曰：'姑听此乎！夫倍义而乡禄者，我常闻之矣。倍禄而乡义者，于高石子焉见之也'"②。高石子在卫为官，位高禄厚，但其依墨家学说所进之言却不被采纳，故离官而回到墨子身边。这种为义不为利的精神大得墨子赞扬。

此类弟子之成功者还有公尚过。《墨子·鲁问》："子墨子游公尚过于越。公尚过说越王，越王大说，谓公尚过曰：'先生苟能使子墨子至③于越而教寡人，请裂故吴之地方五百里，以封子墨子。'公尚过许诺。遂为公尚过束车五十乘，以迎子墨子于鲁。曰：'吾以夫子之道说越王，越王大说，谓过曰："苟能使子墨子至于越而教寡人，请裂故吴之地方五百里，以封子。"'子墨子谓公尚过曰：'子观越王之志何若？意越王将听吾言，用我道，则翟将往，量腹而食，度身而衣，自比于群臣，奚能以封为哉！抑越王不听吾言，不用吾道，而吾往焉，则是我以义粜也。均之粜，亦于中国耳，何必于越哉！'"④公尚过以墨子"之道""说越王"而使"越王大说"，使越王欲"裂故吴之地方五百里，以封子墨子"，但他不能体味墨子为义不为利的学说要义，未得墨家之道。

此类弟子还有胜绰和高孙子。《墨子·鲁问》："子墨子使胜绰事项子牛。项子牛三侵鲁地，而胜绰三从。子墨子闻之，使高孙子请而退之，

---

① "奄"原作"盖"，从毕沅校改。（参见孙诒让：《墨子间诂》，中华书局1986年版，第396页）

② 孙诒让：《墨子间诂》，中华书局1986年版，第395—397页。

③ "至"字原脱，从孙诒让校增。（参见孙诒让：《墨子间诂》，中华书局1986年版，第436页）

④ 孙诒让：《墨子间诂》，中华书局1986年版，第436页。

曰：'我使绰也，将以济骄而正嬖也。今绰也，禄厚而谲夫子，夫子三侵鲁而绰三从，是鼓鞭于马靳也。翟闻之，言义而弗行，是犯明也。绰非弗之知也，禄胜义也。'"① 胜绰与高孙子皆墨子"谈辩"类弟子。但胜绰没有完成墨子所交代的"济骄而正嬖"任务，置墨家"非攻"主张于不顾，"项子牛三侵鲁地，而胜绰三从"，故墨子"使高孙子请而退之"，并以"禄胜义"谴责之。

此类弟子还有魏越。《墨子·鲁问》："子墨子游，魏越曰：'既得见四方之君子，则将先语？'子墨子曰：'凡入国，必择务而从事焉。国家昏乱，则语之尚贤尚同；国家贫，则语之节用、节葬；国家憙音湛湎，则语之非乐、非命；国家淫僻无礼，则语之尊天、事鬼；国家务夺侵凌，即语之兼爱、非攻。故曰择务而从事焉。'"② 墨子对魏越的教导，都涉及外出游说的内容，由此可见魏越也属于墨子的"谈辩"类弟子。

另外，《墨子·贵义》载："子墨子仕人于卫，所仕者至而反。子墨子曰：'何故反？'对曰：'与我言而不审③。曰"待女以千盆"。授我五百盆，故去之也。'子墨子曰：'授子过千盆，则子去之乎？'对曰：'不去。'子墨子曰：'然则非为其不审也，为其寡也。'"④ 此"仕卫者"当墨子弟子，因先言"待女以千盆"而结果仅授予"五百盆"，故其"至而反"。这是墨子的一位失败的"谈辩"类弟子。

通过以上诸位墨子"谈辩"类弟子的言行事迹，我们可以对墨子"谈辩"类弟子的特点及墨子的从政策略和社会思想作如下评说。

首先，墨子想通过"谈辩"类弟子到诸侯国出仕来推行自己思想学说。尽管诸弟子都各尽其能，或"三朝必尽言"，或以墨子之道说越王而使"越

① 孙诒让：《墨子间诂》，中华书局1986年版，第440页。
② 孙诒让：《墨子间诂》，中华书局1986年版，第436—437页。
③ "审"，原作"当"，从孙诒让校改。（参见孙诒让：《墨子间诂》，中华书局1986年版，第408页）
④ 孙诒让：《墨子间诂》，中华书局1986年版，第409页。

王大说"，但均不得其用，或"言无行"，或不能"用墨子之道"。更有甚者，有的弟子竟计较"五百盆"与"千盆"的待遇差距，置墨家学说的推行于不顾，有的弟子干脆"三从""项子牛三侵鲁地"而违背墨子"非攻"的初衷。总之，墨子的学说和理想通过"谈辩"出仕这条路没能实现。

其次，墨子的"谈辩"类弟子在被派出仕之前，肯定在墨子身边学习过较长时间，以掌握墨子的思想学说；而墨子在派人之前，也肯定会对所派弟子进行考察，认为他出仕会贯彻自己的学说，才会放心派出。但是，由以上所记诸位墨子弟子的行为和结局来看，除高石子的行为结局使墨子满意而称赞外，其余弟子都使墨子失望。这又说明，墨子教导这类弟子的方法存在着问题，即仅用"鬼监鬼察"诸说来控制面对纷纭社会和形形色色诱惑的出仕弟子①，是远远不够的。

最后，在外派弟子"谈辩"出仕时，墨子有一套整体规划，如让高石子仕卫前先"使管黔敖游高石子于卫"。这说明墨家学团在"谈辩"从政、推行学说时有周密的部署和统一的行动。

(二)"说书"者传播学说

"说书"类弟子的主要任务为传播和继承墨子学说，这里首先应讨论的是治徒娱和县子硕。《墨子·耕柱》："治徒娱、县子硕问于子墨子曰：'为义孰为大务？'子墨子曰：'譬若筑墙然，能筑者筑，能实壤者实壤，能欣者欣，然后墙成也。为义犹是也，能谈辩者谈辩，能说书者说书，能从事者从事，然后义事成也。'"②治徒娱和县子硕向墨子问"为义孰为大务"。"为义"是墨子向弟子多次强调的目标，治徒娱和县子硕欲做"为义"之"大务"，其雄心可嘉。而墨子以筑墙为比喻，强调"能谈辩者谈辩，能说书者说书，能从事者从事"，各尽其务，然后"然后义事成也"。那么治徒

---

① 由《墨子·鲁问》载曹公子仕宋"谨祭祀鬼神"却"人徒多死，六畜不蕃，身湛于病"的疑问看，墨子是用"鬼监鬼罚""天明天佑"诸说教导和控制出仕弟子的。
② 孙诒让：《墨子间诂》，中华书局1986年版，第390页。

娱和县子硕究竟"从事"了什么？

《吕氏春秋·尊师》："子张，鲁之鄙家也；颜涿聚，梁父之大盗也；学于孔子。段干木，晋国之大驵也，学于子夏。高何、县子石，齐国之暴者也，指于乡曲，学于子墨子。索卢参，东方之钜狡也，学于禽滑黎。此六人者，刑戮死辱之人也，今非徒免于刑戮死辱也，由此为天下名士显人，以终其寿，王公大人从而礼之，此得之于学也。"①县子石，陈其猷从孙诒让"硕、石"古通之说，认为他就是《墨子·耕柱》之县子硕。据《吕氏春秋·尊师》，县子硕原为乡里之"暴者"而遭众人指斥唾骂，但后来因师从墨子而"为天下名士显人，以终其寿，王公大人从而礼之"，其根本原因在于"得之于学也"。那么县子硕当是继承墨子学说的"说书"类弟子。治徒娱虽一同问于墨子，但史料有缺，不知他后来学到了何类学问，成为哪类墨家弟子。

墨子的"说书"类弟子应该还有弦唐子。以上就《墨子·贵义》所载讨论过，随从墨子南游使卫的弦唐子因墨子"关中载书甚多"，与公尚过从墨子那里听到的"揣曲直而已"的教导有违，故怪而问之。墨子解释"同归之物，信有误者。然而民听不钧"所以需要读书，但由于公尚过"数逆于精微。同归之物，既已知其要矣，是以不教以书也"。由此我们不但知道墨子教学生依据其具体情况和日后的发展需要或教以"知其要"而"不教以书"，或教以像周公旦那样"读书百篇"，而且我们还可由墨子的谆谆教导推出，墨子或许是欲将弦唐子培养成与公尚过不同类的弟子，故以读书相开导。如果此推测不误的话，弦唐子应是墨子的"说书"类弟子。

据《庄子·天下》"相里勤之弟子五侯之徒，南方之墨者苦获、已齿、邓陵子之属，俱诵《墨经》，而倍谲不同，相谓'别墨'；以'坚白''同异'之辩相訾，以觭偶不仵之辞相应；以巨子为圣人，皆愿为之尸，冀得为其

---

① 陈奇猷：《吕氏春秋校释》，学林出版社 1984 年版，第 205 页。

后世，至今不决"①云云，又据《元和姓纂》引《韩子》云相里勤曾"著书七篇"②。相里勤或许就是墨子的"说书"类弟子或"说书"类弟子的弟子。

《汉书·艺文志》"墨家者流"中载《我子》一篇，颜师古注："刘向《别录》云为墨子之学。"③我子既属"墨子之学"且有著作传世，或为墨子"说书"类弟子或"说书"类弟子的后学。《汉书·艺文志》"墨家者流"中又载《隋巢子》六篇"《胡非子》三篇"，班固均注曰"墨翟弟子"④；系墨子弟子且有著述传世，当为墨子的"说书"类弟子。

由上可知，分工从事"说书"类活动而传墨子之学的弟子有县子硕、隋巢子、胡非子，确定为墨子弟子而有可能从事"说书"的有弦唐子，确定从事"说书"即传播墨家之学而不能确定是墨子弟子还是弟子后学的有相里勤、我子。当然，无论是"谈辩"类弟子，还是"从事"类弟子，都应熟悉墨子学说，才能去从事墨子指派的工作。这里所考辨的墨子"说书"类弟子，应是那些专门从事记录和整理墨子言行思想，且能在弟子后学中教授、传播墨子思想学说的弟子们。从这一角度出发，后世见于记载的墨家巨子，如孟胜、田襄子、腹䵍都应是此类传人，不过他们应属墨子后学而非及门弟子。

（三）"从事"者制器守卫

墨子的"从事"类弟子，即那些从事器械制造、守城保卫的弟子，可能最早以禽滑釐为首。《墨子·公输》载公输盘与墨子演示攻守失败而欲杀墨子时，墨子曾说"臣之弟子禽滑釐等三百人，已持臣守圉之器，在宋城上而待楚寇矣。虽杀臣不能绝也"。墨子云"禽滑釐等三百人"，可见此类弟子之多；墨子云"持臣守圉之器"，禽滑釐率领的三百弟子当为此类

---

① 郭庆藩：《庄子集释》，中华书局1961年版，第1079页。
② 林宝：《元和姓纂》，《文渊阁四库全书》第890册，台湾商务印书馆1982年版，第603页。
③ 班固：《汉书》，中华书局1962年版，第1738页。
④ 班固：《汉书》，中华书局1962年版，第1738页。

"守圉之器"的制造、使用者，是墨子的"从事"类弟子；墨子云"在宋城上而待楚寇"，墨子的"从事"类弟子又能从事守城保卫诸事。

由于最初的墨子"从事"类弟子由禽滑釐带领，所以《墨子》的《备城门》以下十一篇，即所谓的"城守部分"所载的守城战略战术和守城器械的制造使用，都托于禽滑釐和墨子问答的形式。《墨子·备城门》："禽滑釐问于子墨子曰：'由圣人之言，凤鸟之不出，诸侯畔殷周之国，甲兵方起于天下，大攻小，强执弱，吾欲守小国，为之奈何？'子墨子曰：'何攻之守？'禽滑釐对曰：'今之世常所以攻者，临、钩、冲、梯、堙、水、穴、突、空洞、蚁傅、轒辒、轩车，敢问守此十二者奈何？'子墨子曰：'我城池修，守器具，推粟足，上下相亲，又得四邻诸侯之救，此所以持也。且守者虽善，而君不尊用之①，则犹若不可以守也。若君用之，守者又必能乎？守者不能而君用之，则犹若不可以守也。然则守者必善，而君尊用之，然后可以守也。'"②这一部分文字，可谓《墨子》"城守部分"的序言，强调城池防守首先需要"君用臣能"等"人和"要素，然后才是诸种防御战术和措施、器械。自此以下，墨子详细讲说防御十二种攻城方式的战术和防御措施、器械等。

《备城门》以下的各篇今存文字，当非一时之记，也非出自一人之手，因而格式不一，内容上也有所重复。如《备梯》开篇云："禽滑釐子事子墨子三年，手足骈胝，面目黧黑，役身给使，不敢问欲。子墨子甚③哀之，乃管酒块脯，寄于大山，昧莱坐之，以樵禽子。禽子再拜而叹。子墨子曰：'亦何欲乎？'禽子再拜再拜曰：'敢问守道？'子墨子曰：'姑亡，姑亡。古有亓术者，内不亲民，外不约治，以少间众，以弱轻强，身死国

---

① 张纯一《墨子集解》曰："而君不用之，从卢（文弨）校增；尊字，从王闿运本增。"（张纯一：《墨子集解》，成都古籍书店1988年版，第467页）

② 孙诒让：《墨子间诂》，中华书局1986年版，第450—453页。

③ "甚"原为"其"，从毕沅校改。（参见孙诒让：《墨子间诂》，中华书局1986年版，第497页）

亡，为天下笑。子其慎之，恐为身薑。'禽子再拜顿首，愿遂问守道。曰：'敢问客众而勇，堙①资吾池，军卒并进，云梯既施，攻备已具，武士又多，争上吾城，为之奈何？'子墨子曰：'问云梯之守邪？云梯者重器也，亓动移甚难……'"②此《备梯》篇在《备高临》篇与《备水》篇之间，依上下篇体例，当禽滑釐直接问如何备敌人云梯之攻，而此篇前却增加了禽滑釐"役身给使"与墨子"以樵禽子"诸叙述，体例不一，内容有所增饰，且与《备城门》开篇有所重复，与其前后篇当非出自一人一派之手。

由以上可看出墨子"从事"类弟子即那些从事器械制造、守城保卫诸事类弟子的特点。

首先，此类弟子擅长制造技艺、以器械制造为业。《墨子》之《备城门》以下各篇有大量守城器械的形制叙述和尺寸交代，如不是为了提供制造参数，是不会在讨论防守中交代得如此详尽的。《备城门》以下各篇所载"连弩车""转射机""藉车""县脾""累荅"等器械，大多厚大笨重，只能在现场制作，又需多人合作，由此可以推见墨家这类从事器械制造的弟子数量应是很多的。这类弟子的特点是具有手工艺技巧，有的还应具有数理知识。

其次，在制造这类防守器械时，应有规划者和指挥者。这类弟子不但懂得器械制造，而且应掌握测量、计算知识，还应精通制作这些器械所具备的数理知识。今存《墨经》四篇中，有诸多测量定理，如《经上》"平，同高也""同长，以正相尽也""中，同长也""圜，一中同长也"③等；也有诸多数学定理，如《经上》"倍，为二也""端，体之无序而最前者也"④等；还有诸多物理定理，如《经上》"力，形之所以奋也"⑤、《经下》"景二，

① "堙"原为"煙"，从王念孙校改。（参见王念孙：《读书杂志》，江苏古籍出版社 1985 年版，第 617 页）

② 孙诒让：《墨子间诂》，中华书局 1986 年版，第 497—499 页。

③ 孙诒让：《墨子间诂》，中华书局 1986 年版，第 280—281 页。

④ 孙诒让：《墨子间诂》，中华书局 1986 年版，第 282 页。

⑤ 孙诒让：《墨子间诂》，中华书局 1986 年版，第 284 页。

说在重"① 等。数理知识是测量、制造的基础知识。《墨经》中的这两类知识定理，或是墨家传承的前代知识，或是墨家制作经验的理论总结。总之，《墨经》中保存的这些测量定理、数学定理和物理定理，无疑是墨子的"从事"类弟子或后学所传播和记录下来的。墨子"从事"类弟子中的精英的特点是，具有高深的数理知识和测量知识等。他们是当时士人中掌握科技理论者。

再次，墨子的"从事"类弟子的另一工作重点是守城保卫。因此，他们不但应具有良好的身体素质，还应具有很好的军事素质，应会使用各种守城器械，即《墨子·公输》载墨子所说的"持臣守圉之器在宋城上而待楚寇"。这里需要讨论的是，墨子的"从事"类弟子是器械制作知识与守城军事技能兼具呢，还是其中一部分人从事器械制作、一部分人专管城池防守呢？墨子自称"贱人"，墨家集团的组成基础应是工匠，器械（包括生活生产器械和军事器械）制作应是他们的本业，而城池防守应是偶尔为之；再说，他们从事城池防守的优长也在于制作守城器械。因此，墨子"从事"类弟子的主要工作是从事器械制作，只是为了推行墨子的"非攻"学说，才间或制作守城器械而从事守城保卫工作。

最后，禽滑釐是墨子最著名的弟子，《庄子·天下》将其与墨翟相提并论，作为墨家学派的代表人物。② 其影响如此之大的原因大约有三：（1）他是墨家自苦精神的实行者，《墨子·备梯》云"禽滑釐子事子墨子三年，手足骈胝，面目黧黑，役身给使，不敢问欲"，他带头实行《庄子·天下》所记的"以自苦为极"的"墨子之道"；（2）他是墨家"从事"类弟子的首领，曾配合墨子止楚攻宋的游说而率墨徒三百人持"守圉之器在宋城上而待楚寇"（《墨子·公输》）；（3）他是墨子学说的承传人，据《墨子·备城门》等他曾向墨子问守御之术。据《吕氏春秋·仲冬纪》，他曾学于墨子又传

---

① 孙诒让：《墨子间诂》，中华书局1986年版，第295页。
② 参见郭庆藩：《庄子集释》，中华书局1961年版，第1072页。

学于许范，据《吕氏春秋·慎行》，又曾传学于索卢参。

四、墨子的游说止战活动

（一）墨子在鲁的论辩

墨子是墨家学派的创始人，是墨家学团的当然首领。他创立墨家学说、招收墨家门徒、教授学说理论、组织弟子游说，对墨学的创立与墨家学团的形成起了关键作用。以下就墨子创立学说时在鲁与多人的论辩作些分析。

就在外停滞的时间来说，墨子在鲁可能最长，所遗留下来的言行记录也就相对多一些。据《墨子·鲁问》，鲁君曾向墨子问过"吾恐齐之攻我"而如何救？墨子答"上者尊天事鬼，下者爱利百姓，厚为皮币，卑辞令，亟遍礼四邻诸侯，驱国而以事齐，患可救也"[1]，正如上文所述，由墨子所说的拯救外侵的措施看，这是墨子还没有形成"非攻"理论前的对话，发生在墨子救宋即前 444 年前。那么，《墨子·鲁问》与此连记的如下几则墨子在鲁的论辩，可能也是在自家学说没有成熟前发生的事情。

《墨子·鲁问》："鲁祝以一豚祭，而求百福于鬼神。子墨子闻之，曰：'是不可。今施人薄而望人厚，则人唯恐其有赐于己也。今以一豚祭，而求百福于鬼神，鬼神[2] 唯恐其以牛羊祀也。古者圣王事鬼神，祭而己矣。今以豚祭而求百福，则其富不如其贫也。'"[3]"鲁祝以一豚祭，而求百福于鬼神"，墨子以为"不可"的原因是"施人薄而望人厚"，而"古者圣王事鬼神"则仅"祭而己"。《礼记·礼器》"祭祀不祈"，郑玄注："祭祀不为求福也。"孔颖达正义："凡祭祀之礼，本为感践霜露思亲，而以设祭以存

---

① 孙诒让：《墨子间诂》，中华书局 1986 年版，第 428 页。

② 此"鬼神"二字原脱，从孙诒让校增。（参见孙诒让：《墨子间诂》，中华书局 1986 年版，第 438 页）

③ 孙诒让：《墨子间诂》，中华书局 1986 年版，第 438 页。

亲尔，非为就亲祈福报也。"① 由郑注、孔疏可见，"祭祀不为求福"是儒家的观点，而墨子却用与此相似的观念去评鲁祝的"以一豚祭而求百福"。这与《墨子·明鬼下》载墨子的观点相去较远。《墨子·明鬼下》载墨子曰："今吾为祭祀也，非直注之污壑而弃之也，上于交鬼神②之福，下以合欢聚众，取亲乎乡里。若神有，则是得吾父母弟兄而食之也，则此岂非天下利事也哉。"③ 墨子言"吾为祭祀"的目的在于"上于交鬼神之福，下以合欢聚众，取亲乎乡里"，颇具功利性，这与"祭祀不为求福"的儒家观念已相去较远。

由墨子评鲁祝所言与《墨子·明鬼下》载墨子所言这两者的差异可看出：其一，墨子以儒家"祭祀不为求福也"的观念评论"鲁祝以一豚祭"，似乎是墨子"学孔子之术"而尚未创立自己学说时的事情。由于这种评论与《墨子·明鬼》所载墨子观点相去很远，所以《史记·滑稽列传》才把相似的此类言论归之于淳于髡。④ 其二，墨子在鲁论鲁祝之祭，鲁地是孔子学说的大本营，由此则记载可以推断，墨子是在鲁先"学儒者之业，受孔子之术"，而后"以为其礼烦扰而不说，厚葬靡财而贫民，服伤生而害事，故背周道而用夏政"的。

下则记载，是墨子就行义方式在鲁国与人发生的辩论，它说明的问题与此相仿。《墨子·鲁问》："鲁之南鄙人有吴虑者，冬陶夏耕，自比于舜。子墨子闻而见之。吴虑谓子墨子曰⑤：'义耳义耳，焉用言之哉？'子

---

① 孔颖达：《礼记正义》，《十三经注疏》，中华书局 1980 年版，第 1434—1435 页。
② "神"字原脱，从苏时学校增。（参见孙诒让：《墨子间诂》，中华书局 1986 年版，第 226 页）
③ 孙诒让：《墨子间诂》，中华书局 1986 年版，第 226 页。
④ 《史记·滑稽列传》载齐威王以"金百斤，车马十驷"令淳于髡至赵请救兵时，淳于髡以"所持者狭而所欲者奢"云云谏之。见泷川资言等：《史记会注考证附校补》，上海古籍出版社 1986 年版，第 2004 页。
⑤ "曰"字原脱，从孙诒让校增。（参见孙诒让：《墨子间诂》，中华书局 1986 年版，第 226 页）

墨子曰：'子之所谓义者，亦有力以劳人、有财以分人乎？'吴虑曰：'有。'子墨子曰：'翟尝计之矣。翟虑耕而食天下之人矣，盛，然后当一农之耕，分诸天下，不能人得一升粟。籍而以为得一升粟，其不能饱天下之饥者，既可睹矣。翟虑织而衣天下之人矣，盛，然后当一妇人之织，分诸天下，不能人得尺布。籍而以为得尺布，其不能暖天下之寒者，既可睹矣。翟虑被坚执锐救诸侯之患矣①，盛，然后当一夫之战。一夫之战，其不御三军，既可睹矣。翟以为不若诵先王之道而求其说，通圣人之言而察其辞，上说王公大人，次匹夫徒步之士。王公大人用吾言，国必治。匹夫徒步之士用吾言，行必修。故翟以为虽不耕而食饥，不织而衣寒，功贤于耕而食之、织而衣之者也。故翟以为虽不耕织乎，而功贤于耕织也。'吴虑谓子墨子曰：'义耳义耳，焉用言之哉？'子墨子曰：'籍设而天下不知耕，教人耕与不教人耕而独耕者，其功孰多？'吴虑曰：'教人耕者，其功多。'子墨子曰：'籍设而攻不义之国，鼓而使众进战，与不鼓而使众进战而独进战者，其功孰多？'吴虑曰：'鼓而进众者，其功多。'子墨子曰：'天下匹夫徒步之士少知义，而教天下以义者功亦多，何故弗言也？若得鼓而进于义，则吾义岂不益进哉！'"②

"鲁之南鄙人"吴虑自耕自食，以此为大义；墨子主动与之争论，认为亲身耕而食、织而衣，不若"诵先王之道而求其说，通圣人之言而察其辞，上说王公大人，次匹夫徒步之士"，使"王公大人用吾言，国必治""匹夫徒步之士用吾言，行必修"的功效更大。这些观点，与《孟子·滕文公上》载孟子跟陈相辩论时所坚持的理由近似。《孟子·滕文公上》载孟子对陈相说："人之有道也，饱食暖衣，逸居而无教，则近于禽兽。圣人有忧之，使契为司徒，教以人伦，——父子有亲，君臣有义，夫妇有别，长幼有序，朋友有信。……圣人之忧民如此，而暇耕乎？尧以不得舜为己忧；

---

① "矣"字原脱，从孙诒让校增。（参见孙诒让：《墨子间诂》，中华书局1986年版，第226页）

② 孙诒让：《墨子间诂》，中华书局1986年版，第434—435页。

舜以不得禹、皋陶为己忧。夫以百亩之不易为己忧者，农夫也。分人以财谓之惠，教人以善谓之忠，为天下得人者谓之仁。是故以天下与人易，为天下得人难。"①

由墨子和孟子的辩词我们可以看出：其一，孟子坚持社会分工，强调"治人"与"治于人"的区别，这点墨子与之相似；孟子以"分人以财""教人以善""为天下得人"为治者之大事，墨子亦以"教人耕"为大义、"鼓而进于义"为重要事务，两者立足点亦相近。这应当是墨子"学儒者之业，受孔子之术"的结果；其二，墨子虽特别强调"教人"者之功，但并不轻视"一农之耕"与"一妇人之织"，他还将门徒分为"谈辩"者、"说书"者、"从事"者三类，这都表现出并不轻视"从事"者即手工劳动者的思想，这种思想观念又与孟子严格区分"治人"与"治于人"的做法有违，这似乎当是墨子思想与儒家学说发生分离时的事情；其三，墨子对吴虑说"籍设而攻不义之国，鼓而使众进战"者其功多，与《墨子·非攻》所载墨子反对一切攻战的观点也有出入。由此种种可见，墨子与吴虑的争辩，也可能是墨子尚未脱离儒学窠臼时发生的事。

但有可能是就在这些论辩发生稍后，墨子逐步脱离儒家而自创新说，名声渐高，因而引起了鲁君注意而垂询。《墨子·鲁问》："鲁君谓子墨子曰：'我有二子，一人者好学，一人者好分人财，孰以为太子而可？'子墨子曰：'未可知也。或所为赏与为是也。钓者之恭，非为鱼赐也；饵鼠以虫，非爱之也。吾愿主君之合其志功而观焉。'"②

由此问可见如下三点：其一，墨子所处的战国前期，宗法血缘制下的嫡长子继承制已经动摇，选贤任能也逐渐影响到君位继承，故而鲁君有此问。而鲁君以太子承位之大事问墨子，当是墨子已有相当社会名声之后的事。其二，面对鲁君之二子"一人者好学，一人者好分人财"云云之问，

---

① 杨伯峻：《孟子译注》，中华书局 1960 年版，第 125 页。

② 孙诒让：《墨子间诂》，中华书局 1986 年版，第 433—434 页。

墨子的回答却与后来《墨子》中记载的墨家一贯主张相异。《墨子·尚贤下》载墨子主张"为贤之道"的三大条件之一是"有财者勉以分人"①；《墨子·鲁问》载墨子主张"为义"的重要条件之一是"有财以分人"②。还有，《墨子·修身》中亦载墨子说"据财不能以分人者不足与友"③。墨子此答鲁君之问曰"愿主君之合其志功而观焉"，而没有直截了当地回答欣赏"有财以分人"者，与《墨子》载墨子的一贯主张有异，其原因与上载墨子回答鲁君"齐人攻"之问的答词一样，当是墨子创立墨家学说尚未完全成熟与定型时的事，其产生时间早。其三，这则记载又可说明，《墨子》中记述墨子社会政治学说的所谓《墨子》"十论"，即《尚贤》《尚同》《兼爱》《非攻》《节用》《节葬》《天志》《明鬼》《非乐》《非命》诸篇学说，当为墨子思想成熟时的后期学说，或者是墨子死后后学不断丰富的结果。

墨子在鲁名声日高，其评论日益引人注意。《墨子·鲁问》："鲁君之嬖人死，鲁君为之诔，鲁人因说而用之。子墨子闻之，曰：'诔者，道死人之志也。今因说而用之，是犹以来首从服也。'"④诔，《周礼·春官·大祝》"六曰诔"郑玄注引郑司农曰："诔，谓积累生时德行，依赐之命，主为其辞也。"⑤故《释名·释典艺》曰："诔，累也。累列其事而称之也。"⑥曹耀湘《墨子笺》："……此事见《礼记·檀弓篇》。县贲父卜国为鲁君御，因马惊败，赴敌而死之，鲁君庄公以其死非罪而诔之。士之有诔自此始。"⑦墨家主张薄葬短丧，丧事从简。《墨子·节葬下》曰"今唯无以厚

---

① 孙诒让：《墨子间诂》，中华书局 1986 年版，第 63 页。

② 孙诒让：《墨子间诂》，中华书局 1986 年版，第 434 页。

③ 孙诒让：《墨子间诂》，中华书局 1986 年版，第 9 页。又，《墨子》之《修身》篇的作者有争议，有的认为其中保存了部分墨家资料。（参见杨俊光：《墨子新论》，江苏教育出版社 1992 年版，第 38—40 页。今录此条仅供参考）

④ 孙诒让：《墨子间诂》，中华书局 1986 年版，第 432 页。

⑤ 贾公彦：《周礼注疏》，《十三经注疏》，中华书局 1980 年版，第 809 页。

⑥ 刘熙：《释名》，《丛书集成初编》，中华书局 1985 年版，第 101 页。

⑦ 曹耀湘：《墨子笺》，《无求备斋墨子集成》第 17 册，台湾：成文出版社 1975 年版，第 231 页。

葬久丧者为政，国家必贫，人民必寡，行政必乱"①，将厚葬久丧与国家人民大事联系在一起，表示出对丧葬繁礼仪的坚决反对，而此却载墨子仅批评"今因说而用之，是犹以来首从服也"，孙诒让注："以来首从服，言以狸驾车，明其不胜任也。"② 这与墨子后来所阐发的倡导"节葬"原因即"厚葬久丧者为政，国家必贫，人民必寡，行政必乱"不同，从中亦可见此论当是墨子创立墨家学说尚未完全成熟与定型时的事，其产生时间较早。

由以上材料及分析，我们可看出如下几点。

首先，墨子在鲁，正是其思想逐渐脱离儒家而自立学说的关键时期，从其在鲁与诸人的论辩中，从其在鲁发表的评论中，可看出墨子所创学说逐步完善的过程。《墨子·鲁问》载墨子批评"鲁祝以一豚祭，而求百福于鬼神"的理由是"施薄而望厚"，与《墨子·明鬼》所载墨子的论说距离很大；《墨子·鲁问》又载墨子批评"鲁之南鄙人有吴虑"倡导自耕自食的言论，与《孟子·滕文公上》载孟子对陈相的批评意思相近，这都应当是墨子"学孔子之术"后虽有所怀疑但而尚未创立自己学说时的事情。《墨子·鲁问》载鲁君就立太子之国家大事垂问，但墨子的回答与《墨子》所载墨家"有财以分人"的一贯主张有异；又载墨子就鲁君诛嬖人发表评论，与《墨子·节葬下》所阐发的"节葬"原因有所不同；这些，都应当是墨子创立墨家学说已赢得名声但其学说尚未完全成熟与定型时的事。由此我们可以推出，《淮南子·要略》所载"墨子学儒者之业"的地点可能是在鲁国，而其怀疑儒家学说从而自创新说的地点也应当是在鲁国。

其次，《墨子·鲁问》所载墨子在鲁的四次言行，与《墨子》"十论"所载墨子的成熟思想学说存有大大小小的差异；上节我们分析的墨子的早期思想学说，也与《墨子》"十论"所载的墨子的社会政治思想不完全一致。这说明《墨子》"十论"所反映的是墨家后期的成熟的思想学说，而《墨子》

---

① 孙诒让：《墨子间诂》，中华书局 1986 年版，第 162 页。

② 孙诒让：《墨子间诂》，中华书局 1986 年版，第 432 页。

之《耕柱》至《公输》五篇，则为墨子早期言行的记录。我们可进而推测，在"墨离为三"甚至更多派别的战国时期，既有相同内容但详略有异的墨子思想学说典籍在墨家派别中流传，也有墨子早期学说与晚期学说差异而导致的内容很不相同但主导精神有联系的墨子思想学说典籍在墨家派别中流传。而这两部分观点并不完全一致的材料合在一本书中，有可能是刘向整理《墨子》时所为，即刘向将几种与墨子言行或学说有关的书籍拼凑在一起加以整理而成《墨子》一书。

最后，以上墨子在鲁与人论辩的辩词，不论是批评"以一豚祭而求百福"也好，还是批评"重躬耕织而轻教人耕织"也好，其说辞中都明显带有儒家理论的色彩，似乎是刚刚从儒家分化出来时的事情。墨子从儒家学习，继承了儒家向往上古三代治理的历史观和先王仁义道德的伦理观，学习了儒家收徒讲学以传播思想的宣传方式和外出游说推行学说的为政方式，从而开始了墨家学团的游说止战活动。

（二）墨子的游说与止战活动

墨子在鲁由怀疑儒家学说而加以逐步改革，到逐步创立墨家学说。待墨子形成自己的理论体系后，便为了推行墨家学说，不断带领弟子外出游说。由现存材料看，墨子带领弟子到过齐、宋、楚、越、卫等地游说。

《墨子·贵义》："子墨子北之齐，过 ① 日者。日者曰：'帝以今日杀黑龙于北方，而先生之色黑，不可以北。'子墨子不听，遂北，至淄水，不遂而反焉。日者曰：'我谓先生不可以北。'子墨子曰：'南之人不得北，北之人不得南，其色有黑者有白者，何故皆不遂也？且帝以甲乙杀青龙于东方，以丙丁杀赤龙于南方，以庚辛杀白龙于西方，以壬癸杀黑龙于北方，若用子之言，则是禁天下之行者也。是围心而虚天下也，子之言不可用

---

① "过"原作"遇"，从毕沅、孙诒让校改。（参见孙诒让：《墨子间诂》，中华书局 1986 年版，第 410 页）

也。'"① 其文曰"子墨子北之齐"，是自南而往。据《墨子》所载，墨子曾游鲁、宋、楚、越、卫，其地皆在齐之南。但自宋、楚、越、卫之齐，应沿泰沂山脉西边沿至大清河南，循泰沂山脉北边沿而东至临淄，那便不会遇到淄水。但墨子若自鲁步行之齐，便会走近路，自穆陵关穿过泰沂山脉去临淄，一定要过淄水。淄水是一条季节河，夏天雨水多时便水势浩大，即如《战国策·齐策三》载苏秦所言，"至岁八月，降雨下，淄水至"②，徒步决不可涉，笔者少年在家乡临淄时尚如此。此载"遂北至淄水"，必是自鲁而往。日者以五方五色等阴阳五行学说阻拦墨子出行，墨子以"围心而虚天下"驳之。围心而虚天下，张纯一《墨子集解》曰："《广雅·释诂》'围，裹也'。此言人心所之，六合无碍，本无时地可分。若以占方自述，是自裹其心，即自裹其足，必致人事毫无进步，而天下为墟也。……此知墨子独能破除一切迷信，务自苦而为义。"③ 墨子倡"明鬼"，张纯一谓墨子"破除迷信"，实在言过其实；但其谓墨子意在为兴义而奔走，则于理为合。日者不理解墨子奔走行义的执著精神，故劝其不可"北"；后学明白墨子奔走行义的止战目的，故将此则故事记录下来。

另一则记载墨子之齐的故事或许与此有关联。《墨子·贵义》："子墨子自鲁即齐，过故人。谓子墨子曰：'今天下莫为义，子独自若而为义，子不若已。'子墨子曰：'今有人于此，有子十人，一人耕而九人处，则耕者不可以不益急矣。何故？则食者众，而耕者寡也。"今天下莫为义"，则子如劝我者也，何故止我？'"④ 此则记载明确言"墨子自鲁即齐"，又以"子不若已"相劝止，虽然与上则记载中日者劝阻墨子莫入齐的理由不同，但同样欲使墨子"不可以北"之齐，故而两则故事，似为墨子同一次自鲁之齐时发生的事件。墨子之"故人"因可怜墨子"自若而为义"而劝墨子

---

①　孙诒让：《墨子间诂》，中华书局 1986 年版，第 410—411 页。

②　诸祖耿：《战国策集注汇考》，江苏古籍出版社 1985 年版，第 564 页。

③　张纯一：《墨子集解》，成都古籍书店 1988 年版，第 433 页。

④　孙诒让：《墨子间诂》，中华书局 1986 年版，第 402—403 页。

"已";日者因墨子"黑"与所行之时日、方位不顺遂,故劝墨子"不可以北",都是不了解墨家的"死不旋踵"的献身精神所致。由此可推测这次墨子之行有可能是墨子在鲁刚刚创立学说,欲效孔子,欲北向齐发展①时的事情。这次之齐,不像救宋之楚时那样急急匆匆,与《墨子·鲁问》载"齐将伐鲁"而墨子说项子牛与"齐大王",当不为同时之事。

但墨子确实曾为了止齐攻鲁奔走过。《墨子·鲁问》:"子墨子使胜绰事项子牛。项子牛三侵鲁地,而胜绰三从。子墨子闻之,使高孙子请而退之……"②"项子牛三侵鲁地",孙诒让据《史记·六国年表》及《田齐世家》认为指"鲁元公十九年,齐伐鲁葛及安陵,二十年取鲁一城,穆公二年齐伐鲁取郕"事。③那么"项子牛三侵鲁地"当发生于前410年至前406年。因弟子胜绰没有完成非攻止战的使命,故墨子可能于此间亲至齐游说止战,亲说项子牛。

以下这则记载当发生于此时。《墨子·鲁问》:"齐将伐鲁,子墨子谓项子牛曰:'伐鲁,齐之大过也。昔者,吴王东伐越,栖诸会稽。西伐楚,葆昭王于随。北伐齐,取国子以归于吴。诸侯报其雠,百姓苦其劳,而弗为用,是以国为虚戾,身为刑戮也。昔者智伯伐范氏与中行氏,兼三晋之地。诸侯报其雠,百姓苦其劳,而弗为用,是以国为虚戾,身为刑戮也④。故大国之攻小国也,是交相贼也,过必反于国。'"⑤墨子说项子牛曰"大国之攻小国也,是交相贼也,过必反于国",不仅像墨子说楚勿攻

---

① 《史记·孔子世家》载孔子曾游齐,钱穆考曰35岁时,详见钱穆:《先秦诸子系年》,商务印书馆2001年版,第10—11页。又,孔子35岁前后正是其经学观念由重历史向重教化转变的关键时期,详见郑杰文《上博藏战国楚竹书〈诗论〉作者试测》,《文学遗产》2002年第4期;重教化的经学观念促使孔子社会政治观念的改变,故至齐求发展。

② 孙诒让:《墨子间诂》,中华书局1986年版,第440页。

③ 参见孙诒让:《墨子间诂》,中华书局1986年版,第440页。

④ "也"前原有"用是"二字,从王念孙校删。参见王念孙:《读书杂志》,江苏古籍出版社1985年版,第608页。

⑤ 孙诒让:《墨子间诂》,中华书局1986年版,第428—429页。

宋时那样多以"义"说之，而且以"过必反于国"的数件历史事实证明其失败失利，即也以"利"说之，表现了墨子游说止战学说的逐步缜密，与《墨子·非攻中》"今师徒唯毋与起"，使"百姓死者，不可胜数"，使"丧师尽不可胜计"是"夺民之用，废民之利"[1]诸说相合，由此可推测其游说时间当在止楚攻宋，即游说中表现出非攻理论成熟之以后。前已提及，钱穆考证墨子止楚攻宋发生在楚惠王四十五年即前444年。又，孙诒让从《史记》载谓"项子牛三侵鲁地"发生在前410年至前406年。由我们以上考证的墨子游说止战说辞内容的演进看，钱考、孙考时间之先后当无问题。

见于《墨子》记载的墨子说齐止战还有另一次。《墨子·鲁问》："子墨子见齐大王曰：'今有刀于此，试之人头，倅然断之，可谓利乎？'大王曰：'利。'子墨子曰：'多试之人头，倅然断之，可谓利乎？'大王曰：'利。'子墨子曰：'刀则利矣，孰将受其不祥？'大王曰：'刀受其利，试者受其不祥。'子墨子曰：'并国覆军，贼杀百姓，孰将受其不祥？'大王俯仰而思之，曰：'我受其不祥。'"[2]此次墨子说齐止战的理由是"受其不祥"，与《墨子·鲁问》载墨子说鲁阳文君勿攻郑的理由为是否"顺于天之志"、是否代替"天加诛"相似，都是以"天志""鬼罚"为说。我们在前面已考证，墨子的非攻学说，在晚年才与天志说结合起来。那么此次说齐发生在什么时候？此记墨子此次游说对象是"齐大王"，考魏齐"徐州相王"而齐始称"王"在前334年[3]；但吴起于前381年死时，墨家已由巨子孟胜执掌，当时墨子已辞世，由此可知墨子游说之"齐大王"非指真正称过王的齐威王及以下诸王；由姬周族曾追称古公亶父以下诸公曰"王"可见，田齐也有可能追尊被周王立为诸侯的田齐太公以下诸君曰"王"，而为记录墨子言行学说的后学所称用；但齐威王以下诸王是决不会追尊姜齐诸君曰"王"

① 孙诒让：《墨子间诂》，中华书局1986年版，第121页。
② 孙诒让：《墨子间诂》，中华书局1986年版，第429—430页。
③ 参见郑杰文：《中国古代纵横家论》，山东人民出版社1995年版，第156—160页。

的。据《史记·田齐世家》及《六国年表》，周安王十三年即前389年齐太公田和被周王立为诸侯；自此至前381年吴起死前，齐攻鲁见于记载者仅一次，即《史记·六国年表》载周安王十七年（前385年）齐"伐鲁，破之"①。准此，墨子游说之"齐大王"最早当指田齐太公。那么，墨子游说之"齐大王"事当发生于前385年。此系墨子晚年之事，故在止战说辞中有"天志鬼罚"内容。

齐之外，墨子曾辞越王之请、之封，已见上引《墨子·鲁问》"子墨子游公尚过于越"章。

齐、越之外，墨子曾仕于宋。《史记·孟子荀卿列传》："盖墨翟，宋之大夫。"②《汉书·艺文志》："《墨子》七十一篇。"班固注："名翟，为宋大夫。"③裴骃《史记集解》将此事与《墨子·公输》所记墨子止楚攻宋事联系起来，但由《墨子·公输》"子墨子归，过宋，天雨，庇其闾中。守闾者不内也"之"过宋"及"守闾者不内"看，是此时墨子尚未仕宋。或者宋由此知墨子之重要，因而请其仕宋，亦未可知。

齐、越、宋之外，墨子曾"南游使卫"，已见上引《墨子·贵义》"子墨子南游使卫，关中载书甚多"章。既言"使卫"，当受派遣，此或在仕宋之时。

墨子在卫，曾与卫之公良桓子讨论过节用与养士问题。《墨子·贵义》："子墨子谓公良桓子曰：'卫，小国也，处于齐晋之间，犹贫家之处于富家之间也。贫家而学富家之衣食多用，则速亡必矣。今简子之家，饰车数百乘，马食菽粟者数百匹，妇人衣文绣者数百人。吾取饰车、食马之费与绣衣之财以畜士，必千人有馀。若有患难，则使百人处于前，数百于后。与妇人数百人处前、后，孰安？吾以为不若畜士之安也。'"④公良桓子事迹，

---

① 泷川资言等：《史记会注考证附校补》，上海古籍出版社1986年版，第418页。

② 转引自泷川资言等：《史记会注考证附校补》，上海古籍出版社1986年版，第1434页。

③ 班固：《汉书》，中华书局1962年版，第1738页。

④ 孙诒让：《墨子间诂》，中华书局1986年版，第408页。

在今存先秦两汉文献中① 仅见于《墨子》此条记载，苏时学推测云"盖卫大夫"②。卫大夫公良桓子忧卫之处于齐、晋两强国之间，恐遭并吞，故问计于墨子。墨子所出计有二，一为节俭以储财，二为储财以养士。这种思想，是对墨家节用说和非攻说的发挥，可补《墨子》"十论"之不足。今存《节用》上、中及《非攻》上、中、下均不论节俭以储财、储财以养士诸事，或为流传中所佚。这也是"《墨子》之《耕柱》五篇"的独特资料价值所在。

齐、越、宋、卫之外，墨子还曾游楚见过楚惠王。《墨子·贵义》："子墨子南游于楚，献书惠王③，惠王以老辞，使穆贺见子墨子。子墨子说穆贺，穆贺大说，谓子墨子曰：'子之言则成善矣，而君王，王天下之大王也，毋乃曰"贱人之所为"而不用乎？'子墨子曰：'唯其可行。譬若药然，草之本，天子食之以顺其疾，岂曰"一草之本"而不食哉？今农夫入其税于大人，大人为酒醴粢盛，以祭上帝鬼神，岂曰"贱人之所为"而不享哉？故虽贱人也，上比之农，下比之药，曾不若一草之本乎？且主君亦尝闻汤之说乎？昔者汤将往见伊尹，令彭氏之子御。彭氏之子半道而问曰："君将何之？"汤曰："将往见伊尹。"彭氏之子曰："伊尹，天下之贱人也。若君欲见之，亦令召问焉，彼受赐矣。"汤曰："非女所知也。今有药此，食之则耳加聪，目加明，则吾必说而强食之。今夫伊尹之于我国也，譬之良医善药也。而子不欲我见伊尹，是子不欲吾善也。"因下彭氏之子，不使御。彼苟然，然后可也。'"④

由此记载我们可以看出：其一，楚惠王于前488年即位，前432年去世，在位57年。墨子见惠王献书以求用，"惠王以老辞"，时当惠王晚年。

① 此"先秦两汉主要典籍及注疏"指《十三经注疏》及《诸子集成》中先秦两汉诸书。
② 参见孙诒让：《墨子间诂》，中华书局1986年版，第408页。
③ "献书惠王"，本作"见楚献惠王"，下句"惠王"原作"献惠王"，均从毕沅、苏时学、孙诒让校改。（参见孙诒让：《墨子间诂》，中华书局1986年版，第403页）
④ 孙诒让：《墨子间诂》，中华书局1986年版，第403—404页。

又从《墨子·公输》载墨子止楚攻宋时欲面说楚惠王而求公输引见看，墨子在其前当未见过楚惠王，那么墨子献书楚惠王之时当在其后。而据钱穆考证，墨子救宋发生在楚惠王四十五年即前444年。① 墨子见惠王献书当发生于前444年至前432年间。抑或就在前444年墨子止楚伐宋成功而随之献书以求推行政治理想，但楚惠王未得伐宋而心存芥蒂，故"以老辞"而未用墨子学说。其二，"墨子说穆贺，穆贺大说"，并推测楚惠王"不用"墨子言的原因为"贱人之所为"。将"贱人之所为"与墨子所献之书联系在一起，由此推测墨子所献书中讲的是平民主张。而今存《墨子》中的"节用""非乐""节葬""尚贤""兼爱"等主张确具平民色彩，那么墨子所献书的主要社会政治观点当与今存《墨子》"十论"中部分的社会政治论说应该是相似的。则墨子在世时，就已有与今本《墨子》"十论"相似的论说著之于竹帛，这或许就是《庄子·天下》提到的"相里勤之弟子五侯之徒，南方之墨者苦获、已齿、邓陵子之属"所俱诵的"墨经"。

另外，墨子晚年还曾游说过楚之鲁阳文君。上引《墨子·鲁问》"鲁阳文君将攻郑，子墨子闻而止之，谓鲁阳文君曰……"② 云云，及《墨子·鲁问》"子墨子谓鲁阳文君曰：'攻其邻国，杀其民之，取其牛马粟米货财，则书之于竹帛，镂之于金石，以为铭于钟鼎……'"③ 云云，都是游说楚之鲁阳文君勿攻郑的说辞。钱穆驳孙诒让、梁启超诸说而定墨子游说鲁阳文君在周安王八、九年④，即前394年或者前393年。这已到了墨子晚年，故而说辞中有了"天志鬼罚"内容。

下则记述的事件也应当发生于此时。《墨子·耕柱》："子墨子谓鲁阳文君曰：'今有一人于此，羊牛刍豢，雍⑤ 人但割而和之，食之不可胜食也，

---

① 参见钱穆：《先秦诸子系年》，商务印书馆2001年版，第159—162页。
② 孙诒让：《墨子间诂》，中华书局1986年版，第430页。
③ 孙诒让：《墨子间诂》，中华书局1986年版，第431页。
④ 参见钱穆：《先秦诸子系年》，商务印书馆2001年版，第207—209页。
⑤ "雍"，原作"维"，从孙诒让校改。（参见孙诒让：《墨子间诂》，中华书局1986年版，第399页）

见人之作饼，则还然窃之，曰"舍余食"。不知甘肥①安不足乎？其有窃疾乎？'鲁阳文君曰：'有窃疾也。'子墨子曰：'楚四竟之田，旷芜而不可胜辟；呼虚②数千，不可胜入③。见宋、郑之闲邑，则还然窃之，此与彼异乎？'鲁阳文君曰：'是犹彼也，实有窃疾也。'"④史无鲁阳文君主持攻宋之记载，"宋、郑之闲邑"之"宋"字，当后人因墨子止楚攻宋事而误增。以"有窃疾"游说人君勿攻侵，是墨子的一贯做法，墨子止楚攻宋时已用过。此乃以"义"游说止战。

　　另一则墨子与鲁阳文君关于丧葬风俗的记载，实与非攻止战有关。《墨子·鲁问》："鲁阳文君语子墨子曰：'楚之南，有啖人之国者⑤，其国之长子生，则解⑥而食之，谓之宜弟。美，则以遗其君，君喜则赏其父。岂不恶俗战？'子墨子曰：'虽中国之俗，亦犹是也。杀其父而赏其子，何以异食其子而赏其父者哉？苟不用仁义，何以非夷人食其子也？'"⑦楚南啖人之国食子之俗，《墨子·节葬下》作"昔者越之东有輆沐之国者，其长子生则解而食之，谓之宜弟"⑧，《后汉书·南蛮传》则属之于"交趾西啖人国"。盖异域之异俗，中原人异而传之，故版本众多，此则不论。而墨子由鲁阳文君所讲之楚南啖人之国食子之俗而论述到"虽中国之俗……杀其父而赏其子"，即将驱人民攻战、死而赏其子孙的赏战政策，归结为"不

---

① "甘肥"，原作"日月"，从曹耀湘校改。（参见曹耀湘：《墨子笺》，《无求备斋墨子集成》第 17 册，台湾成文出版社 1975 年版，第 213 页）

② "呼虚"，原作"靈"，从孙诒让校改。（参见孙诒让：《墨子间诂》，中华书局 1986 年版，第 399—400 页）

③ "入"字原脱，从孙诒让校补。（参见孙诒让：《墨子间诂》，中华书局 1986 年版，第 400 页）

④ 孙诒让：《墨子间诂》，中华书局 1986 年版，第 399—400 页。

⑤ "者"下原有"桥"字，从曹耀湘校删。（参见曹耀湘：《墨子笺》，《无求备斋墨子集成》第 17 册，台湾：成文出版社 1975 年版，第 231 页）

⑥ "解"，原作"鲜"，从毕沅、孙诒让等校改。（参见孙诒让：《墨子间诂》，中华书局 1986 年版，第 432 页）

⑦ 孙诒让：《墨子间诂》，中华书局 1986 年版，第 432 页。

⑧ 孙诒让：《墨子间诂》，中华书局 1986 年版，第 170—171 页。

用仁义"而与"夷人食其子"之陋俗同，旨在抨击战争奖赏制度，与他宣传非攻止战有关。

由以上所考可见，墨子游说鲁阳文君勿攻郑已在墨子晚年，故而墨子止战的游说方式已经成熟。其一，先晓之以"义"。如前引墨子说鲁阳文君勿攻郑，先以"窃一犬一彘，则谓之不仁；窃一国一都，则以为义"，即以是否合"义"劝说之；如此引墨子游说鲁阳文君勿攻郑以"有窃疾"游说之。战国前期，私田大增带来的社会改革正在进行，旧的法规被新执政者部分弃置，社会秩序出现部分无序化状态，故盗窃公行。这种经济无序化所引发的盗窃，遭到世人的一致反对，谓之"不义"，故墨子以此游说止战。其二，墨子游说止战，次说之以利。如前引墨子说鲁阳文君勿攻郑，以"今使鲁四境之内，大都攻其小都，大家伐其小家，杀其人民，取其牛马狗豕布帛米粟货财"的利害劝说之；如此引墨子游说鲁阳文君勿攻郑，以"农夫不得耕，妇人不得织"似"童子之为马"游说之。国家强大、足以攻人的首要条件是经济实力大发展，故墨子以攻人以妨害自己国内的农耕蚕织游说止战。其三，墨子游说止战，最后以"天志"警示。如前引墨子说鲁阳文君勿攻郑，以"今举兵将以攻郑，天诛其不至乎"威警之。墨家重提"天志""天罚""鬼督""神察"的观念，目的在于恢复夏、殷时的天帝鬼神权威，以此来威慑脱离宗教礼仪管束而恣意胡为的新兴执政者。

除游说鲁阳文君勿攻郑外，墨子与鲁阳文君还有其他方面的对话。《墨子·鲁问》："鲁阳文君谓子墨子曰：'有语我以忠臣者，令之俯则俯，令之仰则仰；处则静，呼则应；可谓忠臣乎？'子墨子曰：'令之俯则俯，令之仰则仰，是似景也。处则静，呼则应，是似响也。君将何得于景与响哉？若以翟之所谓忠臣者，上有过则微之以谏，己有善则访之上而无敢以告外，匡其邪而入其善，尚同而无下比。是以美善在上而怨雠在下，安乐在上而忧戚在臣。此翟之所谓忠臣者也。'"[1]

---

① 孙诒让：《墨子间诂》，中华书局1986年版，第432—433页。

此所记墨子之语，似涉及墨家的"尚同"理论。《墨子·尚同中》载墨子借"天子发政施教"之言而曰"凡闻见善者，必以告其上；闻见不善者；亦必以告其上。上之所是，亦必是之；上之所非，亦必非之。已有善，傍荐之。上有过，规谏之。尚同义其上，而毋有下比之心。上得则赏之，万民闻则誉之"[1]云云，似是此处墨子所言"翟之所谓忠臣者，上有过则微之以谏，己有善则访之上，而无敢以告外，匡其邪而入其善，尚同而无下比。是以美善在上而怨雠在下，安乐在上而忧戚在臣"的发挥，似乎是墨子不同弟子在不同场合所闻墨子同一论题的详略不同的讲说的记录。那么，日本学者渡边卓所讲的，《尚同》作成时代约在秦帝国兴盛时（下限在前 210 年），这一阶段的中心口号是尚同，顺应天子独尊体制需要，同时为限制此一体制又提出天志及其为之辅佐的非命和明鬼说云云[2]，便不甚可靠。应当指出，渡边卓不像其前的研究者那样，把墨家思想当作一个固定不变的整体来提出一中心学说而分析其他学说与此之关系，而是用发展的观点去考察墨家思想学说的形成过程，分初、中、末期考察墨家不同阶段的不同学说重心，由此而串联《墨子》"十论"诸说，从而勾画墨家学说发展的逻辑过程，给后人研究提供了一条可以参考的思路。但渡边卓没有结合社会形势去考察墨家各阶段学说生成的必然性，没有结合他家诸子的论述去考证墨家各阶段学说的生成时间，给人以无根之感。依据形势需要而产生某种思想学说的推测多于文献资料实证，是渡边卓研究墨学的方法论优长，也是渡边卓研究墨学的缺陷。

由上述墨子游说鲁阳文君诸记述可看出：其一，墨子与鲁阳文君的对话，在《墨子》中记有 7 则，涉及止战、御臣、识物、风俗等方面，关乎墨家的非攻、尚同、丧葬、认识方法等理论，似乎墨子在鲁阳停滞颇久；其二，墨子游说鲁阳文君勿攻郑，晓之以义，示之以利，警之以天志，是

---

[1]　孙诒让：《墨子间诂》，中华书局 1986 年版，第 72—73 页。

[2]　参见［日］渡边卓：《古代中国思想的研究——〈孔子传的形成〉和儒墨集团的思想和行动》，日本创文社 1973 年版，第 471—551 页。

墨子晚年事，故而墨子止战的游说方式已经成熟。钱穆考证驳孙诒让、梁启超诸说而定墨子游说鲁阳文君在周安王八、九年①，即前394年或前393年。而墨子卒年，孙诒让定在"卒于安王之季"，周安王卒于前376年；梁启超定在前390年至前382年；方授楚定在前403年；胡适定在前425年至前416年。②各有理由。据《吕氏春秋·上德》，吴起死时孟胜已为墨家巨子，当是墨子已辞世，吴起死于前381年，故梁启超说为最近情理。其三，墨子故后，有孟胜为墨家巨子，因"受人之国，与之有符"而与弟子百八十余人死之，另嘱田襄子为墨家巨子③，时在前381年，与梁启超所考墨子辞世相接。由上述三点可以认为：墨子晚年除少数时间外出游说外，一直留居于鲁阳，率墨家学团助鲁阳文君防守，而阻止鲁阳文君借墨子学团攻郑；墨子死于鲁阳，故其所嘱之巨子孟胜继承其遗志，仍留在鲁阳助鲁阳文君防守，而后演出了一百八十余人集体自杀的悲剧。

五、墨家学团的思想信仰、组织纪律和经济制度

墨家学团是一个有严密组织纪律、行动统一化、经济一体化的半军事学术团体；成员遵守统一的纪律，遵奉同一个领袖，信奉同一种学说。

（一）墨家学团的思想信仰

就思想信仰来说，墨家学团成员统一信奉墨家学说，并以推行墨家学说为第一要务。《墨子·鲁问》载"公尚过说越王，越王大说"，欲使公尚过招请墨子至越而以"故吴之地方五百里，以封子墨子"。"公尚过许诺"，"以迎子墨子于鲁"。但墨子首先关心的是越王可否推行墨家学说，而不在乎是否有封地，明确表示态度，"谓公尚过曰：'子观越王之志何若？意

① 参见钱穆：《先秦诸子系年》，商务印书馆2001年版，第207—209页。
② 参见杨俊光：《墨子新论》，江苏教育出版社1992年版，第12—14页。
③ 参见陈奇猷：《吕氏春秋校释》，学林出版社1984年版，第1257—1258页。

越王将听吾言，用我道，则翟将往，量腹而食，度身而衣，自比于群臣，奚能以封为哉！抑越王不听吾言，不用吾道，而吾往焉，则是我以义粜也。均之粜，亦于中国耳，何必于越哉！'"①不但墨子如此，弟子们亦效仿，《墨子·耕柱》载高石子在卫，"卫君致禄甚厚，设之于卿"，高石子也尽职尽责，"三朝必尽言"，但卫君并不采纳他的建议，因而使高石子之言"无行者"。所以高石子回到墨子身边，说"石三朝必尽言，而言无行，是以去之也"，并解释说"今卫君无道，而贪其禄爵，则是我为苟陷人长也"。此一举动使得墨子极为赏识，马上"召子禽子曰：'姑听此乎！夫倍义而乡禄者，我常闻之矣。倍禄而乡义者，于高石子焉见之也。'"②从这两则记载中，我们可看出如下三点。

首先，推行学说，是学团成员的第一要务。墨子被招请，首先关心的不是"故吴之地方五百里以封"，而是"听吾言，用我道"。弟子们被派往某诸侯国为官，首先是做到"三朝必尽言"，时刻不忘宣传墨家思想学说。至于官位与俸禄，他们都放在次要位置。

其次，封地与禄位也不是墨家学团不考虑的问题。因为：其一，要维系学团的发展，不能没有经济基础。《墨子·耕柱》载耕柱在楚为官"而遗十金于子墨子……愿夫子之用也"③。此所谓"夫子之用"，当非墨子自用，而是学团之公用，所以墨子才以此回应其前的"（墨家学团）二三子复于子墨子曰：'耕柱子处楚无益矣！二三子过之，食之三升，客之不厚'"，而曰"果未可智也"④。其二，要游说诸侯，必须有相当的资金。《战国策·秦策一》载苏秦游秦，"说秦王，书十上而说不纳，黑貂之裘弊，黄金百镒尽，资用乏绝，去秦而归"；⑤"资用乏绝"即不能游说。苏秦时

---

① 孙诒让：《墨子间诂》，中华书局1986年版，第436页。

② 孙诒让：《墨子间诂》，中华书局1986年版，第395—397页。

③ 孙诒让：《墨子间诂》，中华书局1986年版，第391页。

④ 孙诒让：《墨子间诂》，中华书局1986年版，第391页。

⑤ 诸祖耿：《战国策集注汇考》，江苏古籍出版社1985年版，第119页。

代虽略晚于墨家弟子，但情景相差不会太多。

最后，先"思想推行"后"封地禄位"的关系，并非所有墨家学团成员都能摆正。公尚过因越王欲给墨子封地"方五百里"，因而"许诺""以迎子墨子于鲁"。高石子无视"致禄甚厚，设之于卿"的待遇，因"卫君无道"使所进墨家之言"无行者"而辞官回学团，墨子招大弟子"禽子"来当面赞扬，说"人倍义而乡禄者，我常闻之矣。倍禄而乡义者，于高石子焉见之也"，其意在推行这种精神，而其背后所隐含的应是此一精神、此种举动的缺乏，故墨子曰"人倍义而乡禄者，我常闻之矣"；否则，若此为学团成员的正常行为，墨子是不会招弟子来大加宣扬的。"思想推行"与"封地禄位"两者之间关系的错位，与墨家集团由最初的"除强扶弱"而在战国后期发展到依附强国有很大关系。

除学说信仰外，应予指出的是墨家的"巨子"信仰。《墨子》书中，提到墨子时皆称"子墨子"，有时也称禽滑釐为"子禽子"，但自墨子临终前所托墨家首领孟胜起，却转称"巨子"。墨家内部的此等称呼，我们很难以通用的上古汉语词义去界定，但我们可用墨徒对他们的不同态度来考察其地位与威望。《墨子·公孟》载："有游于子墨子之门者，身体强良，思虑徇通，欲使随而学。子墨子曰：'姑学乎，吾将仕子。'劝于善言而学。其年，而责仕于子墨子。"[①] 又载："有游于子墨子之门者，谓子墨子曰：'先生以鬼神为明知，能为祸人哉福。为善者富之，为暴者祸之。今吾事先生久矣，而福不至。意者先生之言有不善乎？鬼神不明乎？我何故不得福也？'"[②] 不仕者可"责仕于子墨子"，"游于子墨子之门者"因"事先生久矣而福不至"可怀疑"先生之言有不善乎"，他们仅把墨子当作一位导师，并没有把墨子当作圣人、先知来崇拜。

但到了"巨子"时代，情况发生了截然相反的变化。《庄子·天下》载：

---

① 孙诒让：《墨子间诂》，中华书局 1986 年版，第 423 页。

② 孙诒让：《墨子间诂》，中华书局 1986 年版，第 424—425 页。

"相里勤之弟子五侯之徒，南方之墨者苦获、已齿、邓陵子之属，……以巨子为圣人，皆愿为之尸，冀得为其后世，至今不决。"① 不但以"巨子为圣人"，而且"皆愿为之尸，冀得为其后世"，这就不仅是思想上的崇尚，而且有些宗教崇拜意味了。由墨子在世时的弟子埋怨与质疑，到"巨子"时代的墨徒"皆愿为之尸"，墨家学团的性质由学术而至于兼宗教性质。由这一兼宗教性质的"巨子"时代的墨家集团的内部结构可以推想，墨家"明鬼"论中的"鬼监鬼罚"思想，作为劝善惩恶的戒条来规劝世人，虽在墨子时代就产生了，但在墨家集团内部推广以作为维系内部的纽带，应是墨家"巨子"时代的事情。

统一信奉墨子创立的墨家学说，并以推行墨家学说为第一要务，是墨家学团得以存在并发展的思想基础。由墨子时代墨家成员仅把墨子当作一位导师，到巨子时代墨家成员以"巨子为圣人"，是墨家集团内部管理体制的变化。

（二）墨家学团的内部体制和组织纪律

墨家学团成员以推行墨家学说为第一要务，由此而使得墨家各类弟子从事不同的实践活动。为推行墨家的社会政治理想，"谈辩"类弟子游说诸侯、出仕为官；为发展和传递墨家学说，"说书"类弟子记录和整理墨子言行思想，在弟子后学中教授、传播墨子学说；为推行"兼爱""非攻"思想，"从事"类弟子研究守御器械、帮助诸侯守城卫地。而各类弟子的分工搭配、各类弟子内部的行动策划，都有统一的规划和指挥。今以"谈辩"类弟子游说诸侯为例来看，墨家弟子无论是在游说诸侯而为官前，还是在诸侯国为官时，抑或在离开诸侯国时，都由墨家学团统一策划行动。

在外派弟子"谈辩"出仕时，墨子都有整体规划，这就是某人仕于某国由学团统一指派，出仕前往往先派相关人员前去游说铺垫。《墨子·耕

---

① 郭庆藩：《庄子集释》，中华书局 1961 年版，第 1079 页。

柱》"子墨子游耕柱子于楚"毕沅注:"游,谓游扬其名而使之仕。"① 这种欲仕某弟子而先派人"游扬其名而使之仕"的做法,说明了墨家学团在外派"谈辩"从政弟子时,都有周密的部署和统一的行动计划。

被外派的弟子在诸侯国的为官和行动,也受到墨家学团的掌控。如《墨子·耕柱》载:"子墨子游耕柱子于楚",但墨家"二三子过之"时耕柱却待之"不厚",惹得"二三子"回学团后向墨子告状说"耕柱子处楚无益矣"②。

在被外派的弟子离开诸侯国时,要回学团报告而得到许可。《墨子·鲁问》:"子墨子使胜绰事项子牛。项子牛三侵鲁地,而胜绰三从。子墨子闻之,使高孙子请而退之,曰:'我使绰也,将以济骄而正嬖也。今绰也,禄厚而谲夫子。夫子三侵鲁,而绰三从,是鼓鞭于马靳也。翟闻之,言义而弗行,是犯明也。绰非弗之知也,禄胜义也。'"③ 墨子弟子胜绰事项子牛,是因墨子"使绰也";而胜绰有违使命,不但没有对项子牛"济骄而正嬖",非攻止战,反而在"项子牛三侵鲁地"时"三从"之;胜绰"非弗之知也",不是不知道兼爱非攻学说,也不是不知道派他前去"事项子牛"的初衷,而却因"禄胜义"而"犯明",因而墨子"使高孙子请而退之"。

而学团中的"从事"类弟子,因其主要任务是帮助被侵略者守城卫地,其组织和行动都带有军事化性质,更是听从墨家学团的统一部署,服从首领的统一指挥。

使墨家学团内部服从统一部署、听从统一指挥的得力措施是学团内部的维系手段。由先秦文献记载可见,墨家学团内部的维系手段经过了榜样力量、"准宗教信仰"到严明法纪的三阶段变化。

在墨子时代,墨家学团的维系手段主要是在榜样力量感召下学团成员的自觉自律。《庄子·天下》曾涉及这一问题,说:"今墨子独生不歌,死

---

① 孙诒让:《墨子间诂》,中华书局1986年版,第391页。
② 孙诒让:《墨子间诂》,中华书局1986年版,第391页。
③ 孙诒让:《墨子间诂》,中华书局1986年版,第440页。

不服，桐棺三寸而无椁，以为法式。以此教人，恐不爱人；以此自行，固不爱己。末^①败墨子道，虽然，歌而非歌，哭而非哭，乐而非乐，是果类乎？其生也勤，其死也薄，其道大觳；使人忧，使人悲，其行难为也，恐其不可以为圣人之道，反天下之心，天下不堪。墨子虽独能任，奈天下何！"^②正是墨子的这种自苦精神和榜样行为，使弟子们自觉地围绕在墨子周围，维护墨家思想学说，为墨家理想而献身。

在墨子去世后的"巨子"时代，墨家学团经过了由"准宗教信仰"到严明法纪的阶段性变化。在公孟为巨子的时代，维系手段在榜样力量之外又增添了宗教信仰。《吕氏春秋·上德》载："墨者巨子孟胜，善荆之阳城君。阳城君令守于国，毁璜以为符，约曰：'符合听之。'荆王薨，群臣攻吴起，兵于丧所，阳城君与焉，荆罪之。阳城君走，荆收其国。孟胜曰：'受人之国，与之有符。今不见符，而力不能禁，不能死，不可。'……徐弱曰：'若夫子之言，弱请先死以除路。'还殁头于前^③。孟胜因使二人传巨子于田襄子。孟胜死，弟子死之者百八十。二人^④以致令于田襄子，欲反死孟胜于荆，田襄子止之曰：'孟子已传巨子于我矣，当听。'遂反死之。墨者以为不听巨子，不察。严罚厚赏，不足以致此。今世之言治，多以严罚厚赏，此上世之若客也。"^⑤之所以能让弟子一百八十余人一同自杀以殉"墨家之道"，仅仅有感召和纪律可能是不够的，至少它不能使徐弱自请"先死以除路"而"还殁头于前"，不能使传信而被新巨子制止自杀的"二弟子"心甘情愿地再返回鲁阳自杀。这些心甘情愿地抛却珍贵生命的诸种

---

① "末"原作"未"，从赵谏议本改，见郭庆藩：《庄子集释》，中华书局 1961 年版，第 1076 页。

② 郭庆藩：《庄子集释》，中华书局 1961 年版，第 1074—1075 页。

③ "于前"原作"前于"，从陈奇猷校改。（参见陈奇猷：《吕氏春秋校释》，学林出版社 1984 年版，第 1267 页）

④ "二人"原作"三人"，从吴闿生校改。（参见陈奇猷：《吕氏春秋校释》，学林出版社 1984 年版，第 1268 页）

⑤ 陈奇猷：《吕氏春秋校释》，学林出版社 1984 年版，第 1257 页。

行为，应该是有"准宗教信仰"作为支撑的，这便是上引《庄子·天下》所说的墨家后学"以巨子为圣人，皆愿为之尸，冀得为其后世"。

孟胜死鲁阳事由吴起死而引发，时在前381年。孟胜死后，墨家学团逐渐分化，《吕氏春秋·去宥》载秦惠王时有"东方之墨者谢子"与"秦之墨者唐姑果"的用秦之争："东方之墨者谢子将西见秦惠王。惠王问秦之墨者唐姑果。唐姑果恐王之亲谢子贤于己也，对曰：'谢子，东方之辩士也，其为人甚险，将奋于说以取少主也。'王因藏怒以待之。谢子至，说王，王弗听。谢子不说，遂辞而行。"并评曰"今惠王之老也，形与智皆衰也"①。秦惠王于前338年即位，于前325年始称王。此言秦惠王恐谢子"奋于说以取少主"，事当发生于秦惠王晚年。是自秦惠王时起，墨家学团已分化为不同地域的墨家集团，已难以统一规划集团的行动了。由于派别林立，统一的墨家巨子的准宗教首领威信已大打折扣，因而，孟胜时代维系墨家学团的"准宗教信仰"也随之失去功效，代之而用的是"墨者之法"。《吕氏春秋·去私》："墨者有巨子腹䵍，居秦，其子杀人，秦惠王曰：'先生之年长矣，非有它子也，寡人已令吏弗诛矣，先生之以此听寡人也。'腹䵍对曰：'墨者之法曰"杀人者死，伤人者刑"，此所以禁杀伤人也。夫禁杀伤人者，天下之大义也。王虽为之赐，而令吏弗诛，腹䵍不可不行墨子之法。'不许惠王，而遂杀之。子，人之所私也，忍所私以行大义，巨子可谓公矣。"②腹䵍那不徇私情的大义灭亲精神着实可敬。至迟从秦惠王时，墨家学团内部的维系手段已从"准宗教信仰"发展到"墨者之法"。但从"东方之墨者谢子"与"秦之墨者唐姑果"的用秦之争看，此时墨家的政治追求已由"行义"转为"求利"，由此引发了不同地域的墨家集团间的争用和倾轧，因而"墨者之法"也难以起到稳固墨家集团的维系作用。

---

① 陈奇猷：《吕氏春秋校释》，学林出版社1984年版，第1013页。
② 陈奇猷：《吕氏春秋校释》，学林出版社1984年版，第55—56页。

（三）墨家学团的经济制度

墨家学团实行一体化的经济制度。《墨子·耕柱》载："子墨子游耕①柱子于楚。二三子过之，食之三升，客之不厚。二三子复于子墨子曰：'耕柱子处楚无益矣！二三子过之，食之三升，客之不厚。'子墨子曰：'未可智也。'毋几何而遗十金于子墨子，曰：'后生不敢死，有十金于此，愿夫子之用也。'子墨子曰：'果未可智也。'"②由此记载，可看出如下三点：

首先，耕柱仕于楚，墨家"二三子过之"，因耕柱招待不周，"食之三升，客之不厚"而遭到"二三子"的埋怨，这应当是墨家学团实行一体化的经济制度下才有的事。因其经济一体，墨家弟子过楚时，仕于楚的耕柱负有接待的责任，所以才有"处楚无益"与有益的讨论。

其次，墨子在过楚之"二三"弟子状告耕柱"客之不厚""处楚无益"时，没有就其他方面发表意见，而谓耕柱此举"未可智也"，毕沅曰"智，一本作'知'，下同"③，即解释耕柱此类行动的初衷"未可知"，不一定是因为他自私而吝啬；在耕柱交回"十金"后墨子以"果未可智也"来平息"二三子"之怒。因其经济一体，墨家弟子对交回的钱财都有使用和享受的权利，墨子才会用此言来调解"二三子"与耕柱因过楚而耕柱"客之不厚"所带来的矛盾。

最后，耕柱"遗十金于子墨子"而谓"愿夫子之用"，此"夫子之用"当是让墨子用作墨学集团之共用。否则，若耕柱交回的"十金"不是学团共用而墨子留下自用，即墨家学团没有实行经济一体化制度，常被弟子质问和批评的墨子便不好以此作为平息"二三子"之怒的依据的。那么由此可以看出，墨家弟子在外出仕交回学团的钱财，是由学团首领统一支配、而在墨家学团内部统筹使用的，所以说墨家学团实行的是经济一体化

---

① "耕"前原有"荆"字，从王念孙、苏时学说删。（参见孙诒让：《墨子间诂》，中华书局1986年版，第391页）

② 孙诒让：《墨子间诂》，中华书局1986年版，第391页。

③ 孙诒让：《墨子间诂》，中华书局1986年版，第391页。

制度。

　　另一则墨子弟子出仕的故事也与墨家学团的经济制度有关。《墨子·贵义》："子墨子仕人于卫，所仕者至而反。子墨子曰：'何故反？'对曰：'与我言而不审①。曰"待女以千盆"，授我五百盆，故去之也。'子墨子曰：'授子过千盆，则子去之乎？'对曰：'不去。'子墨子曰：'然则非为其不审也，为其寡也。'"②"子墨子仕人于卫"，《荀子·富国》杨倞注引作"子墨子弟子仕于卫而返"③，则被墨子推荐仕卫之"人"当为墨家学团成员。此墨家学团成员在学团统一规划下由墨子推荐仕于卫，但其"至而反"，并向推荐者墨子解释"至而反"理由是：原答应"待女以千盆"而至卫后则改为"授我五百盆"，如此"言而不审"，"故去之也"。墨家学团派人出仕前先派他人前去游扬之，此仕卫而返之墨家学团成员自言卫人先许诺"待女以千盆"，应是卫君当着游扬者之面所许，而由游者捎回的话，也就是墨家学团知道此仕者的收入是"千盆"而不是"五百盆"；但卫人却如此"不信"，仕卫者至卫后改为"五百盆"。这"五百盆"的"差价"便使得此人无法向墨家学团交代，因而返回学团申说"差价"，以便像耕柱交回"十金"那样在向墨家学团缴纳收入剩余时避免产生误会。准此，此事例亦说明墨家学团实行经济一体化政策，否则若收入多少是出仕者自己的事，在那个交通并不发达的战国时代，他便自己作出决定是去还是留，而不会返回学团作如此解释了。

　　墨家学团的这种经济一体化制度，并非墨子的首创，孔门学团就先已实施着此一制度。《论语·雍也》载："子华使于齐，冉子为其母请粟。子曰：'与之釜。'请益。曰：'与之庾。'冉子与之粟五秉。"④"子华使于齐"

---

① "审"，原作"当"，从毕沅、孙诒让校改。（参见孙诒让：《墨子间诂》，中华书局 1986 年版，第 409 页）
② 孙诒让：《墨子间诂》，中华书局 1986 年版，第 409 页。
③ 王先谦：《荀子集解》，中华书局 1988 年版，第 184 页。
④ 杨伯峻：《论语译注》，中华书局 1980 年版，第 55 页。

而冉子"为其母请粟",是孔门学团不但要养活学团成员,而且也应养活成员家属,才会发生此类事情。而冉子为子华之母请粟,并最后自作主张"与之粟五秉",冉子当为孔门学团的财务主使人,否则难以解释他为子华之母向孔子请粟,而又能最后自作主张超出孔子批准数量给子华之母"粟五秉"的诸种做法。墨子先学儒家之道、孔子之术,故而在继承孔门招收弟子以传学、以游说诸侯实现社会政治理想的学术活动方式的同时,也继承和发展了孔门学团的经济一体化制度。

　　总之,墨家学团是一个有严密组织纪律、统一行动规划且实行经济一体化制度的半军事学术团体。学团活动和存在的时间,大约自墨子形成自己的学说而招收学生并渐成规模起,到孟胜率弟子一百八十余人死于鲁阳止。尔后墨家渐分化为不同的地域集团,并出现"秦墨"与"东方墨者"之争等事件,有着统一行动规划和经济一体化制度的墨家学团也不复存在了。

第二节　墨子后学的派别及活动

　　《韩非子·显学》云墨子死后,"墨离为三",各传墨学。今对墨子后学派别及活动考察如下。

一、孟胜一系的守卫活动

　　上节论及,墨子可能终死于鲁阳,故其所率弟子都留在了鲁阳,由孟胜接任首领,成为墨家巨子,率领墨徒继续从事活动。

　　关于墨家守卫鲁阳事,《吕氏春秋·上德》曾有记载①,已见上引。此

---

① 参见陈奇猷:《吕氏春秋校释》,学林出版社 1984 年版,第 1257 页。

一事件因涉及吴起之死，故有年代可循。据《韩非子·和氏》，吴起在楚改革，"使封君之子孙三世而收爵禄，绝灭百吏之禄秩，损不急之枝官，以奉选练之士"，结果"悼王行之期年而薨矣，吴起枝解于楚"。① 楚悼王死于前381年，吴起亦同年被楚贵族射死。太子臧即位，因射吴起时箭中悼王尸而诛射杀吴起之贵族，阳城君因此被缉拿而收国。孟胜因与阳城君有符约而率弟子百八十余人死于阳城。

可能墨子卒时，其大弟子禽滑釐已先墨子而亡，故墨子死前将巨子之位传予孟胜；抑或墨子死时本传巨子位于禽滑釐，但禽滑釐不久即死，而死前又传巨子位于孟胜。巨，《方言》卷一"巨，大也，齐宋之间曰巨"。子，《正字通·子部》"门人称师亦曰子"。盖春秋时"子"为士大夫的通称，宋人赵彦卫《云麓漫钞》卷三"诸侯之上大夫、卿、下大夫、上士、中士、下士凡五等，亦称子"②，因孔丘曾为大夫，故孔门弟子沿袭以称孔子，而后墨徒相习以称墨家首领。那么，巨子即"大师""大先生"之义。巨子不但是墨徒的学术首领，而且也是"从事"类弟子的军事首领。

由《吕氏春秋·上德》见，孟胜自言欲死的原因，首先是因为"受人之国，与之有符。今不见符，而力不能禁，不能死，不可"，是基于"义"字。一诺千金而死事，是古代士人的通常信条。从中看出，墨子"从事"类弟子虽是下层"贱人"，却以"士人"的标准要求自己。这除了当时的社会舆论和大众向往外，还可能与墨子曾接受儒家教育有关。孟胜欲死的深层原因，是他向弟子徐弱所说的"不死，自今以来，求严师必不于墨者矣，求贤友必不于墨者矣，求良臣必不于墨者矣"。可见"严师""贤友""良臣"是早期墨家集团的理想追求。"严师"可使欲学立身处世本领的青年人趋之若鹜，"贤友"能让墨家具有广泛的真挚朋友而学说大行，从墨徒中选"良臣"会给墨家弟子带来更多施展才华的机会，因而使更多的年轻

---

① 参见陈奇猷：《韩非子集释》，上海人民出版社1974年版，第239页。

② 赵彦卫：《云麓漫钞》，中华书局1996年版，第50页。

人加入到墨家集团中来，从而扩大墨家队伍，形成弟子人数更多——社交朋友更广——从政机会更多的良性循环，使墨家事业更发达。

这里还有一个问题需要讨论。墨子死前是所有墨徒的当然首领，所有弟子都听命于他，可能没有问题；但墨子死后孟胜为巨子的时代，这种"墨家一体"的格局是否还能保持呢？即《庄子·天下》所说的墨子死后、墨离为三、相互争辩的情况出现在何时？是墨子死后墨家马上就分化为三？还是维持了一段"墨家一体"的格局后才分为三的？

由前论可见，墨子在世时，墨徒既分为"谈辩""说书""从事"三类；孟胜死于鲁阳时，身边有弟子百八十余人，已较止楚攻宋时助守宋城时的"弟子三百人"为少，故不可能有大批的"谈辩""说书"弟子跟随身边；也就是说，大批的"谈辩""说书"弟子在墨子死后散在鲁阳之外的各地，田襄子一系在宋就是一例。那么，散在鲁阳之外的"谈辩""说书"类弟子的首领，是否服气孟胜为墨家巨子呢？或者，他们因墨子的遗嘱，还算服气孟胜为巨子，但对于孟胜匆匆传位的下一代巨子田襄子，他们是否服气？在性命攸关的紧要关头，孟胜之二弟子已当面不听从田襄子止死的命令，坚持回鲁阳从容赴死。陈奇猷解此曰"二人之巨子系孟胜非田襄子""人各有巨子"。① 那么，其他各地的墨徒会怎样面对田襄子的号令？抑或"墨离为三"的局面，就是这时形成的。

二、东西墨者的争用与秦墨之盛

墨子故后，特别是孟胜死于阳城后，天下墨者分化，东方有田襄子一派墨者，西方则有"秦墨"。

孟胜死前匆匆传巨子位于宋之田襄子。孟胜选中田襄子是因其为"贤者也"，未讲到他的墨学修养与手下实力。而史载田襄子的事迹亦甚少，

---

① 陈奇猷:《吕氏春秋校释》，学林出版社 1984 年版，第 1268 页。

除《吕氏春秋·上德》有田襄子居宋事外，《史记·田敬仲完世家》中之"田襄子"及《说苑·尊贤》中被孙诒让"疑即田襄子"①的田让均非为墨家巨子之田襄子。则田襄子在被授为墨家巨子时，仅为与孟胜相知的"贤者"，而既无孟胜率百八十余弟子的武装实力，又非"说书"派弟子首领因而有墨家较深理论修养的众弟子作为追随者的学术实力，也非"谈辩"派弟子首领因而有在各国从政的众弟子作为手下的政治实力，所以他影响甚小，史载其事迹亦甚少。

正因为田襄子既无学术实力又无政治实力也无武装实力，所以在众多墨家派系中缺乏号召力，因而引发了墨家派别的相争。这里应特别注意的是西方的"秦墨"。"秦墨"有巨子。《吕氏春秋·去私》："墨者有巨子腹䩅，居秦，其子杀人，秦惠王曰：'先生之年长矣，非有它子也，寡人已令吏弗诛矣，先生之以此听寡人也。'腹䩅对曰：'墨者之法曰"杀人者死，伤人者刑"，此所以禁杀伤人也。夫禁杀伤人者，天下之大义也。王虽为之赐，而令吏弗诛，腹䩅不可不行墨子之法。'不许惠王，而遂杀之。子，人之所私也，忍所私以行大义，巨子可谓公矣。"②

此事发生在秦惠王时。秦惠王于前337年即位，前325年称王，前311年去世。若此事发生在秦惠王改元称王后，则距前381年孟胜死时传位于田襄子半世纪；若此事发生在秦惠王尚未改元称王时，即文中所谓"秦惠王"是后人追称，则距孟胜死时传位于田襄子或不足半个世纪。由此时间推算，腹䩅为巨子与田襄子为巨子的时间应当是相接的。那么，是田襄子死前传位于腹䩅呢？还是腹䩅自立为巨子呢？墨家鼓吹禅让，《墨子·尚贤下》："昔者舜耕于历山，陶于河滨，渔于雷泽，灰于常阳。尧得之服泽之阳，立为天子，使接天下之政，而治天下之民。"③按照禅让的规则，巨子之位应"传"而不应自立，则田襄子应传位于腹䩅。那么田襄子

---

① 孙诒让：《墨子间诂》，中华书局1986年版，第669页。

② 陈奇猷：《吕氏春秋校释》，学林出版社1984年版，第55—56页。

③ 孙诒让：《墨子间诂》，中华书局1986年版，第61页。

死前为什么传位于"居秦"的腹䩽呢？由这则记载看，首先是因腹䩽守"墨者之法"，不徇私而严于律己。其次，当与此时社会形势的变化有关。

秦惠王一代，是秦建立统一天下霸业之基础的时代。关东士人争相入秦求用，墨家之徒也争相到秦国来，仅秦惠王一世，见于记载的墨徒除腹䩽外，还有田鸠（《吕氏春秋·首时》）、唐姑果（《吕氏春秋·去宥》）、谢子（《吕氏春秋·去宥》）等，秦墨声势浩大。如此来看，田襄子死前传位于"居秦"的腹䩽，便是顺应时代形势的需要了。

秦墨声势浩大，腹䩽作为墨家巨子，依旧具有很高的威望。否则秦惠王便不会置国家法律于不顾，而因腹䩽的巨子之位赦免杀人的巨子之子。但他却与田襄子同样，没有起到号令天下墨徒的作用。这从下则记载中便可看得出来。

《吕氏春秋·去宥》："东方之墨者谢子将西见秦惠王。惠王问秦之墨者唐姑果，唐姑果恐王之亲谢子贤于己也，对曰：'谢子，东方之辩士也，其为人甚险，将奋于说以取少主也。'王因藏怒以待之。谢子至，说王，王弗听。谢子不说，遂辞而行。凡听言，以求善也。所言苟善，虽奋于取少主，何损？所言不善，虽不奋于取少主，何益？不以善为之悫，而徒以取少主为之悖，惠王失所以为听矣。……人之老也，形益衰，而智益盛。今惠王之老也，形与智皆衰也！"[①]

如上所说，秦惠王于前 337 年至前 311 年在位。此文中既言"今惠王之老也"，是说此事发生在秦惠王晚年，按时间推算当在腹䩽作为墨家巨子之后。由这则记载可见，"东方之墨者谢子将西见秦惠王"而求用，但是先谢子在秦的"唐姑果恐王之亲谢子贤于己"故预进谗言，使"王因藏怒以待之"，使"王弗听"，致使"谢子……遂辞而行"，是腹䩽没有像墨子在世统一规划墨徒行动那样尽到墨家巨子的责任，没有像墨子在世时那样就"谈辩"类弟子的活动而统一组织、统一行动、统筹计划，没有像

---

① 陈奇猷：《吕氏春秋校释》，学林出版社 1984 年版，第 1013 页。

"子墨子游耕柱子于楚""子墨子使管黔敖游高石子于卫"（皆见《墨子·耕柱》）那样，欲让一弟子去某国从事而先派自己人前去游说铺垫。这充分说明，在这半个世纪中，墨家内部组织、内部纪律和内部信念都发生了很大变化。这些变化集中体现在如下三点。

第一，就墨家内部组织来说，墨子在世时那种内部弟子统一分工，即有的"谈辩"、有的"说书"、有的"从事"的组织格局一去不复返了。

第二，就墨家内部纪律来说，由墨子在世时的统一组织、统一行动、统筹计划而变为各派势力相争斗。

第三，表现在思想信念上，"义"的观念已不存在，取而代之的是"维利为求"。此时，墨家已无统一的政治行动和统一的军事守卫行动，墨子在世时全国墨家一统的局面一去不复返了。代之而起的是为求用于诸侯而自相排斥，各地墨者各立派系，甚至自相倾轧，因而《韩非子》有"墨离为三"的评说。

三、"别墨"之争与"墨离为三"

墨家后学的分化，引起了他家诸子的重视。庄周学派曾对此种现象作过讨论。《庄子·天下》："相里勤之弟子五侯之徒，南方之墨者苦获、已齿、邓陵子之属，俱诵'墨经'，而倍谲不同，相谓'别墨'；以'坚白'、'同异'之辩相訾，以觭偶不仵之辞相应；以巨子为圣人，皆愿为之尸，冀得为其后世，至今不决。"[1]

由此可见，"相里勤之弟子"与"南方之墨者"，是持论不相同的两个墨家派别，他们虽然"俱诵'墨经'"，但"倍谲不同"。倍谲，郭庆藩《庄子集释》："盖喻各泥一见，二人相背耳。"[2] 两个墨家派别各泥一见而持说

---

[1] 郭庆藩：《庄子集释》，中华书局 1961 年版，第 1079 页。
[2] 郭庆藩：《庄子集释》，中华书局 1961 年版，第 1080 页。

相背，故"相谓'别墨'"。所谓"别墨"者，即"墨家另类"之意。两派互相谓为"墨家另类"，相互辩难，皆谓自己是墨家正宗，愿作墨家巨子之"尸"，"冀得为其后世"，为正宗之绪，这就是"别墨"之争的根本所在。就墨学流传与墨家后学派别，从这则记载中可看出如下三点。

第一，两派墨家后学"俱诵'墨经'而倍谲不同"，首先说明两派看到的"墨经"至为简略，有广阔的解说空间，因而才导致此一情况。关于此处的"墨经"指何，后人做过多种辩说，综合起来主要有二：一谓当指今传《墨子》"十论"内容，一谓当今传《墨子》之《经上》《经下》等的合称。前者以胡适为代表①，后者以毕沅为代表②。而我以为除包括今传《墨子》之《经上》《经下》外，还包括与今传《墨子》之《经上》《经下》文句形式相似而与今传《墨子》"十论"内容相近的、可谓今传《墨子》"十论"之提纲的一批经典论说。先秦诸子传学，有经有说。后人在整理时，有的加以区分，如《管子》有《牧民》、有《牧民解》，有《形势》、有《形势解》，有《立政》、有《立政九败解》，有《版法》、有《版法解》等；如《韩非子》有《解老》《喻老》。这些"解""喻"，是后学对于前代经典论述的阐释。而《墨子》"十论"就是这样的一些对前代经典论述的阐释。先秦诸子传学，为了记忆的需要，也是因为当时书写条件的限制，常常把诸多思想总结成精练的短句，著之竹帛，作为讲解提纲；而学生在听讲时，也主要是记录这些提纲。这些提纲就是各家的"经"。后人在整理某家著述时，有时将这些经单独成书，如马王堆出土的《老子》，即是与今本《老子》相似的经典论说；有时则将这些提纲与传学者的解说即以上所说的"阐释"混排在一起，如《庄子·逍遥游》自"北溟有鱼"至"此小大之辩也"是解说，自"故夫知效一官"至"圣人无名"是提纲。而《墨子》的编排则特殊，《经》上、下篇无疑是墨家科技类论说的提纲，《经说》上、下是这

---

① 胡适：《中国哲学史大纲》卷上，《胡适学术文集》，中华书局 1991 年版，第 128—129 页。

② 毕沅：《墨子目录叙》，孙诒让：《墨子间诂》，中华书局 1986 年版，第 595 页。

些提纲的解说，它们是经与"解"的关系，当为墨家"从事"类弟子所传；而《墨子》"十论"则是提纲的解说，当为墨家那些从事理论学说传播的"说书"类弟子所传，而与它们相对的"经"却没有流传下来。这些传下来的《经》上、下篇，和没有传下来的与《墨子》"十论"相对的那些提纲，都属于墨家的"经"，即"相里勤之弟子五侯之徒，南方之墨者苦获、已齿、邓陵子之属"俱诵的"墨经"。这些"经"文句简略，可作多种解说，故而引发了"相里勤之弟子"群与"南方之墨者"群这两大墨家派别的争论。

第二，从"相里勤之弟子"群与"南方之墨者"群争论的问题中，可推测出此时墨家已无"谈辩""从事"与"说书"类弟子的严格区别，代之而出现的是按地域划分的墨家派系的出现。战国诸侯的地域割据，以及各诸侯国争养士人，使墨家派系在不同诸侯国中各自发展。为了争得诸侯国君的重用，他们当然要强调自己一派对于墨子学说承传的正统性。各地域的各个墨家派系为了取得所在诸侯国国君的资助或重用，都在解说"墨经"时依据所在诸侯国的情况加以发挥，因而导致其解说"倍谲不同"。

第三，"相里勤之弟子"群与"南方之墨者"群争论的时代，应当晚于见于记载的最后一位墨家巨子腹䵍，或者墨家巨子之位自腹䵍后已不传。这从《吕氏春秋·去宥》所载秦惠王晚年"东方之墨者谢子"与"秦墨"唐姑果间的争斗倾轧无墨家巨子调节便可看得出来，或者腹䵍已无巨子的实际权威，或者腹䵍已死而墨家巨子位此时已经不传了。但旧巨子还受到墨徒们的崇拜，故无论哪一派墨徒都愿意为之"尸"。尸即祭祀时代神受祭之人，一般由下级或晚辈充任。无论是在"相里勤之弟子"群中，还是在"南方之墨者"群中，墨徒都争当墨家巨子之"尸"，从中可看出墨家巨子已成为祭祀的对象，而不再是受崇拜的集团首领。"相里勤之弟子"与"南方之墨者"争论的时代，墨家巨子已成为"尸"而非现实中的集团首领，其时代当晚于腹䵍所处的时代。

第四，关于墨家后学派系，《韩非子》已有论说。《韩非子·显学》曰：

"自墨子之死也，有相里氏之墨，有相夫氏之墨，有邓陵氏之墨，故孔、墨之后，儒分为八，墨离为三，取舍相反、不同，而皆自谓真孔、墨。孔、墨不能复生，将谁使定世之学乎？"[1]

方授楚谓"相里氏之墨"即《庄子·天下》之"相里勤之弟子"，"邓陵氏之墨"即《天下》之"邓陵子之属"。[2] 而据《天下》，与邓陵子同时的并非相里勤而是相里勤之弟子。由此推测，《韩非子·显学》所说的"有相里氏之墨，有相夫氏之墨，有邓陵氏之墨"可能并非同时分化出的墨家派别，而是时代有先后的不同墨家派系。再结合《天下》论墨家后学分两派，《显学》所论墨家后学分三派来看，有可能是"相夫氏之墨"是较"相里氏之墨"晚分化出来的、较"邓陵氏之墨"更晚分化出来的墨家派别。那么，《显学》所论的"墨离为三"之三派，又较《天下》所论墨家后学分两派时代为晚。

综上可见，从墨子在世时的墨家弟子有"谈辩""说书""从事"类分工，到孟胜为巨子率"从事"类弟子一百八十余人死于阳城，到田襄子为巨子无所作为，到腹䵍在秦为巨子严于律己但不能统一号令天下墨徒，到墨家巨子位不传后"相里勤之弟子"群与"南方之墨者"群争为"真墨"而相谓"别墨"，到"相里氏之墨""相夫氏之墨""邓陵氏之墨"的"墨离为三"，构成了战国时期墨家派系发展繁衍的主线索。

第三节　墨家与上古典籍

墨家与儒家俱道尧、舜，俱从古而治。而古之圣贤的思想学说，墨子以为保存在书本中。《墨子·贵义》载："子墨子曰：'古之圣王，欲传其

---

[1]　陈其猷：《韩非子集释》，上海人民出版社1974年版，第1080页。

[2]　方授楚：《墨学源流》，中华书局1934年版，第147—148页。

道于后世，是故书之竹帛，镂之金石，传遗后世子孙，欲后世子孙法之也。'"① 所以墨子强调负责传扬墨学的"说书"类弟子一定要学古代典籍。因此，今传《墨子》中引用了诸多古代典籍文句，而其中对《诗》《书》的引用数量又特别多，应加以重点探讨。

一、墨家与《诗》

私学兴起，《诗》作为一种广为流传的古代作品被先秦诸子引用。流传至今的《墨子》中计引《诗》11 条、说《诗》4 条。比较其他战国秦汉典籍引《诗》说《诗》，可以考察墨家的传《诗》版本与《诗》学观念及其所从属的《诗》学系统。

（一）由《墨子》引《诗》见墨家传《诗》版本

《墨子》引《诗》计 11 条，所引文字与《诗》流传至今的最早版本，即汉代"四家诗"及出土文献所引相校，可分为如下三种情况来叙述。

1.《墨子》所引与"毛诗"及"三家诗"词语有别者

《墨子·明鬼下》引《大雅·文王》："文王在上，於昭于天。周虽旧邦，其命维新。有周不显，帝命不时。文王陟降，在帝左右。穆穆文王，令问不已。"后两句，《毛诗》作"亹亹文王，令闻不已"②。王先谦《诗三家义集疏》未言《齐诗》《鲁诗》《韩诗》与《毛诗》有异。③ 是《墨子》"穆穆"，《毛诗》及"三家诗"作"亹亹"；《墨子》"令问"，《毛诗》及"三家诗"作"令闻"。"穆穆""亹亹"，《诗·大雅·文王》中均用来形容文王之威仪，可以通用；或者，《墨子·明鬼下》作者记忆有误，将《大雅·文王》第四章首句之"穆穆文王"与第二章首句之"亹亹文王"倒用。"令问""令闻"，字形相近，

---

① 孙诒让：《墨子间诂》，中华书局 1986 年版，第 407 页。

② 孔颖达：《毛诗正义》，《十三经注疏》，中华书局 1980 年版，第 503—504 页。

③ 参见王先谦：《诗三家义集疏》，中华书局 1987 年版，第 824 页。

吴宽抄本《墨子》即作"令闻"①，或为《墨子》流传中抄写讹误所致。

《墨子·天志中》引《大雅·皇矣》："《皇矣》道之曰：'帝谓文王，予怀明德。不大声以色，不长夏以革。不识不知，顺帝之则。'"②《毛诗》字同。③"不识不知"，《贾子·君道》《淮南·诠言》引作"弗识弗知"，故王先谦谓"鲁'不'一作'弗'"④。是《墨子》所引与《毛诗》同，而与《鲁诗》之一本字异，但《鲁诗》之"弗识弗知"与《墨子》所引及《毛诗》《韩诗》《齐诗》之"不识不知"义同，或《鲁诗》在自口授到写本的过渡中出现此异。

《墨子·兼爱下》引《大雅·抑》："《大雅》之所道曰：'无言而不雠，无德而不报。''投我以桃，报之以李。'"⑤《毛诗》上句作"无言不雠，无德不报"，下句同。⑥因《礼记·表记》引作"无言不雠"，故王先谦曰"齐与毛同"；因《列女传·周主忠妾传》引作"无言而不醻"、《蔡邕集·太尉桥公庙碑》引作"无言而不酬"、张衡《思玄赋》有"无言而不酬兮"句，故王先谦曰"鲁'雠'一作'醻'、'酬'"；因《诗考》引《韩诗外传》卷十之晏子使楚事作"无言而不酬"，故王先谦曰"韩作'酬'"。⑦《墨子》引此诗所用版本与齐、鲁、韩、毛之祖本均异。

《墨子·尚贤中》引《大雅·桑柔》："《诗》曰：'告女忧恤，诲女予爵。孰能执热，鲜不用濯。'"⑧《毛诗》："告尔忧恤，诲尔序爵。谁能执热，逝不以濯。"⑨"三家诗"与毛同。⑩《墨子》所引与鲁、韩、毛词语差别较大；

① 孙诒让：《墨子间诂》，中华书局 1986 年版，第 215 页。
② 孙诒让：《墨子间诂》，中华书局 1986 年版，第 186 页。
③ 参见孔颖达：《毛诗正义》，《十三经注疏》，中华书局 1980 年版，第 522 页。
④ 王先谦：《诗三家义集疏》，中华书局 1987 年版，第 859 页。
⑤ 孙诒让：《墨子间诂》，中华书局 1986 年版，第 115 页。
⑥ 参见孔颖达：《毛诗正义》，《十三经注疏》，中华书局 1980 年版，第 555—556 页。
⑦ 王先谦：《诗三家义集疏》，中华书局 1987 年版，第 934—935 页。
⑧ 孙诒让：《墨子间诂》，中华书局 1986 年版，第 46—47 页。
⑨ 孔颖达：《毛诗正义》，《十三经注疏》，中华书局 1980 年版，第 559 页。
⑩ 参见王先谦：《诗三家义集疏》，中华书局 1987 年版，第 945—946 页。

特别是最后一句，"鲜不用濯"与"逝不以濯"意义差别较大。

《墨子·尚同中》引《周颂·载见》："是以先王之书《周颂》之道之曰：'载来见彼王，聿求厥章。'"①《毛诗》："载见辟王，曰求厥章。"无"来"字，"彼"作"辟"，"聿"作"曰"。②"三家"与毛同。③

以上《墨子》引《诗》5处26句109字中，与《毛诗》相异者10句，10句中相异字14字，占《墨子》所引句数的38%，占《墨子》所引字数的13%；与《齐诗》相异者10句，10句中相异字14字，占所引句数的38%，占所引字数的13%；与《鲁诗》相异者11句，11句中相异字15字，占所引句数的42%，占所引字数的14%；与《韩诗》相异者9句，9句中相异字13字，占所引句数的35%，占所引字数的12%。这么大的差异比例，我们有理由相信，《墨子》引《诗》所用版本与汉代"四家诗"的祖本有别。

2.《墨子》所引与"毛诗"及"三家诗"名称、章次、句次大异者

《墨子·天志下》引《大雅·皇矣》："先王之书《大夏》之道之然：'帝谓文王，予怀明德。毋大声以色，毋长夏以革。不识不知，顺帝之则。'"④"毋大声以色，毋长夏以革"，《毛诗》作"不大声以色，不长夏以革"⑤。"不识不知"，《贾子·君道》《淮南·诠言》作"弗识弗知"，故王先谦谓"鲁'不'一作'弗'。"⑥《墨子》所引版本既不同于《毛诗》，又不同于"三家诗"。这里最为重要的是：《墨子》引《大雅》而名"大夏"。

《墨子·尚同中》引《小雅·皇皇者华》："我马维骆，六辔沃若。载驰载驱，周爰咨度。"又曰："我马维骐，六辔若丝。载驰载驱，周爰咨

---

①　孙诒让：《墨子间诂》，中华书局1986年版，第81页。
②　孔颖达：《毛诗正义》，《十三经注疏》，中华书局1980年版，第596页。
③　参见王先谦：《诗三家义集疏》，中华书局1987年版，第1031页。
④　孙诒让：《墨子间诂》，中华书局1986年版，第199页。
⑤　孔颖达：《毛诗正义》，《十三经注疏》，中华书局1980年版，第522页。
⑥　王先谦：《诗三家义集疏》，中华书局1987年版，第859页。

谋。"① 其字句与《毛诗》同。② 除"周爰咨谋"《鲁诗》作"周爰咨谟"外，其余均与"三家诗"同。③ 但《墨子》所引章次与《毛诗》、"三家诗"不同：《毛诗》、"三家诗"均"我马维骐"章在前而"我马维骆"章在后。

《墨子·兼爱下》引《小雅·大东》："其直若矢，其易若厎。君子之所履，小人之所视。"④ 而《毛诗》作"周道如砥，其直如矢。君子所履，小人所视。"⑤"三家诗"同《毛诗》。⑥《墨子》"其易若厎"与《毛诗》、"三家诗"之"周道如砥"不但字词大异，而且句次位置也不同。

以上 3 处《墨子》引《诗》中，1 处与汉代"四家诗"名称有异，1 处与汉代"四家诗"章次有异，1 处与汉代"四家诗"句次有异，这说明《墨子》引《诗》所用版本，确实与汉代"四家诗"的祖本有别。

还应特别指出的是，《墨子·天志下》名《诗》之"大雅"而曰"大夏"，与上海博物馆藏战国楚竹书《诗论》中名"大雅"而曰"大夏"的称谓相同⑦，这证明了战国时确有名"大雅"而曰"大夏"的《诗三百》版本存在，《墨子》此引并非"字误"。这也再次说明了《墨子》引《诗》所用版本确实与汉代"四家诗"的祖本有别。

3.关于《墨子》所引逸《诗》

《墨子·尚贤中》："《周颂》道之曰：'圣人之德，若天之高，若地之普，其有昭于天下也。若地之固，若山之承，不坼不崩。若日之光，若月之明，与天地同常。'"⑧ 俞樾谓此所引当为"圣人之德，昭于天下。若天

---

① 孙诒让：《墨子间诂》，中华书局 1986 年版，第 81 页。
② 参见孔颖达：《毛诗正义》，《十三经注疏》，中华书局 1980 年版，第 407 页。
③ 参见王先谦：《诗三家义集疏》，中华书局 1987 年版，第 561 页。
④ 孙诒让：《墨子间诂》，中华书局 1986 年版，第 114 页。
⑤ 孔颖达：《毛诗正义》，《十三经注疏》，中华书局 1980 年版，第 460 页。
⑥ 参见王先谦：《诗三家义集疏》，中华书局 1987 年版，第 727 页。
⑦ 参见马承源：《上海博物馆藏战国楚竹书（一）》，上海古籍出版社 2001 年版，第 119—168 页。
⑧ 孙诒让：《墨子间诂》，中华书局 1986 年版，第 58 页。

之高，若地之普。若山之承，不坏不崩。若日之光，若月之明，与天地同常。"① 此二种诗句，皆不见于《毛诗》与"三家诗"，当为逸诗。

《墨子·所染》："《诗》曰'必择所堪，必谨所堪'者，此之谓也。"② 此二句诗亦不见于《毛诗》与"三家诗"，当为逸诗。

《墨子·非攻中》："《诗》曰：'鱼水不务，陆将何及乎。'"③ 此二句诗同样不见于《毛诗》与"三家诗"，当为逸诗。

《墨子》引《诗》11 处，逸诗即达 3 处之多，占所引《诗》的 27%，这便使我们不得不对战国《诗》的流传情况，特别是所谓的"逸诗"作进一步考察。

成书于孔子后学的《论语》中引《诗》9 条，其中逸诗 1 条，占 11%；《孟子》引《诗》37 条，其中逸诗 1 条，占 3%；《荀子》引《诗》107 条，其中逸诗 7 条，占 7%。其他，《庄子》引《诗》1 条，为逸诗，占 100%；《管子》引《诗》3 条，其中逸诗 1 条，占 33%；《韩非子》引《诗》5 条，其中逸诗 1 条，占 20%；《吕氏春秋》引《诗》18 条，其中逸诗 4 条，占 22%；《战国策》中引《诗》8 条，其中逸诗 4 条，占 50%。另外，极有可能产生于战国时期的"三礼"中，《周礼》引《诗》19 条，其中逸诗 3 条（均为《狸首》），占 16%；《仪礼》引《诗》50 条，其中逸诗 13 条（"笙诗"10 条、《新宫》2 条、《狸首》1 条），占 26%；《礼记》引《诗》139 条，其中逸诗 6 条（《狸首》4 条、其他逸诗 2 条），占 4%。

由上可见，战国时期的儒家书和非儒家书引《诗》时，逸诗都占相当大的比例；特别是非儒家书引《诗》，逸诗一般都在 20% 以上。这说明在战国时期，并没有一个大家都共同遵奉的《诗》版本。反过来讲，是各家各派各自承传着不同的《诗》版本。这一情况，与上海博物馆所藏战国楚竹书《诗论》反映的情况是一致的。

---

① 俞樾：《诸子平议》，上海书店 1988 年版，第 171 页。
② 孙诒让：《墨子间诂》，中华书局 1986 年版，第 17—18 页。
③ 孙诒让：《墨子间诂》，中华书局 1986 年版，第 128 页。

（二）由墨家引《诗》论《诗》看墨家的《诗》学观念

《墨子》引《诗》计11例，各有不同的引用目的。由此目的，可以推见墨家对《诗》的社会作用的认识，可以考察墨家的《诗》学观念。

1.《墨子》引《诗》所表现的"以《诗》为史"的《诗》学观念

《墨子》引《诗》11例中，有7例将《诗》句所述作为历史事实来对待，认为《诗》可反映历史；并以此所反映的史实作为说理的重要论据，来证成自己的思想观点。这种对《诗》的作用的认识，这种引《诗》方式，都表现着作者"以《诗》为史"的《诗》学观念。

墨子"以《诗》为史"《诗》学观念的最明显例证，莫过于《墨子·明鬼下》载墨子与时人讨论有鬼无鬼时所说："《大雅》曰：'文王在上，於昭于天。周虽旧邦，其命维新。有周不显，帝命不时。文王陟降，在帝左右。穆穆文王，令问不已。'若鬼神无有，则文王既死，彼岂能在帝之左右哉？此吾所以知《周书》之鬼也。"①墨子竟将周人祭祀时赞美文王的想象之词"文王陟降，在帝左右"，作为文王死后鬼魂升天的事实证据，来证明自己"有鬼"论的正确性。将诗句所反映的周人的想象内容也视作史实，说明了墨子确实具有"以《诗》为史"的《诗》学观念。

又如《墨子·天志中》载墨家所论："夫爱人利人，顺天之意，得天之赏者谁也？曰若昔三代圣王尧舜禹汤文武者是也。……《皇矣》道之曰：'帝谓文王，予怀明德。不大声以色，不长夏以革。不识不知，顺帝之则。'帝善其顺法则也，故举殷以赏之，使贵为天子，富有天下，名誉至今不息。"②另外，《墨子·天志下》亦曾引《大夏（雅）·皇矣》诗句："非独子墨子以天之志为法也，于先王之书《大夏》之道之然：'帝谓文王，予怀明德。毋大声以色，毋长夏以革。不识不知，顺帝之则。'此诰文王之以天志为法也，而顺帝之则也。"③此两引都可见，墨子以《皇矣》所述

① 孙诒让：《墨子间诂》，中华书局1986年版，第215—216页。
② 孙诒让：《墨子间诂》，中华书局1986年版，第185—186页。
③ 孙诒让：《墨子间诂》，中华书局1986年版，第199页。

周朝代殷，作为周文王"顺天之意，得天之赏"的证据，将周人臆造的"帝谓文王"云云当作历史事实，其中蕴含的"以《诗》为史"的《诗》学观念亦十分明显。

再如《墨子·尚同中》："故古者圣人之所以济事成功，垂名于后世者，无他故异物焉，曰唯能尚同为政者也。是以先王之书《周颂》之道之曰：'载来见彼王，聿求厥章。'则此语古者国君诸侯之以春秋来朝聘天子之廷，受天子之严教。退而治国，政之所加，莫敢不宾。……《诗》曰：'我马维骆，六辔沃若。载驰载驱，周爰咨度。'又曰：'我马维骐，六辔若丝。载驰载驱，周爰咨谋。'即此语也。古者国君诸侯之闻见善与不善也，皆驰驱以告天子，是以赏当贤，罚当暴，不杀不辜，不失有罪。则此尚同之功也。"[1] 墨子引此《周颂·载见》诗句及《小雅·皇皇者华》两章诗句，认为它们反映的是古代诸侯朝觐天子的制度，认为诗中所写"古者国君诸侯""驰驱"在路，是为了将所"闻见善与不善""以告天子"，由此证明"古者国君诸侯"皆"尚同"于天子，以此来论证墨家"尚同为政"观点的正确性。

以上诸例表现出：在墨家眼中，《诗》是载录历史的。这种观念，是对春秋《诗》学观念的一种继承。笔者在另文中已论述过：自西周至春秋中期，在"《诗》载史"思想指导下，以《诗》所述作为史实或格言来引用，逐渐成为多数人认可的引《诗》方式；他们在引《诗》时，或把《诗》句当作格言或公理，或把《诗》句所述当作历史事实，以此作为当世君王施政措施或社会道德规范的比照，反映着彼时逐渐形成了"以《诗》为史"的《诗》学观念。[2] 从上述《墨子》引《诗》中可透视出，墨家继承的正是这种"以《诗》为史"的《诗》学观念，墨家采用的正是这种"以《诗》为史"的《诗》学观念指导下的引《诗》方法。

---

① 孙诒让：《墨子间诂》，中华书局 1986 年版，第 81 页。
② 参见郑杰文：《先秦〈诗〉学观与〈诗〉学系统》，《文学评论》2004 年第 6 期。

2.《墨子》引《诗》所表现的"以《诗》为训"的《诗》学观念

《墨子》引《诗》，也有将《诗》句作为格言来运用的。在传世《诗》篇中，或因作者用已长久流传的格言入诗，或因某些《诗》句的哲理意蕴在流传中被人们认可而成为新的格言，它们都被先秦诸子引作论据来说理诘辩。

《墨子·尚贤中》引《大雅·桑柔》："《诗》曰：'告女忧恤，诲女予爵。孰能执热，鲜不用濯。'则此语古者国君诸侯之不可以不执善，承嗣辅佐也。譬之犹执热之有濯也，将休其手焉。古者圣王唯毋得贤人而使之，般爵以贵之，裂地以封之，终身不厌。"① 此引《诗》中"孰能执热，鲜不用濯"作为格言，来劝谕君王应明白"唯毋得贤人而使之"的道理，教导君王要像"执热"必"有濯"那样，欲推行自己的"贤人政治"，必须尚贤使能。此引《诗》句作为格言的目的，在于证明墨家"尚贤论"的正确性。

又如《墨子·兼爱下》引《大雅·抑》："《大雅》之所道曰：'无言而不雠，无德而不报。''投我以桃，报之以李。'即此言爱人者必见爱也，而恶人者必见恶也。"② 此将《诗》句"无言而不雠，无德而不报"和"投我以桃，报之以李"作为格言，来说明"爱人者必见爱也，而恶人者必见恶"的社会道理，来论证墨家自己所宣扬的"兼爱天下"的正确性。

再如《墨子·所染》引逸诗："非独国有染也，士亦有染。其友皆好仁义，淳谨畏令，则家日益、身日安、名日荣，处官得其理矣，则段干木、禽子、傅说之徒是也；其友皆好矜奋，创作比周，则家日损、身日危、名日辱，处官失其理矣，则子西、易牙、竖刀之徒是也。《诗》曰'必择所堪，必谨所堪'者，此之谓也。"③ 此以逸诗"必择所堪，必谨所堪"作为格言明训，来说明"士亦有染"即应谨慎择友的道理。

以上《墨子》引《诗》，均把《诗》句作为格言来引用，认为其中包含着社会政治及人生行为的通则，故用来作为说理论据。这种以《诗》句

---

① 孙诒让：《墨子间诂》，中华书局 1986 年版，第 46—48 页。
② 孙诒让：《墨子间诂》，中华书局 1986 年版，第 114 页。
③ 孙诒让：《墨子间诂》，中华书局 1986 年版，第 17—18 页。

作为格言，认为《诗》中包含着社会公理、人生通则和生活经验的观念，我们将其称为"以《诗》为训"的《诗》学观念。

"以《诗》为训"的《诗》学观念产生的前提，首先是把《诗》句所述当作前人历史经验的积累，认为其中蕴含了深刻的历史规律和社会规则。从这一角度讲，它是"以《诗》为史"《诗》学观念的一种变式。

3.《墨子》论《诗》时没有"以《诗》为教"的《诗》学观念

据《淮南子·要略》，墨子先"学儒者之业，受孔子之术"，后来认为儒家"其礼烦扰而不说，厚葬靡财而贫民，服伤生而害事，故背周道而用夏政"①。墨子此种学术经历，使墨家与儒家在引《诗》说《诗》时既有相同处，又有很多不同处。其最大差别在于对《诗》社会政治作用的认识不同。墨家认为《诗》可承载历史，认为《诗》是社会经验的总结，但不像儒家那样认为《诗》可以作为推行礼义教化的工具。这种观念在墨家论《诗》中表现得最为突出。

《墨子》载墨家论《诗》4 处，《墨子·非命中》曰"在于商、夏之《诗》《书》曰：命者暴王作之"②，其"商、夏之《诗》"与本书所谓之《诗》不同，故不论。另外 3 处，1 处涉及《诗》的创作源出，2 处涉及《诗》的社会功用。

就《诗》的创作源出，《墨子·三辩》载墨子曰："（周武王）因先生之乐，又自作乐，命曰《象》。周成王因先王之乐，又自作乐，命曰《驺虞》。"③《诗》可以配乐。今据《毛诗序》，《周颂·维清》奏《象》舞。另外，《诗·召南》有《驺虞》篇。墨家这种认为《诗》和诗乐出于周代礼乐文化的观念，与儒家无大异。

但就《诗》的社会功用方面，墨家与儒家的认识却十分不同。如《墨子·公孟》载儒墨两家就《诗》《书》作用曾发生过争论："公孟子谓子墨子曰：'昔者圣王之列也，上圣立为天子，其次立为卿大夫。今孔子博于

---

① 刘文典：《淮南鸿烈集解》，中华书局 1989 年版，第 709 页。
② 孙诒让：《墨子间诂》，中华书局 1986 年版，第 251 页。
③ 孙诒让：《墨子间诂》，中华书局 1986 年版，第 37 页。

《诗》《书》，察于礼乐，详于万物。若使孔子当圣王，则岂不以孔子为天子哉？'子墨子曰：'夫知者，必尊天事鬼、爱人节用，合焉，为知矣。今子曰"孔子博于《诗》《书》，察于礼乐，详于万物"，而曰可以为天子，是数人之齿，而以为富。'"① 儒家之徒公孟子认为"博于《诗》《书》，察于礼乐，详于万物"，便掌握了治世之法宝，便可以"为天子"；但墨子认为只有做到"尊天事鬼、爱人节用"才可谓大智。这表现了儒墨两家关于《诗》《书》作用的认识差异：儒家认为《诗》《书》是治世的法宝，只要"博于《诗》《书》"，领略了《诗》《书》所蕴含的"礼乐"教化规则，就可以成为社会治理的最高指挥者——"天子"，其"以《诗》为教"的观念十分明显；而墨家则认为《诗》《书》作为治世的法宝，已是前代圣王之事，若今天还如此认为，则是"数人之齿，而以为富"般虚假可笑。也就是说，墨家认为《诗》《书》作为治世法宝已经过时，《诗》《书》承载的只是历史，掌握《诗》《书》要义不如"尊天事鬼、爱人节用"重要，其否认"以《诗》为教"的《诗》学观念的倾向也是十分明显的。

儒、墨两家相异《诗》学观念的形成与其所主张的治世理念的不同有关。儒、墨两家虽都推崇古代圣王，试图建立一个像古代盛世那样清平和谐的社会，但同样作为士阶层的儒、墨两家，在设定士人的社会功能时却持论有异。儒家认为社会成员人人做"圣贤"才可达到社会大治，故不但强调士人自己要效仿古圣贤而做"仁人"，而且强调士人的言传身教功用，所以将承载古代圣王贤哲言行的《诗》作为教化民众的工具。但墨家却不然。墨家过多地强调士人自身学古圣贤以治世，但对于士人如何带动民众学圣贤则语焉不详，故而认为学《诗》仅可了解古圣贤的言行，但与政治教化无关。这两种治世理念的差异，导致了儒、墨两家《诗》学观的不同。因此，墨家在论《诗》中才没有"以《诗》为教"的《诗》学观念。

---

① 孙诒让：《墨子间诂》，中华书局 1986 年版，第 416 页。

（三）由儒墨《诗》学观念之相异看战国《诗》学系统

战国时期，儒、墨两家的《诗》学观念不同，故其所从属的《诗》学系统也不同。

1. 墨家与孟、荀《诗》学观念的不同

战国时期，诸子各家中引《诗》论《诗》最多的是儒、墨两家。由上述所见，儒、墨两家不但引《诗》所用版本不同，解《诗》论《诗》所表现出的《诗》学观念也多不相同。这里，我们再用《墨子》与《孟子》《荀子》引同一首《诗》却目的各异来看儒、墨《诗》学观念的不同。

以上曾言，《墨子·兼爱下》引《小雅·大东》"王道荡荡，不偏不党。王道平平，不党不偏"及"其直若矢，其易若厎。君子之所履，小人之所视"，来说明文王、武王兼爱天下，不私亲戚弟兄；从中可看出墨家是将诗句所述视作历史事实的记录，来论证自己"兼爱"学说的正确性，从而表现着"以《诗》为史"的《诗》学观念。

《孟子》和《荀子》都曾引过此《大东》诗句，但其着眼点和引用目的均与墨家不同。《孟子·万章下》载孟子论国君应以士为师、对士应延请而不能随意召唤时说："欲见贤人而不以其道，犹欲其入而闭之门也。夫义，路也；礼，门也。惟君子能由是路，出入是门也。《诗》云：'周道如底，其直如矢；君子所履，小人所视。'"①孟子将此诗句作为"礼、义、门、路"的比照，将诗句所述作为引人行礼行义的教导。从中可看出，孟子认为《诗》本身即承载着礼义说教，所以他引用此《诗》的目的也在于教导人们遵从礼义行事。这表现出孟子具有"以《诗》为教"的《诗》学观念。

《荀子·宥坐》引孔子对父子相讼的处理后论曰："故先王既陈之以道，上先服之；若不可，尚贤以綦之；若不可，废不能以单之；綦三年而百姓往矣。邪民不从，然后俟之以刑，则民知罪矣。……今之世则不然，乱其

---

① 杨伯峻：《孟子译注》，中华书局1960年版，第248页。

教，繁其刑，其民迷惑而堕焉，则从而制之，是以刑弥繁而邪不胜。……
今夫世之陵迟已久矣，而能使民勿逾乎？《诗》曰：'周道如砥，其直如
矢。君子所履，小人所视。睠焉顾之，潸焉出涕。'岂不哀哉！"杨倞注：
"言失其砥矢之道，所以凌迟，哀其法度堕坏。"①荀子认为此《诗》句叙
述的是后人追念西周错刑用礼的教化局面，故而引用它来反衬当世"乱其
教""繁其刑""法度堕坏"的混乱局面，号召今世执政者应像西周诸王那
样推行礼义教化、错刑用礼而达社会大治。从中可看出，荀子亦将此诗作
为礼义教化的承载体，荀子引此诗的目的亦在于推行礼义教化。因此可以
说，荀子遵循的是"以《诗》为教"的《诗》学观，与墨家的"以《诗》
为史"的《诗》学观不同。

如上所言，墨家不以"礼义教化"解《诗》，而遵循"以《诗》为史"
诗学观念的最为明显例证，莫过于《墨子·明鬼下》载墨子与时人讨论有
鬼无鬼时引《大雅》"文王在上，於昭于天。周虽旧邦，其命维新。有周
不显，帝命不时。文王陟降，在帝左右。穆穆文王，令问不已"②，将周人
的想象之词作为文王死后"有鬼"的证据，来论述自己"明鬼"论的正确
性，从而体现了墨子"以《诗》为史"的诗学观念。

《墨子》将《小雅·大东》作为史实来引用；而《孟子》《荀子》却将
其作为礼义说教工具来引用。儒、墨两家的不同引用，表现出墨家《诗》
学观念与儒家《诗》学观念的差异，即墨家将《诗》句所述作为历史事实、
以《诗》作为上古史料记载的"以《诗》为史"的《诗》学观念，与儒家
将《诗》句所述作为礼义道德说教、以《诗》作为道德教化工具的"以《诗》
为教"的《诗》学观念的不同。

2. 墨家《诗》学与儒家《诗》学从属不同的《诗》学系统

《诗》的引用，从它产生后不久就开始了。从《左传》《国语》所载西

---

① 王先谦：《荀子集解》，中华书局 1988 年版，第 522—524 页。
② 孙诒让：《墨子间诂》，中华书局 1986 年版，第 215 页。

周中后期和春秋人的引《诗》解《诗》中，以及某些早期文献所载战国人的引《诗》解《诗》中，我们可以看出传统的先秦《诗》学观念的发展轨迹：西周人以《诗》所述为历史事实，因而常常引《诗》与时事做比照，表现了"以《诗》为史"《诗》学观的萌芽；春秋中期士大夫曾大量引《诗》，他们或把《诗》所述当作历史事实，或把《诗》句作为格言，从而确立了"以《诗》为史"的《诗》学观；春秋后期人引《诗》时亦把《诗》句作为格言或史实，依旧承袭着"以《诗》为史"的《诗》学观；一般认为作为战国初期人的《左传》作者在引《诗》时，或视《诗》中所述为史实以作论据，或视《诗》句为格言以作论据或结论，从而延续着"以《诗》为史"的《诗》学观；上海博物馆藏战国楚竹书《诗论》所反映的受孔子早年《诗》学观影响的某学派人，在论《诗》解《诗》时，亦表现着"以《诗》为史"的《诗》学观；①《墨子》所记载的主要活动于战国前、中期的墨家学派在引《诗》解《诗》时，明显延续着"以《诗》为史"的《诗》学观。它们构成了先秦时期《诗三百》流传中的一个传统的《诗》学系统——"历史《诗》学系统"。

但春秋中期起出现的"《诗》言志"观念，使《诗》流传中出现抛开《诗》的本义而用其引申义的现象。在此基础上，孔子从中年解《诗》起，改变了自己其前所遵从的传统的解《诗》方法与说《诗》理论，另外创造出"以诗为教"的解《诗》方法与说《诗》思想，把《诗》看作宣扬礼义教化的承载体，其目的在于以《诗》推行礼义教化，表现出"以《诗》为教"的《诗》学观念。②其后，不管是《孟子》所载孟子解《诗》论《诗》也好，还是《荀子》所载荀卿解《诗》论《诗》也好，抑或"三礼"中所载的战国儒者解《诗》论《诗》也好，遵循的都是孔子中年后开创的解《诗》用《诗》方法，表现出的都是"以诗为教"的《诗》学观念。它们构成了先秦时期

---

① 参见郑杰文：《上博藏战国楚竹书〈诗论〉作者试测》，《文学遗产》2002年第4期。
② 参见郑杰文：《先秦〈诗〉学观与〈诗〉学系统》，《文学评论》2004年第6期。

《诗》流传中的另一《诗》学系统——"诗教《诗》学系统"。

二、墨家与《尚书》

墨家倡导效法古代圣王以施政，故《墨子》中保存了诸多载录古代圣王言行的典籍片断，《尚书》便是这诸多典籍中的一种。现存最早的《尚书》版本为汉代传本，主要有古文《尚书》和今文《尚书》两个系统，西汉成帝年间还出现过"百两《尚书》"；至东晋时，又出现过流传至今的梅赜古文《尚书》。以下我们主要依据《尚书》这四大版本系统的篇目或内容，还有为《墨子》所引而后世不见流传的"逸《书》"文句，来考察墨家与战国时期所传《书》的关系，并兼及梅赜古文《尚书》的真伪问题。

（一）《墨子》引《书》与汉代今文、古文《尚书》的比较

汉初开书禁，济南伏生首传今文《尚书》28篇。《墨子》引《书》可与今文《尚书》28篇比对者如下。

《兼爱中》："古者禹治天下，西为西河渔窦，以泄渠孙皇之水；北为防原泒，注后之邸，嘑池之窦，洒为底柱，凿为龙门，以利燕、代、胡、貉与西河之民；东方漏之陆，防孟诸之泽，洒为九浍，以楗东土之水，以利冀州之民；南为江、汉、淮、汝，东流之，注五湖之处，以利荆、楚、干、越与南夷之民。"① 刘起釪曰："诸语与《禹贡》内容同。"② 今案：此所引内容与今文《禹贡》所述③ 类似，而文句和结构顺序则与今文《禹贡》有异。

《明鬼下》："然则姑尝上观乎《夏书·禹誓》曰：'大战于甘。王乃命

---

① 孙诒让：《墨子间诂》，中华书局1986年版，第99—102页。
② 刘起釪：《尚书学史》，中华书局1989年版，第16页。
③ 参见孔颖达：《尚书正义》，《十三经注疏》，中华书局1980年版，第148—152页。

左右六人，下听誓于中军，曰："有扈氏威侮五行，怠弃三正，天用剿绝其命。"有曰："日中。今予与有扈氏争一日之命。且尔卿大夫庶人，予非尔田野葆士之欲也，予共行天之罚也。左不共于左，右不共于右，若不共命，御非尔马之政，若不共命。"① 刘起釪曰："实即《甘誓》全文，文句略有出入。"② 今案：此引与今文《甘誓》相较，内容相似而文句多有差异：《墨子》"王乃命左右六人下听誓于中军"，今文《甘誓》作"乃召六卿"；《墨子》"有扈氏威侮五行"前仅一"曰"字，而今文《甘誓》作"王曰嗟六事之人予誓告汝"；《墨子》"有曰日中今予与有扈氏争一日之命且尔卿大夫庶人予非尔田野葆士之欲也"，今文《甘誓》脱；《墨子》"左不共于左"下，今文《甘誓》有"汝不恭命"四字；其他仅为"若"作"汝""共"作"恭"等文字通假等差别。③

以上《夏书》。

《尚同中》："先王之书《吕刑》之道曰：'苗民否用练，折则刑，唯作五杀之刑，曰法。'"④ 今案：此引与今文《吕刑》相较语词差别较大：《墨子》"苗民否用练"之"练"今文《吕刑》作"灵"，"折"作"制"，"杀"作"虐"⑤，清儒多以通假解之。⑥

《尚贤中》："先王之书《吕刑》道之曰：'皇帝清问下民，有辞有苗。曰群后之肆在下，明明不常，鳏寡不盖，德威维威，德明维明。乃名三后，恤功于民，伯夷降典，哲民维刑。禹平水土，主名山川。稷隆播种，农殖嘉谷。三后成功，维假于民。'"⑦ 今案：此引与今文《吕刑》有较大差异者为：《墨子》"有辞有苗"，文《吕刑》作"鳏寡有辞于苗"；《墨子》曰

① 孙诒让：《墨子间诂》，中华书局 1986 年版，第 217—218 页。

② 刘起釪：《尚书学史》，中华书局 1989 年版，第 16 页。

③ 参见孔颖达：《尚书正义》，《十三经注疏》，中华书局 1980 年版，第 155 页。

④ 孙诒让：《墨子间诂》，中华书局 1986 年版，第 76—77 页。

⑤ 参见孔颖达：《尚书正义》，《十三经注疏》，中华书局 1980 年版，第 247 页。

⑥ 参见孙诒让：《墨子间诂》，中华书局 1986 年版，第 76 页。

⑦ 孙诒让：《墨子间诂》，中华书局 1986 年版，第 56—57 页。

"群后之肆在下，明明不常，鳏寡不盖"，今文《吕刑》无；其他仅为"名"作"命""哲"作"折"等文字通假类差别。①

《尚贤下》："古者圣王既审尚贤欲以为政，故书之竹帛，琢之盘盂，传以遗后世子孙。于先王之书《吕刑》之然，王曰：'於！来！有国有士，告女讼刑，在今而安百姓，女何择言人，何敬不刑，何度不及。'"②今案：《墨子》此引与今文《吕刑》相较，既有《墨子》"国"今文《吕刑》作"邦""女"作"尔""哲"作"折"等文字通假类差别，又有《墨子》"有士"今文《吕刑》作"有土""讼刑"作"详刑"等字形相似而导致的差别。③

以上《周书》。

另外，刘起釪考《墨子》之《尚同上》《尚同中》"上同而不下比者""今若天飘风苦雨溱溱而至者"诸句，及《尚同下》"若苟义不同者，有党"句，"即袭用《洪范》'人无有比德，惟王作极'，'无偏无党'及'庶征'中风雨之咎等"④；又考"《兼爱下》引《周诗》'王道荡荡'……属《洪范》"⑤。但《墨子》这些引文，既不标明出自"先王之《书》"，而两相比较字句差异又颇大，故其所用或为当时通用语，今暂不做引用《尚书》计。

鲁恭王坏孔子宅，出古文《尚书》。孔安国将其与伏生 28 篇今文《尚书》对读，多出十余篇，刘歆请立古文《尚书》时曰"十六篇"，因而被称为"逸《书》十六篇"。《墨子》所引无可与此比对者。

由以上《墨子》引《书》与今文、古文《尚书》比较可见：

第一，《墨子》所引可与今文《尚书》比对者有如上 5 节。两相比较，有的既有字词差别，也有文句差别，更有语序和结构差别，但内容却相似。这类情况是由春秋末至战国时期的典籍传授形式所造成的。由《论

---

① 参见孔颖达：《尚书正义》，《十三经注疏》，中华书局 1980 年版，第 248 页。
② 孙诒让：《墨子间诂》，中华书局 1986 年版，第 62—63 页。
③ 参见孔颖达：《尚书正义》，《十三经注疏》，中华书局 1980 年版，第 249 页。
④ 刘起釪：《尚书学史》，中华书局 1989 年版，第 17—18 页。
⑤ 刘起釪：《尚书学史》，中华书局 1989 年版，第 18 页。

语·卫灵公》所记"子张问行",听孔子教诲后马上"书诸绅"① 可见,《汉书·艺文志》所言"论语者,孔子应答弟子时人及弟子相与言而接闻于夫子之语也。当时弟子各有所记"② 并非虚言。孔子应答弟子、时人所问之语中亦涉及诸多《诗》《书》语句。墨子起初曾"学儒者之业,受孔子之术",与孔子后学一同"接闻于夫子之语"而记之;其各自所记《诗》《书》诸语有异,但内容相似,因而使得墨子所传《书》与儒家所传《书》的版本有大大小小的差异。

第二,《墨子》所引可与今文《尚书》比对之句节中,有的既有不少字词差别,又有语句差别,或《墨子》所引多出一句而今文《尚书》无,或某些语句今文《尚书》较繁而《墨子》所引至简。这可能是《墨子》与今文《尚书》在流传中,各自窜衍讹脱所造成的。战国时期,由于各家各派之遭际不同,各家各派对前代思想以及承载此类思想之典籍的态度不同,因而各家各派所传典籍之命运也大不相同。珍视前代典籍者则视若生命,倍加珍惜,所传典籍则较少窜衍讹脱;反之则甚。

第三,《墨子》所引可与今文《尚书》比对之句节中,有的仅有字词差别。这些字词差别,有的是因墨子在"学儒者之业,受孔子之术",与其他的孔门后学在录记师传时,各以同音字或近音字所记形成的,即由文字通假而造成的;有的是由于字形相似,而由后世古籍整理者在"隶定"时造成的;还有的是因避讳而引起的,如第(5)节《墨子·尚贤下》"有国有士"之"国"今文《吕刑》作"邦",或为汉代之整理者避刘邦讳改。依此,这类避讳改字或许是刘向整理《墨子》时改动的。

第四,古文《尚书》之"逸《书》十六篇",《墨子》未见引用。又据刘起釪统计,先秦可靠文籍二十种中,引用《尚书》之"逸《书》十六篇"者仅《孟子》《礼记》《逸周书》,3种书中仅引用8次,其中《孟子》5次、《礼

---

① 杨伯峻:《论语译注》,中华书局1980年版,第162页。
② 班固:《汉书》,中华书局1962年版,第1717页。

记》2 次、《逸周书》1 次；而今文《尚书》，有十八种可靠先秦文籍曾予引用，且引用次数高达 115 次，其中《孟子》12 次、《礼记》20 次、《逸周书》5 次。① 由此我们是否可以这样推测：含《尚书》之"逸《书》十六篇"在内的出于孔壁中的古文《尚书》，仅是战国时所传《尚书》中流传不广的一种选本，它仅为思孟学派所保存；因其流传不广，故孟子等出于论辩需要，也较少引用它。而它却作为孔子家传本的一种，被藏于孔壁中而流传到汉代。《荀子·非十二子》载荀子批思孟学派所说的"略法先王而不知其统，犹然而材剧志大，闻见杂博。……甚僻违而无类，幽隐而无说，闭约而无解。案饰其辞，而祗敬之，曰：此真先君子之言也"②，或许就包括此一情况。

（二）《墨子》引《书》与新出"百两《尚书》"及新出《泰誓》的比较

据《论衡·佚文》《汉书·儒林传》，西汉成帝年间还出现过东莱张霸所上"佚《尚书》百篇"，各篇并有托名孔子的《序》，后来《序》被编为两篇，故合称为"百两《尚书》"。然"成帝出秘《尚书》以校考之，无一字相应者"③，故被考定为张霸伪造而废止，但其《书序》却在学界流传起来，由马融、郑玄为之注，孔颖达《尚书（尧典序）正义》中保存其篇目至今。其篇目中包括伏生今文《尚书》28 篇但析成 31 篇，包括"逸《书》十六篇"但析成 24 篇，它们与《墨子》引《书》的比对已见上述；余 45 篇之篇目见于《墨子》称引者 11 次，其具体情况如下。

（1）《非命上》："《仲虺之告》曰：'我闻于夏，人矫天命，布命于下，帝伐之恶，龚丧厥师。'此言汤之所以非桀之执有命也。"④ 而今传梅赜古

---

① 参见刘起釪：《尚书学史》，中华书局 1989 年版，第 14—25 页。
② 王先谦：《荀子集解》，中华书局 1988 年版，第 94 页。
③ 黄晖：《论衡校释》，中华书局 1990 年版，第 862 页。
④ 孙诒让：《墨子间诂》，中华书局 1986 年版，第 246 页。

文《尚书》之《仲虺之诰》则有"夏王有罪，矫诬上天，以布命于下。帝用不臧，式商受命，用爽厥师，简贤附势，寔繁有徒。"①虽然语句有异，但仍可看出二者间的联系。

（2）《非命中》："先王之书《仲虺之告》曰：'我闻有夏，人矫天命，布命于下，帝式是恶，用阙师。'此语夏王桀之执有命也，汤与仲虺共作之。"②此与第（1）则所引梅赜古文《尚书》之《仲虺之告》语基本相同。

（3）《非命下》："《仲虺之告》曰：'我闻有夏，人矫天命，布命③于下，帝式是增，用爽厥师。'……昔者，桀执有命而行，汤为《仲虺之告》以非之。"④此亦与第（1）（2）则所引梅赜古文《尚书》之《仲虺之告》语基本相同。

（4）《尚同下》："圣王皆以尚同为政，故天下治。何以知其然也？于先王之书也《大誓》之言然，曰：'小人见奸巧乃闻，不言也，发罪钧。'此言见淫辟不以告者，其罪亦犹淫辟者也。"⑤今传新出《泰誓》三篇无可与此比对者。

（5）《兼爱中》："'昔者文王之治西土，若日若月，乍光于四方，于西土。'……此文王之事。"⑥此虽不言出自《泰誓》，然与《兼爱下》之引文比对，当出自《泰誓》。今传新出《泰誓下》有曰："呜呼，惟我文考，若日月之照临，光于四方，显于西土。"⑦虽然文句不同，但语义可作比对。

（6）《兼爱下》："《泰誓》曰：'文王若日若月，乍照，光于四方，于西土'。即此言文王之兼爱天下之博大也，譬之日月兼照天下之无有私

① 孔颖达：《尚书正义》，《十三经注疏》，中华书局1980年版，第161页。
② 孙诒让：《墨子间诂》，中华书局1986年版，第250页。
③ "布命"二字原脱，从孙诒让校增。（参见孙诒让：《墨子间诂》，中华书局1986年版，第255页）
④ 孙诒让：《墨子间诂》，中华书局1986年版，第255页。
⑤ 孙诒让：《墨子间诂》，中华书局1986年版，第88页。
⑥ 孙诒让：《墨子间诂》，中华书局1986年版，第102—103页。
⑦ 孔颖达：《尚书正义》，《十三经注疏》，中华书局1980年版，第182页。

也。"① 此引与（5）所引基本相同。

（7）《天志中》："《大誓》之道之曰：'纣越厥夷居，不肯事上帝，弃厥先神祇不祀，乃曰吾有命。无廖务。天下。天亦纵弃纣而不葆。'察天以纵弃纣而不葆者，反天之意也。"②"天下"二字，毕沅曰"疑衍"。③ 今传新出《泰誓上》有曰："乃夷居，弗事上帝神祇，遗厥先宗庙弗祀，牺牲粢盛，既于凶盗。乃曰吾有民有命，罔惩其悔。"④ 两者相比句数有异，但语义可作比对，可寻绎出两者间的联系。

（8）《非命上》："于《太誓》曰：'纣夷处，不肯事上帝鬼神，祸厥先神禔不祀，乃曰吾民有命，无廖排漏，天亦纵弃之而弗葆。'此言武王所以非纣执有命也。"⑤ 此引与（7）所引基本相同。

（9）《非命中》："先王之书《太誓》之言然，曰：'纣夷之居，而不肯事上帝，弃阙其先神而不祀也，曰我民有命，毋僇其务。天不亦弃纵而不葆？'此言纣之执有命，武王以《太誓》非之。"⑥ 此引与（7）（8）所引基本相同。

（10）《非命下》："《太誓》之言也，于去发⑦曰：'恶乎君子！天有显德，其行甚章，为鉴不远，在彼殷王。谓人有命，谓敬不可行，谓祭无益，谓暴无伤。上帝不常，九有以亡。上帝不顺，祝降其丧。惟我有周，受之大帝。'"⑧ 今传新出《泰誓中》有曰："谓己有天命，谓敬不足行。谓祭无益，谓暴无伤。厥鉴惟不远，在彼夏王。天其以予乂民，朕梦协朕卜，袭于

---

① 孙诒让：《墨子间诂》，中华书局 1986 年版，第 111 页。

② 孙诒让：《墨子间诂》，中华书局 1986 年版，第 186—187 页。

③ 孙诒让：《墨子间诂》，中华书局 1986 年版，第 187 页。

④ 孔颖达：《尚书正义》，《十三经注疏》，中华书局 1980 年版，第 180 页。

⑤ 孙诒让：《墨子间诂》，中华书局 1986 年版，第 246—247 页。

⑥ 孙诒让：《墨子间诂》，中华书局 1986 年版，第 250—251 页。

⑦ 庄述祖言"去法"为"太子法"之讹，俞樾曾详为之考证。（参见孙诒让：《墨子间诂》，中华书局 1986 年版，第 255 页）

⑧ 孙诒让：《墨子间诂》，中华书局 1986 年版，第 255—256 页。

休祥，戎商必克。"①两相比较，有相似或相同的语句，可寻绎出两者间的联系。

（11）《非命下》："昔纣执有命而行，武王为《太誓》去发②以非之。曰：子胡不尚考之乎商周虞夏之记，从十简之篇以尚，皆无之。将何若者也？"③今传伪《泰誓》三篇无可与此比对者。

"百两《尚书》"中除伏生今文《尚书》与"逸《书》十六篇"以外的45篇篇目，《墨子》中仅出现《仲虺之诰》《太誓》2种。刘起釪总结前人成果而论定：今传《尚书》中，除今文《尚书》之外的包括《仲虺之诰》等在内的所谓"古文《尚书》"，是东晋梅赜从"《书序》百篇中采取""篇题"，"再从当时所传历史文献中搜集一些文句，以剿袭方式拼凑成"的。④若果真如此，那么梅赜应当从当时流传的《墨子》中"剿袭"文句而"拼凑"《仲虺之诰》等，便不会出现上述《墨子》所引与《仲虺之诰》今传文字不合的问题。所以刘起釪等人的这种说法是否合乎实际，还应再予研究。这里我们就以上所引梅赜古文《尚书》之《仲虺之诰》和所收《太誓》与《墨子》的比较，来研究梅赜古文《尚书》是否曾从《墨子》中"剿袭"文句。

在《墨子》中，《仲虺之诰》出现3次，为同一引文，其文意可与梅赜古文《尚书》之《仲虺之诰》比对。《墨子》所引《仲虺之诰》共有5句，其中"布命于下""龚丧厥师"2句，与梅赜古文《尚书》之《仲虺之诰》"以布命于下""用爽厥师"基本相同；其中"人矫天命"和"帝伐之恶"2句，分别与今传伪"古文《尚书》"之《仲虺之诰》"矫诬上天"和"帝用不臧，式商受命"有意义上的联系。这些基本相同的或者有意义关联的文句，证

---

① 孔颖达：《尚书正义》，《十三经注疏》，中华书局1980年版，第181页。
② 此"去法"二字，孙诒让云以当为"太子法"之讹。（参见孙诒让：《墨子间诂》，中华书局1986年版，第256页）
③ 孙诒让：《墨子间诂》，中华书局1986年版，第256页。
④ 参见刘起釪：《尚书学史》，中华书局1989年版，第186页。

明了先秦所传《尚书》中确有《仲虺之诰》存在及此一类语义的内容在流传。但《墨子》所引"我闻於夏"或者"我闻有夏"句，又为今传枚赜"古文《尚书》"之《仲虺之诰》所无，这说明今传枚赜"古文《尚书》"之《仲虺之诰》，没有从流传的《墨子》中"剿袭"文句。

在《墨子》中，《太誓》出现 8 次，其中 6 次可与今传《泰誓》比对，2 次所引为今传《泰誓》所无。先秦《尚书》中的《太誓》篇，原在伏生壁中已经断烂。其后所传之《太誓》，马融在《书序》中举 5 例、刘起釪在《尚书学史》中举 23 例，而断定"今文《太誓》是汉代伪造的"①。刘起釪又说，因《太誓》被马融定为伪篇，故梅赜又重新收集先秦资料造作了《泰誓》三篇。②上述《墨子》中可与今传《泰誓》比对的文句，说明先秦所传《太誓》中确有此一类语义的内容与今传《泰誓》同，今传《泰誓》自有保存部分失传先秦典籍的文献价值。而《墨子》中所引为今传《太誓》所无的文句，说明枚赜"古文《尚书》"之《泰誓》并没从《墨子》中"剿袭"文句。

另外，刘起釪考"先秦时《太誓》有散文、韵文二本，皆武王伐纣之词，很可能散文本为伐纣动员誓师之词，韵文本为伐纣胜利誓众纪功之词"③。《墨子》所引《太誓》8 句，除上引第（11）句难确定内容外，上引第（4）至（9）为散文，第（10）句为韵文。《墨子》所引，也同样证明着先秦时《太誓》有散文、韵文二本在流传。

（三）《墨子》引《书》与梅赜古文《尚书》的比较

《墨子》所引《尚书》文句，尚有 24 节不见于上述汉代"今文《尚书》二十八篇"系统、"古文《尚书》"系统、新出《泰誓》以及"百两《尚书》"篇目，但其中 5 节可与东晋梅赜古文《尚书》作比对。

---

① 刘起釪：《尚书学史》，中华书局 1989 年版，第 72 页。
② 参见刘起釪：《尚书学史》，中华书局 1989 年版，第 186 页。
③ 刘起釪：《尚书学史》，中华书局 1989 年版，第 30—31 页。

刘起釪认为：今传托名孔安国注的古文《尚书》即东晋梅赜伪造的古文《尚书》，共计58篇，含"今文《尚书》二十八篇"但析成33篇，又新造《泰誓》3篇及其余22篇（计18个篇题，因《太甲》为3篇、《说命》为3篇）；刘起釪又说："十八个篇题显系全部从《书序》百篇中采取，再从当时所传先秦历史文献中搜集一些文句，以剿袭方式拼凑成二十二篇。"① 事实果真如此吗？我们通过其与《墨子》引《书》的具体比对来看这一问题。

（1）《兼爱下》："且不唯《禹誓》为然，虽《汤说》即亦犹是也。汤曰：'惟予小子履，敢用玄牡，告于上天后，曰：今天大旱，即当朕身履，未知得罪于上下。有善不敢蔽，有罪不敢赦，简在帝心。万方有罪，即当朕身；朕身有罪，无及万方。'"② 此引《汤说》与梅赜古文《汤诰》所云"肆台小子，将天命明威，不敢赦，敢用玄牡，敢昭告于上天神后……俾予一人，辑宁尔邦家，兹朕未知获戾于上下。……尔有善，朕弗敢蔽。罪当朕躬，弗敢自赦。惟简在上帝之心。其尔万方有罪，在予一人。予一人有罪，无以尔万方"③ 相对比，有诸多相似的文句，说明着两者并非毫无关系。但就《墨子》引《汤说》"今天大旱，即当朕身履"来看，此当为天旱祈雨所作，而梅赜古文《汤诰》却分明是向天下民人解释"革夏命"的原因，这是应当注意区别的。

（2）《尚贤中》："《汤誓》曰：'聿求元圣，与之戮力同心，以治天下。'"④ 梅赜古文《汤诰》有"聿求元圣，与之戮力"之句⑤，与《墨子》此引之前两句相似。刘起釪曰"《殷本纪》所载《汤诰》并无此数句，知此非《汤诰》逸文，实为墨家所传另一《汤誓》"⑥，可备一说。

---

① 刘起釪：《尚书学史》，中华书局1989年版，第186页。
② 孙诒让：《墨子间诂》，中华书局1986年版，第112—113页。
③ 孔颖达：《尚书正义》，《十三经注疏》，中华书局1980年版，第162页。
④ 孙诒让：《墨子间诂》，中华书局1986年版，第51—52页。
⑤ 参见孔颖达：《尚书正义》，《十三经注疏》，中华书局1980年版，第162页。
⑥ 刘起釪：《尚书学史》，中华书局1989年版，第34页。

(3)《尚同中》:"是以先王之书《术令》之道曰:'惟口出好兴戎。'"①此引与梅赜古文《大禹谟》载舜曰"惟口出好兴戎"同。②

(4)《兼爱中》:"昔者武王将事太山隧,《传》曰:'泰山,有道曾孙周王有事,大事既获,仁人尚作,以祇商夏,蛮夷丑貉。虽有周亲,不若仁人。万方有罪,维予一人。'"③此引"有道曾孙周王有事"句,与梅赜古文《武成》之"惟有道曾孙周王发"句相似④;《墨子》此引"大事既获,仁人尚作,以祇商夏,蛮夷丑貉"诸句,与梅赜古文《武成》之"予小子既获仁人,敢祇承上帝,以遏乱略。华夏蛮貊,罔不率俾,恭天成命"⑤诸句相似;《墨子》此引"虽有周亲,不若仁人",与梅赜古文《泰誓中》之"虽有周亲,不如仁人"⑥基本相同;《墨子》此引"万方有罪,维予一人",与梅赜古文《泰誓中》之"百姓有过,在予一人"⑦相似。

(5)《非乐上》:"为乐非也。何以知其然也?曰:'先王之书《汤之官刑》有之,曰:"其恒舞于宫,是谓巫风。"'"⑧梅赜古文《伊训》之"敢有恒舞于宫、酣歌于室,时谓巫风"句,⑨与此引相近。

由以上5节《墨子》引《书》与梅赜古文《尚书》的比较可见:

首先,《墨子》引《书》与梅赜古文《尚书》的最大不同,在于《墨子》所引《尚书》的此篇文句,出现于梅赜古文《尚书》的另一篇文章中,如上引第(3)(4)(5)句。而与此类似的问题是,有的《墨子》引《书》文句与梅赜古文《尚书》文句相似,但用途不同,如第(1)句《墨子》

---

① 孙诒让:《墨子间诂》,中华书局1986年版,第77页。
② 参见孔颖达:《尚书正义》,《十三经注疏》,中华书局1980年版,第136页。
③ 孙诒让:《墨子间诂》,中华书局1986年版,第103—104页。
④ 参见孔颖达:《尚书正义》,《十三经注疏》,中华书局1980年版,第184页。
⑤ 孔颖达:《尚书正义》,《十三经注疏》,中华书局1980年版,第184—185页。
⑥ 孔颖达:《尚书正义》,《十三经注疏》,中华书局1980年版,第181页。
⑦ 孔颖达:《尚书正义》,《十三经注疏》,中华书局1980年版,第181页。
⑧ 孙诒让:《墨子间诂》,中华书局1986年版,第234—235页。
⑨ 参见孔颖达:《尚书正义》,《十三经注疏》,中华书局1980年版,第163页。

引《汤说》与梅赜古文《汤诰》两段文句，一则用于"祷旱"，一则用于解释"革夏命"。这两种现象形成的原因何在？正如刘国钧先生所言，由于先秦书写工具的发展阶段的限制，无论是商汤时也好，还是周武王时也好，都无记录繁杂文字的条件。[1] 那么《尚书》所引商汤、周武王的言辞当系口耳相传相当长一段时间后，才为后世人记录下来。这些被不断记录的先王言辞，由孔子及弟子整理成儒家传承的《尚书》，其中有的版本系统流传在民间而为东晋梅赜所得（详下）。而在同时或者稍后，其他诸子派别也在整理和引用这些前世文献，因而形成了不同版本、不同内容、不同流传系统的、众多的前世帝王诰语、训词等的流传，故有以上所引这种相同文句而被用于不同流传篇章的情况。

其次，以上《墨子》所引《尚书》内容，有的同时见于先秦其他书所引。如与第（1）句汤天旱祈雨内容相似的文句，同时见于《吕氏春秋·顺民》《国语·周语上》《尸子·绰子》《论语·尧曰》《荀子·大略》等先秦文献。与其他先秦书所引《尚书》内容相似的《墨子》引文，既说明着这些《尚书》篇章在春秋战国时曾广为流传，同时又证明着《墨子》引用《尚书》文句的可靠性，证明着梅赜古文《尚书》系统的可信性。

（四）《墨子》所引篇名及文句均不见于上述《尚书》诸传本系统者

《墨子》所引《尚书》文句，尚有 19 节之篇名及文句均不见于上述《尚书》诸传本系统。它们可分为如下四种情况。

其一，谓出自"先王之书"且能确指篇名者 5 节。

（1）《尚贤中》："且以尚贤为政之本者，亦岂独子墨子之言哉！此圣王之道，先王之书《距年》之言也。传曰：'求圣君哲人，以裨辅而身。'"[2]

（2）《尚贤下》："于先王之书《竖年》之言然，曰：'晞夫圣武知人，

---

[1] 参见刘国钧著，郑如斯订补：《中国书史简编》，书目文献出版社 1982 年版，第 9—24 页。

[2] 孙诒让：《墨子间诂》，中华书局 1986 年版，第 51 页。

以屏辅而身。'此言先王之治天下也，必选择贤者以为其群属辅佐。"①

（3）《尚同中》："是以先王之书《相年之道》曰：'夫建国设都，乃作后王君公，否用泰也，卿②大夫师长，否用佚也，维辩使治天均。'"③

（4）《天志中》："又以先王之书《驯天明不解》之道也知之，曰：'明哲维天，临君下土。'则此语天之贵且知于天子。"④

（5）《公孟》："故先王之书《子亦》有之曰：'亓敖也，出于子，不祥。'此言为不善之有罚，为善之有赏。"⑤

以上 5 节，均标明出自"先王之书"，且有些可与先秦书中文句相比照，如（2）节所引"圣武知人"可与《逸周书·皇门》"元圣武夫"⑥相比照，又如（4）节所引"明哲维天，临君下土"可与《诗·小雅·小明》"明明上天，照临下土"⑦相比照。这些文句，当系出于春秋战国时流传的"上古之《书》"即《尚书》。

其二，标明出于《夏书》《殷书》《商书》或《周书》但未指明篇目者5 节。

（1）《七患》："故《夏书》曰：'禹七年水。'"⑧

（2）《七患》："《殷书》曰：'汤五年旱。'"⑨

（3）《七患》："故《周书》曰。'国无三年之食者，国非其国也；家无三年之食者，子非其子也。'"⑩

---

① 孙诒让：《墨子间诂》，中华书局 1986 年版，第 63 页。
② "卿"原作"轻"，从毕沅、卢文弨校改。（参见孙诒让：《墨子间诂》，中华书局 1986 年版，第 78 页）
③ 孙诒让：《墨子间诂》，中华书局 1986 年版，第 78 页。
④ 孙诒让：《墨子间诂》，中华书局 1986 年版，第 180—181 页。
⑤ 孙诒让：《墨子间诂》，中华书局 1986 年版，第 417 页。
⑥ 《逸周书》，《新世纪万有文库》，辽宁教育出版社 1997 年版，第 42 页。
⑦ 孔颖达：《毛诗正义》，《十三经注疏》，中华书局 1980 年版，第 464 页。
⑧ 孙诒让：《墨子间诂》，中华书局 1986 年版，第 25 页。
⑨ 孙诒让：《墨子间诂》，中华书局 1986 年版，第 25 页。
⑩ 孙诒让：《墨子间诂》，中华书局 1986 年版，第 27 页。

（4）《明鬼下》："然则姑尝上观乎《商书》，曰：'呜呼，古者有夏，方未有祸之时，百兽贞虫，允及飞鸟，莫不比方。矧隹人面，胡敢异心？山川鬼神，亦莫敢不宁。若能共允，隹天下之合，下土之葆。'"①

（5）《非命下》："在于商夏之《书》②曰：'命者，暴王作之。'"

以上 5 节，均标明出自某代《书》，且有的引文可与其他先秦书引用相比对，如《七患》所引"禹七年水""汤五年旱"，《管子·山权数》曰"汤七年旱，禹五年水"③。可见这些引文当出自春秋战国时流传的《尚书》。

其三，笼统谓"先王之言"等者 4 节。

《墨子》中另有一些诸如"先王之言"等称谓者，刘起釪先生也以为属于"无篇名的逸《书》之列"④。今依是说而列此类引文如下。

（1）《尚贤中》："故先王之言曰：'此道也，大用之天下则不窕，小用之则不困，修用之则万民被其利，终身无已。'"⑤此以下连接引文《周颂》道之曰"⑥云云，而此条引文又标明出自"先王之言"，所以此引文应当出自"上古之《书》"。

（2）《非命上》："先王之宪亦尝有曰'福不可请，而祸不可讳。敬无益，暴无伤'者乎？⑦此引文前有曰"然而今天下之士君子，或以命为有。盖尝尚观于先王之书。先王之书，所以出国家，布施百姓者，宪也"⑧，据此可知"先王之宪"即"先王之书""福不可请"云云亦应当出自"上古之《书》"。

---

① 孙诒让：《墨子间诂》，中华书局 1986 年版，第 216 页。
② "书"前原有"诗"字，从刘起釪说删。（参见刘起釪：《尚书学史》，中华书局 1989 年版，第 41 页）
③ 赵守正：《管子通解》，北京经济学院出版社 1989 年版，第 380 页。
④ 刘起釪：《尚书学史》，中华书局 1989 年版，第 44 页。
⑤ 孙诒让：《墨子间诂》，中华书局 1986 年版，第 58 页。
⑥ 孙诒让：《墨子间诂》，中华书局 1986 年版，第 58 页。
⑦ 孙诒让：《墨子间诂》，中华书局 1986 年版，第 241—242 页。
⑧ 孙诒让：《墨子间诂》，中华书局 1986 年版，第 241 页。

（3）《非命上》："先王之刑亦尝有曰'福不可请，祸不可讳。敬无益，暴无伤'者乎？"[①] 此引文前有曰"所以听狱制罪者，刑也"[②]，语气紧承上文"然而今天下之士君子，或以命为有。盖尝尚观于先王之书。先王之书，所以出国家，布施百姓者，宪也"而来，然则"先王之刑"即通常所谓的"先王之书"，所以此引文亦应当出自"上古之《书》"。

（4）《非命上》："先王之誓亦尝有曰'福不可请，祸不可讳。敬无益，暴无伤'者乎？"[③] 此引文前有曰"所以整设师旅，进退师徒者，誓也"[④]，语气亦承前文"然而今天下之士君子，或以命为有。盖尝尚观于先王之书。先王之书"云云而来，然则"先王之誓"亦即通常所谓的"先王之书"。

这 4 节引文，或标明出自"先王之言"，或标明出自"先王之宪"，或标明出自"先王之刑"，或标明出自"先王之誓"，均指通常所谓的"先王之书"，当出自春秋战国时流传的《尚书》中的某些篇章。

其四，标明篇目但不明确指出是出于古《尚书》者 5 节。

（1）《非乐上》："察九有之所以亡者，徒从饰乐也。于《武观》曰：'启乃淫溢康乐，野于饮食，将将铭苋磬以力，湛浊于酒，渝食于野；万舞翼翼，章闻于天[⑤]，天用弗式。'"[⑥] 孙诒让《墨子间诂》引惠栋曰："此逸《书》。叙武观之事，即《书序》之'五子'也。《周书·尝麦》曰：'其在夏之五子……'五子者，武观也。……《墨子》述其遗文，《周书》载其遗事，与内外《传》所称无殊。且孔氏《逸书》本有是篇，汉儒习闻其事，故韦昭著《国语》、王符撰《潜夫论》，皆依以为说。"[⑦] 依此考说，此《武观》

---

① 孙诒让：《墨子间诂》，中华书局 1986 年版，第 242 页。
② 孙诒让：《墨子间诂》，中华书局 1986 年版，第 242 页。
③ 孙诒让：《墨子间诂》，中华书局 1986 年版，第 242 页。
④ 孙诒让：《墨子间诂》，中华书局 1986 年版，第 242 页。
⑤ "天"原作"大"，从惠栋等校改。（参见孙诒让：《墨子间诂》，中华书局 1986 年版，第 237 页）
⑥ 孙诒让：《墨子间诂》，中华书局 1986 年版，第 236—237 页。
⑦ 孙诒让：《墨子间诂》，中华书局 1986 年版，第 236 页。

当战国时流传之《尚书》篇章。

（2）《明鬼下》："且《禽艾》之道之曰：'得玑无小，灭宗无大。'"① 孙诒让《墨子间诂》引崔颢曰："《逸周书·世俘解》有秦艾侯之语，当即此《禽艾》。"② 此引可与《逸周书·世俘解》所载秦艾侯之语比对，此《禽艾》亦当为战国时流传之《尚书》篇章。

（3）《非命中》："此言纣之执有命，武王以《太誓》非之。有于《三代不国》有之曰：'女毋崇天之有命也。'今《三〔代〕不国》③亦言命之无也。"④ 孙诒让《墨子间诂》引苏时学云："所引盖古逸《书》。"⑤

（4）《非命中》："于召公之《执令》亦然⑥，曰⑦：'敬哉，无天命。惟予二人，而无造言，不自降天之哉得之。'"⑧ 此引文与以上第（3）节引文连接在一起，而（3）（4）节引文之前，为古《尚书》之《泰誓》引文，之后为"在于夏商之《诗》《书》曰……"⑨ 云云，由此行文体例看，《泰誓》与《诗》《书》中间所夹的这两则引文，亦当为战国流传的《尚书》篇章。

（5）《非命下》："曰何书焉存？《禹之总德》有之曰：'允不著，惟天民不而葆，既防凶心，天加之咎，不慎厥德，天命焉葆。'"⑩ 此引《禹之总德》，前曰"昔者暴王作之，穷人述之，此皆疑众迟朴。先圣王之患之也，固在前矣。是以书之竹帛，镂之金石，琢之盘盂，传遗后世子孙"，后紧

---

① 孙诒让：《墨子间诂》，中华书局 1986 年版，第 224 页。

② 孙诒让：《墨子间诂》，中华书局 1986 年版，第 224 页。

③ "今"原作"命"，从孙诒让校改；"代"字原脱，从孙诒让校增。（参见孙诒让：《墨子间诂》，中华书局 1986 年版，第 251 页）

④ 孙诒让：《墨子间诂》，中华书局 1986 年版，第 251 页。

⑤ 孙诒让：《墨子间诂》，中华书局 1986 年版，第 251 页。

⑥ "亦"字本作"于"，从孙诒让校改。（参见孙诒让：《墨子间诂》，中华书局 1986 年版，第 251 页）

⑦ "曰"字本作"且"，从孙诒让校改。（参见孙诒让：《墨子间诂》，中华书局 1986 年版，第 251 页）

⑧ 孙诒让：《墨子间诂》，中华书局 1986 年版，第 251 页。

⑨ 孙诒让：《墨子间诂》，中华书局 1986 年版，第 251 页。

⑩ 孙诒让：《墨子间诂》，中华书局 1986 年版，第 254—255 页。

接引今文《尚书》的《仲虺之诰》篇①，亦当为战国流传的《尚书》篇章。

总之，以上这5节《墨子》引文，都应当出自战国时流传的各种"《尚书》"。

（五）《墨子》引《书》评说

由以上《墨子》引《书》，我们可以看出墨家与战国时期所传《书》的关系，以及墨家所用《书》的选本系统。

第一，《墨子》引《书》共计40节，其文字可与今文《尚书》比对者5节；其篇目可与汉代新出之"百两《尚书》"之篇目比对者、其文可与新出《泰誓》文比对者，计11节；可与东晋梅赜古文《尚书》比对者5节，共21节。而《墨子》所引不可与今传所有《尚书》系统比对者19节，几占一半。这是否可以说，墨家所传先王之《书》，自有独自的选本系统。先王之《书》是春秋战国时期广为流传的记载先王言论兼及少量行事的上古典籍，孔子及其弟子曾予整理，成为战国时流传最广的选本；同时，也有此种选本之外的本子或散篇在流传。墨家所传先王之《书》，便是儒家选本之外的墨家选编本。

第二，以上《墨子》引《书》文，除5节与梅赜古文《尚书》比对的文字，可在《汤诰》《大禹谟》《武成》《泰誓》《遗训》5篇找到零星相应的文字外，其余35节中，5节可与今文《尚书》比对的文字，仅出于《禹贡》《甘誓》《吕刑》3篇；11节可与"百两《尚书》"之篇目比对的文字，仅出于《泰誓》《仲虺之诰》2篇。而今存儒家所传《尚书》共有篇目100篇，文字58篇。《墨子》仅引过儒家所传《尚书》58篇中的10篇题目和文字。墨家引《书》所占儒家传《书》比例如此之小，再一次证明墨家所传先王之《书》，与儒家的《尚书》选本确实不同，墨家确有自己的《尚书》选本系统。

---

① 参见孙诒让：《墨子间诂》，中华书局1986年版，第254—255页。

第三，《墨子》引《书》，除 10 节无法归类外，其余计引《虞书》1 节，引《夏书》6 节，引《商书》9 节，引《周书》15 节，① 呈现出 1∶6∶9∶15 的篇数按年代递加的比例状态。这与今传儒家《尚书》各系统所呈现的篇数按年代递加的比例状态相似——今传今文《尚书》28 篇，计《虞书》2 篇，《夏书》2 篇，《商书》5 篇，《周书》19 篇，呈现出 2∶2∶5∶19 的递加比例；今传梅赜古文《尚书》58 篇，计《虞书》5 篇，《夏书》4 篇，《商书》17 篇，《周书》32 篇，也约略呈现出 5∶4∶17∶32 的篇数按年代递加的比例。这主要是因为，越是往古的典籍，流传存世的比例越小。这种与儒家《尚书》各系统所呈现的递加比例状态相似的《墨子》引《书》的递加比例状态，说明战国墨家所传先王之《书》，不但有自己的选本系统，而且这一选本系统与儒家选本系统同样具有篇数按年代递加合理性，即与战国所传《尚书》篇数的现实比例相合。

由以上《墨子》引《书》，我们还可以考察今传儒家《尚书》系统的真伪等问题。

第一，《墨子》可与伏生今文《尚书》比对的 5 节文字，既有字词差别，也有文句差别，更有语序和结构差别，但内容却相似，这说明着流传至今的伏生今文《尚书》确为战国古本。

第二，《墨子》所引《书》中没有可与古文《尚书》之"逸《书》十六篇"比对的文字，且先秦可靠文籍中仅《孟子》《礼记》《逸周书》3 种引用过古文《尚书》之"逸《书》十六篇"。可见含古文《尚书》之"逸《书》十六篇"在内的、出于孔壁中的古文《尚书》，仅是战国时所传《尚书》中流传很不广的一种版本，它仅为思孟学派所保存，而后来作为孔子家传本的一种，被藏于孔壁中而有幸流传到汉代。

第三，《墨子》引《仲虺之诰》3 则，引《泰誓》8 则，其文意大多可

---

① 《墨子》引《书》，有的一节文字可与儒家所传《尚书》中的多节相对（如《墨子·兼爱中》所引"昔者武王将事太山隧，《传》曰"云云），故以上统计有 10 节文字不可比对，有 31 节文字可比对。

与梅赜古文《尚书》比对，但文句、字词甚至语序又与《墨子》所引不同。这一方面说明梅赜古文《尚书》与《墨子》所引战国时期流传的《尚书》具有相同的材料来源，另一方面又说明着梅赜并没有从《墨子》中抄袭《尚书》文句以"造作'古文《尚书》'"。从这一点看，自清代以来的"梅赜造作古文《尚书》"的说法应当重新审视。

第四，梅赜之古文《尚书》没有"剿袭"《墨子》中的《尚书》引文，这是否是因梅赜所处的东晋时代《墨子》不流行呢？《晋书》中多载两晋时人论《墨》引《墨》之语，且晋人鲁胜还曾注过《墨辩》。因此《墨子》及墨学在两晋时期是广为流传的。则梅赜所献之古文《尚书》若真为梅赜所伪造，他是不会舍弃《墨子》而不加摘用的。但梅赜的古文《尚书》并没有从《墨子》中摘抄《尚书》文句，这说明自清代以来的"梅赜造作古文《尚书》"的说法让人生疑。

第五，据刘起釪统计，先秦可靠文籍 20 种中计引《书》335 次；其中引今文《尚书》者有先秦文籍 16 种计 115 次，引孔壁古文《尚书》"逸篇十六篇"者有先秦文籍 3 种计 8 次，引"百两《尚书》篇目"中除以上两类外其余篇目者有先秦文籍 9 种计 49 次；除此 3 大类外，引《尚书》逸篇逸文者有先秦文籍 16 种计 163 次。[①] 这 163 节引文皆与今传梅赜古文《尚书》58 篇中的文字不同[②]，而其引文所自出的 16 种先秦文籍，即《论语》《国语》《左传》《墨子》《孟子》《荀子》《管子》《庄子》《韩非子》《战国策》《礼记》《谷梁传》《孝经》《尸子》《吕氏春秋》《逸周书》诸书，两晋时期又都在流传；但今传梅赜古文《尚书》58 篇中的文字，却与这正在流传中的 16 种先秦文籍所引《尚书》文不同。那么，刘起釪总结前人考证而作的结论，即今传《尚书》中，除今文《尚书》之外的包括《仲虺之诰》等在内的所谓"古文《尚书》"，是东晋梅赜从"《书序》百篇中采取""篇题"，

---

① 刘起釪：《尚书学史》，中华书局 1989 年版，第 14—50 页。

② 刘起釪：《尚书学史》，中华书局 1989 年版，第 33—47 页。

"再从当时所传历史文献中搜集一些文句，以剿袭方式拼凑成"的诸论①，便让人生疑了。所以说，孔颖达《尚书正义》所引《晋书》中所述的《尚书》在魏晋时的传授系统及梅赜所献《尚书》事件，乃至梅赜所献之古文《尚书》的可靠性等②，不能简单否定，而应重新研究。

---

① 刘起釪:《尚书学史》，中华书局 1989 年版，第 186 页。
② 参见孔颖达:《尚书正义》，《十三经注疏》，中华书局 1980 年版，第 118 页。

第二章　战国时期墨学的传播与影响

春秋末年，邓析、孔丘分别在郑、鲁等地收徒讲授，私学兴起。延至战国，私学大兴，诸子迭现，墨子、杨朱、孟子、庄子、荀子、韩非子等相继兴学创说，门徒遍布天下。惜乎书缺有间，诸子各家特别是墨家学说流传与派系繁衍的具体情况难以详知，我们只可从他家诸子著述的相关记述中了解一二。

第一节　从《孟子》《庄子》所载看战国时期的墨学流传

墨子活动于孔子辞世后、孟子出生前，创立学说及社会活动都在战国前期。[①] 由于墨家弟子众多、学说影响重大，所以其后的战国诸子著述中多有墨家学说流传与墨子及后学活动的记述。

一、《孟子》所载孟轲对墨家与墨学的抨击

据《淮南子·要略》，墨子先"学儒者之业，受孔子之术"，为纠正孔门儒学"礼烦扰而不说，厚葬靡财而贫民，服伤生而害事"，"故背周道而用夏政"，另创新说。[②] 这些与孔门儒学不相同的论说，引发了孟子的

---

① 参见杨俊光：《墨子新论》，江苏教育出版社 1992 年版，第 1—20 页。

② 刘文典：《淮南鸿烈集解》，中华书局 1989 年版，第 709 页。

抨击。

《孟子·滕文公下》载孟子曰："世衰道微，邪说暴行有作，臣弑其君者有之，子弑其父者有之。孔子惧，作《春秋》。……圣王不作，诸侯放恣，处士横议，杨朱、墨翟之言盈天下。天下之言，不归杨则归墨。杨氏为我，是无君也；墨氏兼爱，是无父也。无父无君，是禽兽也。……杨墨之道不息，孔子之道不著，是邪说诬民、充塞仁义也。仁义充塞，则率兽食人，人将相食。吾为此惧，闲先圣之道，距杨墨，放淫辞，邪说者不得作。作于其心，害于其事；作于其事，害于其政。……《诗》云：'戎狄是膺，荆舒是惩，则莫我敢承。'无父无君，是周公所膺也。我亦欲正人心，息邪说，距诐行，放淫辞，以承三圣者；岂好辩哉？予不得已也。能言距杨墨者，圣人之徒也。"① 这里，孟子对墨家的兼爱学说着力攻击。墨家主"无等差之爱"，较儒家继承周人宗法传统而提出的以血缘亲疏为准则的"差等之爱"，在战国初年社会变革形势下更易被人接受，所以受到自诩继承正统儒学的孟子的抨击。墨家主兼爱，而孟子却由墨家"兼爱"推导到"无父"，其除了与杨朱"为我"对举的修辞因素外，更与彼时墨家学说影响太大有关。

杨朱、墨翟之言充盈天下，妨碍了儒家学说的传播，故孟子对此进行激烈抨击。《孟子·尽心下》载："孟子曰：'逃墨必归于杨，逃杨必归于儒。归，斯受之而已矣。今之与杨、墨辩者，如追放豚，既入其苙，又从而招之。'"② 可见在孟子所处的战国中期，依旧是儒、墨、杨三家平分社会学术舆论的思想形势。在这种形势下，为扩大儒家学说的影响，孟子当然要针对墨家最能吸引人的思想主张，即"兼爱"主张进行驳难。"爱"是战国前期一个重要的社会主题。墨家、杨朱、孟子所处的战国前期，随着私田大量出现，旧有的社会生产关系出现变革。在社会生产关系变动的同

① 杨伯峻：《孟子译注》，中华书局 1986 年版，第 155 页。
② 杨伯峻：《孟子译注》，中华书局 1986 年版，第 335 页。

时，以家庭为生产单位同时也是生活单位的社会结构渐趋稳定。家庭成员与家庭成员间关系、家庭成员与社会成员间关系应如何处理，是广大社会成员关心的问题，也是当时的社会思想学家共同讨论的问题。所以孟子首先在"兼爱"还是"等差之爱"的问题上力辟墨家。

爱的问题不单是活人间的问题，如何对待死去的亲人，也是"爱"的问题的一个侧面。墨家主张兼爱众生；同时，为了不使死人与活人争夺有限的社会资源与社会财富，对死去的亲人不主张久丧久服。这种主张，引起继承孔子"三年之丧"主张的孟子的反对。《孟子·滕文公上》载："墨者夷之，因徐辟而求见孟子。……孟子曰：'……吾闻夷子墨者，墨之治丧也，以薄为其道也；夷子思以易天下，岂以为非是而不贵也。然而夷子葬其亲厚，则是以所贱事亲也。'徐子以告夷子。夷子曰：'儒者之道，古之人"若保赤子"，此言何谓也？之则以为爱无差等，施由亲始。'徐子以告孟子。孟子曰：'夫夷子信以为人之亲其兄之子为若亲其邻之赤子乎？彼有取尔也。……且天之生物也，使之一本，而夷子二本故也。盖上世尝有不葬其亲者，其亲死则举而委之于壑。他日过之，狐狸食之，蝇蚋姑嘬之。其颡有泚，睨而不视。夫泚也，非为人泚，中心达于面目，盖归反虆梩而掩之。掩之诚是也，则孝子仁人之掩其亲，亦必有道矣。'"① 墨者夷之与孟子争论的问题，是儒墨间"爱"之论争的一个侧面。怎样爱自己亲人，活着如何爱？爱其亲人，应怎样表达对死去亲人的怀念之情？这是一个兼有人伦道德和社会礼仪的大问题。

春秋战国之交，是一个"礼崩乐坏"的时代，旧制度在变革，旧观念在改变，人们逐渐摆脱"天、地、鬼、神"的原始宗教牢笼，张扬人性。所以，不但杨朱张扬个性的"为我"学说在流行，墨家打破旧传统束缚的"重人轻礼"的人性论说亦大受欢迎，从而引发了孟子的抨击。"事死"是姬周"国神教"的重要内容，带有祈求祖先灵魂保护的原始宗教意义。孔

---

① 杨伯峻：《孟子译注》，中华书局 1986 年版，第 134—135 页。

子保留了"事死守服"的礼仪外壳，淡化了其中的原始宗教化的解释，适应"人神易位"的社会观念的变化，对其内涵进行了"子生三年然后免于父母之怀"的人伦化改造，曾被他的学生宰我所质疑；宰我认为守丧三年，不为礼乐，必致礼崩乐坏。①宰我与孔子"三年之丧"的论辩，明显具有"个体"与"群体"混一的逻辑漏洞。即承传礼乐之人群，不可能同时遭遇"三年之丧"；即使个别人守丧时间再长，礼乐也会通过不在同一时间守丧者的相互传递延续下去。而墨家所归结的"三年之丧"的弊端，即"服伤生而害事"②，从守丧者长久悲戚节食而毁伤身体、从长久服丧不事事功而贻误社会生产等方面总结论说，更加圆脱，更具合理性。所以，以"好辩"著称的孟子也很难从事理上找漏洞，只好从夷之受世俗舆论影响"厚葬其亲"的行动与其墨家"薄葬"主张的矛盾上找辩论点。

孟子虽然在思想主张方面抨击墨家，但持"浩然正气"的孟子，对墨家"摩顶放踵利天下"的实践精神并不否定。《孟子·尽心上》载："孟子曰：杨子取'为我'，拔一毛而利天下，不为也。墨子'兼爱'，摩顶放踵利天下，为之。子莫'执中'。执中为近之。执中无权，犹执一也。所恶执一者，为其贼道也，举一而废百也。"③墨家"摩顶放踵利天下"的兼爱行为，与儒家坚持学说主张"戚戚惶惶"游说诸侯的锲而不舍行为，有人格精神上的相似性。故孟子虽反对墨家"兼爱"，却不批评墨家的"摩顶放踵利天下"的人格精神。

今本《孟子》中，论述墨家、墨学仅此4则。此4则论说，批判了墨家的兼爱学说，驳斥了墨家的节丧主张，记述了墨家"摩顶放踵利天下"的人格精神，反映了"杨朱、墨翟之言盈天下""逃墨必归于杨，逃杨必归于儒"的儒、墨、杨三家学说迭兴、三家学说相互对立的战国前期的社会思想现实。

---

① 参见杨伯峻：《论语译注》，中华书局1980年版，第188页。
② 刘文典：《淮南鸿烈集解》，中华书局1989年版，第709页。
③ 杨伯峻：《孟子译注》，中华书局1986年版，第313页。

二、《庄子》所载庄周及后学对墨家与墨学的评说

《庄子》一书,"寓言十九",但我们可从其与其他先秦著述所记的对比中考察其可信度。《庄子》所记墨家学说与墨家事迹较《孟子》更加丰富。

(一)《庄子》反映了儒墨对立及诸子互辩

作为思想家的庄周及其后学关心社会思想形势,并将其反映到自己的论述中。《庄子·齐物论》:"夫言非吹也,言者有言,其所言者特未定也。……道隐于小成,言隐于荣华,故有儒墨之是非,以是其所非而非其所是,欲是其所非而非其所是,则莫若以明。"① 此举"言"与"吹"表面形式不同而实质一致,举儒墨之间的争论皆"以是其所非而非其所是"故无是非可言为例,来说明"万物齐一、万论皆同"的道理,来宣扬庄周学派的"齐物论"。

庄周学派不但在论说中举"儒墨对辩"为例,还把"儒墨对争不休"衍化出的传说故事作为例证来说理。《庄子·列御寇》:"郑人缓也呻吟裘氏之地。只三年而缓为儒,河润九里,泽及三族,使其弟墨。儒墨相与辩,其父助翟。十年而缓自杀。其父梦之曰:'使而子为墨者,予也,阖胡尝视其良,既为秋柏之实矣?'夫造物者之报人也,不报其人而报其人之天。彼故使彼。夫人以己为有以异于人以贱其亲,齐人之井饮者相捽也。故曰今之世皆缓也,自是,有德者以不知也,而况有道者乎! 古者谓之遁天之刑。"② 此则缓翟相争的故事,孙诒让《墨子间诂·墨子后语上》以其作为历史事例收录③,而钱穆谓"缓为儒服之代""翟为墨冠之称"而定为寓言。④ 孙诒让将其作为历史事例,是不了解《庄子》"寓言十九"

---

① 郭庆藩:《庄子集释》,中华书局 1961 年版,第 63 页。

② 郭庆藩:《庄子集释》,中华书局 1961 年版,第 1042—1043 页。

③ 参见孙诒让:《墨子间诂》,中华书局 1986 年版,第 671 页。

④ 参见钱穆:《先秦诸子系年》,商务印书馆 2001 年版,第 113—115 页。

的表现形式所致。而据《庄子·天运》载老聃曾谓"使道而可以告人，则人莫不告其兄弟"①、载孔子曾谓"乌鹊孺，鱼傅沫，细要者化，有弟而兄啼"② 来看，此"兄语弟以道，弟以道杀兄"的故事，当时曾广为流传，故被众多学者所引用，似非庄周学派即兴编造的寓言故事，故钱穆所论亦不确。故事中说郑人缓"使其弟墨"，载缓对其父曰"使而子为墨者予也"，联系《淮南子·要略》载墨翟先"学儒者之业，受孔子之术"而后创立墨学的记述看，此故事当有某些社会现实为背景，不当作为凭空编造的寓言故事。那么，它当是以"墨由儒出"和"儒墨相争"的社会现实为基础、由个别生活事例所引发、又在流传中不断被加工的传说故事。传说故事广为流传，往往透视出它所隐含的某种社会背景被大众认可的广泛性。那么此传说故事被老聃、孔子、庄周学派引用，既说明了此传说故事流传的广博性，又透视出它所包含的"儒墨相争"的社会思想现实被彼时思想家关注的广泛性。

《庄子》不但反映了儒、墨的对立，对儒、墨、杨朱、惠施、公孙龙诸家激烈的学术论辩也有反映。《庄子·徐无鬼》载："庄子曰：'天下非有公是也，而各是其所是，天下皆尧也，可乎？'惠子曰：'可。'庄子曰：'然则儒、墨、杨、秉四，与夫子为五，果孰是邪？或者若鲁遽者邪？其弟子曰："我得夫子之道矣，吾能冬爨鼎而夏造冰矣。"鲁遽曰："是直以阳召阳，以阴召阴，非吾所谓道也。吾示子乎吾道。"于是为之调瑟，废一于堂，废一于室，鼓宫宫动，鼓角角动，音律同矣。夫或改调一弦，于五音无当也；鼓之，二十五弦皆动，未始异于声，而音之君已。且若是者邪？'惠子曰：'今夫儒、墨、杨、秉，且方与我以辩，相拂以辞，相镇以声，而未始吾非也，则奚若矣？'庄子曰：'齐人蹢子于宋者，其命阍也不以完，其求钘钟也以束缚，其求唐子也而未始出域，有遗类矣！夫楚人寄而蹢阍

① 郭庆藩：《庄子集释》，中华书局1961年版，第517页。
② 郭庆藩：《庄子集释》，中华书局1961年版，第533页。

者，夜半于无人之时而与舟人斗，未始离于岑而足以造于怨也。’”①此故事通过记述庄子与惠施的论辩，说明“天下无公是、论辩无意义”的道理，来宣扬庄周学派的“万物齐一”论。成玄英疏“儒，姓郑名缓，墨，名翟也，杨，名朱，秉者，公孙龙，字也”，将故事中“儒、墨”坐实为郑缓、墨翟，系将以上所举《庄子·列御寇》中“郑人缓呻吟裘氏之地”的传说故事作为历史而致。这虽然未必正确，但联系《韩非子·显学》称儒分为八、墨离为三、儒墨显学流传不绝的论说，联系《墨经》中所记诸辩题来看，联系战国中期儒学、墨学流传以及墨家与惠施、公孙龙等名家辩论等来看，《庄子》所记反映的儒、墨、杨朱、惠施、公孙龙诸家论辩，当有事实作为依据。

《庄子》还记述过子张和满苟得论辩的故事，故事中涉及“儒墨同称”问题，值得研究。《庄子·盗跖》：“子张曰：‘昔者桀纣贵为天子，富有天下，今谓臧聚曰“汝行如桀纣”，则有怍色，有不服之心者，小人所贱也。仲尼、墨翟，穷为匹夫，今谓宰相曰，“子行如仲尼墨翟”，则变容易色称不足者，士诚贵也。故势为天子，未必贵也；穷为匹夫，未必贱也；贵贱之分，在行之美恶。’满苟得曰：‘小盗者拘，大盗者为诸侯，诸侯之门，义士存焉。昔者桓公小白杀兄入嫂而管仲为臣，田成子常杀君窃国而孔子受币。论则贱之，行则下之，则是言行之情悖战于胸中也，不亦拂乎！故《书》曰：“孰恶孰美？成者为首，不成者为尾。”’子张曰：‘子不为行，即将疏戚无伦，贵贱无义，长幼无序；五纪六位，将何以为别乎？’满苟得曰：‘尧杀长子，舜流母弟，疏戚有伦乎？汤放桀，武王杀纣，贵贱有义乎？王季为适，周公杀兄，长幼有序乎？儒者伪辞，墨者兼爱，五纪六位将有别乎？且子正为名，我正为利，名利之实，不顺于理，不监于道……’”②

此则故事，有如下三点值得注意：

---

① 郭庆藩：《庄子集释》，中华书局1961年版，第838—840页。

② 郭庆藩：《庄子集释》，中华书局1961年版，第1003—1005页。

第一，满苟得，陆德明释："人姓名。"成玄英疏："姓满名苟得，假托为姓名，曰苟且贪得以满其心，求利之人也。"其人物为假托，那么故事的真实性便不待言。一般认为，含《盗跖》在内的《庄子》杂篇产生于庄周后学之手。则其所反映的应是战国后期庄周学派的思想观念。此派的假托人物满苟得论儒墨两家曰"儒者伪辞，墨者兼爱"，说明在战国后期，墨家的"兼爱"学说并没有随着七国吞并战争的持续不断、随着唯利是图的纵横家学说的盛行而减弱影响力。

第二，满苟得曰"儒者伪辞，墨者兼爱"，代表了庄周后学对儒墨两家核心学说之效能的把握及态度。尧舜是儒墨两家共同盛赞的仁君，却一个"杀长子"、一个"流母弟"，与"五纪"之伦常无称；汤、武王是儒墨两家共同推崇的圣王，却一个放逐自己的君王桀、一个弑杀自己的君王纣；王季、周公旦，也是儒墨两家共同宣扬的道德榜样，却一个以少子取得应由长子来继承的王位，一个杀兄长管叔、蔡叔。他们所行皆与"六位"之秩序不符，所以庄周后学批判儒家宣扬伦常为"伪辞"，揭示墨家"兼爱"不合用。

第三，据《史记·仲尼弟子列传》，子张少孔子 48 岁，是孔门弟子中的年少者。虽然年少，子张却创立了孔门后学中一个甚有影响力的学派。这样一位孔门后学大师，是绝不可能将墨翟与孔子同称而同赞之的。此论辩中所引子张曰仲尼墨翟同"穷为匹夫"却道德高洁、令为宰为相者易容言不及者，系庄周后期学派所造作的故事。这便引发了一个问题，即庄周后学为什么假托儒家后学之口来讲孔子与墨子为一类人物呢？难道他们不知道墨子对孔子礼繁、丧长、侈乐的攻击吗？由以上所举庄周学派所言"儒墨之是非""儒墨相与辩"等来看，他们对儒墨相辩的学术旧案甚为熟悉。庄周学派之所以如是言，是由儒墨之社会治理主张的相似性所决定的。儒墨共同主张效法古代圣王，以加强道德感化而调节人际关系来治理社会，在社会治理措施的大路向上有基本共同点；而与老庄道家的效法自然、尊重个性的社会治理路向绝不相同，故在讨论"道德治世"效益时将儒墨两家一同攻击。另外，在《淮南子》等书中大量出现的"孔墨同称同赞"学术现象，当导源于庄周后学。

（二）《庄子》更多地反映了对墨家学说的批判

庄周学派既然在社会治理的路向上与儒墨大相径庭，那它必然在攻击儒家的同时对墨家进行抨击。《庄子·骈拇》："是故骈于明者，乱五色，淫文章，青黄黼黻之煌煌非乎？而离朱是已。多于聪者，乱五声，淫六律，金石丝竹黄钟大吕之声非乎？而师旷是已。枝于仁者，擢德塞性以收名声，使天下簧鼓以奉不及之法非乎？而曾、史是已。骈于辩者，累瓦结绳窜句，游心于坚白异同之间，而敝跬誉无用之言非乎？而杨墨是已。故此皆多骈旁枝之道，非天地之至正也。"累瓦，陆德明释文："一云：瓦当作丸。"① 累丸，有勤学苦练之意，与上下文义合。此言苦苦锤炼文词、锻炼谈锋，以痴迷于"坚白、同异之辩"者，为"杨墨"。成玄英疏："杨者，姓杨名朱，字子居，宋人也。墨者，姓墨名翟，亦宋人也，为宋大夫，以其行墨之道，故称为墨。"② 而据钱穆考证，墨翟年世在前，且与杨朱活动时间不相及。③ 那么其所引之辩题，当非杨墨对辩之题，而是杨朱、墨家的各自辩题。今传《墨经》中有"同异""坚白"辩题。至于从事论辩此题的具体流派，《庄子·天下》有曰："相里勤之弟子五侯之徒，南方之墨者若获、已齿、邓陵子之属，俱诵《墨经》，而倍谲不同，相谓别墨；以坚白同异之辩相訾，以觭偶不忤之辞相应；以巨子为圣人，皆愿为之尸，冀得为其后世，至今不决。"④《韩非子·显学》言"墨离为三"，其中亦有"相里氏之墨"。⑤ 是墨家学派中的"相里氏"一派与"同异""坚白"辩

---

① 郭庆藩：《庄子集释》，中华书局 1961 年版，第 314 页。

② 郭庆藩：《庄子集释》，中华书局 1961 年版，第 316 页。

③ 参见钱穆：《先秦诸子系年》，商务印书馆 2001 年版，第 694—695 页。

④ 郭庆藩：《庄子集释》，中华书局 1961 年版，第 1079 页。

⑤ 陈其猷：《韩非子集释》，上海人民出版社 1974 年版，第 1080 页。

题有关。《墨经》中与此相关的论说，或为此派所传。则《庄子》此文所记，反映的当是墨家的论辩实事。但庄周学派认为此类论辩如曾参、史蝤的道德仁义等同样是"多骈旁枝之道，非天地之至正"，持批判态度，与他家论说有异，是应注意。

在庄周学派看来，那些独立特行道德、谈辩论析才能、方技数术奇巧等，都是于事无补的东西。《庄子·胠箧》："……毁绝钩绳而弃规矩，攦工倕之指，而天下始人有其巧矣。削曾、史之行，钳杨、墨之口，攘弃仁义，而天下之德始玄同矣。彼人含其明，则天下不铄矣；人含其聪，则天下不累矣；人含其知，则天下不惑矣；人含其德，则天下不僻矣。彼曾、史、杨、墨、师旷、工倕、离朱者，皆外立其德而熻乱天下者也，法之所无用也。"①曾参、史蝤厉行仁义，杨朱、墨翟辩谈道德，均与庄周学派"任自然，存天性"学说相悖，故受道家的指名批评。而此以"曾、史之行"与"杨、墨之口"对举，可见杨朱、墨家之谈辩，同曾参、史蝤之仁义那般，同为世人瞩目。这便从庄周学派的口中透露出墨家之谈辩在当时的影响。

照庄周学派所说，社会同自然一样，本该是任其发展、不施外力，便会平稳安定的。但由于三皇五帝的人为影响，更由于儒墨两家的鼓吹，才使得世道如此混乱、动荡。所以，三皇五帝及至儒墨两家乃是乱世之罪魁。《庄子·天运》："……尧之治天下，使民心亲，民有为其亲杀其杀而民不非也。舜之治天下，使民心竞，民孕妇十月生子，子生五月而能言，不至乎孩而始谁，则人始有夭矣。禹之治天下，使民心变，人有心而兵有顺，杀盗非杀人，自为种而天下耳，是以天下大骇，儒墨皆起。其作始有伦，而今乎妇女，何言哉！余语汝：三皇五帝之治天下，名曰治之，而乱莫甚焉。三皇之知，上悖日月之明，下睽山川之精，中堕四时之施。其知憯于蛎虿之尾、鲜规之兽，莫得安其性命之情者，而犹自以为圣人！不可

---

① 郭庆藩：《庄子集释》，中华书局 1961 年版，第 353 页。

耻乎，其无耻也？"①

正是有了三皇五帝的人为治理，有了儒墨诸家的兴起和鼓吹，社会才更加混乱。而其中，三皇五帝的仁义道德，和儒墨两家对仁义道德的鼓吹，最为治世之祸。《庄子·在宥》："昔者黄帝始以仁义撄人之心，尧舜于是乎股无胈，胫无毛，以养天下之形，愁其五藏以为仁义，矜其血气以规法度。然犹有不胜也，尧于是放欢兜于崇山，投三苗于三峗，流共工于幽都，此不胜天下也。夫施及三王而天下大骇矣。下有桀、跖，上有曾、史，而儒、墨毕起。于是乎喜怒相疑，愚知相欺，善否相非，诞信相讥，而天下衰矣；大德不同，而性命烂漫矣；天下好知，而百姓求竭矣。……今世殊死者相枕也，桁杨者相推也，刑戮者相望也，而儒墨乃始离跂攘臂乎桎梏之间。意，甚矣哉，其无愧而不知耻也甚矣！吾未知圣知之不为桁杨椄槢也，仁义之不为桎梏凿枘也！焉知曾、史之不为桀跖矫矢也！"②

在道家看来，儒墨学说的危害不仅在于对仁义道德的虚假鼓吹，还在于迷乱了人的本性。《庄子·天地》："百年之木，破为牺尊，青黄而文之，其断在沟中。比牺尊于沟中之断，则美恶有间矣，其于失性一也。桀、跖与曾、史，行义有间矣，然其失性均也。且夫失性有五：一曰五色乱目，使目不明；二曰五声乱耳，使耳不聪；三曰五臭熏鼻，困惾中颡；四曰五味浊口，使口厉爽；五曰趣舍滑心，使性飞扬。此五者，皆生之害也。而杨、墨乃始离跂自以为得，非吾所谓得也。"③

以上三则引文，集中反映了庄周学派对儒墨两家的理论批判。在庄周学派看来，儒墨两家的理论危害主要有三：其一，儒墨两家对三皇五帝阻碍社会自然发展、搅乱社会自然秩序的历史行为，从理论上加以总结和推导，从而使社会更加混乱；其二，儒墨两家对三皇五帝的仁义道德行为加以总结和推崇，然后上升为一种社会伦理法则予以特别推崇，从而搅乱了

① 郭庆藩：《庄子集释》，中华书局1961年版，第527页。
② 郭庆藩：《庄子集释》，中华书局1961年版，第373—377页。
③ 郭庆藩：《庄子集释》，中华书局1961年版，第453页。

社会上原本自然形成的人际关系准则；其三，儒墨两家的种种理论学说，迷惑了人们原本认可的是非标准，迷乱了人们原本形成的自然天性。这些批判的理论是非我们暂不讨论，在此我们要着重强调的是如下三点。

其一，《庄子》一书，后人多以"寓言十九"而否认其所举事例的可靠性。但就以上所举庄周学派对儒墨两家治世学说批判的事例来看，其所设定的人物、人物言行虽非一定是史实，但在事例中反映的儒墨两家治世理论的可靠程度，却有传世典籍可证。如谓儒墨两家推崇三皇五帝以治世，可与孔子"吾从周"的态度、墨家"用夏政"的理论基调相印证。这都说明庄周学派对于儒墨两家的批判评说，是以当时盛行的儒墨学说为事实依据的。

其二，讨论社会治理措施、从事辩难诘问论析的先秦诸子，并非仅儒墨两家，为何庄周学派如此不遗余力地攻击儒墨的治世理论呢？这除了儒墨两家治世学说的路向与庄周学派大相径庭，即一为效法历史圣王、一为遵循自然原则外，恐怕与儒墨两家门徒众多、学说显赫有关。庄周学派欲推行自己与儒墨两家治世思想路向大异的治世理论，当然要首先批判名声显赫、徒属众多的儒墨两家。

其三，就传世文献所见，儒墨两家的治世思想虽然路向相同，但具体学说却不同，因而曾发生过墨子对孔子礼繁、久丧诸学说的批评，又由此引发了孟子对墨家兼爱等学说的抨击，引发了荀子对墨家非乐、节用等学说的分析批判。但庄周学派在此却儒墨无别地评说两家的治世理论。那么活动在战国中期稍后的庄周弟子、特别是活动在战国后期的庄周后学，对思想学界的这诸多争辩是无所了解呢，还是另有其他原因呢？遍查《庄子》一书，在评说的众多儒家人物和孔子后学中，无一处提到孟子及其学说；而荀子学说的传播，又到了战国末年。因此可以说，儒墨相争虽然在儒家某些流派中视作大事，但却并没有像名墨之辩那样引起其他诸子的广泛关注，并没有在思想界产生很大的学术影响。

所以，庄周学派认为墨家的知识和辩技，同儒家的知识和辩技一样，都是些小智末技，不似道家那样任其自然、大智大论，不值得赞赏和效仿，而是应予以严厉批判。

（三）《庄子》对墨家学说的综合评说

由于墨家学说为"世之显学"，所以在以论述战国学术为主的《庄子·天下》篇中，对墨家学说有综合评说。

《庄子·天下》首先介绍了墨家治世理论。《庄子·天下》："不侈于后世，不靡于万物，不晖于数度，以绳墨自矫而备世之急，古之道术有在于是者。墨翟、禽滑釐闻其风而说之，为之大过，已之大循。作为《非乐》，命之曰《节用》；生不歌，死无服。墨子泛爱、兼利而非斗，其道不怒；又好学而博，不异，不与先王同，毁古之礼乐。黄帝有《咸池》，尧有《大章》，舜有《大韶》，禹有《大夏》，汤有《大濩》，文王有辟雍之乐，武王、周公作《武》。古之丧礼，贵贱有仪，上下有等，天子棺椁七重，诸侯五重，大夫三重，士再重。今墨子独生不歌，死不服，桐棺三寸而无椁，以为法式。以此教人，恐不爱人；以此自行，固不爱己。未败墨子道，虽然，歌而非歌，哭而非哭，乐而非乐，是果类乎？"[1]

此对墨家治世理论的论说，首先认为墨家治学来源于"不侈于后世，不靡于万物，不晖于数度"即节俭尚用、不为虚礼而浪费财物，且自苦为世的"古之道术"。远古之学术，无文字故承载于圣人、君子身上；上古之学术，由于文字产生，"其明而在数度者，旧法世传之史尚多有之。其在于《诗》《书》《礼》《乐》者，邹鲁之士搢绅先生多能明之。……其数散于天下而设于中国者，百家之学时或称而道之"[2]。而近世之学术，"天下大乱，贤圣不明，道德不一，天下多得一察焉以自好。譬如耳目鼻口，皆有所明，不能相通。犹百家众技也，皆有所长，时有所用。虽然，不该

---

① 郭庆藩：《庄子集释》，中华书局 1961 年版，第 1072—1075 页。

② 郭庆藩：《庄子集释》，中华书局 1961 年版，第 1067 页。

不遍，一曲之士也。判天地之美，析万物之理，察古人之全，寡能备于天地之美，称神明之容。是故内圣外王之道，暗而不明，郁而不发，天下之人各为其所欲焉以自为方。……后世之学者，不幸不间天地之纯，古人之大体，道术将为天下裂"①，因而诸子之学产生。这种推寻诸子学派源出的方法，具有历史主义眼光，它与自官学到私学的先秦学术发展史一致，启发了后代学者对先秦诸子学术源流推寻的思索路向。西汉刘向、刘歆父子所总结的、在《汉书·艺文志》中所反映的"诸子出于王官论"，即可能由此而引发。

庄周学派认为，墨家的学术也像其他诸子学术一样，由古代学术的某个方面发展而来。其社会治理主张，也不过是古代社会治理思想的一个方面。庄周学派所总结的墨家社会治理学说主要有非乐、节用、节葬、兼爱和非攻。这与《墨子》之记墨子言行的"《耕柱》五篇"所反映的墨子初创时的学说内容一致。但在《天下》篇中，庄周学派一再申述的墨家的学说主张，与今存《墨子》所载所谓的墨家的"治世十论"，即尚贤、尚同、兼爱、非攻、节用、节葬、天志、明鬼、非乐、非命，却详略不同。这可能因为：其一，今存《墨子》所载庄周学派没有提及的墨家的天志、明鬼、非命诸说，是墨家为了规范和劝诫内部上下而主要在学派内部宣传的学说；其二，今存《墨子》所载庄周学派没有提及的墨家的尚贤、尚同学说，是后期墨家的思想主张，故而没有在诸子学派中产生很大影响；其三，今存《墨子》所载庄周学派没有提及的墨家的非儒论说，或许出于后世人士的整理和补充，墨翟及学生并没有对儒家学说大力批判，墨家后学，也没有对孟子的攻击予以反击，故没有引发其他诸子学派的注意。

庄周学派除对墨家甚有影响的诸种学说综合论说外，还对墨家"自苦为极"的人格精神分析评说。《庄子·天下》称墨家曰："其生也勤，其死也薄，其道大觳；使人忧，使人悲，其行难为也，恐其不可以为圣人之

---

① 郭庆藩：《庄子集释》，中华书局 1961 年版，第 1069 页。

道，反天下之心，天下不堪。墨子虽独能任，奈天下何！离于天下，其去王也远矣。墨子称道曰：'昔禹之湮洪水，……禹亲自操橐耜，而九杂天下之川；腓无胈，胫无毛，沐甚雨，栉疾风，置万国。禹大圣也，而形劳天下也如此。'使后世之墨者，多以裘褐为衣，以跂蹻为服，日夜不休，以自苦为极，曰：'不能如此，非禹之道也，不足谓墨。'"①在庄周学派看来，墨家学派传扬大禹"腓无胈，胫无毛，沐甚雨，栉疾风""而劳天下"的献身精神，"其生也勤"，"以裘褐为衣，以跂蹻为服，日夜不休，以自苦为极"，"其死也薄"，不求个人名利，以"足谓墨"相标榜，如此自苦以劳天下，"墨子虽独能任"，但"其行难为也"，后学难尽效此精神，天下人难以此为榜样。所以，庄周学派认为如此"反天下之心"，故"恐其不可以为圣人之道"。榜样难为，理论难行，难以推广至天下而为治世"良剂"。今天看来，庄周学派如此评论还是符合事实的。其一，据《墨子》《荀子》《吕氏春秋》《战国策》等，墨翟行十日十夜而止楚攻宋、为推行学说游楚游齐宋卫并使弟子公孙过游越，弟子禽滑釐曾率徒众助宋守城，后世巨子孟胜率弟子百八十五人助阳城君守城而皆死，后世巨子腹𩕳为行墨法而诛亲子。凡此等等，都表明了墨家的厉行自苦与执著精神。其二，社会成员本就有精英与群众之分，因而当有不同的人格要求和衡量标准。墨家不加分别地要求群众推行精英之行，因而其学说流传受阻而渐次式微。所以说，《庄子》评墨家"其行难为"，较为公允。

庄周学派还对墨家后学派别做过论述。《庄子·天下》曰："相里勤之弟子五侯之徒，南方之墨者苦获、已齿、邓陵子之属，俱诵'墨经'，而倍谲不同，相谓'别墨'；以'坚白'、'同异'之辩相訾，以觭偶不仵之辞相应；以巨子为圣人，皆愿为之尸，冀得为其后世，至今不决。"②此载庄周学派对墨家后学派别论述的真实性可从以下两点得到证明：其一，《韩

---

① 郭庆藩：《庄子集释》，中华书局 1961 年版，第 1075—1077 页。
② 郭庆藩：《庄子集释》，中华书局 1961 年版，第 1079 页。

非子·显学》曰:"自墨子之死也,有相里氏之墨,有相夫氏之墨,有邓陵氏之墨。故孔、墨之后,儒分为八,墨离为三,取舍相反、不同,而皆自谓真孔、墨。"①孙诒让认为《韩非子·显学》之"相里氏"即《庄子·天下》之"相里勤",相里勤为墨家后学三派之一。②其二,庄周后学所言墨家后学的论辩诸题,还可与今传《墨经》中所载诸论题相比照。《墨子》中的"同异""坚白"论题即因墨家后学的相訾相辩而被保存下来。

照庄周学派所言,墨家后学虽"俱诵'墨经'",但"倍谲不同",故"以'坚白'、'同异'之辩相訾,以觭偶不仵之辞相应",互相称"别墨"而自谓"真墨"。庄周后学总结的此一状况,说明了如下三个问题。

第一,不管是《庄子·天下》所说的"相里勤之弟子五侯之徒",与"南方之墨者苦获、已齿、邓陵子之属"之间的"倍谲不同,相谓'别墨'"的论辩派别也好,还是《韩非子·显学》所说的"自墨子之死也","墨离为三","有相里氏之墨,有相夫氏之墨,有邓陵氏之墨"的派系分化也好,都说明了随着墨学的流传,墨子后学众多,徒属遍布天下,故而分派成系。

第二,墨家后学虽"俱诵'墨经'",但"倍谲不同",解释各异,它从另一方面证明墨家学说的不断发展。因众多徒属散在各地,他们面对的具体情况各异,所以各派对墨子学说作了不同的发挥。这从另一方面说明墨学所影响的面积广大、所影响的人员众多。

第三,墨家后学"以巨子为圣人,皆愿为之尸,冀得为其后世",一方面说明墨家巨子具有极大的权威,具有很大的向心力;同时也说明着墨学影响力巨大,为广大民众所拥护,所以徒属后众才有如此态度;它还证明墨家内部曾实行过半宗教化的管理制度。

庄周学派虽然对墨家学说进行批评,对墨家自苦过极的行为不甚赞

---

① 陈其猷:《韩非子集释》,上海人民出版社1974年版,第1080页。
② 参见孙诒让:《墨子间诂》,中华书局1986年版,第665页。

同，但对墨家的奋斗精神、献身态度却还是甚为赞赏的。《庄子·天下》曰："墨翟、禽滑釐之意则是，其行则非也，将使后世之墨者，必自苦以腓无胈、胫无毛相进而已矣。乱之上也，治之下也。虽然，墨子真天下之好也，将求之不得也，虽枯槁不舍也，才士也夫！"①庄周学派在否定墨家"其行则非"的同时，肯定了"墨翟、禽滑釐之意则是"的初始动机；在批评墨翟、禽滑釐"将使后世之墨者，必自苦以腓无胈、胫无毛相进而已"是"乱之上也，治之下也"的同时，对墨家"虽枯槁不舍"的锲而不舍精神大加赞赏，并谓其为"真天下之好也"，是"才士也夫"！

第二节 从《荀子》《韩非子》所载看战国时期的墨学流传

一、《荀子》所载荀卿对墨家与墨学的批判

像孟子一样，荀子以孔门儒学的正宗继承人自居，立志对"饰邪说，文奸言，以枭乱天下"②的诸学派和儒家内部的某些流派进行批判，使它嚣和魏牟、陈仲和史䲡、墨翟和宋钘、慎到和田骈、惠施和邓析、子思和孟轲"六说者立息，十二子者迁化"③，从而像仲尼和子弓那样，"谛德而定次，量能而授官，使贤不肖皆得其位，能不能皆得其官，万物得其宜，事变得其应，慎、墨不得进其谈，惠施、邓析不敢窜其察，言必当理，事必当务"而成为"君子"④。

但荀子没有像孟子那样仅止于谩骂，而是从理论上对墨家学说逐一批判。《荀子·非十二子》指出，墨学的最大错误在于："不知壹天下、建国

---

① 郭庆藩：《庄子集释》，中华书局 1961 年版，第 1080 页。
② 王先谦：《荀子集解》，中华书局 1988 年版，第 90 页。
③ 王先谦：《荀子集解》，中华书局 1988 年版，第 97 页。
④ 王先谦：《荀子集解》，中华书局 1988 年版，第 123—124 页。

家之权称，上功用、大俭约而僈差等，曾不足以容辨异、县君臣；然而其持之有故，其言之成理，足以欺惑愚众"①，即墨家为"尚功用"而非礼非乐、为"大俭约"而讲节用节葬、为"僈差等"而讲尚同诸论，都"足以欺惑愚众"，因此，荀子为了端正视听，为了传扬和保卫儒家学说，对墨家非乐简礼、节用节葬、尚同兼爱诸学说进行分析批判。

（一）荀子对墨家的非乐简礼学说的批判

墨家强调物质功用，强调节俭尚实，故批判儒家的"淫乐繁礼"。荀子首先从此入手分析批判。《荀子·富国》曰："若夫兼而覆之，兼而爱之，兼而制之，岁虽凶败水旱，使百姓无冻馁之患，则是圣君贤相之事也。墨子之言，昭昭然为天下忧不足。夫不足，非天下之公患也，特墨子之私忧过计也。今是土之生五谷也，人善治之，则亩数盆，一岁而再获之；然后瓜桃枣李，一本数以盆鼓；然后荤菜百疏以泽量；然后六畜禽兽，一而剸车；鼋鼍鱼鳖鰌鳣以时别，一而成群，然后飞鸟凫雁若烟海；然后昆虫万物主其间，可以相食养者，不可胜数也。夫天地之生万物也，固有余足以食人矣；麻葛、茧丝、鸟兽之羽毛齿革也，固有余足以衣人矣。夫有余不足，非天下之公患也，特墨子私忧过计也。"②

荀子认为，依据社会分工，"兼而覆之，兼而爱之，兼而制之，岁虽凶败水旱，使百姓无冻馁之患，则是圣君贤相之事"，而非作为平民百姓的墨家所应关心的事。但墨子之言看似忧国忧民，但实则大错特错；天下果真"不足"吗？否！荀子以为，"不足，非天下之公患也，特墨子之私忧过计也"。为什么呢？荀子分析，"今是土之生五谷也，人善治之，则亩数盆，一岁而再获之"，粮食富足；"然后瓜桃枣李，一本数以盆鼓；然后荤菜百疏以泽量；然后六畜禽兽，一而剸车；鼋鼍鱼鳖鰌鳣以时别，一而

---

① 王先谦：《荀子集解》，中华书局 1988 年版，第 92 页。
② 王先谦：《荀子集解》，中华书局 1988 年版，第 184—185 页。

成群；然后飞鸟凫雁若烟海；然后昆虫万物主其间，可以相食养者，不可胜数也"，副食品富足；"夫天地之生万物也，固有馀足以食人矣；麻葛、茧丝、鸟兽之羽毛齿革也，固有馀足以衣人矣"衣物穿用富足。所以，荀子得出结论，"夫有余不足，非天下之公患也，特墨子私忧过计也"。

继而，荀子对墨家的非乐、节用说进行批判，兼及墨家的尚同学说。《荀子·富国》曰："我以墨子之'非乐'也则使天下乱，墨子之'节用'也则使天下贫，非将堕之也，说不免焉。墨子大有天下，小有一国，将蹙然衣粗食恶，忧戚而非乐，若是则瘠，瘠则不足欲；不足欲则赏不行。墨子大有天下，小有一国，将少人徒，省官职，上功劳苦，与百姓均事业，齐功劳，若是则不威，不威则罚不行。赏不行，则贤者不可得而进也；罚不行，则不肖者不可得而退也。贤者不可得而进也，不肖者不可得而退也，则能、不能不可得而官也。若是，则万物失宜，事变失应，上失天时，下失地利，中失人和，天下敖然，若烧若焦。墨子虽为之衣褐带索，嚽菽饮水，恶能足之乎？既以伐其本，竭其原，而焦天下矣。"[1]

荀子对墨家的非乐和节用学说的理论批判依旧是从分析和引申入手的。若墨家的非乐学说得以推行，民众节衣缩食，无求无欲，荀子所提倡的执政者的一个重要权柄——赏赐，则失去吸引力，发挥不出应有的作用；那么不但社会难以治理，战争也难以求胜，生产也难以发展，社会进步也会减慢。若墨家的尚同学说得以推行，执政者与民众一同劳作，一同生活，那么荀子所提倡的执政者的再一个重要权柄——威严，便会失去；执政者无威严，责罚便难以实行，囚役难以拘执，便会小人不得惩、坏人不能治，从而引发社会混乱。所以说，墨家的非乐、尚同学说会使社会停滞、混乱乃至倒退。更糟糕的是，赏罚不行，还会导致荀子所提倡的执政者的另一个重要权柄——官"能"退"不能"无法实行，不能推行荀子理想中的"贤人政治"。由此便会导致"万物失宜，事变失应，上失天时，

---

[1] 王先谦：《荀子集解》，中华书局1988年版，第185—186页。

下失地利，中失人和，天下敖然，若烧若焦"。这样，即使墨子等人"衣褐带索，嚼菽饮水"，又怎能救天下于倒悬？故荀子主张"夫为人主上者，不美不饰之不足以一民也，不富不厚之不足以管下也，不威不强之不足以禁暴胜悍也。故必将撞大钟、击鸣鼓、吹笙竽、弹琴瑟以塞其耳，必将雕琢刻镂、黼黻文章以塞其目，必将刍豢稻粱、五味芬芳以塞其口，然后众人徒、备官职、渐庆赏、严刑罚以戒其心，使天下生民之属皆知己之所愿欲之举在是于也，故其赏行；皆知己之所畏恐之举在是于也，故其罚威。赏行罚威，则贤者可得而进也，不肖者可得而退也，能不能可得而官也"，如此则会"万物得宜，事变得应，上得天时，下得地利，中得人和，则财货浑浑如泉源，汸汸如河海，暴暴如丘山，不时焚烧，无所藏之"，那么，"夫天下何患乎不足也"？所以，荀子得出结论："故墨术诚行，则天下尚俭而弥贫，非斗而日争，劳苦顿萃而愈无功，愀然忧戚非乐而日不和"[1]，从而对墨家节用、非攻、非乐学说乃至奋斗自苦精神进行否定。

进而，荀子分析音乐特别是"雅颂之声"对于"感动人之善心"的特殊作用。《荀子·乐论》曰："夫乐者，乐也，人情之所必不免也，故人不能无乐。乐则必发于声音，形于动静；而人之道，声音、动静、性术之变尽是矣。故人不能不乐，乐则不能无形，形而不为道，则不能无乱。先王恶其乱也，故制雅、颂之声以道之，使其声足以乐而不流，使其文足以辨而不諰，使其曲直、繁省、廉肉、节奏足以感动人之善心，使夫邪汙之气无由得接焉。是先王立乐之方也，而墨子非之，奈何！"[2] 荀子首先指出，寻求欢乐是"人情之所必不免"，欢乐时必然发于声音、形于动静，以表达自己的情感。由此可见，对于音乐，不能像墨家那样"非"而免之，而应像先王那样疏而导之，使其发挥应有的教育感化功能，从而培养人之善心，使人远离"邪汙之气"。

---

[1] 王先谦：《荀子集解》，中华书局 1988 年版，第 186—188 页。

[2] 王先谦：《荀子集解》，中华书局 1988 年版，第 379 页。

　　由此出发，荀子进一步说明音乐特别是"雅颂之声"感动人心、调节人际关系的特殊作用。《荀子·乐论》曰："乐在宗庙之中，君臣上下同听之，则莫不和敬；闺门之内，父子兄弟同听之，则莫不和亲；乡里族长之中，长少同听之，则莫不和顺。故乐者，审一以定和者也，比物以饰节者也，合奏以成文者也；足以率一道，足以治万变。是先王立乐之术也，而墨子非之，奈何！"[1] 在宗庙之中、朝廷之上同听音乐特别是听"雅、颂之声"，可使君臣和敬；在家庭之内、父兄之间同听音乐特别是听"雅、颂之声"，可使家人和亲；在乡间之中、邻里之间同听音乐特别是听"雅、颂之声"，可使乡里和顺。音乐特别是"雅、颂之声"有如此巨大的"和齐"功能，可以"审一以定和"，可以"比物以饰节"，可以"合奏以成文"，能够"率一道"，能够"治万变"，所以先王重视它，儒家推重它，而墨家却非而禁之，实不应该。

　　另外，荀子还强调了音乐在社会治理方面的特殊功能，指出它与"礼"相辅而行的社会治理作用。《荀子·乐论》曰："故乐行而志清，礼修而行成，耳目聪明，血气和平，移风易俗，天下皆宁，美善相乐。故曰：乐者，乐也。子乐得其道，小人乐得其欲。以道制欲，则乐而不乱；以欲忘道，则惑而不乐。故乐者，所以道乐也；金石丝竹，所以道德也；乐行而民乡方矣。故乐者，治人之盛者也，而墨子非之。且乐也者，和之不可变者也；礼也者，理之不可易者也。乐合同，礼别异。礼乐之统，管乎人心矣。穷本极变，乐之情也；著诚去伪，礼之经也。墨子非之，几遇刑也。"[2] 乐和礼，历来是儒家强调的两大治世法宝，"乐合同，礼别异"，乐和礼各有不同作用。荀子强调音乐可使人"耳目聪明，血气和平"，故可以"移风易俗"，"合同"万众，使"天下皆宁"，所以荀子谓"乐者，治人之盛者也"。那么，"墨子非之"，便大错特错，会引起有识之士的反对，

① 王先谦：《荀子集解》，中华书局 1988 年版，第 379—380 页。
② 王先谦：《荀子集解》，中华书局 1988 年版，第 382 页。

其"几遇刑"①便是自然之事了。

荀子不但礼乐并倡，强调二者缺一不可，还将舞乐与征诛相提并论。《荀子·乐论》曰："故听其雅、颂之声，而志意得广焉；执其干戚，习其俯仰屈伸，而容貌得庄焉；行其缀兆，要其节奏，而行列得正焉，进退得齐焉。故乐者，出所以征诛也，入所以揖让也。征诛揖让，其义一也。出所以征诛，则莫不听从；入所以揖让，则莫不从服。故乐者，天下之大齐也，中和之纪也，人情之所必不免也。是先王立乐之术也，而墨子非之，奈何！且乐者，先王之所以饰喜也；军旅斧钺者，先王之所以饰怒也。先王喜怒皆得其齐焉。是故喜而天下和之，怒而暴乱畏之。先王之道，礼乐正其盛者也，而墨子非之。故曰：墨子之于道也，犹瞽之于白黑也，犹聋之于清浊也，犹欲之楚而北求之也。"②上古时代，乐与舞相连相辅，羽籥之文舞，干戚之武舞，均由音乐节奏。从这一角度出发，荀子曰"乐者，出所以征诛也，入所以揖让也"；故荀子强调音乐是先王内治与外罚的两大权柄，谓"乐者，先王之所以饰喜也；军旅斧钺者，先王之所以饰怒也"。这种与春秋时期"国之大事，在祀与戎"③的不同强调方式，将音乐舞蹈与军旅征战相提并论，既有时代特点，又可看出荀子对音乐作用的特殊重视。基于这一立场荀子对墨家的非乐学说大加鞭笞。

综上，我们可对荀墨就音乐的论争作一番总说。

史前时代，神灵统治人间，音乐作为祭祀的必备工具，要表示对神灵的敬畏，故而要求音乐中和肃庄，以引发祭祀者的敬仰之心。周公制礼作乐，将音乐作为推行礼制的辅助措施，中和肃庄的音乐性质被延续下来。但随着春秋时期的民神易位，人的社会主导地位被逐步承认，人的欲求被

---

① 几遇刑，张之纯：《评注墨子菁华》（商务印书馆1916年版）谓"言讪而坚，在杀不以听之例，故曰几遇刑"，今按当为战国时流传的墨子厄困的故事，犹孔子厄于宋之类。

② 王先谦：《荀子集解》，中华书局1988年版，第380页。

③ 孔颖达：《春秋左传正义》，《十三经注疏》，中华书局1980年版，第1911页。

逐步看重，音乐之社会功能也由娱神而变为部分娱人，由此引发了音乐在三方面的变化：其一，"新声"出现；其二，执政者对"新声"普遍喜好；其三，音乐普及到民间。

上古音乐的这一变化，引发了儒家和墨家的不同批评。儒家秉承周公礼乐，故鼓吹"雅乐"而反对"新声"。而墨家则不同，墨家反对音乐，倡导"非乐"，主要是基于墨家所认为的音乐对于社会经济的负面作用，即《墨子·非乐上》载墨子所说的"今王公大人惟毋为乐，亏夺民衣食之财，以拊乐如此多也"[①]的靡费社会资财。所以，墨家不论"雅乐"与"新声"，统统反对。

墨家不论"雅乐"与"新声"统统反对，原因有二：其一，喜好"新声"的执政者为了豢养乐人靡费大量钱财；其二，墨家主张社会成员各治其事，但若社会成员沉湎于听乐之中，则会各误其事。因此，墨家因音乐会贻误社会成员各任其事而反对音乐。

墨家这种细致入微的分析，甚有说服力。加之墨家门徒满天下，故在当时形成很大影响，才引发了荀子的批判，作《乐论》予以反击。此文针对"墨子曰'乐者，圣王之所非也，而儒者为之过也'"的墨家"非乐论"而予以批判，谓"君子以为不然。乐者，圣人之所乐也，而可以善民心，其感人深，其移风易俗，故先王导之以礼乐，而民和睦"，并进而分析说"夫民有好恶之情而无喜怒之应则乱。先王恶其乱也，故修其行，正其乐，而天下顺焉。故齐衰之服，哭泣之声，使人之心悲；带甲婴轴，歌于行伍，使人之心伤；姚冶之容，郑卫之音，使人之心淫；绅端章甫，舞《韶》歌《武》，使人之心庄"[②]，极力阐述不同音乐在不同场合下影响人的不同情感的特殊作用，以求维护儒家礼乐学说的合理性，扩大儒家学说的影响。

---

① 　孙诒让：《墨子间诂》，中华书局1986年版，第230页。
② 　王先谦：《荀子集解》，中华书局1988年版，第381页。

（二）荀子对墨家"僈差等"学说予以批判以维护礼仪制度

儒家强调礼乐治世，强调社会等级，强调上智下愚的治理差别，故对墨家的尚同学说予以反对，尤其反对墨家"有见于齐，无见于畸"的"社会无等差论"。《荀子·王霸》曰："人主者，以官人为能者也；匹夫者，以自能为能者也。人主得使人为之，匹夫则无所移之。百亩一守，事业穷，无所移之也。今以一人兼听天下，日有余而治不足者，使人为之也。大有天下，小有一国，必自为之然后可，则劳苦耗顇莫甚焉。如是，则虽臧获不肯与天子易埶业。以是县天下，一四海，何故必自为之？为之者，役夫之道也，墨子之说也。论德使能而官施之者，圣王之道也，儒之所谨守也。"[1] 儒家强调社会成员分工，即《荀子·王霸》所说的"农分田而耕，贾分货而贩，百工分事而劝，士大夫分职而听，建国诸侯之君分土而守，三公揔方而议，则天子共己而已矣"[2]。但由上引所见，墨家也强调社会成员"分事"，即《非乐上》所谓"王公大人""听狱治政"，"士君子""内治官府"外"实仓廪府库"，农夫"耕稼树艺，多聚叔粟"，妇人"纺绩织纴，多治麻丝葛绪捆布縿"[3]。墨家也反对取消社会分工，《墨子·鲁问》载墨子曾与吴虑辩论过此一问题，墨子的观点是："翟尝计之矣。翟虑耕而食天下之人矣，盛，然后当一农之耕，分诸天下，不能人得一升粟；籍而以为得一升粟，其不能饱天下之饥者，既可睹矣。翟虑织而衣天下之人矣，盛，然后当一妇人之织，分诸天下，不能人得尺布；籍而以为得尺布，其不能暖天下之寒者，既可睹矣。翟虑被坚执锐救诸侯之患矣，盛，然后当一夫之战；一夫之战，其不御三军，既可睹矣。翟以为不若诵先王之道而求其说，通圣人之言而察其辞，上说王公大人，次说[4]匹夫徒步之士。王公大人用吾言，国必治。匹夫徒步之士用吾言，行必修。故翟以为虽不耕

---

① 王先谦：《荀子集解》，中华书局 1988 年版，第 213—214 页。

② 王先谦：《荀子集解》，中华书局 1988 年版，第 214 页。

③ 孙诒让：《墨子间诂》，中华书局 1986 年版，第 233—234 页。

④ "说"字原脱，从毕沅校增。（参见孙诒让：《墨子间诂》，中华书局 1986 年版，第 435 页）

而食饥，不织而衣寒，功贤于耕而食之、织而衣之者也。故翟以为虽不耕织乎，而功贤于耕织也。"① 既然如此，荀子为什么还要批判墨家"必自为之然后可"为"役夫之道"呢？荀子强调社会分工，在申说社会成员的职责时更强调社会等级，以适合其礼制学说；而墨家在申说社会成员的职责时更强调社会分工，认为社会成员只有职责的不同，没有贵贱之分，所以墨家强调"民选天子""民选三公"、民选诸侯之"正长"②。

战国时代是一个"礼崩乐坏"的时代，旧的神权观念被打破，依附神权而行的天子权威被怀疑，以血缘亲疏为标准的原有的社会人际关系被打破，建立新型人际关系的各种学说在产生。荀子强调"虽王公士大夫之子孙，不能属于礼义，则归之庶人；虽庶人之子孙也，积文学，正身行，能属于礼义，则归之卿相士大夫"③，要求按新标准选拔新人，而依旧保留"天子卿相士大夫平民"的社会等级，特别是各等级的社会权利和社会尊严。墨家则不同，墨家主张"天子"民选，则天子不贵矣；主张"三公"民选，则三公不贵矣；主张诸侯之"正长"民选，则诸侯之"正长"不贵矣。依墨家学说而行，则天子、三公、诸侯之"正长"与平民间，只有社会职务的不同，而无贵贱之分，这便取消了旧的礼制等级。故荀子批判墨家说："墨子大有天下，小有一国，将少人徒，省官职，上功劳苦，与百姓均事业，齐功劳，若是则不威，不威则罚不行。"④

战国时代又是一个尚力重实的时代，士阶层崛起，奔走于诸国间，以智以力求用于诸侯。而各诸侯国为富国强兵，为战争求胜，也争用有智有力之士，因而致有"士贵耳王者不贵"的呼声出现。⑤ 在这种社会环境下，墨家的"僈差等"学说肯定会有市场，肯定会得到广大社会成员的拥

---

① 孙诒让：《墨子间诂》，中华书局 1986 年版，第 434—435 页。
② 孙诒让：《墨子间诂》，中华书局 1986 年版，第 68 页。
③ 王先谦：《荀子集解》，中华书局 1988 年版，第 148—149 页。
④ 王先谦：《荀子集解》，中华书局 1988 年版，第 186 页。
⑤ 诸祖耿：《战国策集注汇考》，江苏古籍出版社 1985 年版，第 607 页。

护，肯定会在思想界形成很大影响，因而引起荀子等儒家人士的反对。荀子认为，墨家这种看似顺和世人性情的社会主张，不但偏激，而且对世人有害。《荀子·礼论》曰："故人苟生之为见，若者必死；苟利之为见，若者必害；苟怠惰偷懦之为安，若者必危；苟情说之为乐，若者必灭。故人一之于礼义，则两得之矣；一之于情性，则两丧之矣。故儒者将使人两得之者也，墨者将使人两丧之者也，是儒墨之分也。"① 荀子从"性恶论"出发，认为人欲求无度，则必生争斗，争斗必使社会动乱；欲制止动乱，必须用"礼义文理"予以调节；所以，欲求社会大治必须推行礼仪。礼仪承认人的社会欲求，而又加以调节使之不过分不过度，故能既"事生"又"事死"，而绝不像墨家主张的那样"刻死而附生"，为节用而不顾人之常情；礼仪承认人的社会欲求，既讲利又讲义，既讲劳又讲安，如此中庸之道，则会"使人两得之"，不会像墨家那样"使人两丧之"。

由上可见，荀子着重批判"墨子蔽于用而不知文"② 的思想主张；否定墨家一切从社会实用出发、不顾人的精神追求、不顾推行礼仪制度所必备的物质条件的偏激学说；甚至将墨家学说的推行与礼乐制度的推广放在对立的位置上，以墨家学说作为儒家学说的对立面，将墨家与他极力反对的"不知隆礼义"的"俗儒"相提并论，谓二者"言议谈说已无异"③，一同加以批判。

二、《韩非子》所载韩非对墨家与墨学的评说

韩非先学于荀子，后发展了荀子的"法"的学说而成为法家。因而，韩非不像荀子那样着力于对墨家进行批判，而是对墨家和墨家学说作了较客观的反映。

---

① 王先谦：《荀子集解》，中华书局 1988 年版，第 349 页。
② 王先谦：《荀子集解》，中华书局 1988 年版，第 392 页。
③ 王先谦：《荀子集解》，中华书局 1988 年版，第 139 页。

（一）《韩非子》对墨学影响和墨家科技的反映

《韩非子·显学》："世之显学，儒、墨也。儒之所至，孔丘也。墨之所至，墨翟也。……自墨子之死也，有相里氏之墨，有相夫氏之墨，有邓陵氏之墨。故孔、墨之后，儒分为八，墨离为三，取舍、相反不同，而皆自谓真孔、墨，孔、墨不可复生，将谁使定世之学乎？孔子、墨子俱道尧、舜，而取舍不同，皆自谓真尧、舜，尧、舜不复生，将谁使定儒、墨之诚乎？殷、周七百余岁，虞、夏二千余岁，而不能定儒、墨之真，今乃欲审尧、舜之道於三千岁之前，意者其不可必乎？"①就今存文献所见，谓墨学为世之显学非自韩非始。据《韩非子·外储说左上》载，楚王曾谓田鸠曰"墨子者，显学也"②。而据《吕氏春秋·首时》载，田鸠曾见秦惠王。秦惠王，前337年至前311年在位，时在战国中期。秦惠王以至韩非在世的百年间，墨学的显学地位长盛不衰。

墨学地位的显赫，首先是因为派系繁衍，后学众多，即"自墨子之死也，有相里氏之墨，有相夫氏之墨，有邓陵氏之墨"。

相里氏之墨，《庄子·天下》作"相里勤之弟子五侯之徒"。孙诒让引《元和姓纂》云"晋大夫里克为惠公所灭，克妻司成氏携少子李连逃居相城，因为相里氏。李连玄孙相里勤，见《庄子》"，而谓"此疑唐时谱牒家之妄说，恐不足据"；又言"《姓纂》引《韩子》云'相里子，古贤也，著书七篇'"，而谓"《韩子》无此文，《汉书·艺文志》'墨家'亦无相里子书"。五侯，孙诒让谓"盖姓伍，五与伍同，古书'伍子胥'姓多作'五'，非五人也"③。今存先秦两汉著述中仅《庄子·天下》与《韩非子·显学》言"相里氏之墨"。

相夫氏之墨，孙诒让曰："《元和姓纂》'二十陌'有'伯夫氏'，因《韩子》云'伯夫氏，墨家流也'，则唐本'相'或作'伯'，或当作'柏'，与'相'

① 陈其猷：《韩非子集释》，上海人民出版社1974年版，第1080页。
② 陈其猷：《韩非子集释》，上海人民出版社1974年版，第623页。
③ 孙诒让：《墨子间诂》，中华书局1986年版，第665—666页。

形近。"① 关于相夫氏之墨的资料，今存先秦两汉书中仅此一条。

邓陵氏之墨，孙诒让引《元和姓纂》云"楚公子食邑邓陵，因氏焉"，而谓"据此则邓陵子盖楚人"；又引《姓纂》云"邓陵子著书见《韩子》"，而谓"《韩子》亦无此文"。② 而据《庄子·天下》，与邓陵子同属一派的还有苦获、已齿，他们同属于"南方之墨者"。

其次，墨学地位的显赫，还在于后学争当"真墨"，争相标榜自己是墨学之真传，即《韩非子·显学》所说的"取舍相反不同而皆自谓真墨"。这便引发了两方面的社会效应。其一，各派都会小心谨慎地承传自己所接受的墨家学说，不敢妄改和添加，以免被对手抓住把柄，为对手攻击自己制造口实。其二，为标榜自己为"真墨"而攻击对方为"别墨"，便会吹毛求疵地寻求对方所承传学说的瑕疵，为攻击对方是"别墨"寻求证据，这便会促使各方都不断修正自己的学说以求与承传之墨学保持一致。

除了墨家的显学地位外，《韩非子》还反映了儒墨学说的相争。《韩非子·显学》："墨者之葬也，冬日冬服，夏日夏服，桐棺三寸，服丧三月，世主以为俭而礼之。儒者破家而葬，服丧三年，大毁扶杖，世主以为孝而礼之。夫是墨子之俭，将非孔子之侈也；是孔子之孝，将非墨子之戾也。今孝、戾、侈、俭俱在儒、墨，而上兼礼之。"③ 据《淮南子·要略》，墨子在学"孔子之术"时正因为儒家"厚葬靡财而贫民，服伤生而害事"才"背周道而用夏政"，提倡像夏禹时那样"死陵者葬陵，死泽者葬泽"而"节财薄葬闲服"的。所以，儒墨相争的一个主要焦点是丧葬从繁礼还是要节俭。儒家从维护周礼以恢复社会秩序而达到社会大治的社会治理学说出发，在丧礼方面提倡从周之丧礼，"破家而葬，服丧三年，大毁扶杖"以示孝；而墨家则主张"冬日冬服，夏日夏服，桐棺三寸，服丧三月"以倡俭。这两种学说在战国时期都产生了很大影响，故如此相互矛盾的主张却

---

① 孙诒让：《墨子间诂》，中华书局1986年版，第665页。
② 孙诒让：《墨子间诂》，中华书局1986年版，第665页。
③ 陈其猷：《韩非子集释》，上海人民出版社1974年版，第1085页。

使"上兼礼之"，因而引发了韩非的批评。从韩非的批评中我们可以看出墨家节葬说的盛行和儒墨在此问题上的尖锐斗争。

另外，韩非还记载了反映"墨子为木鸢"墨家科技高超的事迹。《韩非子·外储说左上》载："墨子为木鸢，三年而成，蜚一日而败。弟子曰：'先生之巧，至能使木鸢飞。'墨子曰：'吾不如为车輗者巧也，用咫尺之木，不费一朝之事，而引三十石之任致远，力多，久于岁数。今我为鸢，三年成，蜚一日而败。'惠子闻之曰：'墨子大巧，巧为輗，拙为鸢。'"① 而据《墨子·鲁问》，削木使能飞者为公输子，即公输盘。其文曰："公输子削竹木以为鹊，成而飞之，三日不下，公输子自以为至巧。子墨子谓公输子曰：'子之为鹊也，不如匠之为车辖。须臾刘三寸之木，而任五十石之重。故所为功，利于人谓之巧，不利于人谓之拙。'"② 如前文所述，包括《鲁问》在内的《墨子》的《耕柱》至《公输》五篇文字，胡适考为"乃是墨家后人把墨子一生的言行辑聚来做的，就同儒家的《论语》一般，其中有许多材料比第二组还更为重要"③。依此，《鲁问》所记公输子为"木鹊而飞"遭到墨子批评之事便是可靠的。那么，韩非为什么在《外储说左上》又记墨子制"木鸢而飞"呢？自墨子与公输盘交往纠葛至韩非在世著述，约二百年左右。④ 其间故事传说流传变形，当在情理之中。但故事流传中为什么要把本来是公输盘的技巧作品转移到墨子身上呢？这当与其间墨家对于古代科技的综合、整理、传承有关。今传《墨子》所载《墨经》四篇，其中多有数理知识，胡适认为是"《庄子·天下

---

① 陈其猷：《韩非子集释》，上海人民出版社 1974 年版，第 625 页。
② 孙诒让：《墨子间诂》，中华书局 1986 年版，第 441—442 页。
③ 胡适：《中国哲学史大纲》卷上，《胡适学术文集》，中华书局 1991 年版，第 107 页。胡适所谓的"第二组材料"，是指《墨子》之《尚贤》《尚同》《兼爱》《非攻》《节用》《节葬》《天志》《明鬼》等 24 篇。
④ 墨子破公输盘云梯之械而止楚攻宋事，钱穆考在楚惠王四十五年(公元前 444)后。(参见钱穆：《先秦诸子系年》，商务印书馆 2001 年版，第 159—162 页；韩非死于公元前 233 年)

篇》所说的'别墨'做的"①。"别墨"活动于墨子死后，他们"相谓'别墨'"而"以巨子为圣人，皆愿为之尸，冀得为其后世"②，故将他们整理的《墨经》托名于墨子，从而使世人传言墨子至巧，而渐将公输盘制"木鹊"之事讹传为墨子制"木鸢"。这个故事流传变形中所隐含的，是墨家科技的影响。

(二)《韩非子》对墨家学说的赞扬和批评

作为法家的韩非，当然要依据自己的观点引用和评价墨家言论事迹。韩非对墨家言语的朴质作风是颇为赞赏的。《韩非子·外储说左上》："楚王谓田鸠曰：'墨子者，显学也。其体身则可③，其言多而不辩，何也?'曰：'昔秦伯嫁其女于晋公子，为之饰装④，从文衣之媵七十人。至晋，晋人爱其妾而贱公女。此可谓善嫁妾，而未可谓善嫁女也。楚人有卖其珠于郑者，为木兰之柜，薰以桂椒，缀以珠玉，饰以玫瑰，辑以翡翠，郑人买其椟而还其珠。此可谓善卖椟矣，未可谓善鬻珠也。今世之谈也，皆道辩说文辞之言，人主览其文而忘有用。墨子之说，传先王之道，论圣人之言以宣告人，若辩其辞，则恐人怀其文忘其直，以文害用也。此与楚人鬻珠、秦伯嫁女同类，故其言多不辩。'"⑤田鸠，《吕氏春秋·首时》高诱注谓齐人而学墨子术者。《首时》云田鸠"欲见秦惠王，留秦三年而弗得见。客有言之于楚王者，往见楚王，楚王说之，与将军之节以如秦。至，因见惠王"⑥。秦惠王于前337年至前311年在位，时当楚威王三年至楚怀王

---

① 胡适：《中国哲学史大纲》卷上，《胡适学术文集》，中华书局1991年版，第106—107页。
② 郭庆藩：《庄子集释》，中华书局1961年版，第1078页。
③ "体身"原作"身体"，从王先慎引王先谦说校改。(参见陈其猷：《韩非子集释》，上海人民出版社1974年版，第623页)
④ "为之"前原有"令晋"二字，从王先慎说校改。(参见陈其猷：《韩非子集释》，上海人民出版社1974年版，第624页)
⑤ 陈其猷：《韩非子集释》，上海人民出版社1974年版，第623页。
⑥ 陈奇猷：《吕氏春秋校释》，学林出版社1984年版，第768页。

十八年。故陈奇猷曰"此楚王非威王即怀王"。疑《韩非子·外储说左上》所记田鸠与楚威王或者楚怀王关于墨家言辞的讨论，即发生在田鸠初见楚威王或者楚怀王而尚未受"将军之节"前，因楚王对墨家学说和思想不甚了解，故有此论。

从《韩非子》此一记载中，我们可以看出如下四点。

其一，楚王对田鸠说"墨子者，显学也"。《吕氏春秋·首时》载田鸠至秦所见者为秦惠王。秦惠王，前 337 年至前 311 年在位，距墨子辞世仅数十年。在此数十年间，墨家学说已成为"显学"，连居非中原地区的楚王也甚感兴趣，可见墨学传播之速、影响之大。

其二，楚王谓"其体身则可"，是对墨家身体力行精神的肯定。墨子曾为救宋至楚游说，又为传扬学说到处奔走游说；其弟子后学如孟胜等 185 人为践约而死于阳城君之难。如此实践精神，受到楚王的肯定。

其三，楚王谓墨家"其言多而不辩"，是针对墨家言语的质朴风格而言的。据《墨子·贵义》，墨子曾南游于楚见楚惠王，《文选》卷三〇谢玄晖《和伏武昌登孙权故城》诗"良书限闻见"句李善注："《墨子》：'墨子献书惠王，王受而读之，曰"良书也"。'"[1] 是墨子之书曾存于楚，为楚威王或楚怀王所见。楚威王或楚怀王疑其不似当世诸子那般善辩宏谈，故有此说。

其四，韩非引此故事，并着重记载了田鸠的辩词，详细记述了田鸠所讲的两个故事，可见他对田鸠说辞的兴趣，可看出他的欣赏态度。因为法家亦主张辞达而已矣，不主张雕言镂语、夸夸其谈。

当然，作为法家的韩非也对墨家主张提出诸多批评。他除了在《外储说左上》批评包括墨家在内的诸子诸家即"季[2]、惠、宋、墨皆画策也；论有迂深闳大非用也，故畏震瞻车状皆鬼魅也；言而拂难坚确非功也，故

---

[1]　李善等：《六臣注文选》，《四部丛刊》，中华书局 1987 年版，第 570 页下。

[2]　"季"原作"李"，从顾广圻校改。（参见陈其猷：《韩非子集释》，上海人民出版社 1974 年版，第 612 页）

务、卞、鲍、介、墨翟皆坚瓠也"① 外，还对墨家"兼爱天下"的学说提出批判。《韩非子·五蠹》曰："夫古今异俗，新故异备，如欲以宽以缓之政，治急世之民，犹无辔策而御駻马，此不知之患也。今儒、墨皆称先王兼爱天下，则视民如父母。何以明其然也？曰：'司寇行刑，君为之不举乐；闻死刑之报，君为流涕。'此所举先王也。夫以君臣为如父子则必治，推是言之，是无乱父子也。人之情性，莫先于父母，皆见爱而未必治也，虽厚爱矣，奚遽不乱？今先王之爱民，不过父母之爱子，子未必不乱也，则民奚遽治哉！且夫以法行刑而君为之流涕，此以效仁，非以为治也。夫垂泣不欲刑者仁也，然而不可不刑者法也，先王胜其法不听其泣，则仁之不可以为治亦明矣。"② 在韩非看来，"人之情性莫先于父母"，但"父母之爱子"而"子未必不乱也"。以此例之，君主"效仁"以为治术，则"非以为治也"。韩非主张，"以法行刑"，论"法"治民，才可使天下大治，所以要反对儒墨两家的"仁义治民"主张。

另外，韩非尚耕主战，摒弃无用之策，故批评"孔、墨不耕耨"而妄"察"言辞、乱推"贤行"。《韩非子·八说》曰："察士然后能知之，不可以为令，夫民不尽察。贤者然后能行之，不可以为法，夫民不尽贤。杨朱、墨翟，天下之所察也，干世乱而卒不决，虽察而不可以为官职之令。鲍焦、华角，天下之所贤也，鲍焦木枯，华角赴河，虽贤不可以为耕战之士。故人主之察，智士尽其辩焉；人主之所尊，能士尽其行焉。今世主察无用之辩，尊远功之行，索国之富强，不可得也。博习辩智如孔、墨，孔、墨不耕耨，则国何得焉？修孝寡欲如曾、史，曾、史不战攻，则国何利焉？匹夫有私便，人主有公利。不作而养足，不仕而名显，此私便也；息文学而明法度，塞私便而一功劳，此公利也。错法以道民也，而又贵文学，则民之所师法之也疑；赏功以劝民也，而又尊行修，则民之产利也

惰。夫贵文学以疑法，尊行修以贰功，索国之富强，不可得也。"①法家推行战时机制以治民，强调尚耕尚战，反对无用之言。所以，韩非著文反对君主"察无用之辩，尊远功之行"，认为以此求"国之富强"，"不可得也"。由此出发，韩非特别指出，孔、墨虽然"博习辩智"，但"孔、墨不耕耨"，能给国家带来什么呢？所以，虽然"杨朱、墨翟，天下之所察也"，但"不可以为官职之令"，不能用此治理国家。因此，作为一个君主，不能推重"察"言"尊"贤之风，不能"错法以道民也，而又贵文学"，不能"赏功以劝民也，而又尊行修"，将法家以"任法""赏功"为主要特点的治理学说与儒、墨学说混合使用；否则，"贵文学以疑法"，"尊行修以贰功"，将导致民"疑"法，使民"惰"产。

第三节　从《吕氏春秋》《战国策》等所载 看战国时期的墨学流传

一、《吕氏春秋》对墨家与墨学的评说

《吕氏春秋》是一部杂家著作，它除了记述部分墨家学说外，也综合反映了他家诸子对墨家和墨学的看法。《吕氏春秋》涉及墨家与墨家学说的记述可分为如下五种情况。

（一）反映了墨家社会影响的巨大

首先，《吕氏春秋》像《韩非子·显学》那样反映墨家与儒家的显赫社会地位。《吕氏春秋·不侵》曰："汤、武，千乘也，而士皆归之。桀、纣，天子也，而士皆去之。孔、墨，布衣之士也，万乘之主、千乘之

---

① 陈其猷：《韩非子集释》，上海人民出版社1974年版，第973—974页。

君，不能与之争士也。自此观之，尊贵富大不足以来士矣，必自知之然后可。"①《吕氏春秋》收罗各家学说，据陈奇猷考，《不侵》乃系"北宫、孟舍、漆雕学派之言也"②。北宫即北宫黝，孟舍即孟施舍。《孟子·公孙丑上》载孟子答公孙丑"不动心有道乎"之问时曰："有。北宫黝之养勇也，不肤桡，不目逃。思以一豪挫于人，若挞之于市朝；不受于褐宽博，亦不受于万乘之君；视刺万乘之君若刺褐夫；无严诸侯，恶声至，必反之。孟施舍之所养勇也，曰：'视不胜犹胜也，量敌而后进，虑胜而后会，是畏三军者也。舍岂能为必胜哉？能无惧而已矣。'孟施舍似曾子，北宫黝似子夏。夫二子之勇，未知其孰贤，然而孟施舍守约也。昔者曾子谓子襄曰：'子好勇乎？吾尝闻大勇于夫子矣：自反而不缩，虽褐宽博，吾不惴焉；自反而缩，虽千万人，吾往矣。'孟施舍之守气，又不如曾子之守约也。"③是北宫黝与孟施舍均主"养勇"，均为大勇不畏惧、浩然不受辱之人。《韩非子·显学》曰："漆雕之议，不色挠，不目逃，行曲则违于臧获，行直进则怒于诸侯，世主以为廉而礼之。宋荣子之议，设不斗争，取不随仇，不羞囹圄，见侮不辱，世主以为宽而礼之。夫是漆雕之廉，将非宋荣之恕也；是宋荣之宽，将非漆雕之暴也。"④漆雕之议"不色挠，不目逃"与北宫黝之议"不肤桡，不目逃"同。漆雕"行曲则违于臧获，行直进则怒于诸侯"之行与北宫黝"思以一豪挫于人，若挞之于市朝；不受于褐宽博，亦不受于万乘之君；视刺万乘之君若刺褐夫；无严诸侯，恶声至，必反之"之行似。这些都是北宫、孟舍、漆雕一派均倡并实行"养勇不辱"学说，主士人应具浩然之气，所以称赞"布衣之士"孔子、墨子的学说品行使"万乘之主、千乘之君，不能与之争士也"，而大声疾呼"尊贵富大不足以来士矣，必自知之然后可"。

---

① 陈奇猷：《吕氏春秋校释》，学林出版社 1984 年版，第 640 页。
② 陈奇猷：《吕氏春秋校释》，学林出版社 1984 年版，第 642 页。
③ 杨伯峻：《孟子译注》，中华书局 1960 年版，第 61 页。
④ 陈奇猷：《韩非子集释》，上海人民出版社 1974 年版，第 1085 页。

《吕氏春秋》中的另一则涉及墨家的评论，也谈到墨家的学术地位。《吕氏春秋·喻大》曰："……武王欲及汤而不成，既足以王道矣。五伯欲继三王而不成，既足以为诸侯长矣。孔丘、墨翟欲行大道于世而不成，既足以成显名矣。夫大义之不成，既有成矣已。"①据陈奇猷考，《喻大》系"季子之学说"②，并谓其与《庄子·则阳》之"季真"为一人。③据《喻大》篇旨，季真一派主"凡谋物之成也，必由广大众多久长""小大贵贱，交相为恃"学说，即谓世间事物都是相互联系的。此派谓孔、墨所倡之学说虽未尽行于天下，但"足以成显名"，是因为他们所处的世道和环境使然。

《吕氏春秋》中还有一则与此相似的涉及墨家的论说。《吕氏春秋·务大》曰："……汤、武欲继禹而不成，既足以王通达矣。五伯欲继汤、武而不成，既足以为诸侯长矣。孔、墨欲行大道于世而不成，既足以成显荣矣。夫大义之不成，既有成已，故务事大。"④陈奇猷谓此《务本》之论与《务本》《喻大》同系"季子学派之言"⑤，故与以上所论同。

北宫黝、季真等学派之外，《吕氏春秋》还记载了其他学派关于墨家的地位和影响的言论。《吕氏春秋·顺说》曰："惠盎往见宋康王。……惠盎曰：'……臣有道于此，使天下丈夫女子莫不欢然皆欲爱利之，此其贤于勇有力也，居四累之上。大王独无意邪？'王曰：'此寡人之所欲得。'惠盎对曰：'孔、墨是也。孔丘、墨翟无地为君，无官为长，天下丈夫女子莫不延颈举踵而愿安利之。今大王，万乘之主也，诚有其志，则四境之内皆得其利矣，其贤于孔、墨也远矣。'宋王无以应。"⑥此《顺说》之论，陈奇猷谓"作者最高之愿望不仅是止兵，而是偃兵。……当是出于宋钘、

---

①　陈奇猷：《吕氏春秋校释》，学林出版社1984年版，第722页。
②　陈奇猷：《吕氏春秋校释》，学林出版社1984年版，第723页。
③　参见陈奇猷：《吕氏春秋校释》，学林出版社1984年版，第1653—1654页。
④　陈奇猷：《吕氏春秋校释》，学林出版社1984年版，第1706页。
⑤　陈奇猷：《吕氏春秋校释》，学林出版社1984年版，第1707页。
⑥　陈奇猷：《吕氏春秋校释》，学林出版社1984年版，第905—906页。

尹文、公孙龙、惠施、惠盎等人之后学也"①。

另外，《吕氏春秋》还记载了一则有争议的与墨家相关的传说。《吕氏春秋·疑似》曰："使人大迷惑者，必物之相似也。……相似之物，此愚者之所大惑，而圣人之所加虑也，故墨子见歧道而哭之。"②《疑似》篇作者，陈奇猷谓"疑是法家者流之作，盖法家最重视疑似之事，亦最嫉忌疑似之事。《韩非子》有《说疑》专论奸邪疑似贤良，……韩非为先秦主要之法家，而此篇既与韩非论点相同，则此篇既为法家者流之作，信而有征矣"；关于"墨子见歧道而哭之"事，陈奇猷谓"杨子哭逵路，见《淮南·说林》。……此与贾谊《新书·审微》并作墨子，恐因泣丝事而误"③。杨朱之事在流传中转嫁到墨子身上，说明墨子的名声在此一时段内较杨朱名声为高。

上引《吕氏春秋》五则关于墨家社会地位与声望的记载，涉及墨家之外的四家学派。这四家学派，除宋钘、尹文、公孙龙、惠施、惠盎等一派在"偃兵"学说方面与墨家"非攻"学说相似外，其他家学说与墨家学说都不同。学说不同的各家学派却能在自己的论说中一致例举墨家名声的显赫，联系《韩非子·显学》"世之显学孔、墨也"的论说，充分反映出墨家学说在彼时的显赫地位。孟子曾论北宫黝、孟施舍之"养勇"，其时代早于孟子；公孙龙、惠施活动于孟子之后；而韩非死于前233年。在战国中期至秦统一六国前的百余年间，墨家一直保持着长盛不衰的社会地位，产生着持久的思想影响。

（二）赞扬墨家的学习精神

《吕氏春秋》以儒、墨等家为例，就学习的重要性作了论说。《吕氏春秋·尊师》曰："故凡学，非能益也，达天性也，能全天之所生而勿败之，

---

① 陈奇猷：《吕氏春秋校释》，学林出版社1984年版，第907页。

② 陈奇猷：《吕氏春秋校释》，学林出版社1984年版，第1497页。

③ 陈奇猷：《吕氏春秋校释》，学林出版社1984年版，第1498—1499页。

是谓善学。子张,鲁之鄙家也;颜涿聚,梁父之大盗也;学于孔子。段干木,晋国之大驵也,学于子夏。高何、县子石,齐国之暴者也,指于乡曲,学于子墨子。索卢参,东方之钜狡也,学于禽滑黎。此六人者,刑戮死辱之人也,今非徒免于刑戮死辱也,由此为天下名士显人,以终其寿,王公大人从而礼之,此得之于学也。"① 此《尊师》与上篇《劝学》,陈其猷比照《荀子》相关篇章与《学记》,谓"儒家者流所作"②。《吕氏春秋》之《劝学》所论与《荀子·劝学》所论近似者颇多,当荀子学派所作;而此《尊师》称学习的重大作用在于"非能益也,达天性也,能全天之所生而勿败之",主学习可以恢复人的本来天性,与《荀子》学习改造人本来恶性的主张不符。本篇除称引孔子与弟子问答外,所举善学例,除圣王贤臣外,诸子百家中举儒家善学之例三、墨家善学之例二,此与荀子所持批墨态度亦有异。由此,《尊师》不当为荀学一系所作。孔子之后,儒分为八,有子夏一派特别强调传经受学,此《尊师》或为主张学习的子夏一派中的后学所作。此一派举善学之例,除儒家外也举墨家之"高何、县子石,齐国之暴者也,指于乡曲,学于子墨子。索卢参,东方之钜狡也,学于禽滑黎",也可能因为此两事例的社会影响重大的缘故。

学习可改造恶人,所以必须从师而学。但择师要慎重,这点早在《墨子·所染》中就已提出。《吕氏春秋·当染》关于"墨子见染素丝者而叹"记载,与《墨子·所染》所记相似。《吕氏春秋·当染》曰:"墨子见染素丝者而叹曰:'染于苍则苍,染于黄则黄,所以入者变,其色亦变,五入而以为五色矣。'故染不可不慎也。"③ 此所言与《墨子·所染》篇首所记相同;《墨子·所染》在于说明王、侯、大夫、士人皆有"所染","所染"不同则下场迥异的道理,与《吕氏春秋·当染》篇旨亦同。此当为吕不韦门下之墨家者流所作。

---

① 陈奇猷:《吕氏春秋校释》,学林出版社1984年版,第205页。
② 陈奇猷:《吕氏春秋校释》,学林出版社1984年版,第196—197、206页。
③ 陈奇猷:《吕氏春秋校释》,学林出版社1984年版,第95页。

应当注意，此篇篇末在举例子时，亦不仅限于墨家事例。《吕氏春秋·当染》曰："非独国有染也。孔子学于老聃、孟苏夔、靖叔。鲁惠公使宰让请郊庙之礼于天子，桓王使史角往，惠公止之，其后在于鲁，墨子学焉。此二士者，无爵位以显人，无赏禄以利人，举天下之显荣者必称此二士也。皆死久矣，从属弥众，弟子弥丰，充满天下，王公大人从而显之，有爱子弟者随而学焉，无时乏绝。子贡、子夏、曾子学于孔子，田子方学于子贡，段干木学于子夏，吴起学于曾子。禽滑釐学于墨子，许犯学于禽滑釐，田系学于许犯。孔、墨之后学，显荣于天下者众矣，不可胜数，皆所染者得当也。"① 此段意旨，与《吕氏春秋·尊师》"故凡学，非能益也，达天性也"一段可以相互发明，强调从师而学，又强调择师而学。同时，还就墨学的渊源，以及墨家禽子一系的学术传承作了勾勒，这都是墨学史上弥足珍贵的资料。

墨家特别强调学习，故《吕氏春秋》还就墨家的学习精神作了诸多评说。《吕氏春秋·博志》曰："孔、墨、宁越，皆布衣之士也，虑于天下，以为无若先王之术者，故日夜学之。有便于学者，无不为也；有不便于学者，无肯为也。盖闻孔丘、墨翟，昼日讽诵习业，夜亲见文王、周公旦而问焉。用志如此其精也，何事而不达？何为而不成？故曰精而熟之，鬼将告之。非鬼告之也，精而熟之也。"② 陈其猷谓"此篇为阴阳家之言"，又谓"《汉书·艺文志》叙数术六种中形法家谓形人及六畜骨法之度数而知其贵贱吉凶，并云'非有鬼神，属自然也'。此云'非鬼告之也，精而熟之也'，精而熟之则成功，盖数之自然也。然则此二语与刑法家之旨趣相同。刑法家是阴阳之分支，则阴阳家亦不信鬼神也。……此亦可证本篇为阴阳家之言"。③ 强调墨家的学习精神，是《吕氏春秋》关于墨家论说的独特方面。

---

① 陈奇猷：《吕氏春秋校释》，学林出版社 1984 年版，第 96 页。
② 陈奇猷：《吕氏春秋校释》，学林出版社 1984 年版，第 1618—1619 页。
③ 陈奇猷：《吕氏春秋校释》，学林出版社 1984 年版，第 1620、1623—1624 页。

（三）对墨家的厉行、献身与无私诸种精神的反映

墨家的献身精神在先秦诸子中特别突出，《吕氏春秋》对此也作了反映。《吕氏春秋·爱类》曰："公输般为高云梯，欲以攻宋。墨子闻之，自鲁往，裂裳裹足，日夜不休，十日十夜而至于郢，见荆王曰：'臣，北方之鄙人也，闻大王将攻宋，信有之乎？'王曰：'然。'墨子曰：'必得宋乃攻之乎？亡其不得宋且不义犹攻之乎？'王曰：'必不得宋，且有不义，则曷为攻之？'墨子曰：'甚善。臣以宋必不可得。'王曰：'公输般，天下之巧工也，已为攻宋之械矣。'墨子曰：'请令公输般试攻之，臣请试守之。'于是公输般设攻宋之械，墨子设守宋之备。公输般九攻之，墨子九却之，不能入，故荆辍不攻宋。墨子能以术御荆、免宋之难者，此之谓也。"①此文与《墨子·公输》所载墨子止楚攻宋故事相似，唯文末评论有异。《墨子·公输》篇末强调"治于神"与"争于明"的区别，提高墨子的人格形象；而此《爱类》赞扬墨子以"术御荆、免宋之难"以利民，与全篇以利民为本、以技术止战的主旨相合。结合本篇所载惠施以"相王"之术止齐攻的辩解来看，此文确如陈奇猷所说②，是惠施一派所作。此文将《墨子·公输》的"子墨子闻之，起于齐，行十日十夜而至于郢"改为"墨子闻之，自鲁往，裂裳裹足，日夜不休，十日十夜而至于郢"，增加"裂裳裹足，日夜不休"八字，不但形象可感，而且更加强调了墨子所代表的墨家人士的献身精神，从而更有利于墨家事迹的流传和墨家精神的传扬。

《吕氏春秋》对墨子追求"听吾言用吾道"而不求富贵荣华的高风义节也有转述。《吕氏春秋·高义》曰："子墨子游公上过于越。公上过语墨子之义，越王说之，谓公上过曰：'子之师苟肯至越，请以故吴之地、阴江之浦书社三百以封夫子。'公上过往，复于子墨子。子墨子曰：'子之观越王也，能听吾言、用吾道乎？'公上过曰：'殆未能也。'墨子曰：'不唯

---

① 陈奇猷：《吕氏春秋校释》，学林出版社1984年版，第1462—1463页。
② 参见陈奇猷：《吕氏春秋校释》，学林出版社1984年版，第1464页。

越王不知翟之意，虽子亦不知翟之意。若越王听吾言、用吾道，翟度身而衣，量腹而食，比于宾萌，未敢求仕。越王不听吾言、不用吾道，虽全越以与我，吾无所用之。越王不听吾言、不用吾道，而受其国，是以义翟也。义翟何必越，虽于中国亦可。'凡人不可不熟论，秦之野人以小利之故，弟兄相狱，亲戚相忍；今可得其国，恐亏其义而辞之，可谓能守行矣。其与秦之野人相去亦远矣。"① 陈奇猷考"此篇亦漆雕、北宫、孟舍学派之言也"②。前引墨子游公尚过事，与《墨子·鲁问》载大致相同。漆雕、北宫、孟舍学派引此的目的，在于说明"秦之野人以小利之故，弟兄相狱，亲戚相忍"，墨家与"秦之野人相去亦远矣"。而并非墨家学派的漆雕、北宫、孟舍一派在说理时引墨家故事，充分说明墨家此一事迹影响的重大，充分说明墨子追求"听吾言用吾道"而不求富贵荣华的思想精神影响的深远性。

墨家的这种为追求理想而不求自身富贵荣华的原则，被后人称为"墨家之议"。《吕氏春秋·下贤》曰："有道之士固骄人主，人主之不肖者亦骄有道之士，日以相骄，奚时相得？若儒墨之议与齐荆之服矣。贤主则不然，士虽骄之，而己愈礼之，士安得不归之？士所归，天下从之，帝。"③ 陈其猷注谓"议谓所订立之家法"。并解释所谓墨家此一"家法"即《墨子·鲁问》所载墨子辞越之封时的所讲的"若越王听吾言、用吾道，翟度身而衣，量腹而食，比于宾萌，未敢求仕。越王不听吾言、不用吾道，虽全越以与我，吾无所用之"中，所包含的那种精神。④

墨子这些为理想而不求一己之私的献身精神，在后代墨家后学中得以延续和光大，《吕氏春秋》对此也有反映。《吕氏春秋·上德》载："墨者钜子孟胜，善荆之阳城君。阳城君令守于国，毁璜以为符，约曰：'符

---

① 陈奇猷：《吕氏春秋校释》，学林出版社 1984 年版，第 1246 页。

② 陈奇猷：《吕氏春秋校释》，学林出版社 1984 年版，第 1248 页。

③ 陈奇猷：《吕氏春秋校释》，学林出版社 1984 年版，第 878 页。

④ 参见陈奇猷：《吕氏春秋校释》，学林出版社 1984 年版，第 880—881 页。

合听之。'荆王薨，群臣攻吴起，兵于丧所，阳城君与焉，荆罪之。阳城君走，荆收其国。孟胜曰：'受人之国，与之有符。今不见符，而力不能禁，不能死，不可。'其弟子徐弱谏孟胜曰：'死而有益阳城君，死之可矣。无益也，而绝墨者于世，不可。'孟胜曰：'不然。吾于阳城君也，非师则友也，非友则臣也。不死，自今以来，求严师必不于墨者矣，求贤友必不于墨者矣，求良臣必不于墨者矣。死之，所以行墨者之义而继其业者也。我将属钜子于宋之田襄子。田襄子，贤者也，何患墨者之绝世也？'徐弱曰：'若夫子之言，弱请先死以除路。'还殁头于前。孟胜因使二人传钜子于田襄子。孟胜死，弟子死之者百八十三人。以致令于田襄子，欲反死孟胜于荆，田襄子止之曰：'孟子已传钜子于我矣，当听。'遂反死之。墨者以为不听钜子不察。严罚厚赏，不足以致此。今世之言治，多以严罚厚赏，此上世之若客也。"① 从这则故事中，我们可看出如下几点。

其一，墨家具有重义轻生的内部信条。与杨朱"拔一毛利天下而不为"的主张相反，墨家强调"死不旋踵""以身赴难"的献身精神。墨子救宋，本来已做好了献身准备，明知"公输子之意不过欲杀臣"而不惧。这种精神传至后学，故有墨家后学百八十余人死阳城君事件。

其二，墨家具有为学派利益献身纳命的内部传统。阳城君被缉外逃，"荆收其国"而孟胜等"力不能禁"，孟胜选择"死之"，是因为"不死，自今以来，求严师必不于墨者矣，求贤友必不于墨者矣，求良臣必不于墨者矣"，于墨家名声和信誉不利。为了墨家的名声和信誉，孟胜毫不犹豫地选择了死义。

其三，墨子死后，墨离为三，虽相互争辩，但各派墨徒都"以巨子为圣人，皆愿为之尸，冀得为其后世"，尚有一个大家共同崇尚的巨子领导大业，使各派间都保持联系，共同对外。所以孟胜临死前，有权力"属

---

① 陈奇猷：《吕氏春秋校释》，学林出版社 1984 年版，第 1257—1258 页。

巨子于宋之田襄子",并派人"致令于田襄子";而田襄子也乐于接受,并马上实施巨子权力,令传令者勿"反死孟胜于荆"。但各派有各派的纪律,传令者依旧效法孟胜之行而"遂反死之"。

其四,从墨家创始人墨翟到此一代墨家巨子孟胜,其信仰与追求已悄然发生着变化。由墨翟因越王"不听吾言,不用吾道"而辞越"裂故吴之地方五百里"之封,反对"以义粜也"来看,墨子时期,墨家的最高追求是学说的推行,而"士为知己者死"的信义行为还未强调到极端;而孟胜时期,由孟胜及其弟子为守信诺而皆自杀来看,其最高追求已由推行学说而发展到"士为知己者死"的信义行为的实施。这是墨学史上的一种新变化,我们应予注意。

由于追求信义行为实施的影响,才发生了《吕氏春秋》记载的腹䵍杀子事件。《吕氏春秋·去私》载:"墨者有钜子腹䵍,居秦,其子杀人,秦惠王曰:'先生之年长矣,非有它子也,寡人已令吏弗诛矣,先生之以此听寡人也。'腹䵍对曰:'墨者之法曰"杀人者死,伤人者刑",此所以禁杀伤人也。夫禁杀伤人者,天下之大义也。王虽为之赐,而令吏弗诛,腹䵍不可不行墨子之法。'不许惠王,而遂杀之。子,人之所私也,忍所私以行大义,钜子可谓公矣。"① 墨家自有坚定的信仰,墨家自有严格的纪律。腹䵍没有以私己之父子情而枉徇墨家之法、顺水推舟地接受秦惠王的枉法之赐,因被作者赞为"钜子可谓公矣"。这则故事说明:

首先,在秦惠王所处的战国中期,墨家巨子依旧具有很高的威望,否则,秦惠王是不会置国家法律于不顾,因腹䵍的巨子之位而赦免杀人的巨子之子的。

其次,在秦惠王所处的战国中期,墨家已在秦地立稳脚跟,巨子已由中原转到秦地;墨家巨子的转地,说明墨家领导中心和墨学传播中心已由中原东南隅之宋鲁楚,转移到西北之地的关中。这一变化,应引发我们对

---

① 陈奇猷:《吕氏春秋校释》,学林出版社1984年版,第55—56页。

墨家学术理念和行动方针的再检讨。

最后，秦惠王时，秦已相当强大，并在张仪的连横中显现出独霸中原的势头。① 墨家领导中心由中原转而入秦，在客观上显示出墨家的学术理念和行动方针，已由原来在兼爱非攻主张下的扶弱除强，转为依附强大以成就社会理想。

当然，《吕氏春秋》中也有对墨家厉行精神的质问。《吕氏春秋·有度》曰："孔、墨之弟子徒属充满天下，皆以仁义之术教导于天下，然而无所行。教者术犹不能行，又况乎所教？是何也？仁义之术，外也。夫以外胜内，匹夫徒步不能行，又况乎人主？唯通乎性命之情，而仁义之术自行矣。"② 墨家倡兼爱，故此文言墨家亦以"仁义之术教导于天下"。此言墨家同儒家一样言而"无所行"，即不能广泛推行自己的兼爱主张。陈奇猷谓"此篇为季子学派之言"③，据陈奇猷考，载批评"孔丘、墨翟欲行大道于世而不成"的《吕氏春秋》之《喻大》篇的作者亦季子学派。季子学派主张君主应"通乎性命之情，而仁义之术自行矣"，故批判儒、墨"以仁义之术教导于天下"。君主通乎性命之情，即《吕氏春秋·勿躬》所说的"为君者矜服性命之情"，其具体内容为"圣王不能二十官之事，然而使二十官尽其巧、毕其能，圣王在上故也。圣王之所不能也、所以能之也，所不知也、所以知之也。养其神，修其德而化矣，岂必劳形愁弊耳目哉？是故圣王之德，融乎若月之始出，极烛六合而无所穷屈；昭乎若日之光，变化万物而无所不行。神合乎太一，生无所屈，而意不可障；精通乎鬼神，深微玄妙，而莫见其形"④。据此，季子一派的为政论，系发展了老子"无为而治"之说，所以对儒、墨的仁义治世术提出批评。

---

① 参见郑杰文：《中国古代纵横家论》，山东人民出版社 1995 年版，第 163—175 页。

② 陈奇猷：《吕氏春秋校释》，学林出版社 1984 年版，第 1651—1652 页。

③ 陈奇猷：《吕氏春秋校释》，学林出版社 1984 年版，第 1652 页。

④ 陈奇猷：《吕氏春秋校释》，学林出版社 1984 年版，第 1078 页。

（四）对墨子及后学诸种行事的记述

秦惠王重用张仪等纵横家，用权谋诈术远交近攻，败魏夺地，吸引了诸多干主求用的关东士人入秦求发展，墨家后学田鸠即在此形势下入秦求用。《吕氏春秋·首时》载："墨者有田鸠欲见秦惠王，留秦三年而弗得见。客有言之于楚王者，往见楚王，楚王说之，与将军之节以如秦，至，因见惠王。告人曰：'之秦之道，乃之楚乎？'固有近之而远，远之而近者。时亦然。有汤武之贤而无桀纣之时不成，有桀纣之时而无汤武之贤亦不成。圣人之见时，若步之与影不可离。……故圣人之所贵，唯时也。"[1]墨者田鸠"留秦三年而弗得见""秦惠王"，因客之荐入楚，楚王悦而"与将军之节以如秦"，秦惠王接见之。秦惠王接见田鸠的原因在于他所持为楚"将军之节"，是楚国的重臣；田鸠所用为"借他人之重以成己事"的纵横诈术，其所造者为"势"而非"时"；这与其下作者要说明的"圣人之所贵唯时"的道理在内涵上并不相符。据陈其猷考，此篇与《应同》篇同出于阴阳家之手。[2]阴阳家用此不太贴切的例子证明问题，且此故事与此上作者所引伍子胥说吴王子光、待七年才复出以报仇的故事之"待时"内涵并不一致，可能是因此故事流传太广所致。

墨家入秦而求用的事件非此一例，《吕氏春秋》也有其他记载。《吕氏春秋·去宥》载："东方之墨者谢子将西见秦惠王。惠王问秦之墨者唐姑果，唐姑果恐王之亲谢子贤于己也，对曰：'谢子，东方之辩士也，其为人甚险，将奋于说以取少主也。'王因藏怒以待之。谢子至，说王，王弗听。谢子不说，遂辞而行。凡听言，以求善也。所言苟善，虽奋于取少主，何损？所言不善，虽不奋于取少主，何益？不以善为之悫，而徒以取少主为之悖，惠王失所以为听矣。……人之老也，形益衰，而智益盛。今惠王之老也，形与智皆衰也！"[3]此故事，陈其猷从毕沅

---

[1] 陈奇猷：《吕氏春秋校释》，学林出版社1984年版，第768页。

[2] 参见陈奇猷：《吕氏春秋校释》，学林出版社1984年版，第769页。

[3] 陈奇猷：《吕氏春秋校释》，学林出版社1984年版，第1013页。

说谓即《吕氏春秋·去尤》之"秦墨者之相妒"句的详解，又谓《去尤》《去宥》皆"为料子、宋钘、尹文等流派之言也"。① 由此故事，可见如下三点。

其一，文中"少主"，陈其猷取杨伯峻说谓"即惠王太子"②；又下文言"今惠王之老也"，是此事发生在秦惠王晚年。

其二，秦惠王晚年，同为墨者之谢子入秦，却为原在秦之墨者唐姑果所嫉妒而使诈计逼谢子离秦，可见此时已不像墨子在世时那般有计划有组织地让某弟子去游说某国前先使其他人"游扬之"的统一的组织行动。此是战国墨学史上的一大现象，应予注意。

其三，墨者谢子自东方而来，因不得用而回东方，说明关东本有墨家在活动，而此次谢子负气而回关东，必寻与秦为敌之关东国而事之。此时与秦最为敌者为三晋，可能是谢子此去至三晋有功而得封地，故《说苑·杂言》在引此故事时谓"祁射子"。谢、射古通，射子即谢子，"祁射子"即"祁"之谢子；而"祁"，《汉书·地理志》谓属太原，正为三晋地。秦惠王后，墨家在三晋等关东六国活动，实施墨家守御之术并加以总结成文，由此殆有线索可循。

秦墨之纠葛外，《吕氏春秋》还收有一则墨家故事，对后世影响很大。《吕氏春秋·贵因》曰："夫审天者，察列星而知四时，因也。推历者，视月行而知晦朔，因也。禹之裸国，裸入衣出，因也。墨子见荆王，锦衣吹笙，因也。……故因则功，专则拙，因者无敌。"③ 墨家主非乐、节用，而此言"墨子见荆王，锦衣吹笙"与墨家的非乐、节用的一贯主张相左。孙诒让在《墨子间诂·公输》篇中解曰："《吕氏春秋·贵因篇》云：'墨子见荆王，锦衣吹笙。'疑即此时事。盖以救宋之急，权为之也。"④《墨子·公

---

① 陈奇猷：《吕氏春秋校释》，学林出版社 1984 年版，第 696、690 页。

② 陈奇猷：《吕氏春秋校释》，学林出版社 1984 年版，第 1015 页。

③ 陈奇猷：《吕氏春秋校释》，学林出版社 1984 年版，第 927 页。

④ 孙诒让：《墨子间诂》，中华书局 1986 年版，第 445 页。

孟》载墨子曰"楚庄王鲜冠组缨，绛衣博袍"①，说明楚王喜鲜亮之衣；《墨子·非乐上》载墨子曰"今王公大人惟毋为乐，……今大钟鸣鼓琴瑟竽笙之声既已具矣，大人锈然奏而独听之"②，说明包括楚王在内的当时之王都好音乐，故墨子"以救宋之急权为""锦衣吹笙"。这种与墨家"死不旋踵"的耿直精神相左的行为，亦是我们考察墨家思想变化时应特予注意的。

（五）对墨家学说的评说

吕不韦组织天下各派学者编写《吕氏春秋》的目的在于求治术，所写内容几乎涉及先秦诸子各派，故其中不能不涉及墨家思想。《吕氏春秋》曾提及墨家思想的核心特点。《吕氏春秋·应言》曰："听群众人议以治国，国危无日矣。何以知其然也？老耽贵柔，孔子贵仁，墨翟贵廉，关尹贵清，子列子贵虚，陈骈贵齐，阳生贵己，孙膑贵势，王廖贵先，儿良贵后。"③廉，孙诒让、梁启超均谓应作"兼"字，而陈其猷考通"磏"字，以"谓墨子善砥砺"解之④，均不确。按此"廉"即"俭"义，《淮南子·原道》"不以奢为乐，不以廉为悲"，高诱注"廉犹俭也"可为证。而《墨子·修身》"贫者见廉，富者见义"，"廉"字所用义即与此近。《韩非子·五蠹》"斩敌者受赏，而高慈、惠之行；拔城者受爵禄，而信廉、爱之说"，韩非举此二矛盾言行以说理。"高慈、惠之行"，为儒家所倡；"信廉、爱之说"，为墨家主张。"廉"与"爱"对举，廉即为俭，指墨家的节用学说。自孟子批墨家兼爱而倡儒家仁爱，墨家之"兼爱说"名声显矣；自荀子批墨家因节用而非乐以倡儒家礼乐，墨家之"节用说"名声亦显矣。《应言》之作者，陈奇猷考谓"此篇所论，与《韩非子·显学》之旨趣全

---

① 孙诒让：《墨子间诂》，中华书局 1986 年版，第 414—415 页。

② 孙诒让：《墨子间诂》，中华书局 1986 年版，第 230—231 页。

③ 陈奇猷：《吕氏春秋校释》，学林出版社 1984 年版，第 1123—1124 页。

④ 参见陈奇猷：《吕氏春秋校释》，学林出版社 1984 年版，第 1125 页。

同。……可证此篇为法家言也"①。此篇作者承法家韩非之说，故以《韩非子·五蠹》"廉、爱之说"论墨家；因与论他家求文式一律，故简而以首之一"廉"字论墨。据《淮南子·要略》，墨子先学孔子之术，因儒家礼繁丧奢而自创新说，反其道而行之，故此文以节用之"廉"许墨子。此评墨家之节用说。

《吕氏春秋》还多次论及墨家非攻主张。《吕氏春秋·慎大》曰："孔子之劲，举国门之关，而不肯以力闻。墨子为守攻，公输般服，而不肯以兵加。善持胜者，以术强弱。"②据《墨子·公输》，墨子与公输盘以牒、带等演示攻守，"公输盘九设攻城之机变，子墨子九距之。公输盘之攻械尽，子墨子之守圉有余。公输盘诎"，因使楚王停止攻宋。③此评墨家之非攻说。

《吕氏春秋》的另一则故事亦涉及墨家非攻学说。《吕氏春秋·应言》载："司马喜难墨者师于中山王前以非攻，曰：'先生之所术非攻夫？'墨者师曰：'然。'曰：'今王兴兵而攻燕，先生将非王乎？'墨者师对曰：'然则相国是攻之乎？'司马喜曰：'然。'墨者师曰：'今赵兴兵而攻中山，相国将是之乎？'司马喜无以应。"④通过这则故事可看出以下三点。

其一，"墨者师"以"今赵兴兵而攻中山，相国将是之乎"难司马喜，使其"无以应"，所用为"以其人之论还之其人之身"之法，颇有些辩难诘问的思辨味道。墨家弟子，据《墨子·耕柱》载，墨子曾许其"能谈辩者谈辩，能说书者说书，能从事者从事"⑤，由此而成"三墨"之别。而由此"墨者师"与司马喜之论辩看，此"墨者师"属"谈辩"一派。

其二，此文言"墨者师"，当有"墨者徒"，墨家师徒此时有活动在中

① 陈奇猷：《吕氏春秋校释》，学林出版社 1984 年版，第 1124 页。
② 陈奇猷：《吕氏春秋校释》，学林出版社 1984 年版，第 845 页。
③ 参见孙诒让：《墨子间诂》，中华书局 1986 年版，第 443—449 页。
④ 陈奇猷：《吕氏春秋校释》，学林出版社 1984 年版，第 1210—1211 页。
⑤ 孙诒让：《墨子间诂》，中华书局 1986 年版，第 390 页。

山者。墨子死后，门徒散在各地，各自发展。此系中山国有墨家活动之明证。

其三，《战国策·中山策》谓"司马憙使赵，为己求相中山""司马憙三相中山"，憙、喜古通，是司马喜确曾为中山相。1974 年冬，河北省平山县出土中山王鼎、中山王壶等三器，器上铭文载司马𧈭为中山相，"亲率三军之众以征不义之邦"即燕，夺地"方数百里，列城数十"而大获全胜事①，诸祖耿疑其"司马𧈭"或是"司马憙"②。《战国策·齐策五》载苏秦说辞有曰"昔者，中山悉起而迎燕、赵，南战于长子，败赵氏；北战于中山，克燕军，杀其将。夫中山，千乘之国也，而敌万乘之国二，再战比胜，此用兵之上节也，然而国遂亡，君臣于齐者，何也？不啬于战攻之患也。"③ 由此文献与文物资料两证，是中山曾战胜过燕国。但《汉书·古今人表》载司马喜与中山武公同时，《史记·六国年表》载周威烈王十二年（前 414 年），中山武公初立。而周威烈王前后，燕为东方大国，前 380 年，齐攻燕尚且不能取胜，何况一小小之中山国？又，《战国策·中山策》"中山与燕、赵为王"，顾观光《国策编年》从吕祖谦《大事记解题》之说隶此于周显王四十六年（前 323 年），是时尚无诸侯称王事，则此时在对话中怎能称中山武公为"王"？是《汉书·古今人表》之"司马喜"，非《吕氏春秋·应言》之"司马喜"也。考前 323 年中山与燕、赵为王后不久，发生了燕王哙让国事件。此后三年即前 314 年，燕发生子之之乱，齐趁乱破燕，而此时中山亦借机攻燕取地才可获胜。墨家倡非攻，故中山相国司马喜欲借此中山王踌躇满志以攻燕取地之际，非难在中山之"墨者师"，以防其势力过大、声势过猛而危及己之相国位，才发生了此次廷辩。准此，是前 314 年前后的战国中期，墨家已在中山国等中原北部一带活动，

---

① 参见河北省文物管理处：《河北省平山县战国时期中山国墓葬发掘简报》，《文物》1979 年第 1 期。

② 诸祖耿：《战国策集注汇考》，江苏古籍出版社 1985 年版，第 1723 页。

③ 诸祖耿：《战国策集注汇考》，江苏古籍出版社 1985 年版，第 637—638 页。

并有不小的势力。

二、《战国策》等对墨家与墨学的评说

（一）《战国策》对墨家与墨学的评说

《战国策》编成于刘向时，但刘向在编书时仅做了"因国别者略以时次之，分别不以时序者以相补，除重复"①的编辑工作，所以基本保存了所收篇章的战国文本原貌，除《燕策》中涉及苏氏兄弟说辞外，大部分篇章都可作为战国文献来使用。②《战国策》中涉及墨家与墨学者有两章。

《战国策·宋卫策》载："公输般为楚设机，将以攻宋。墨子闻之，百舍重茧，往见公输般，谓之曰：'吾自宋闻子！吾欲藉子杀王！'公输般曰：'吾义固不杀王！'墨子曰：'闻公为云梯，将以攻宋。宋何罪之有？义不杀王而攻国，是不杀少而杀众。敢问攻宋何义也？'公输般服焉，请见之王。墨子见楚王曰：'今有人于此，舍其文轩，邻有弊舆而欲窃之；舍其锦绣，邻有短褐而欲窃之；舍其梁肉，邻有糟糠而欲窃之。此为何若人也？'王曰：'必为有窃疾矣。'墨子曰：'荆之地方五千里，宋方五百里，此犹文轩之与弊舆也。荆有云梦，犀兕麋鹿盈之，江、汉鱼鳖鼋鼍为天下饶，宋所谓无雉兔鲋鱼者也，此犹梁肉之与糟糠也。荆有长松文梓梗楠豫樟，宋无长木，此犹锦绣之与短褐也。恶以王吏之攻宋，为与此同类也。'王曰：'善哉！请无攻宋。'"③

《战国策》编辑的基础是诸多散在的纵横策士说辞、行事集；纵横家收集、编辑这些说辞、行事集的目的在于教授生徒论辩之术。④《宋卫策》

---

① 刘向：《校战国策书录》，载诸祖耿：《战国策集注汇考》，江苏古籍出版社1985年版，第1795页。

② 参见郑杰文：《战国策文新论》，山东人民出版社1998年版，第136—150页。

③ 诸祖耿：《战国策集注汇考》，江苏古籍出版社1985年版，第1675页。

④ 参见郑杰文：《战国策文新论》，山东人民出版社1998年版，第91—100页。

载此篇文字与《墨子·公输》相校，主要差异是详略不同，此文略而《公输》详；但两篇共有之文句、字词基本一致。这显然是《公输》流传在前，而纵横家在收录此文时，依据教授游说方式、游说方法、游说辩词的需要，对《公输》做了删节，精简了墨子与公输盘初见面时的对话，删去了墨子与公输盘的模拟交锋，而保留了墨子说辞中最具说服力的部分，以为纵横后学模仿说辩之用。是纵横家看中了《公输》所载墨子的游说技巧，引用之、改删之以作教授后学的教材，殆无可疑。由此引用和改删，可以看出墨子说辩方式的影响力，可以看出墨子救宋故事流传的广泛。

《战国策》所录鲁仲连劝降守聊城燕将的信中，亦涉及墨家事。《战国策·齐策六》载："鲁连乃为书，约之矢，以射城中，遗燕将。曰：'……今燕王方寒心独立，大臣不足恃，国弊祸多，民心无所归。今公又以弊聊之民，距全齐之兵，期年不解，是墨翟之守也；食人炊骨，士无反北之心，是孙膑、吴起之兵也；能以见于天下矣！……'燕将曰：'敬闻命矣！'因罢兵到读而去。"①"墨翟之守"，《史记·鲁仲连邹阳列传》张守节《正义》："如墨翟守宋却楚军。"② 据此，它所涉及的还是墨子止楚攻宋事。鲁仲连引此墨子事迹，说明他对此一事迹甚为熟悉；聊城燕将能读懂此信，致使他"因罢兵到读而去"，说明他也熟悉墨子止楚攻宋事。由此亦可见墨子救宋故事流传的广泛。

（二）《晏子春秋》所引墨子对晏子的评说

《晏子春秋》当"是一部完成于战国时代"③的著作，银雀山汉简中有与今本文句相合的《晏子》残本，更支持了这种观点。因为完成于战国时期，所以《晏子春秋》中收有墨子对晏子行事的两则评论，涉及尚贤、节

① 诸祖耿：《战国策集注汇考》，江苏古籍出版社1985年版，第667—669页。
② ［日］泷川资言等：《史记会注考证附校补》，上海古籍出版社1986年版，第1516页。
③ 董治安：《先秦文献与先秦文学》，齐鲁书社1994年版，第375—389页。

用、非攻等问题。

《晏子春秋·内篇问上》载:"景公外傲诸侯,内轻百姓,好勇力,崇乐以从嗜欲。诸侯不说,百姓不亲,公患之,问于晏子曰:'古之圣王,其行若何?'晏子对曰:'其行公正而无邪,故谗人不得入;不阿党,不私色,故群徒之卒不得容;薄身厚民,故聚敛之人不得行;不侵大国之地,不耗小国之民,故诸侯皆欲其尊;不劫人以兵甲,不威人以众强,故天下皆欲其强;德行教训加于诸侯,慈爱利泽加于百姓,故海内归之若流水。今衰世君人者,辟邪阿党,故谗谄群徒之卒繁;厚身养,薄视民,故聚敛之人行;侵大国之地,耗小国之民,故诸侯不欲其尊;劫人以兵甲,威人以众强,故天下不欲其强。灾害加于诸侯,劳若施于百姓,故雠敌进伐,天下不救,贵戚离散,百姓不与。'公曰:'然则何若?'敚曰:'请卑辞重币以说于诸侯,轻罪省功以谢于百姓,其可乎?'公曰:'诺。'于是,卑辞重币,而诸侯附;轻罪省功,而百姓亲。故小国入朝,燕、鲁共贡。墨子闻之曰:'晏子知道。道在为人,而失在为己。为人者重,自为者轻。景公自为,而小国不与;为人,而诸侯为役。则道在为人,而行在反己矣。故晏子知道矣。'"①

《晏子春秋》的作者借墨子之口赞扬"晏子知道",是因为晏子所论君主施政主张,与墨家所论多有相同之处:晏子所说的"古之圣王""其行公正而无邪,故谗人不得入;不阿党,不私色,故群徒之卒不得容",与墨家"尚贤"论相似;晏子所说的"古之圣王""薄身厚民,故聚敛之人不得行",与墨家"节用"论相似;晏子所说的"古之圣王""不侵大国之地,不耗小国之民,故诸侯皆欲其尊;不劫人以兵甲,不威人以众强,故天下皆欲其强",与墨家"非攻"论相似。有此相似之论,故《晏子春秋》的作者借墨子之口赞扬"晏子知道"。

《晏子春秋》还有一处墨子赞晏子的记载。《晏子春秋·内篇杂上》载:

---

① 吴则虞:《晏子春秋集释》,中华书局 1962 年版,第 180 页。

"景公与晏子立于曲潢之上，晏子称曰：'衣莫若新，人莫若故。'公曰：'衣之新也，信善矣。人之故，相知情。'晏子归，负载使人辞于公曰：'婴故老耄无能也，请毋服壮者之事。'公自治国，身弱于高、国，百姓大乱。公恐，复召晏子。诸侯忌其威，而高、国服其政，田畴垦辟，蚕桑豢牧之处不足，丝蚕于燕，牧马于鲁，共贡入朝。墨子闻之曰：'晏子知道，景公知穷矣。'"①"晏子知道"，张纯一《校注》曰"道在顺则进、否则退、能俭则勤、事必因民而厚利之"，②谓晏子既知进退之道，又能勤于政事、广开财源而富民。顺进否退，与墨家"死不旋踵"精神不同，恐非墨子所赞"晏子知道"之本意之一；而勤政富民，则为墨家所倡导。《墨子·尚贤下》曰："为贤之道将奈何？曰：有力者疾以助人，有财者勉以分人，有道者劝以教人。若此，则饥者得食，寒者得衣，乱者得治。若饥则得食，寒则得衣，乱则得治，此安生生"③，强调为贤之道助人教人，使百姓得富，社会得安。晏子的勤政富民的政绩合于墨家之论，故《晏子春秋》的作者借墨子之口赞扬"晏子知道"。

（三）出土战国文献与墨家、墨学

近几十年出土文献中，与墨家学说关涉最大者当属湖北荆门郭店楚墓出土竹简中的《唐虞之道》。《唐虞之道》着重叙述虞舜修身立德，具备仁、义、孝、悌的品质，致使尧禅天子位于舜。④

《唐虞之道》极力推崇尧舜禅让，谓"唐虞之道"，禅位于贤人而不传其子，"禅而不传，圣之盛也"，视禅让为圣世中的最盛之事。《唐虞之道》为何谓禅让是圣世中的最盛之事呢？因为此文的作者十分推重禅

---

① 吴则虞：《晏子春秋集释》，中华书局1962年版，第307页。
② 张纯一：《晏子春秋校注》，《诸子集成》，河北人民出版社1986年版，第128页。
③ 孙诒让：《墨子间诂》，中华书局1986年版，第63—64页。
④ 参见《郭店楚墓竹简》，文物出版社1998年版，第157—158页。此以下引《唐虞之道》文，为排版方便，均改用今文。

让的作用，言禅让的作用有二，一为尚德，一为授贤。① 禅让授贤之论，同乎墨家；而禅让尚德之说，是《唐虞之道》赋予禅让学说的新内容。《唐虞之道》所说的"尚德"，有三种含义。其一，选贤以"德"，尧之所以举舜为天子，是因为"闻舜孝"，"闻舜弟（悌）"，"闻舜慈"，而其又能"忠事帝尧"，具备了孔孟儒家所要求的"君子之德"。其二，授贤有德，尧之所以能做到"禅而不传"，是因为他能"利天下而弗利也"，此种不以天下为己私的做法，《唐虞之道》谓"仁之至也"，表现了尧有至上的道德修为。其三，德化天下，以孝悌慈忠等道德标准选贤授贤，树立一种社会公认的道德价值标准，形成一种崇尚忠孝悌慈的社会风气，可以以德化民，故《唐虞之道》曰"授贤则民兴教而化乎道"，并特别强调"不禅而能化民者，自生民未之有也"。由此可见，《唐虞之道》所强调的是一种由内而外、修身尚德而教化天下的治世措施。它从这一角度解释尧举舜，谓尧"闻舜孝，知其能养天下之老也；闻舜弟（悌），知其能嗣天下之长也；闻舜慈乎弟□□□□□为民主也"，故而"禅天下而授之"，认为尧举舜，不仅仅因为舜是有德的贤人，更重要的是尧觉得舜为天子之后，能够把他在家中的孝悌慈等懿行推行到天下，定能善待天下之人；从而将舜在家庭中制造的这种道德风尚推行于天下，而在全天下形成尚德的社会风气，以达到天下大治，"正其身然后正世，圣道备嘻"②。

这些论说，改造了孔子的举贤禅让学说，又继承和深化了墨家关于尧舜禅让论说的社会政治内核。

《论语·尧曰》有云："尧曰：'咨！尔舜！天之历数在尔躬，允执其中。四海困穷，天禄永终。'舜亦以命禹。"③ 此"天之历数在尔躬"，即言"天之历数"已降临到你身上；只有这样诂释，以下尧嘱舜行政时

---

① 《唐虞之道》言"禅也者，上德授贤之谓也"。

② 《郭店楚墓竹简》，文物出版社 1998 年版，第 157—158 页。

③ 杨伯峻：《论语译注》，中华书局 1980 年版，第 207 页。

"允执其中"，否则"四海困穷"，便会"天禄永终"而失天下，才可解释。由此可见，此文分明是禅位时才说的话。《孟子·万章上》载孟子答万章所问尧有否"以天下与舜"时，断然言舜得天下为"天与之"，并解释说天子只能"荐人于天，不能使天与之天下"，故应是天将天下授舜，而非尧以天下与舜①，即言舜受尧禅位而得天下是天命所致。孟子是孔子之孙子思的学生，颇以继承孔学真意自居。故孟子此语，应是《尧曰》章上述文字的最好注脚。依此注脚，《尧曰》章所反映的应是"禅让天命说"，故邢昺《疏》云"'天之历数在尔躬'者，此下是尧命舜以天命之辞也"②。由此可言，"禅让天命说"应是孟子在世前已存有的学说。

但有一问题需要澄清，即《尧曰》章此段文字的时代问题。顾颉刚《禅让传说起于墨家考》曾谓此段文字中以下三理论概念均出于孔子后，而力证《尧曰》章此段文字晚出："天之历数说"是"阴阳家的说话"，"阴阳家是起于邹衍的"；"'四海困穷，天禄永终'诸语"来源于邹衍《终始》《大圣》之篇意；"允执其中"之"中庸说"起于子莫，孟子反对"执中"足见孔子未说过此话。③

其实，作为儒家后学的孟子，依据发展了的社会现实，修正乃至反对孔子某论并非仅此一例。如孔子反对弑上作乱，曾因陈成子弑齐简公而郑重地"沐浴而朝"，"请讨之"④；而孟子则主张君有大过若谏之不改，贵戚之卿可"易位"夺权。⑤先秦诸子中，任何一家的学说都在发展变化，以孟子某点主张异于孔子来证明孔子未说过此话，并不可信。再者，孟子并不反对"执中"：他曾赞扬"汤执中"⑥；他在论子莫"执中"后加以肯定说

---

① 参见杨伯峻：《孟子译注》本，中华书局 1960 年版，第 219 页。
② 邢昺：《论语注疏》，《十三经注疏》，中华书局 1980 年版，第 2535 页。
③ 参见顾颉刚：《禅让传说起于墨家考》，《史学集刊》第一期，1936 年 4 月。
④ 杨伯峻：《论语译注》，中华书局 1980 年版，第 153 页。
⑤ 参见杨伯峻：《孟子译注》，中华书局 1960 年版，第 251 页。
⑥ 杨伯峻：《孟子译注》，中华书局 1960 年版，第 191 页。

"执中为近之"①。进一步讲，作为理论方法的"执中"观念并不始于子莫。依刘宝楠《论语正义》，执中即中庸，而孔子曾言"中庸之为德，其至矣乎！民鲜久矣"②。"民鲜久矣"，即叹其不传日久，可见"中庸说"之流传当在孔子大前。《尚书·酒诰》"作稽中德"之"中"、《盘庚》"各设中于乃心"之"中"应即"执中"观念的起源。由此可见，"允执其中"之"中庸说"并非起于子莫，作为理论意义的"中"的观念，至迟在盘庚时就有；作为思想方法的"执中"即"中庸"观念，是《酒诰》产生时代即周初就流行的学说。周鉴于二代，又面对商、周文化的调和问题，故产生了作为方法论的"中庸"即"允执其中"的观念，提倡"作稽中德"。故以"允执其中"证《尧曰》章出于孟子后，并不能成立。

"四海困穷，天禄永终"句义，前人有两说。何晏《论语集解》据包咸"困，极也"解曰政德"能穷极四海，天禄所以长终"③。而自曹魏代汉，始有以"四海困穷"为"四海困窘""天禄永终"为"永绝天禄"的用法，如曹丕《典论·自叙》"是时四海既困中平之政，兼恶（董）卓之凶逆"④；刘宝楠《论语正义》依此解为"却位绝天之辞"。这两种解释，都是把"四海困穷"作为"天禄永终"的原因：一言德充四海则得天命，一言施政使四海困穷则失天命。从思想观念上来说，两种解释的政治标准是一致的：有政德者受天命得天下，无政德者失天命亡天下。追根溯源，这种"有德可承天命"的观念，在周初时就有了。周公旦为解释周革殷命的正确性，在商人"天命""天罚"说的基础上，生发出"天命靡常，惟德是辅"说，公开申明"惟命不于常"⑤，明德慎刑，才可永葆天命。《毛公鼎》"丕显文武，皇天宏厌厥德，配我有周，膺受天命"、《诗·大明》"维此文王，……

---

① 杨伯峻：《孟子译注》，中华书局 1960 年版，第 313 页。
② 杨伯峻：《论语译注》，中华书局 1980 年版，第 64 页。
③ 邢昺：《论语注疏》，《十三经注疏》，中华书局 1980 年版，第 2535 页。
④ 陈寿：《三国志》，中华书局 1959 年版，第 89 页。
⑤ 孔颖达：《尚书正义》，《十三经注疏》，中华书局 1980 年版，第 205 页。

厥德不回，以受方国"①等，都是周初这种"有德可承天命"观念的反映。由此可以说，"四海困穷，天禄永终"这一理论观念，并不始于邹衍《终始》《大圣》之篇意，而是至迟自周公时就有的政治观念。顾颉刚"'四海困穷，天禄永终'来源于邹衍《终始》《大圣》之篇意"之说失考，以此并不能证明《尧曰》章产生于邹衍之后。

"天之历数在尔躬"即言"言天位之列次当在汝身"的观念，亦流行于阴阳家邹衍之前。此一观念包含两义，一为人主当由天命，一为王运应当流转。天命人主观念起于成汤，王运流转观念在上述周公论夏失天下而殷得天下、殷失天下而周得天下中既已隐含，孔子对此更有较明确的阐述。《论语·为政》在孔子答子张"十世可知"之问时，就礼的因革说：殷继夏、周继殷，"其或继周者，虽百世可知也"，明确地表示出王朝更替、周朝必有继者的观念。孔子还曾说过"如有王者，比世而后仁"②，邢昺疏从孔安国注曰"如有受天命而王天下者，必三十年仁政乃成也"③，依此，"如有王者"云云表现的是"天命人主""民间可有王者兴起"的观念。孔子既然已有此两种观念存在，那么他转述"天之历数在尔躬"这句话，就并非没有可能。

由上可见，顾颉刚考证《尧曰》章晚出的三条证据，都是站不住脚的。以得孔子真传而自居的孟子曾说："孔子曰：'唐、虞禅，夏后、殷、周继，其意一也。'"④在那个论辩訾难甚为激烈的时代，孟子此言必有所本，不至凭空伪造孔子语而被论敌抓住把柄。依此，"《尧曰》章晚出说"并不可信，孔子确应像孟子转述的那样说过"尧舜禅让"之类的话，孔子确信古有"禅让天下"之举。这一点，我们在《论语》中也可找到某些佐证：由上引《论语·为政》言可见，孔子清楚地知道王朝是更替的、夏商周都不

① 孔颖达：《毛诗正义》，《十三经注疏》，中华书局 1980 年版，第 507 页。

② 杨伯峻：《论语译注》，中华书局 1980 年版，第 137 页。

③ 邢昺：《论语注疏》，《十三经注疏》，中华书局 1980 年版，第 2507 页。

④ 杨伯峻：《孟子译注》，中华书局 1960 年版，第 222 页。

能永远占有天命；那么王朝更替方式又是什么呢？《论语·卫灵公》载孔子反对战争，曾因卫灵公问战阵而离卫①，曾赞南宫适反羿等武夫尚战②，赞管仲"九合诸侯，不以兵车"③，这都明确地表现出孔子反对战争争夺、反对以"革命"手段改朝换代的态度；孔子又大赞泰伯"三以天下让""其可谓至德"④，明确地表现出孔子赞成以"让"来改朝换代。顾颉刚先生为了证成孔子无禅让说，谓泰伯"让天下"为"礼让"而不是"禅让"。但我们说"礼让"也好，"禅让"也好，都是按照旧有承继观念应当自己继位，而按照另外的信念把天下让给别人，其实质是一样的；孔子反对"革命"、赞成"让天下"是无疑的。出于这种观念，孔子才盛赞"巍巍乎，舜禹之有天下而不与焉"⑤，何晏《论语集解》"美舜、禹也，言己不与求天下而得之"⑥；孔子才盛赞"大哉尧之为君也！巍巍乎！唯天为大，为尧则之"⑦。由上可见，孔子赞成"让天下"，《尧曰》章载尧舜禅让之言不当晚出。

战国时期，孔子的"禅让天命说"被后学或者他家诸子接受和改造。其中重要的一家为墨家。《淮南子·要略》述先秦诸子之源出时曾说"墨子学儒者之业，受孔子之术"。墨子在"受孔子之术"，在接受孔子历史观的同时也接受了孔子的尧舜禅让说，并将其传于后学，因而在后学整理的《墨子》中更为明确、详细地讲述过尧舜禅让："昔者舜耕于历山，陶于河滨，渔于雷泽，灰于常阳。尧得之服泽之阳，立为天子，使接天下之政，而治天下之民。"⑧

---

① 参见杨伯峻：《论语译注》，中华书局1980年版，第161页。

② 参见杨伯峻：《论语译注》，中华书局1980年版，第146页。

③ 杨伯峻：《论语译注》，中华书局1980年版，第151页。

④ 杨伯峻：《论语译注》，中华书局1980年版，第78页。

⑤ 杨伯峻：《论语译注》，中华书局1980年版，第83页。

⑥ 邢昺：《论语注疏》，《十三经注疏》，中华书局1980年版，第2487页。

⑦ 杨伯峻：《论语译注》，中华书局1980年版，第83页。

⑧ 孙诒让：《墨子间诂》，中华书局1986年版，第61页。

从学术传承上讲，墨家的尧舜禅让说来自孔子而有所发展。这一发展主要表现在论述禅让原因时，墨家对孔子"禅让天命说"的修改。如《墨子·尚贤》在讲述尧舜禅让时，是把它作为古圣王为政时"列德而尚贤"的例证来使用的。《墨子·尚贤下》曾记古传说曰"舜耕于历山，陶于河滨，渔于雷泽，灰于常阳"而被尧立为天子①，《史记·五帝本纪》所记与此相同但更为详赡："舜耕历山，历山之人皆让畔；渔雷泽，雷泽上人皆让居；陶河滨，河滨之器皆不苦窳。一年而所居成聚，二年成邑，三年成都"，其贤名远扬，故在尧命举贤时，"众皆言于尧曰'有矜在民间曰虞舜'"，而舜确实贤能，在尧试验他时，能做到"五典能从"，"百官时序"，"诸侯远方宾客皆敬"②，此亦即《墨子·尚贤上》所说的尧授舜政而"天下平"。《墨子·尚贤下》所记、《史记·五帝本纪》所记，当是同一传说的不同记载。由此可知尧之所以举舜为天子，是因为舜之贤德可以服众。《墨子》举此例之意亦在于说明，贤德者应居上位，平民有德亦可为天子。这与《墨子》"十论"中的"尚贤"主张是一致的。《墨子》主张"尚贤事能为政"③，"尚贤者政之本也"④；主张"大人之务，将在于众贤"⑤，"虽在农与工肆之人，有能则举之，高予之爵，重予之禄，任之以事，断之以令"⑥；其具体措施是：选其国之贤者立为正长，选天下之贤可者立为三公，直至"选择天下之贤可者，立以为天子"⑦。连天子都可选、可立，唯看其是否"贤"。"贤"与否，是《墨子》选贤任能的唯一标准；不问他血缘是否高贵，"有能则举之，无能则下之"⑧。这样，墨子接过孔子的"禅让说"，依据自家政治理

---

① 参见孙诒让：《墨子间诂》，中华书局 1986 年版，第 61 页。
② ［日］泷川资言等：《史记会注考证附校补》，上海古籍出版社 1986 年版，第 12、8 页。
③ 孙诒让：《墨子间诂》，中华书局 1986 年版，第 49 页。
④ 孙诒让：《墨子间诂》，中华书局 1986 年版，第 44 页。
⑤ 孙诒让：《墨子间诂》，中华书局 1986 年版，第 39 页。
⑥ 孙诒让：《墨子间诂》，中华书局 1986 年版，第 41 页。
⑦ 孙诒让：《墨子间诂》，中华书局 1986 年版，第 68 页。
⑧ 孙诒让：《墨子间诂》，中华书局 1986 年版，第 42 页。

想的需要加以改造，已抛弃了"天命"观念，改造成纯粹的"禅让尚贤说"。

儒、墨两家鼓吹的"禅让天命说"和"禅让尚贤说"，在魏国、燕国都曾产生过实际影响。魏惠王曾欲传国于惠施[①]，魏将公孙衍曾鼓动史举游说魏襄王禅位于魏相张仪[②]；燕王哙曾听从鹿毛寿之劝，让国于子之[③]。无论是鼓吹禅让者也好，还是实施禅让者也好，他们立论的基点都不是旧有的"天命转移"，而是立足于"贤义""声名"等道德准则，着眼于"获贤名"：《吕氏春秋·不屈》评魏惠王欲传国于惠施时说"惠王谓惠子曰'古之有国者，必贤者也'；夫受而贤者舜也，是欲惠子之为舜也；夫辞而贤者许由也，是惠子欲为许由也；传而贤者尧也，是惠王欲为尧也"[④]；公孙衍鼓动史举游说的理由也是"王让先生（指张仪——引者注）以国，王为尧、舜矣；而先生弗受，亦许由也"[⑤]；鹿毛寿劝燕王哙让国的理由也同样是"人谓尧贤者，以其让天下于许由……今王以国让相子之……是王与尧同行也"[⑥]。由此所载战国时的禅让活动可见，"禅让尚贤说"已为战国大多数学者所接受了。

由孔子及其前的"禅让天命说"，到战国时期墨家的"禅让尚贤说"的转化，与彼时社会主导思潮的变化紧密相连。春秋战国之世，民本思潮逐渐替代了天命观念，禅让学说也随之发展变化。如果说在孔子那里，论及禅让，还援引"天之历数"等古老观念，对这一古老传说延续着原始宗教化解释的话，那么到了孟子口中，已将禅让成功的原因解释为"天予之""民予之"，表现出由原始宗教化解释向社会政治化解释的转移；到了墨家学派口中，已经完全没有了"天命禅让"观念，而把禅让与贤人政治联系起来，给禅让以纯粹的社会政治化解释。《唐虞之道》的作者，在"禅

---

① 参见陈奇猷：《吕氏春秋校释》，学林出版社 1984 年版，第 1196 页。
② 参见诸祖耿：《战国策集注汇考》，江苏古籍出版社 1985 年版，第 1205 页。
③ 参见诸祖耿：《战国策集注汇考》，江苏古籍出版社 1985 年版，第 1539 页。
④ 陈奇猷：《吕氏春秋校释》，学林出版社 1984 年版，第 1196 页。
⑤ 诸祖耿：《战国策集注汇考》，江苏古籍出版社 1985 年版，第 1205 页。
⑥ 诸祖耿：《战国策集注汇考》，江苏古籍出版社 1985 年版，第 1539 页。

让尚贤说"的基础上，更增加了"禅让尚德说"的内容，扩大了禅让社会政治化解释内涵。此一发展变化，说明了《唐虞之道》在解释禅让这一古老历史事件的禅让学说，已经发展到了以尚德、尚贤为主要内容的社会政治化解释阶段，从中可看出墨家学说的影响。

第三章　两汉时期墨学的流传和影响

第一节　《新书》《淮南子》等所见西汉前期的墨学流传

前 191 年，汉惠帝除"挟书律"，加快了先秦典籍的再现与流传。先秦诸子学说重新被学人重视、讨论和引用。

高祖至景帝时期学者的著述，流传到今且较完整的有《新语》《新书》《韩诗外传》《淮南子》等。这些著述中对墨家学派和墨家学说的评说，共有 32 次。以下我们主要依据这些评说，来探讨墨家学派和墨家学说在此一时期（我们姑且称作"西汉前期"）的流传和影响。

一、论者儒墨并举，说明此时期墨学仍有相当学术地位

由今存典籍看，最早评论墨家的西汉人著述是陆贾的《新语》。其《思务》云："故仁者在位而仁人来，义者在朝而义士至。是以墨子之门多勇士，仲尼之门多道德，文王之朝多贤良，秦王之庭多不详（祥）。"[①] 论例中，其政权举"文王之朝"与"秦王之庭"，其学派举"墨子之门"与"仲尼之门"，可见此时墨家的地位与儒家是相等的，两家的社会影响足以与周文王和秦始皇相提并论。

继陆贾之后论墨家的有贾谊。其《过秦论》谓："（陈涉）材能不及中

---

① 王利器：《新语校注》，中华书局 1986 年版，第 173 页。

人，非有仲尼、墨翟之贤，陶朱、猗顿之富，蹑足行伍之间，俛起阡陌之中，率疲弊之卒，将数百之众，转而攻秦。"①贾谊将孔子与墨子并举，同誉为"贤"，不但说明"儒墨显学"的舆论仍存，还可见有儒家思想倾向的贾谊②在此时并未视墨家为论敌。

其后又有邹阳《狱中上书》曰："故偏听生奸，独任成乱。昔者鲁听季孙之说而逐孔子，宋信子罕之计而囚墨翟。夫以孔、墨之辩，不能自免于谗谀，而二国以危。何则？众口铄金，积毁销骨也。"③邹阳在孔、墨并举的同时，又谓二人同是"辩者"。《狱中上书》又曰："臣闻盛饰入朝者不以利汙义，砥厉名号者不以欲伤行，故县名胜母而曾子不入，邑号朝歌而墨子回车。"④邹阳在孔、墨并举的同时，又谓二人同样坚持学术精神。

儒墨并举、孔墨同称的现象在《淮南子》⑤中更普遍。如《俶真》曰"周室衰而王道废，儒、墨乃始列道而议，分徒而讼"⑥；《主术》曰"孔、墨博通，而不能与山居者入榛薄险阻也"⑦；《齐俗》曰"孔、墨不原人情之终始"⑧；《道应》曰"孔子劲杓国门之关，而不肯以力闻。墨子为守攻，公输般服，而不肯以兵知"⑨；《泛论》曰"今儒、墨者称三代、文武而弗行"⑩；《说山》曰"为儒而居里间，为墨而朝吹竽……是非所行而行所非"⑪；《人间》曰"（徐偃王、燕子哙、鲁哀公、代君）四君独以仁义儒、

---

① 王洲明等：《贾谊集校注》本，人民文学出版社1996年版，第7页。
② 《汉书·艺文志》即列《贾谊》为儒家。
③ [日]泷川资言等：《史记会注考证附校补》，上海古籍出版社1986年版，第1518—1519页。
④ [日]泷川资言等：《史记会注考证附校补》，上海古籍出版社1986年版，第1520页。
⑤ 《淮南子》奏上朝廷的时间虽在武帝初年，但其写作则在其前，故将其记述的"儒墨并举"现象放在武帝前讨论。
⑥ 刘文典：《淮南鸿烈集解》，中华书局1989年版，第66页。
⑦ 刘文典：《淮南鸿烈集解》，中华书局1989年版，第278页。
⑧ 刘文典：《淮南鸿烈集解》，中华书局1989年版，第356页。
⑨ 刘文典：《淮南鸿烈集解》，中华书局1989年版，第384—385页。
⑩ 刘文典：《淮南鸿烈集解》，中华书局1989年版，第432页。
⑪ 刘文典：《淮南鸿烈集解》，中华书局1989年版，第530页。

墨而亡者，遭时之务异也"①；《修务》曰"孔子无黔突，墨子无煖席"②；《泰族》曰"孔子弟子七十人……墨子服役者百八十人"③等。出自众人之手的《淮南子》中，有这么多儒墨并举、孔墨同称的论述，充分说明当时儒墨影响的强大。特别是，如此众多的论说称引，并非出自墨家后学，而是出自主要为道家思想的淮南诸家之口，这更能说明墨家的学术影响不容忽视。《修务》所称"新圣人之书，名之孔、墨"则会大受世人所重，更形象地显示出孔、墨学术名声大大超过了当代学者。

西汉前期这种儒墨并举、孔墨同称现象出现的原因，首先在于《韩非子·显学》所述"儒墨显学"的战国中后期学术格局的影响尚在。另一原因则在于大部分儒家流派还未把墨家作为思想论敌。据今存西汉前期文献看，对墨家进行攻击的儒家流派仅有韩婴一派（详后）。也就是说，此时期妨碍儒家取得学术独尊位置进而操控王朝执政思想，实现儒士"做王者师"理想的，还是当时的主流学派黄老学派而不是墨家学派。再加上此时的儒家学派正在酝酿自己的学术转型，所以还没有对墨家学派作不遗余力的攻击。

《淮南子》中大量"儒墨并举、孔墨同称"现象的出现，还有淮南学派在学术观点方面的特殊原因。在社会治理参照系方面，淮南学派主张"治在道，不在圣"④，从而指出社会治理方面的两种截然不同的策略路径。道即天道，圣即圣王。模仿古圣王诸措施以治天下，是儒家和墨家的共同主张，只不过孔子倡"法周"，墨子倡"法夏"。故淮南学派将儒、墨并举。

陆贾、贾谊、淮南学派这种"儒墨并举"的论述，说明在西汉前期，《韩非子·显学》所述"儒墨显学"的战国中后期学术格局依然存在。

---

① 刘文典：《淮南鸿烈集解》，中华书局 1989 年版，第 621 页。
② 刘文典：《淮南鸿烈集解》，中华书局 1989 年版，第 633 页。
③ 刘文典：《淮南鸿烈集解》，中华书局 1989 年版，第 681 页。
④ 刘文典：《淮南鸿烈集解》，中华书局 1989 年版，第 22 页。

二、揭示儒墨对立，说明此时期墨家思想学说影响颇大

在上述"儒墨并举、孔墨同称"诸论说中，《淮南子》或谓儒、墨两家"皆以仁义之术教导于世"[1]，或谓孔、墨二人同"修先圣之术，通六艺之论"[2]，或谓儒、墨同"制礼义，行至德"[3]，或谓儒、墨两家同"称三代、文、武"[4] 等，似乎认为两家学说无本质差异。但据流传至今的儒墨两家论述来看，儒家与墨家思想的根本差异还是相当明显的。那么淮南诸学者是不了解战国时期儒墨两家长久对立的历史？还是不清楚儒墨两家思想学说的对立？抑或是墨家学说此时已不彰显因而引发时人误会？

我们翻检《淮南子》，见其对孔、墨学说的差异，以及战国时期儒、墨两家的学术递变还是较为熟悉的。如《要略》更明确地叙述了墨学的源出和对孔子诸学说的弥正："墨子学儒者之业，受孔子之术，以为其礼烦扰而不说，厚葬靡财而贫民，[久] 服伤生而害事，故背周道而用夏政。"[5] 从学术史角度论述了墨家对于孔门儒学的继承和改造。此外，《淮南子》还列述了诸多儒、墨学思想对立的观点。《齐俗》曰："夫三年之丧，是强人所不及也，而以伪辅情也。三月之服，是绝哀而迫切之性也。夫孔、墨不原人情之终始，而务以行相反之制。"[6] 指出孔、墨两家在丧礼方面的差异。

当然，《淮南子》的作者们也时刻没有忘记墨家学说与自家学说的差别，没有放弃对墨家学说的批评。如《俶真》曰："百家异说，各有所出，若夫墨、杨、申、商之于治道，犹盖之无一橑，而轮之无一辐，有之可以备数，无之未有害于用也。"[7] 讥墨家等学说于"治道"无用。在黄老道家

---

① 刘文典：《淮南鸿烈集解》，中华书局 1989 年版，第 71 页。

② 刘文典：《淮南鸿烈集解》，中华书局 1989 年版，第 303 页。

③ 刘文典：《淮南鸿烈集解》，中华书局 1989 年版，第 358 页。

④ 刘文典：《淮南鸿烈集解》，中华书局 1989 年版，第 432 页。

⑤ 刘文典：《淮南鸿烈集解》，中华书局 1989 年版，第 709 页。

⑥ 刘文典：《淮南鸿烈集解》，中华书局 1989 年版，第 356 页。

⑦ 刘文典：《淮南鸿烈集解》，中华书局 1989 年版，第 55—56 页。

看来，社会只可"无为而治"，不需要墨家"兼爱""尚贤"等治世策略。黄老道家认为，不但墨家学说于社会治理无用，其技能智巧于世用之器亦无补，其《齐俗》曰"鲁般、墨子以木为鸢而飞之，三日不集，而不可使为工也"，以此来说明"人才不足专恃""道术可以公行"① 的道理，显示墨子等的"鸢飞之巧"制造的是无用之器。

然而淮南学派的这些批评远没有儒家某些流派对墨学的批评尖锐。虽然此一时期墨家与儒家同样处于非主流学术地位，墨家对儒家学说的发展没有重大影响，但依旧有部分儒家流派继承了战国时期"攻墨"的学术传统，《韩诗外传》保存下来的部分记载透露着这一信息。如其卷五曰："逢衣博带，略法先王而不足于乱世，术谬学杂，其衣冠行为已同于世俗而不知其恶也，言谈议说已无异于老、墨而不知分，是俗儒者也。"② 这是《荀子·儒效》所论"俗儒"学术"无异于墨子"、服饰"同于世俗"等批评论说的综合继承，其中改谓"言谈议说已无异于老、墨"，增加黄老道家，将其与墨家同作为对立学派的认识和说法，明显带有西汉前期学术格局的印痕，同时又说明此时期黄老道家、儒家、墨家思想影响的同样强大。

由《淮南子》所载对儒墨学说差异的认识、对墨学与自己学派观点差异的认识，以及《韩诗外传》所展示的儒家部分流派对墨家学说的攻击来看，黄老道家和儒家等学派对墨家学说的思想还甚为熟悉，墨家学说在彼时并没有失传，其社会影响还很大。

三、黄老清静治民策促进了墨家某些思想的传扬

汉高祖建汉称帝，为巩固统治，寻求治理之术。在急于稳定社会的汉

---

① 刘文典：《淮南鸿烈集解》，中华书局 1989 年版，第 369—370 页。
② 韩婴：《韩诗外传》，《两汉全书》第二册，山东大学出版社 1999 年版，第 108 页。

初，顺势而治，应民而动，成为统治阶级选取统治思想、制定统治措施的基本准则。秦代被钳制的诸子学说，至此获得重新振兴的契机。

推行清静之道以治民首先是从曹参开始的。曹参相齐，欲"安集百姓"，得胶西治黄老言之盖公。盖公言"治道贵清静，而民自定"，并推此理以言其他治理措施。曹参大喜，付诸实践，"相齐九年，齐国安集"①，以黄老清静之道治齐取得成功。惠帝二年（前193年），曹参继萧何任为汉相，欲以治齐时的黄老清静之术治天下，故与惠帝约，遵从曹参清静便民之术，结果全国大治。萧何施政纲领，司马迁谓"因民之疾奉法，顺流与之更始"；可见其基本精神与曹参治齐术同。经过秦代酷法和战争离乱的汉初政治家，皆以安定百姓、恢复生产为治道之要。

推行黄老学说以清静无为治民，具体到财政方面，便会与墨家的诸多主张结合起来。据《汉书·高帝纪》："二月，至长安。萧何治未央宫，立东阙、北阙、前殿、武库、大仓。上见其壮丽，甚怒，谓何曰：'天下匈匈，劳苦数岁，成败未可知，是何治宫室过度也！'"②高帝因治宫过奢而发节俭之论，或受墨家节用思想影响所致。孝文帝躬行节俭，实源于此。据《史记·孝文本纪》，汉文帝在其遗诏中谓"厚葬以破业，重服以伤生，吾甚不取"，又令"出临三日，皆释服""绖带无过三寸，毋布车及兵器，毋发男女哭临宫殿"③等，与墨家的节葬、节丧学说何其相似！墨家的节用、节葬、节丧诸说，在西汉前期恢复生产的社会要求下，在执政者推行节俭治民政策的过程中，得到实质性的实施，又如何能说此时墨学中绝呢？

---

① ［日］泷川资言等：《史记会注考证附校补》，上海古籍出版社1986年版，第1222页。
② 班固：《汉书》，中华书局1962年版，第64页。
③ ［日］泷川资言等：《史记会注考证附校补》，上海古籍出版社1986年版，第295—296页。

第二节　《史记》《盐铁论》《汉书》等
所见西汉后期的墨学流传

汉武帝至东汉光武帝建立东汉前共 160 余年（前 140—25 年）间，墨学衰而不振，然亦引用不绝。此间著述中，《史记》论墨引墨 18 次，《盐铁论》引墨论墨 11 次。

一、《史记》引《墨》与论墨

司马迁的学术活动主要在汉武帝时期，司马迁对墨家的称引论说，及《史记》载时人引墨论墨，可反映出墨学在汉武帝时的流传情况。

汉武帝时期，儒墨同称的现象还在延续。《史记·平津侯主父列传》载徐乐上疏中有云："陈涉无千乘之尊、尺土之地，身非王公大人名族之后，无乡曲之誉，非有孔、墨、曾子之贤，陶朱、猗顿之富也，然起穷巷，奋棘矜，偏袒大呼而天下从风。"① 此上疏事在汉武帝元光六年（前 129）。徐乐于汉武帝推行独尊儒术后，在给汉武帝的上疏中还"儒墨同称"，说明了武帝时期"儒墨并称"不但在士人中流行，在朝廷上也依旧得到承认。因此，司马谈在《论六家要旨》中论道家之术时才说"其为术也，因阴阳之大顺，采儒、墨之善，撮名、法之要"② 云云。

司马迁在《史记》中的论说也说明了这一点。司马迁在《史记·平津侯主父列传》文末评曰："汉兴八十余年矣，上方乡文学，招俊乂，以广儒墨，弘为举首。"③ 武帝独尊儒术，所招"俊乂"之士皆习儒之人。就《太史公自序》引司马谈《论六家要旨》看，司马氏父子对儒墨家学说的区别

---

① ［日］泷川资言等：《史记会注考证附校补》，上海古籍出版社 1986 年版，第 1836 页。
② ［日］泷川资言等：《史记会注考证附校补》，上海古籍出版社 1986 年版，第 2064 页。
③ ［日］泷川资言等：《史记会注考证附校补》，上海古籍出版社 1986 年版，第 1839 页。

是十分了解的，也就是说司马迁并非不明儒墨之分，为什么司马迁会有"上方乡文学，招俊乂，以广儒墨"之论呢？这充分说明当时还延续着前代的"儒墨同称"的习惯。正是因为如此，司马迁在引用前人"儒墨同称"的论说时，也不加改动，如《史记·礼书》谓："故圣人一之于礼义，则两得之矣；一之于情性，则两失之矣。故儒者将使人两得之者也，墨者将使人两失之者也。是儒墨之分。"① 此用《荀子·礼论》之文。钱大昕、陈锡仁等云《史记·礼书》乃司马迁未完之文，非为褚少孙所补。② 此处司马迁引《荀子》文，对此"儒墨对举"现象未加评说，也未加改动。

司马迁在《史记》中的论说，也同样说明着汉武帝时期墨家在学界的影响并未式微。司马迁在《史记·老子韩非列传》中论《庄子》之书时说："然善属书离辞，指事类情，用剽剥儒、墨，虽当世宿学，不能自解免也。"③ 由上引所见，《庄子》论墨或反映墨家与时人的论辩，或对墨家学说进行批判，皆切中墨家肯綮，故司马迁有此论。从另一角度来说，当是司马迁熟读墨家论说，掌握了墨家学说精义，才能作出此种论断。司马迁又言"虽当世宿学不能自解免"，可看出当时仍有墨家之徒在从事墨学的流传工作，士人对墨家论说还甚为熟悉，司马迁便是其中之一。

司马迁既然对墨家学说如此熟悉，却为何在《孟子荀卿列传》中仅留下了"盖墨翟，宋之大夫，善守御，为节用"等 24 个字呢？一般说来，历史人物传记简短的原因不外乎三点：囿于此人物的历史地位而不适合为他立长篇传记；虽适合立长篇传记但留存资料少而无可奈何；原有长篇传记残缺。

由上述可见，西汉前期的学人，如陆贾、贾谊、淮南学派和徐乐等人著述中有不少"儒墨并举"的论述，说明在西汉前期，墨家学说还像战国末年那样有着广泛的社会影响，《韩非子·显学》所述"儒墨显学"的战

① ［日］泷川资言等：《史记会注考证附校补》，上海古籍出版社 1986 年版，第 672 页。
② ［日］泷川资言等：《史记会注考证附校补》，上海古籍出版社 1986 年版，第 670 页。
③ ［日］泷川资言等：《史记会注考证附校补》，上海古籍出版社 1986 年版，第 1301 页。

国中后期学术格局在西汉前期依然存在。那么，从西汉前期的儒、墨相似的社会影响来看，司马迁既然在《史记》中为儒家始祖孔子写"世家"，为孔门弟子做"列传"，为孔子后学孟子、荀子立较长的传记，就也应为墨家始祖墨子写较长的传记。

历史学家为历史人物立传而十分简略，还有一种原因是此人存世资料甚少，或是此历史学家所获此人资料甚少，从而使此历史学家不得不简略来写。就《史记》之墨子传记至简问题，梁启超就是如此认识的，他在《中国历史研究法》中说："《史记》关于墨子之记述，仅得二十四字……此史料可谓枯竭极矣。"① 事实果真如此吗？

西汉成帝年间刘向父子等整理传世典籍时，于众多前代传本中整理出《墨子》七十一篇。另外，《汉书·艺文志》还记载了刘向父子等整理出的与墨家相关的前世典籍六种："《尹佚》二篇""《田俅子》三篇""《我子》一篇""《随巢子》六篇""《胡非子》三篇"，以及"难墨子"的"《董子》一篇"。② 可见，司马迁所在的西汉前期，墨家传世资料是很丰富的。

不仅司马迁在世时墨家传世资料很丰富，而且由上述《史记》引述墨学、评论墨家可见，司马迁掌握的墨家资料也是很丰富的。另外，从家学渊源的角度讲，司马迁对墨家也应甚为熟悉。从司马谈所作《论六家要旨》中可以看出，司马谈对于墨家要旨的把握，都能切中肯綮，可看出司马谈确实对墨家学说作过深入研究。而写作一部"究天人之际，通古今之变"的史书，是司马谈的夙愿。临终前，他将此"不朽之盛事"托付给司马迁。司马迁立志"悉论"父祖"所次旧闻③，这"旧闻"中当包括墨家学说。就《论六家要旨》看，司马谈对墨家是很重视的。司马谈重道家，此则不论；《太史公自序》所录《论六家要旨》，除道家之外，墨家存 129 字，而儒家仅存 63 字。由此可以推想，司马谈不但重视墨家，并且其所掌握的

---

① 梁启超：《中国历史研究法》，商务印书馆 1922 年版，第 123 页。
② 班固：《汉书》，中华书局 1962 年版，第 1737—1738 页。
③ ［日］泷川资言等：《史记会注考证附校补》，上海古籍出版社 1986 年版，第 2066 页。

墨家资料也应该较儒家丰富。那么立志"请悉论先人所次旧闻，弗敢阙"的司马迁，对与墨家资料的接收进而掌握，也应该是较为丰富的。

由上可见，墨子作为战国思想家，其历史地位十分重要；墨子作为历史人物，其传世资料在汉武帝时依旧较为丰富，这些资料又曾被司马迁掌握；但流传至今的《史记》墨子传记却如此简短，那么答案就可能是——流传至今的墨子传记是残篇而不是原貌。其理由如下：

第一，《史记·太史公自序》载司马谈临终嘱托司马迁曰"余死，汝必为太史。为太史，无忘余所欲论著矣"①。其"所欲论著"者，即其下所言欲论著"自获麟以来"至"今汉兴"间"天下之史文"；而司马迁流涕誓曰"请悉论先人所次旧闻，弗敢阙"②。其父曰"无忘余所欲论著"，司马迁曰"悉论先人所次旧闻"，泷川资言考证"先人"即"父祖"，可见是司马谈在世时欲写史书以承孔子《春秋》，且已在前辈积累的基础上搜集编次了很多"旧闻"。这些"旧闻"中当包括司马谈《论六家要旨》所论之道、儒、墨、法、名、阴阳家资料，理由是：司马谈在《论六家要旨》中道、儒、墨、法、名、阴阳家论之思想学说相当详赡，且将六家"所从言之异路"一一比较，得出各家的缺点和可采纳之处，如论墨家"俭而难遵，是以其事不可遍循；然其强本节用，不可废也"③，是司马谈对六家学说十分熟悉，那么其"所次旧闻"中必有包含墨家在内的六家学说资料，而又必定在交付写史书遗志时将这些资料一同交付司马迁。

第二，司马迁面对司马谈收集的包含墨家在内的这六家学说资料，是否在写《史记》时会搁置不用呢？由《史记·太史公自序》所载司马谈临终遗嘱"扬名于后世，以显父母，此孝之大者"，而司马迁流涕发誓"悉论先人所次旧闻，弗敢阙"④来看，欲为孝子的司马迁是不会将墨家等六

---

① ［日］泷川资言等：《史记会注考证附校补》，上海古籍出版社1986年版，第2066页。

② ［日］泷川资言等：《史记会注考证附校补》，上海古籍出版社1986年版，第2066页。

③ ［日］泷川资言等：《史记会注考证附校补》，上海古籍出版社1986年版，第2063页。

④ ［日］泷川资言等：《史记会注考证附校补》，上海古籍出版社1986年版，第2066页。

家学说资料弃置不用的。《史记·太史公自序》载司马迁自谓《史记》"拾遗补艺，成一家之言，厥协六经异传，整齐百家杂语"①，而墨家作为"百家"中的重要一家，作为战国两家"显学"中的一家，司马迁也是不会抛开其思想学说而不加叙述的。《太史公自序》载司马迁言《史记》各篇之纲要时曾说"猎儒墨之遗文，明礼义之统纪，绝惠王利端，列往世兴衰，作孟子荀卿列传第十四"②。由"猎儒墨之遗文"看，司马迁也没有抛弃墨家思想学说而不加叙述。那么，其所作《史记·孟子荀卿列传》中当像写孟子那样，有介绍墨家思想学说的较长的论说文字。

第三，今存《史记·太史公自序》载司马迁自谓在《孟子荀卿列传》中"猎儒墨之遗文，明礼义之统纪"，而今传《史记·孟子荀卿列传》中却只存论述孟子、荀子等儒家思想学说的较详的文字，而无介绍墨家思想学说的较长的文字，与其自言"猎儒墨之遗文"不符；反过来讲，司马迁若仅在《孟子荀卿列传》中详述孟子、荀子等儒家思想学说，而将墨家思想仅简介"善守御，为节用"六字的话，便不会在《太史公自序》之该篇提要中强调"猎儒墨之遗文"，而会说"猎儒家之遗文，明礼义之统纪"了。《孟子荀卿列传》中除孟子、荀子、墨子外，还介绍了邹衍等阴阳家、公孙龙等名家、李悝等法家。其中，即使司马迁在《太史公自序》之《孟子荀卿列传》提要中没有提到的邹奭、淳于髡等人，也有较长的介绍其思想学说的文字。那么，作为司马迁在《太史公自序》之《孟子荀卿列传》提要中大加强调的"猎儒墨之遗文"的墨家学说，司马迁理应写有大段介绍墨家思想学说的文字。

第四，《孟子荀卿列传》中，原本应有像叙说儒家之孟子、荀卿之学说那样大段介绍墨家思想学说的文字，而今本却无。究其原因，应当是这大段介绍墨家思想学说的文字原有，但因在《孟子荀卿列传》末，随着

---

① 〔日〕泷川资言等：《史记会注考证附校补》，上海古籍出版社 1986 年版，第 2077 页。

② 〔日〕泷川资言等：《史记会注考证附校补》，上海古籍出版社 1986 年版，第 2074 页。

篇简的散断而佚失了。今本《孟子荀卿列传》述墨子思想行事至"或曰并孔子时，或曰在其后"则戛然而止，文义未足，是篇末佚失文字之一证；《孟子荀卿列传》述战国诸子，自孟子讲起，至于吁子，而曰"自如孟子至于吁子，世多有其书，故不论其传云"，其下紧接曰"盖墨翟，宋之大夫……"①，照此文气文义看，本应有较上述诸子还要多的论述文字，但今本却仅有24字便止，是篇末佚失文字之再一证。

第五，我们再从《史记》的一种体例，来看《孟子荀卿列传》是否因篇末竹简散断而佚失文字。司马迁在《太史公自序》和《报任安书》中多次强调作《史记》的学术目的之一在于"成一家之言"，故在各篇中时发议论，并以"太史公曰"标之。

今查《史记》之"十二本纪""三十世家"及"七十列传"诸传人篇中，"十二本纪"各篇皆有"太史公曰"，皆在篇末，是文末标以"太史公曰"以作评论，是"本纪"诸篇的通例。诸传人篇之"三十世家"中，28篇之"太史公曰"在篇末（其中《管蔡世家》中"太史公曰"两存：先写管叔、蔡叔，后以"太史公曰"评之；又写曹叔等"十辅"，后又以"太史公曰"评之）；另《陈涉世家》文末无"太史公曰"而有"褚先生曰"，但裴骃《集解》引徐广曰"一作太史公"；另《外戚世家》文末无"太史公曰"，可能是因涉及"今上"汉武帝的私家事而被删去，故以下有"褚先生曰"以补之。这样看来，文末标以"太史公曰"以作评论，亦当是"世家"诸篇的通例。诸传人篇之"七十列传"中除《太史公自序》外其余69篇，64篇文末皆有"太史公曰"（其中5篇之"太史公曰"两存）；而其余5篇文前有"太史公曰"而文末无者：《伯夷列传》夹叙夹议别为一体，章学诚《丙辰札记》谓之"盖为七十列传作叙例"②，今且不论；《龟策列传》，裴骃《集解》引张晏曰此为亡篇而后人补缺，今亦不论；《儒林列传》文末一直叙述到"董

---

① ［日］泷川资言等：《史记会注考证附校补》，上海古籍出版社1986年版，第1434页。
② 杨燕起等：《历代名家评〈史记〉》，北京师范大学出版社1986年版，第545页。

仲舒子及孙"，似为篇末散断后他人所补；《货殖列传》文末之"夫纤啬筋力，治生之道也"一段①，语气极似太史公评语，或脱"太史公曰"诸字。也可以说明文末标以"太史公曰"以作评论，亦应是"列传"诸篇的通例。

可见，文末标以"太史公曰"以作评论，是《史记》之"十二本纪""三十世家"及"七十列传"传人篇诸篇的通例，不管文首有无"太史公曰"，文末仍有"太史公曰"以作评论，如《循吏列传》《酷吏列传》《游侠列传》《滑稽列传》皆是如此；不管文中有无"太史公曰"，文末仍有"太史公曰"以作评论，如《管蔡世家》《张丞相列传》皆如此。那么，《孟子荀卿列传》虽然文首已有"太史公曰"，但篇末仍当有"太史公曰"领起评论。但今本《孟子荀卿列传》篇末无"太史公曰"诸评语，这也当是篇末佚失文字之又一证。

由上述可见，西汉时期墨家的思想学术影响依然强大，司马迁前后墨家传世资料依然丰富，司马迁掌握了其父司马谈积累下来的墨家学说和行事资料，原应写有较长的墨子传记，但却因附在《孟子荀卿列传》后，在流传中因篇简散断而佚失了。所以，我们今天看到的《史记·孟子荀卿列传》中的墨子传记，应是残篇而非原貌。

二、《盐铁论》引《墨》与论墨

武帝时，为增加国库收入，从桑弘羊之议，实行盐铁官营制度。昭帝继位后，召贤良文学问民间疾苦，贤良文学咸曰应罢盐铁官营。昭帝始元六年（前81年）二月，专门召开盐铁会议讨论盐铁官营制度，令贤良文学与御史大夫桑弘羊辩难盐铁官营之是非。盐铁会议是西汉学术史上的重要事件，它所反映的是武帝时外儒内法的统治思想，与昭帝起所执行的儒

---

① 参见［日］泷川资言等：《史记会注考证附校补》，上海古籍出版社1986年版，第2051—2052页。

家学说的矛盾，而终以儒学胜利告终。其后宣帝年间，庐江太守丞桓宽依据盐铁会议记录，作成《盐铁论》，保留下这些珍贵的史料，使我们借此可考察墨学在汉昭帝时期的流传情况。

《盐铁论》论墨引墨计 11 次，其中《盐铁论·险固》载文学曰"秦左殽、函，右陇、阺，前蜀、汉，后山、河，四塞以为固，金城千里，良将勇士，设利器而守阸隧，墨子守云梯之械也。以为虽汤、武复生，蚩尤复起，不轻攻也"①，说明彼时之"文学"对墨家旧事的熟悉，可看出墨家在彼时部分学者中的影响并未消退。此外，《盐铁论》论墨引墨均孔墨同称或儒墨并举。细分之，丞相、御史、大夫论墨引墨时孔墨同称或儒墨并举计 7 次，贤良、文学论墨引墨时孔墨同称或儒墨并举计 3 次。以下分别加以论析：

《盐铁论·晁错》载大夫曰"淮南、衡山修文学，招四方游士，山东儒、墨咸聚江淮之间"②，《淮南子》中有不少关于墨家的论说，已见前述，是知此言不虚；《盐铁论·毁学》载大夫曰"儒、墨内贪外矜，往来游说，栖栖然亦未为得也"③，墨家主自苦以贡献于世人，与追名逐利之儒家不可同日而语，而彼时与大夫论辩之"文学"尽儒生④，大夫在此系抨击"儒者内贪外矜"而牵连于墨家，这说明彼时在一部分人眼中，儒、墨没有区别；《盐铁论·褒贤》载大夫曰"陈胜……自立张楚……而齐鲁儒墨缙绅之徒，肆其长衣，负孔氏之礼器《诗》《书》，委质为臣"⑤，无疑，"肆其长衣，负孔氏之礼器《诗》《书》"者是儒生而非墨徒，大夫在此儒墨并称，充分说明彼时在一部分人眼中，儒、墨间的区别甚微；《盐铁论·相刺》载大夫曰"今文学言治则称尧、舜，道行则言孔、墨，授之政则不

---

① 王利器：《盐铁论校注》，天津古籍出版社 1983 年版，第 536 页。

② 王利器：《盐铁论校注》，天津古籍出版社 1983 年版，第 111 页。

③ 王利器：《盐铁论校注》，天津古籍出版社 1983 年版，第 228 页。

④ 皇侃《论语义疏》引范宁云：文学，"为善先王典文"者；王利器解释为"即后世之所谓儒家"。（参见王利器：《盐铁论校注》前言，天津古籍出版社 1983 年版，第 7 页）

⑤ 王利器：《盐铁论校注》，天津古籍出版社 1983 年版，第 240 页。

达，怀古道而不能行"①，大夫抨击作为儒家的"文学""道行则言孔、墨"，这亦说明在大夫眼中儒、墨无别；《盐铁论·遵道》载丞相史曰"公卿既定大业之路，建不朽之本，愿无顾细故之语，牵儒、墨论也"②，在丞相史眼中，儒墨之论等同，与"公卿既定大业之路，建不朽之本"即官盐铁政策相左；《盐铁论·论邹》载大夫曰"邹子疾晚世之儒墨，不知天地之弘、昭旷之道……"③，谓邹衍同疾儒墨之学说拘于人事而不知天地之道，将儒墨之学作为一个类别；《盐铁论·申韩》载御史曰"待周公而为相，则世无列国。待孔子而后学，则世无儒墨"④，御史言周公为贤相之最，孔子为善学祖师，并以"儒墨"与"列国"对举，以"儒墨"涵盖先秦诸子之学，说明此时墨家的社会影响并不比儒家差多少。通过以上丞相、御史、大夫7次论墨引墨可看出，在盐铁会议召开的昭帝时代，在大夫、丞相、御史等人眼中，儒、墨并无多大区别。

《盐铁论》载贤良、文学论墨引墨计3次。《盐铁论·褒贤》载文学曰"陈王赫然奋爪牙为天下首事，道虽凶而儒墨或干之者，以为无王之矣"⑤，由于知识结构的不同，大夫在论辩中儒墨同称似乎还可理解，而此处以儒为业的"文学"们在作辩解中亦将儒墨并称，合理的解释只能是彼时儒墨并称已成为一种社会认可的现象并成为熟悉的语词；《盐铁论·论诽》载文学曰"昔秦以武力吞天下……废古术，隳旧礼，专任刑法，而儒、墨既丧矣"⑥，考秦代，作为战国"显学"之一的墨家学说中的某些部分，在秦代官方学术中产生过较大影响：讲"天志""天命"以畏君，倡鬼神督察以儆民，本是墨家学说要义之一。而秦王朝立国之初的"从德改制"以应天命，虽主要受阴阳家影响，但其中也不能说没有墨家"天志"观念的影响

---

① 王利器：《盐铁论校注》，天津古籍出版社 1983 年版，第 253 页。
② 王利器：《盐铁论校注》，天津古籍出版社 1983 年版，第 291 页。
③ 王利器：《盐铁论校注》，天津古籍出版社 1983 年版，第 564 页。
④ 王利器：《盐铁论校注》，天津古籍出版社 1983 年版，第 592 页。
⑤ 王利器：《盐铁论校注》，天津古籍出版社 1983 年版，第 240 页。
⑥ 王利器：《盐铁论校注》，天津古籍出版社 1983 年版，第 299 页。

成分；而秦始皇的"时为微行以避恶鬼"、谓"持璧遮使者"之物为"山鬼"①等，虽或受方士蛊惑，或为诈造谶言者蒙蔽，但就秦始皇的灵魂深处来说，也是他没有抛却鬼神观念的桎梏所致。这些，都可看出墨家学说对秦代官方学术和秦始皇的影响，而此时文学言秦代"儒墨既丧"，不是对秦代学术缺乏了解，就是受当时"儒墨并称"影响太深；《盐铁论·散不足》载贤良曰"《诗》云：'忧心如惔，不敢戏谈。'孔子栖栖，疾固也。墨子遑遑，闵世也"②，王利器考贤良"在思想上也是属于儒家者流"③，属于儒家者流的贤良在赞"孔子栖栖，疾固也"的同时亦称赞"墨子遑遑，闵世也"，这是一个发人深省的问题。

儒墨学说虽有诸多相异，但亦有诸多相似点，如两家在政治理想上同主张效法古代先王，两家在治理措施上同重人际关系而不像道家那样效天以言治。而儒墨两家的重要分歧，在于简礼非乐还是重礼重乐，在于推行人伦等差之爱还是无差等之爱。但在叔孙通为汉家定礼定乐后，简礼非乐还是重礼重乐之争已无社会现实意义；在董仲舒提倡"天人感应"神学论并由于汉武帝的推动而大行天下后，墨家出于"天志"的兼爱论与儒家出于血缘的等差爱间的理论差距正在缩小。因此，儒墨两家在学理上有了更多的可沟通处，所以似战国时期那般儒墨激烈对辩的事情在西汉再也没有出现过，代之而出现的却是更多的人以为儒墨相通。这就是西汉时期儒墨同称的重要原因。

三、《汉书》论墨家书与记时人论墨

班固的《汉书》虽然作成于东汉初年，但其父班彪先已作成"续《史记》数十篇"，成为班固《汉书》的基础；《汉书》中有关汉武帝前的诸人

---

① ［日］泷川资言等：《史记会注考证附校补》，上海古籍出版社1986年版，第168—169页。

② 王利器：《盐铁论校注》，天津古籍出版社1983年版，第350页。

③ 王利器：《盐铁论校注》前言，天津古籍出版社1983年版，第6页。

诸事多抄自《史记》;《汉书》中记载学术典籍的《艺文志》系删简刘歆《七略》而成，而《七略》又是在西汉末刘向《别录》基础上作成的。因此我们将《汉书》对于墨家的引用论说放在此讨论。

《汉书》引墨论墨共 18 次，除《陈胜项籍传》"非有仲尼、墨翟之知，陶朱、猗顿之富"、《贾邹枚路传》"宋任子冉之计囚墨翟""邑号朝歌，墨子回车"、《司马迁传》"夫阴阳、儒、墨、名、法、道德，此务为治者也""墨者俭而难遵，是以其事不可偏循;然其强本节用，不可废也""墨者亦上尧、舜，言其德行，曰……""要曰'强本节用'，则人给家足之道也。此墨子之所长，虽百家不能废也"、《严朱吾丘主父徐严终王贾传》"非有孔、曾、墨子之贤，陶朱、猗顿之富也" 8 处抄自《史记》，前已作分析外，其余 10 次，可分为两种情况，一为《艺文志》中关于墨家典籍及墨家学术的论说，一为时人的引用。

《汉书·艺文志》中关于墨家典籍及墨家学术的论说计 8 次。

《汉书·艺文志》:"《董子》一篇。"在"儒家者流"。班固注:"名无心，难墨子。"[①] 王先谦《汉书补注》卷三十引钱大昕曰:"无心，盖六国时人。"其内容，王应麟《玉海》卷五十三引《中兴馆阁书目》云:"《董子》一卷，与墨者缠子辩上同、兼爱、上贤、明鬼之非，缠子屈焉。"就明鬼之辩，《论衡·福虚》有曰:"儒家之徒董无心，墨家之役缠子，相见讲道，缠子称墨家佑鬼，是引秦穆公有明德，上帝赐之十九年;董子难以尧、舜不赐年，桀、纣不夭死。"[②] 又马总《意林》:"董子曰:'子信鬼神，何异于以躧解结，终无益也。'缠子不能应。"就兼爱之论，《意林》卷一引《缠子》曰:"文言华世，不中利民，倾危缴绕之辞，并不为墨子所修。劝善兼爱，则墨子重之。"孙诒让《墨子间诂》谓"《缠子》与《董子》塙为一帙，主墨言之则题《缠子》，主儒言之则题《董子》，无二书也"，并辑录《缠子》佚文

---

① 班固:《汉书》，中华书局 1962 年版，第 1726 页。
② 黄晖:《论衡校释》，中华书局 1990 年版，第 268—269 页。

6 则①，其中涉明鬼之说。

《汉书·艺文志》："《尹佚》二篇。"在"墨家者流"。班固注："周臣，在成、康时也。"②王先谦《汉书补注》综合王应麟、叶德辉等人的考说认为：尹佚即《左传》所称之"史佚"、《国语·晋语》之"尹佚"，为周太史，"其言合于儒术"，《汉书·艺文志》"入墨家者，意以其为太史，出于清庙之守，故从其朔而言之焉"。③

《汉书·艺文志》："《田俅子》三篇。"在"墨家者流"。班固注："先韩子。"④阮孝绪《七录》曾予载录，故《隋书·经籍志》曰："梁有《田俅子》一卷，亡。"孙诒让《墨子间诂》辑录《田俅子》佚文 11 则⑤，多涉祥瑞之事。

《汉书·艺文志》："《我子》一篇。"在"墨家者流"。颜师古注："刘向《别录》云为墨子之学。"⑥《元和姓纂》卷七引《风俗通》云"六国时人"。⑦

《汉书·艺文志》："《随巢子》六篇。"在"墨家者流"。班固注："墨翟弟子。"⑧《隋书·经籍志》著录《随巢子》一卷，《新唐书·艺文志》著录《随巢子》一卷，马总《意林》著录《随巢子》一卷。自《宋史·艺文志》起不见著录。孙诒让《墨子间诂》辑录《随巢子》佚文 19 则⑨，多明鬼之说与祥瑞之事。

《汉书·艺文志》："《胡非子》三篇。"在"墨家者流"。班固注："墨翟弟子。"⑩《隋书·经籍志》著录《胡非子》一卷，《旧唐书·艺文志》著录

---

① 参见孙诒让：《墨子间诂》，中华书局 1986 年版，第 707—708 页。
② 班固：《汉书》，中华书局 1962 年版，第 1737 页。
③ 王先谦：《汉书补注》，中华书局 1983 年版，第 886 页。
④ 班固：《汉书》，中华书局 1962 年版，第 1738 页。
⑤ 参见孙诒让：《墨子间诂》，中华书局 1986 年版，第 706—707 页。
⑥ 班固：《汉书》，中华书局 1962 年版，第 1738 页。
⑦ 林宝：《元和姓纂》，《文渊阁四库全书》第 890 册，台湾商务印书馆 1982 年版，第 670 页。
⑧ 班固：《汉书》，中华书局 1962 年版，第 1738 页。
⑨ 参见孙诒让：《墨子间诂》，中华书局 1986 年版，第 702—704 页。
⑩ 班固：《汉书》，中华书局 1962 年版，第 1738 页。

《胡非子》一卷，《新唐书·艺文志》著录《胡非子》一卷，马总《意林》著录《胡非子》一卷。自《宋史·艺文志》起不见著录。孙诒让《墨子间诂》辑录《胡非子》佚文 4 则①，事涉非斗诸说。

以上 6 书，除《尹佚》可能出于伪托外，《缠子》及《田俅子》以下诸书均战国时墨子弟子后学所作，它们从不同侧面发挥了墨子思想，惜其久佚，难窥全貌。另外，《汉书·艺文志》著录"《墨子》七十一篇"，今存仅 53 篇。

除以上诸书外，《汉书·艺文志》还就墨家学术发表议论曰："墨家者流，盖出于清庙之守。茅屋采椽，是以贵俭；养三老五更，是以兼爱；选士大射，是以上贤；宗祀严父，是以右鬼；顺四时而行，是以非命；以孝视天下，是以上同；此其所长也。及蔽者为之，见俭之利，因以非礼，推兼爱之意，而不知别亲疏。"②此所论涉及墨家节用、兼爱、尚贤、尚同、明鬼、非命等主张，较之于司马谈《论六家要旨》仅述其节用、节葬，全面得多。《汉书·艺文志》将墨家诸学说源出都追寻到"清庙之守"：因清庙"茅屋采椽"，颜师古注"以茅覆屋，以椽为椽，言其质素也"，故承之以主"节用贵俭"；因"三老五更"鳏寡孤独等无人抚养之人被养于清庙，故承之以主"兼爱"；其他尚贤学说出于"选士大射"、明鬼学说出于"宗祀严父"、非命学说出于"顺四时而行"、尚同学说出于"以孝视天下"等，都或多或少与"清庙之守"相关联。《汉书·艺文志》谓墨家学说之弊在于"见俭之利，因以非礼，推兼爱之意，而不知别亲疏"，不无儒家色彩，与荀、孟之论有相通之处，表现着作者的学术立场。

另外，《汉书·艺文志》还讨论到"杂家者流""兼儒、墨，合名、法"，表现出对先秦学术的熟悉。班固在"兵技巧十三家，百九十九篇"下注"省

---

① 参见孙诒让：《墨子间诂》，中华书局 1986 年版，第 704—706 页。

② 班固：《汉书》，中华书局 1962 年版，第 1738 页。

《墨子》重"①，当指《墨子》之《备城门》以下诸篇，为避免重复而没再列于"兵技巧"，表现了编纂体例的谨严。

《汉书》另记时人引墨论墨 2 次。

《汉书·叙传》载班固《答宾戏》曰："夫德不得后身而特盛，功不得背时而独章，是以圣哲之治，栖栖皇皇，孔席不暖，墨突不黔。由此言之，取舍者昔人之上务，著作者前列之余事耳。"②班固将墨子与孔子对举，说明墨家的影响即使在"独尊儒术"之风盛行时，也并不比儒家的影响小多少。

《汉书·扬雄传》载扬雄《校猎赋》中有曰："于兹乎鸿生巨儒，俄轩冕，杂衣裳，修唐典，匡《雅》《颂》，揖让于前。……群公常伯杨朱、墨翟之徒喟然称曰：'崇哉乎德，虽有唐、虞、大夏、成周之隆，何以侈兹！太古之觏东岳，禅梁基，舍此世也，其谁与哉？'"③颜师古注："杨朱、墨翟，取古贤以为喻也。"墨翟被取为喻，说明其时墨家的影响依然不小。

综上可见，即使在"独尊儒术"的西汉后期，墨家的影响依然没有消失，墨学在西汉后期并未中绝。

第三节　从《论衡》《后汉书》等所载看
东汉时期的墨学流传

东汉时期，墨家依旧有较大影响，这体现在《论衡》等东汉典籍的引用、《后汉书》的记述④以及墨学对道教的影响中。

---

① 班固：《汉书》，中华书局 1962 年版，第 1762 页。
② 班固：《汉书》，中华书局 1962 年版，第 4225 页。
③ 班固：《汉书》，中华书局 1962 年版，第 3552 页。
④ 《天禄阁外史》之类书中亦引《墨子》言或墨家事，但此书不可信。《四库全书总目》谓《天禄阁外史》八卷出明嘉靖之际王逢年手，（参见纪昀等：《钦定四库全书总目》，中华书局 1997 年版，第 1648 页）

一、《论衡》引墨与论墨

《论衡》作者王充，字仲任，生于东汉初，会稽上虞（今浙江上虞）人。曾游太学，师事班彪，博览群经，不守章句。后归乡里教授，永元中卒于家。所著《论衡》共30卷，85篇，今存84篇。

《论衡》引墨论墨可分为如下五大类别。

（一）引墨家事迹作为说理依据

《论衡·率性》："十五之子其犹丝也，其有所渐化为善恶，犹蓝丹之染练丝，使之为青赤也。青赤一成，真色无异。是故扬子哭歧道，墨子哭练丝也。盖伤离本，不可复变也。"[1] 在讨论学习改造人性时举"墨子哭练丝"的故事为证。此故事源于《墨子·所染》"子墨子言见染丝者而叹"[2]。

《论衡·儒增》："儒书称：'鲁般、墨子之巧，刻木为鸢，飞之三日而不集'。夫言其以木为鸢飞之，可也；言其三日不集，增之也。"[3] 在论述传言故事于流传中易增衍附加时举"墨子刻木为鸢而飞"的故事为证。"鲁般、墨子之巧，刻木为鸢"的故事，出于《墨子·鲁问》"公输子削竹木以为鹊，成而飞之，三日不下"[4]，及《韩非子·外储说左上》"墨子为木鸢，三年而成，蜚一日而败"[5]。

《论衡·对作》："是故周道不弊，则民不文薄；民不文薄，《春秋》不作。杨、墨之学不乱儒[6]义，则孟子之传不造；韩国不小弱，法度不坏废，则韩非之书不为；高祖不辨得天下，马上之计未转，则陆贾之语不

---

[1] 黄晖：《论衡校释》，中华书局1990年版，第70页。
[2] 孙诒让：《墨子间诂》，中华书局1986年版，第10页。
[3] 黄晖：《论衡校释》，中华书局1990年版，第365页。
[4] 孙诒让：《墨子间诂》，中华书局1986年版，第441—442页。
[5] 陈奇猷：《韩非子集释》，上海人民出版社1974年版，第625页。
[6] 儒，本作"传"，从刘盼遂校改。

奏；众事不失实，凡论不坏乱，则桓谭之论不起。"① 在论说"贤圣之兴文也，起事不空为，因因不妄作"时举杨、墨之学反儒故孟子抨击之的旧事为证据之一。此事出于《孟子·滕文公下》"圣王不作，诸侯放恣，处士横议。杨朱、墨翟之言盈天下。天下之言，不归杨则归墨。杨氏为我，是无君也。墨氏兼爱，是无父也。无父无君，是禽兽也"②。

由《论衡》的引用，可看到墨子其人、墨家学说在东汉初年影响之大。作者在引用这些墨家行事时，是作为说理论据来使用的。说理论据材料，需要具有坚实的可靠性，具有较广的流通性。王充之所以引用墨家行事来作为说理论据，应该是其所引的墨家行事具备这些条件。这便反映出墨家行事在东汉初年的影响力较之于西汉时期并未消退。还有一点应注意，王充所引的这些墨家行事，大多见于《墨子》，这从一个方面反映出《墨子》在东汉初年的流传情况。

（二）在论述问题中儒墨对举

王充在论述问题时，往往儒墨对举。如《累害》在论述到耿直清正之士"身被三累""身蒙三害"时，谓"虽孔丘、墨翟不能自免，颜回、曾参不能全身也"③；其《程材》论"熟"与"知"关系，在论述到"希见阙为，不狎习也"之时，谓"盖足未尝行，尧、禹问曲折；目未尝见，孔、墨问形象"④；其《别通》论述"圣贤言行，竹帛所传，练人之心，聪人之知"时，谓"剑伎之家，斗战必胜者，得曲城、越女之学也。两敌相遭，一巧一拙，其必胜者，有术之家也。孔、墨之业，贤圣之书，非徒曲城、越女之功也。成人之操，益人之知，非徒斗战必胜之策也"⑤，言其作用在暗化

---

① 黄晖：《论衡校释》，中华书局 1990 年版，第 1177—1178 页。

② 杨伯峻：《孟子译注》，中华书局 1960 年版，第 155 页。

③ 黄晖：《论衡校释》，中华书局 1990 年版，第 11 页。

④ 黄晖：《论衡校释》，中华书局 1990 年版，第 539 页。

⑤ 黄晖：《论衡校释》，中华书局 1990 年版，第 597 页。

而不在明功；其《遭虎》论说苛政猛于虎的道理时谓"鲁无功曹之官，功曹之官，相国是也。鲁相者殆非孔、墨，必三家也"①；其《齐世》在论说"世俗之性，贱所见，贵所闻"的"尊古卑今"之风时，谓"使当今说道深于孔、墨，名不得与之同；立行崇于曾、颜，声不得与之钧"② 等。

在如此多的论述中将儒墨对举，充分说明王充所代表的东汉初年知识分子中的一种学术观念，即将孔子、墨子一同作为智者的代表。从这一角度言，东汉初年，墨子与墨家的社会影响，仍旧不亚于孔子，不低于儒家。

（三）依旧明瞭儒墨学说的对立

王充在论述问题时，虽然儒墨并举，但他并非不了解儒墨学术观点的对立。

在"非命"问题上，《论衡》罗列了儒墨两家的对立点。《论衡·命义》："墨家之论，以为人死无命；儒家之议，以为人死有命。言有命者，见子夏言'死生有命，富贵在天'。言无命者，闻历阳之都，一宿沉而为湖；秦将白起坑赵降卒于长平之下，四十万众，同时皆死；春秋之时，败绩之军，死者蔽草，尸且万数；饥馑之岁，饿者满道；温气疫疠，千户灭门。如必有命，何其秦、齐同也？言有命者曰：夫天下之大，人民之众，一历阳之都，一长平之坑，同命俱死，未可怪也。命当溺死，故相聚于历阳；命当压死，故相积于长平……"③ 历阳沉为湖，事见《淮南子·淑真》，高诱注之甚详。此所引"言有命者"与"言无命者"之辩，当汉代时事。是知墨家"非命"之说，汉代仍影响颇盛。王充于此篇予以总结，更光大了墨家"非命"论的影响。

墨家"节用"与儒家"奢礼"的争论，《论衡》亦有载录。儒墨两家

---

① 黄晖：《论衡校释》，中华书局 1990 年版，第 709 页。

② 黄晖：《论衡校释》，中华书局 1990 年版，第 811 页。

③ 黄晖：《论衡校释》，中华书局 1990 年版，第 44—45 页。

关于"节用"与"奢礼"的争论，多集中在"薄葬"与"厚葬"问题上。《论衡·薄葬》谓："圣贤之业，皆以薄葬省用为务。然而世尚厚葬，有奢泰之失者，儒家论不明，墨家议之非故也。"①墨家倡薄葬却主有鬼，儒家主厚葬却言无鬼。这一论争，一直持续到汉代，王充即言"陆贾依儒家而说，故其立语不肯明处。刘子政举薄葬之奏，务欲省用，不能极论"②，两家皆有偏颇，故王充批评"儒家论不明，墨家议之非故"③。

其次，《论衡》对墨家"薄葬"而又"右鬼"的矛盾学说予以分析批判。《论衡·薄葬》："圣贤之业，皆以薄葬省用为务。然而世尚厚葬，有奢泰之失者，儒家论不明，墨家议之非故也。墨家之议右鬼，以为人死辄为鬼而有知，能形而害人，故引杜伯之类以为效验。儒家不从，以为死人无知，不能为鬼，然而赙祭备物者，示不负死以观生也。陆贾依儒家而说，故其立语不肯明处。刘子政举薄葬之奏，务欲省用，不能极论。是以世俗内持狐疑之议，外闻杜伯之类，又见病且终者，墓中死人来与相见，故遂信是，谓死如生。闵死独葬，魂孤无副，丘墓闭藏，谷物乏匮，故作偶人以侍尸柩，多藏食物以歆精魂。积浸流至，或破家尽业，以充死棺；杀人以殉葬，以快生意。非知其内无益，而奢侈之心外相慕也。以为死人有知，与生人无以异。孔子非之而亦无以定实然。而陆贾之论，两无所处。刘子政奏，亦不能明。儒家无〔无〕知之验，墨家有〔有〕知之故。事莫明于有效，论莫定于有证。空言虚语，虽得道心，人犹不信。是以世俗轻愚信祸福者，畏死不惧义，重死不顾生，竭财以事神，空家以送终。辩士文人有效验，若墨家之以杜伯为据，则死〔人〕无知之实可明，薄葬省财之教可立也。今墨家非儒，儒家非墨，各有所持，故乖不合，业难齐同，故二家争论。世无祭祀复生之人，故死生之义未有所定。实者死人暗昧，与人殊途，其实荒忽，难得深知。有知无知之情不可定，为鬼之实不可是。通人

---

① 黄晖：《论衡校释》，中华书局 1990 年版，第 961 页。
② 黄晖：《论衡校释》，中华书局 1990 年版，第 961 页。
③ 黄晖：《论衡校释》，中华书局 1990 年版，第 961 页。

知士，虽博览古今，窥涉百家，条入叶贯，不能审知。唯圣心贤意，方比物类，为能实之。夫论不留精澄意，苟以外效立事是非，信闻见于外，不诠订于内，是用耳目论，不以心意议也。夫以耳目论，则以虚象为言；虚象效，则以实事为非。是故是非者不徒耳目，必开心意。墨议不以心而原物，苟信闻见，则虽效验章明，犹为失实。失实之议难以教，虽得愚民之欲，不合知者之心，丧物索用，无益于世。此盖墨术所以不传也。"①

王充在此论述了儒墨两家关于"薄葬"与"厚葬"的争论，重在分析儒墨两家论说之失。墨家主"右鬼"，并"引杜伯之类以为效验"，且儒家欲"示不负死以观生"，加之世人被幻觉迷惑，故"积浸流至，或破家尽业，以充死棺"，甚至于"杀人以殉葬，以快生意"，厚葬之风日盛。死人是否有知，是否"死如生"，是否需要"作偶人以侍尸柩，多藏食物以欧精魂"，关键问题在于是否死人能有魂魄，即是否有鬼。在这一点上，墨家持"有 [有] 知之故"，而儒家不能讲出"无 [无] 知之验"，且又无法验之于死人，故"通人知士，虽博览古今，窥涉百家，条入叶贯，不能审知"，儒墨两家争论不休，难以定论。王充认为，墨家认为有鬼的原因，在于"以耳目论"，轻信传言，故"以虚象为言"，因而导致了"以实事为非"。这样"虽得愚民之欲"，但终"不合知者之心"，所以"无益于世"，这大概是"墨术所以不传"的原因。

通过王充的分析，我们可以看出如下两点。其一，墨家"薄葬"论的影响，一直延续到汉代。但由于墨家同时倡"右鬼"说，故而其"薄葬"论未能制止"厚葬"之风，厚葬之风是由儒家"事死如事生"和墨家"右鬼"论两方面的影响促成的。这是王充见解敏锐之处。其二，由王充的分析可以看出，墨家学说的信奉群体，在两汉之交已发生变化。本来，先秦诸子学说的信奉群体是士人，但由于"墨议不以心而原物，苟信闻见，则虽效验章明，犹为失实"，而"失实之议难以教"，故而墨家学说

---

① 黄晖：《论衡校释》，中华书局 1990 年版，第 961—963 页。

在士人中逐步失去吸引力，致使"墨术不传"。其所谓"不传"者，是谓在士人中流传渐稀，但在下层民众中却颇有市场。因此，至迟在两汉之交，墨家学说的信奉群体，由士人转向"愚民"。这是墨学史上值得注意的一大转折。

（四）《论衡》分析了墨家学说在部分士人中不传的原因

《论衡·案书》："儒家之宗，孔子也。墨家之祖，墨翟也。且案儒道传而墨法废者，儒之道义可为，而墨之法议难从也。何以验之？墨家薄葬、右鬼，道乖相反违其实，宜以难从也。乖违如何？使鬼非死人之精也，右之未可知。今墨家谓鬼审 [死] 人之精也，厚其精而薄其尸，此于其神厚而于其体薄也。薄厚不相胜，华实不相副，则怒而降祸，虽有其鬼，终以死恨。人情欲厚恶薄，神心犹然。用墨子之法，事鬼求福，福罕至而祸常来也。以一况百，而墨家为法，皆若此类也。废而不传，盖有以也。"①

此从学理上解释墨家薄葬说与右鬼说的矛盾：墨家谓人死之精为鬼，宣扬明鬼、右鬼，但对人死之尸却宣扬薄葬，即"厚其精而薄其尸"；如此"薄厚不相胜，华实不相副"，对人死之精——鬼礼敬有加，却对鬼所寄托的人死之体——尸薄待更甚，怎能不使鬼"怒而降祸"呢？结果最终也得不到鬼的佑护，反而会惹怒鬼而大祸临头。这就是墨家薄葬说与右鬼说的矛盾。今天我们看来，王充的批判在逻辑方面没有问题，但在对墨家明鬼学说的理解方面有偏差。墨家宣扬明鬼的目的在于劝人行善，最终还要落实到对世人的兼爱上去；而墨家宣扬薄葬的目的在于不要让死人与活人争夺社会财富，其最终也是要落到对现世人的兼爱上去，两者并不矛盾。所以，王充"以一况百"而得出的结论"墨家为法，皆若此类"并非可靠，而墨家也并没有因此"废而不传"。

---

① 黄晖：《论衡校释》，中华书局 1990 年版，第 1161 页。

二、《风俗通义》《后汉书》等引墨与论墨

(一)《风俗通义》引墨论墨

如果说《论衡》能代表东汉初年部分士人对墨家和墨学的看法的话，那么《风俗通义》可代表东汉后期部分士人对墨家和墨学的看法。

应劭（生卒年不详），字仲远，汝南南顿（今河南项城西南）人。灵帝时举孝廉。中平六年（189），任泰山太守。建安二年（197），任袁绍军谋校尉。卒于邺。著有《风俗通义》《汉官仪》等。

《风俗通义》论墨引墨计3则。除《穷通》内1则"圣王不作，诸侯恣行，处士横议，杨朱、墨翟之言盈于天下。天下之言不归杨，则归墨。杨氏为我，是无君也；墨氏兼爱，是无父也。无父无君，是禽兽也。杨、墨之道不息，孔子之道不著，是邪说诬民，充塞仁义也。仁义充塞，则率兽食人，人将相食也。吾为此惧，闲先王之道，距杨、墨，放淫辞，正人心，熄邪说，以承三圣者"①云云，是对《孟子》的转引外，其余2则均把墨子作为一位历史名人来对待。在《皇霸》中以"墨子哭练丝"的故事与"杨朱哭歧路"的故事对举，来说明春秋以来"立谈者人异，缀文者家殊"的思想学术形势；在《十反》中以墨子"摩顶以放踵"的献身精神与杨朱"一毛而不为"的处世原则相比照，与孔子周游等历史故事一起，来说明"同归殊涂，一致百虑，不期相反，各有云尚""人心不同"的道理。

(二)《后汉书》论墨引墨

《后汉书》论墨引墨大多记述东汉人引墨子或墨子后学的故事作为说理依据。如《桓谭冯衍列传》载田邑复冯衍书中谓"若墨翟累茧救宋，申包胥重胝存楚，卫女驰归唁兄之志"②，将墨子作为救危救难的历史英雄之

---

① 应劭:《风俗通义》，上海古籍出版社1990年版，第51页。
② 范晔:《后汉书》，中华书局1965年版，第974页。

一；如《苏竟杨厚列传》载苏竟给刘龚书中谓"仲尼栖栖，墨子遑遑"①，将墨子作为忧时救世的代表与孔子并举；如《张衡列传》载张衡赋中引"弦高以牛饩退敌，墨翟以荦带全城"②，可见其对墨子救宋事迹印象至深；如《蔡邕列传》载蔡邕在《释诲》中谓"槃旋乎周、孔之庭宇，揖儒、墨而与为友"③，不但儒墨并举，且视儒墨为一，即以艺术手法谓"儒、墨"同在"周、孔之庭宇"。它们或儒墨并举、孔墨同称，或举例、说理中引用墨家事例，这都证明着在东汉时期，墨家的影响依然存在。

（三）《申鉴》等论墨

《申鉴》作者荀悦（148—209），字仲豫，颍川颍阴（今河南许昌）人。少习《春秋》。汉末战乱中被曹操辟为幕府，迁黄门侍郎，与荀彧、孔融为献帝讲学，迁秘书监、侍中。《后汉书·荀韩锺陈列传》曰："时政移曹氏，天子恭己而已。悦志在献替，而谋无所用，乃作《申鉴》五篇。其所论辩，通见政体，既成而奏之。其大略曰……"④《申鉴》五卷，曰《政体》《时事》《俗嫌》《杂言》上下。其书论政体而主仁义，论时事尚教化去刑杀。

《申鉴》引墨子有 1 处。《申鉴·俗嫌》："或曰：'然则日月可废欤？'曰：'否。曰元辰，先王所用也，人承天地，故动静顺焉。顺其阴阳，顺其日辰，顺其度数。内有顺实，外有顺文，文实顺，理也，休征之符，自然应也。故盗泉、朝歌，孔、墨不由，恶其名者，顺其心也。苟无其实，徼福于忌，斯成难也。'"⑤ 此在说理中引用孔子不饮盗泉之水、墨子不入朝歌之邑的故事，以证明墨子在彼时文人心中的影响。

总之，在东汉时期，墨家在文人中依然有较大影响。虽然有王充等对

---

① 范晔：《后汉书》，中华书局 1965 年版，第 1046 页。
② 范晔：《后汉书》，中华书局 1965 年版，第 1908 页。
③ 范晔：《后汉书》，中华书局 1965 年版，第 1987 页。
④ 范晔：《后汉书》，中华书局 1965 年版，第 2058 页。
⑤ 荀悦：《申鉴》，《丛书集成初编》，中华书局 1985 年版，第 13 页。

其学理矛盾予以批判，但并没有因此消退墨子的社会影响。

第四节　墨家与墨学对早期道教的影响

以上我们重点探讨的是墨子与墨学在汉代文人中的影响，而两汉时期墨子与墨学在民间的影响主要表现在其对早期道教生成的影响方面。

战国时期，墨子及其弟子组成的学团奔走在鲁、宋、卫、越、齐、楚一带。他们说诸侯，倡兼爱，解纷争，止攻战，产生了重大影响。六百年后，我国最早的宗教组织——太平道又在这块土地上诞生。他们以《太平清领书》为经典 ①，创设教义，解危救难，劝人为善，咒符治病，掀起了一场轰轰烈烈的宗教性农民大起义，导致了汉王朝的覆灭。这两起历史事件间是否存在联系？我们的回答是肯定的。墨子及其后学的天志明鬼、兼爱互利的思想学说对太平道产生了深刻影响，墨子学派那种以学团结社形式从事政治活动的斗争方式在这块土地上余韵未了，墨子学派在光学、力学等方面取得的科技成就被秦汉方士吸收利用，成为道教方术的重要组成部分。寻绎这两起历史事件的有机联系，研究墨子及其后学对太平道的影响，对于加深认识墨子学派在中国文化史上的地位，进一步了解道教产生的文化背景和社会条件，不无益处。

一、《墨子》的尊天事鬼学说与方士的神道设教

鬼神崇拜是随着人类灵魂观念的产生而出现的。它曾是文明社会初期占统治地位的思想意识，人在鬼神面前战战兢兢，"菲饮食而致孝乎鬼

---

① 王明先生认为，《太平清领书》即后世所称《太平经》的主要部分。（参见王明：《太平经合校》前言，中华书局 1960 年版，第 1 页）

神"①，甘做鬼神的奴仆。到了春秋时期，人文思潮兴起，出现了怀疑甚至否定鬼神的社会思潮。这种思潮解放了人们的思想，促进了人们对自然和社会的探索。但另一方面，解除了鬼神束缚的执政阶层却更加肆无忌惮地盘剥百姓、肆意挥霍，致使道德沦丧、世风日下。在这种情况下，以"救民匡世"为己任的墨家重新打起"天志""明鬼"的旗帜，以"天意""鬼神"威慑世人，节制私欲，劝善戒恶，匡正世风，意欲使天下人"兼相爱，交相利"，以出现一个其乐融融的太平社会。

墨家认为，社会系统是一个严密的控制系统，自上而下产生层层效应。《墨子·天志下》："庶人不得次己而为正，有士正之；士不得次己而为正，有大夫正之；大夫不得次己而为正，有诸侯正之；诸侯不得次己而为正，有三公正之；三公不得次己而为正，有天子正之。"② 通过层层控制、上教下正，而使善行恶除，世风淳正。但天子有谁控制呢？"天子不得次己而为正，有天正之。"③ 天，是人世社会的终端控制者，"天子有善，天能赏之；天子有过，天能罚之。"④ 天是有意志的。

那么"天意"是什么呢？墨家认为：其一，"天欲义而恶不义。"⑤ 什么是"义"？"义者，政（正）也。"⑥ 天意欲人世风俗淳正。其二，"天之意，不欲大国之攻小国也。"⑦ 若能顺乎天意，淳正世风，制止攻伐，便能出现"刑政治，万民和，国家富，财用足"⑧ 的太平盛世。

墨家认为，若不从天意，不义而攻伐，"天"便会谴告世人。昔者三苗作乱，故"天命殛之，日妖宵出，雨血三朝，龙生于庙，犬哭乎市，夏

---

① 杨伯峻：《论语译注》，中华书局 1980 年版，第 84 页。
② 孙诒让：《墨子间诂》，中华书局 1986 年版，第 190 页。
③ 孙诒让：《墨子间诂》，中华书局 1986 年版，第 190 页。
④ 孙诒让：《墨子间诂》，中华书局 1986 年版，第 190 页。
⑤ 孙诒让：《墨子间诂》，中华书局 1986 年版，第 175 页。
⑥ 孙诒让：《墨子间诂》，中华书局 1986 年版，第 176 页。
⑦ 孙诒让：《墨子间诂》，中华书局 1986 年版，第 181 页。
⑧ 孙诒让：《墨子间诂》，中华书局 1986 年版，第 182 页。

冰，地坼及泉，五谷变化"①；夏桀不义，故"日月不时，寒暑杂至，五谷
焦死，鬼呼国，鹤鸣十夕余"②。这是"天"对君王的控制方式。若不顺从
天意行事，上天鬼神还可使人受疾病之苦，遭祸祟之灾。"人之所不欲者
何也？曰病疾祸祟也。若己不为天之所欲，而为天之所不欲，是率天下之
万民以从事乎祸祟之中也。"③ 这是"天"对所有世人的控制方式。君王和
世人应服从"天"的控制，按"天意"行事，以求得上天和神灵的福佑。
其中君王要发挥率先作用，"明知天、鬼之所福，而辟天、鬼之所憎，以
求兴天下之利，而除天下之害"④。

　　墨家认为，天意在人世是否得以贯彻，由鬼神来监察。"鬼神之明，
不可为幽间广泽，山林深谷，鬼神之明必知之。"⑤鬼神查明人间善恶而行
赏罚，"鬼神之所赏，无小必赏之；鬼神之所罚，无大必罚之。"⑥所以墨家
一再强调"鬼神之能赏贤而罚暴"。世人欲免灾求福，不仅要"臣事上帝
山川鬼神"，不仅要"以敬祭祀上帝山川鬼神"，更重要的是要顺从天意，
以己推人，"此之我所爱，兼而爱之；我所利，兼而利之"⑦。做到"上尊天，
中事鬼神，下爱人"，"上利于天，中利于鬼，下利于人"⑧。爱人利人，终
得善报，"爱人者必见爱也"；反之，"反天之意"，"不善刑政"，便会"恶
人者终见恶也"⑨。

　　墨家学说中这诸多天鬼学说被秦汉方士吸收利用，结合他家学说，建
立起"天人一体"的神学思想体系。道教的原始经典《太平经》认为：天

①　孙诒让：《墨子间诂》，中华书局1986年版，第134—135页。
②　孙诒让：《墨子间诂》，中华书局1986年版，第137页。
③　孙诒让：《墨子间诂》，中华书局1986年版，第182页。
④　孙诒让：《墨子间诂》，中华书局1986年版，第182页。
⑤　孙诒让：《墨子间诂》，中华书局1986年版，第220页。
⑥　孙诒让：《墨子间诂》，中华书局1986年版，第224页。
⑦　孙诒让：《墨子间诂》，中华书局1986年版，第177页。
⑧　孙诒让：《墨子间诂》，中华书局1986年版，第179页。
⑨　孙诒让：《墨子间诂》，中华书局1986年版，第98页。

地人间存在着无数神灵，构成一个有上下等差的神灵控制系统，其中最高控制者是"天"，"天者，为神主神灵之长也。"①"天"以下有众多的神灵，"神也者，皇天之吏也。"② 从"天"到世人共分十等，曰：天、无形委气之神人、大神人、真人、仙人、大道人、圣人、贤人、凡民、奴婢③，从而构成一个天人合一的有序化的神人世界。

在这个神人世界里，"天"是最高的善恶主宰。天意欲人行善事、去邪恶。"王者行道，天地喜悦；失道，天地为灾异。"④ 世人行善，天地以善报世人；世人行恶，天地则以恶报世人。"夫天地之性，自古至今，善者致善，恶者致恶，正者致正，邪者致邪。"⑤ 天神报应执政君王的手段是灾异，"帝王多行道德，日月为之不蚀，星辰不乱其运"⑥。报应世人的手段是寿夭、灾病，"善自命长，恶自命短"⑦。"有善者，财小过除，竟其年耳。如有大功，增命益年。"⑧"天"派鬼神来监察世人，人间善恶，"天遣神往记之。过无大小，天皆知之。簿疏善恶之籍，岁日月拘校，前后除算减年"⑨。

两相比较，便可看出，早期道教的神道系统和报应说教与墨家之说是何其相似！这分明是道教受墨家影响所致。

二、墨家学团与早期道教组织

墨子及其弟子大多出身于社会下层，本无社会地位。为了增强战斗

---

① 王明：《太平经合校》，中华书局 1960 年版，第 371 页。
② 王明：《太平经合校》，中华书局 1960 年版，第 221 页。
③ 参见王明：《太平经合校》，中华书局 1960 年版，第 88 页。
④ 王明：《太平经合校》，中华书局 1960 年版，第 17 页。
⑤ 王明：《太平经合校》，中华书局 1960 年版，第 512 页。
⑥ 王明：《太平经合校》，中华书局 1960 年版，第 366 页。
⑦ 王明：《太平经合校》，中华书局 1960 年版，第 525 页。
⑧ 王明：《太平经合校》，中华书局 1960 年版，第 537 页。
⑨ 王明：《太平经合校》，中华书局 1960 年版，第 526 页。

力，墨家采取了民间结社——墨家学团的形式活动在政治舞台上。

前已论过，墨家学团有一定的组织形式。墨子在世时，他是当然首领。墨子死后，其首领称为"巨子"。《庄子·天下》在论墨家时说他们"以巨子为圣人，皆愿为之尸，冀得为其后，世至今不决"①。巨子是墨徒衷心崇拜的领袖，对他竭诚拥戴。

墨家学团有严格的纪律，所有墨徒皆要无条件遵守。若违反纪律必受处罚，即使巨子的儿子也不例外。墨家倡"非攻"，反对侵略战争，故禁止墨徒参与侵略战争。墨家学团内还规定了清苦的生活纪律"生不歌，死无服"，"以自苦为极"，"以裘褐为衣，以跂蹻为服"②，食藿藜之羹，不慕富贵，不贪荣华，唯行义以为求。

墨家学团有统一的行动部署。如墨子弟子禽滑釐率三百墨徒持墨子守御之械助宋守城防楚，墨子自己去楚游说公输盘勿要发动侵宋战争，便是出于统一的部署。

墨家学团结社有明确的宗旨。这便是《墨子》中所记述的兼爱、非攻、利民、节俭等政治主张。结社成员的活动，皆以上述宗旨为准则。墨徒的活动都是在上述宗旨的指导下进行的。墨子死后，其学说思想、言语行动被后学记录下来，成为结社内的法典。墨家巨子腹䵍大义杀子便是依据这种"墨子之法"行事的。虽然孟胜死后，"墨离为三"，但"俱诵《墨经》"，墨子所创设的政治宗旨仍在各派中得以贯彻。

墨家这种有一定组织规则、有统一行动部署、有严明的内部纪律、有明确的集团宗旨的学团形式，对后世产生了重大影响。

西汉时的任侠集团，是这种结社形式的继续。据《史记·游侠列传》《汉书·游侠传》载，西汉时有朱家、剧孟、王孟、郭解、万章、楼护、陈遵、原涉等任侠集团。其中鲁之朱家，"所藏活豪士以百数"，"专趋人

---

① 郭庆藩：《庄子集释》，中华书局1961年版，第1079页。

② 郭庆藩：《庄子集释》，中华书局1961年版，第1074、1077页。

之急，甚己之私"，而"家无余财，衣不完采，食不重味，乘不过軥牛"①，宛然墨徒再世。

东汉时期，墨家学团影响下的这种结社集团形式受谶纬神学和方士学说的影响，逐渐增加了宗教色彩，并出现了宗教结社的斗争方式。据统计，自安帝至桓帝六十年间，被称为"妖贼""妖言相署"的宗教结社起义事件共有44起。②特别是桓帝建和二年长平陈景自号"黄帝子"聚徒起义、南敦管伯自称"真人"举兵③、桓帝永兴二年蜀人李伯自立为"太初皇帝"聚徒起义④、桓帝延熹八年"勃海妖贼盖登等称'太上皇帝'"聚徒起义⑤，更有浓重的道教结社色彩。

在前人结社斗争经验基础上，张角建立起"军教合一"的早期道教组织，发动了宗教性农民起义。顺帝时，琅邪人宫崇诣阙上其师干吉所得《太平清领书》百七十卷，"后张角颇有其书"⑥。张角得书后，奉为经典，"自称'大贤良师'，奉事黄老道，畜养弟子，跪拜首过。角因遣弟子八人使于四方，以善道教化天下，转相诳惑。十余年间，众徒数十万，连结郡国，自青、徐、幽、冀、荆、扬、兖、豫八州之人，莫不毕应。遂置三十六方。方犹将军号也。大方万余人，小方六七千，各立渠帅。讹言'苍天已死，黄天当立，岁在甲子，天下大吉'。以白土书京城寺门及州郡官府，皆作'甲子'字。中平元年，大方马元义等先收荆、扬数万人，期会发于邺。元义数往来京师，以中常侍封谞、徐奉等为内应，约以三月五日内外俱起。"⑦这个早期道教组织，有严密的组织系统，首领为张氏三兄弟，称"天公将军""地公将军""人公将军"，三将军下统三十六方，方

① [日]泷川资言等：《史记会注考证附校补》，上海古籍出版社1986年版，第1993页。
② 参见卿希泰：《中国道教史》第一卷，四川人民出版社1988年版，第197页。
③ 参见范晔：《后汉书》，中华书局1965年版，第293页。
④ 参见范晔：《后汉书》，中华书局1965年版，第300页。
⑤ 参见范晔：《后汉书》，中华书局1965年版，第316页。
⑥ 范晔：《后汉书》，中华书局1965年版，第1084页。
⑦ 范晔：《后汉书》，中华书局1965年版，第2299—2300页。

有渠帅；三十六方、数十万徒众能"一时俱起"，可见组织内有严明的纪律；"约以三月五日内外俱起"，可见有统一的行动计划和部署；称"苍天已死，黄天当立"，欲推翻东汉政权，建立新政权，可见这个组织有既定的宗旨和明确的目标。这种组织形式和斗争方式都是受墨家结社斗争形式的影响所致。

三、墨家的科技成就与方道术士的方术、法术

墨家徒众大多出身于手工业者，其祖师墨子便是一个技术高超的工匠，能设计制造多种守城防御器械。墨家又提倡读书学习，总结前人经验。墨子出游卫国，"车中载书甚多"，立志效"周公旦朝读书百篇"①。所以，墨家著作中总结了不少前人的科技成就和自己的经验心得。今存《墨子》中，最突出者是对"力学"和"光学"的探索。据方孝博研究，《墨子》中关于力学的知识和理论共有八条论说：计力的定义一条，应用杠杆、斜面、滑车等原理制成的几种简单机械的描写和说明五条，物体平衡理论一条，与物质分子结构有关的力学问题一条；解释了桔槔利用杠杆起重的机械作用，说明了斜面上物体能够滑动且省力的原因，论述了力的平衡问题以及调节杠杆平衡的原理；②《墨子》中有关光和影、针孔成像和球面反射成像等光学理论共八条，论述了光的直线运行、影的成因、针孔成像、平面镜和球面镜成像的原因和方式等问题。③

方士道士吸收利用墨家的科技成果，制成法术器具，研究出种种方术来迷惑世人，以神其道。西汉武帝年间，方士齐人少翁"夜致王夫人及灶鬼之貌"，使"天子自帷中望见"④ 之术，以及方士栾大的"夜祠其家"，"百

---

① 孙诒让：《墨子间诂》，中华书局 1986 年版，第 407 页。
② 参见方孝博：《墨经中的数学和物理学》，中国社会科学出版社 1983 年版，第 50—75 页。
③ 参见方孝博：《墨经中的数学和物理学》，中国社会科学出版社 1983 年版，第 76—102 页。
④ 参见[日]泷川资言等：《史记会注考证附校补》，上海古籍出版社 1986 年版，第 793 页。

鬼集矣"①等方术，大概都是利用光、影、成像等光学知识所创制的方术。王莽时，"博募有奇技术可以攻匈奴者"，有方士"言能飞，一日千里，可窥匈奴"；于是"取大鸟翮为翼，头与身皆著毛，通引环纽"，便可"飞数百步"②，是利用机械原理、风力流体力学原理创制的方术。这些方术的创制，与墨家所总结的光学、力学等科技知识不无联系。

据《抱朴子·遐览》，葛洪自述所见其师郑隐所藏道书中，有《墨子枕中五行记》五卷，又说："其变化之术，大者唯有《墨子五行记》，本有五卷。昔者刘君安未仙去时，钞取其要，以为一卷。其法用药用符，乃能令人飞行上下，隐沦无方，含笑即为妇人，蹙面即为老翁，踞地即为小儿，执杖即成林木，种物即生瓜果可食，画地为河，撮壤成山，坐致行厨，兴云起火，无所不作也。"③若此说不谬，是西汉淮南王刘安前已有署名墨家的方术专书问世，刘安的《淮南王万毕术》即《墨子五行记》的摘要。

由上所述可以看出，墨家学团的尊天事鬼学说、结社组织方式及科技成就等，对我国早期道教的设教方式、思想教义、组织形式和斗争方式以及方术道术的创制，都产生过不容忽视的影响。

---

① ［日］泷川资言等：《史记会注考证附校补》，上海古籍出版社 1986 年版，第 795 页。
② 班固：《汉书》，中华书局 1962 年版，第 4155 页。
③ 王明：《抱朴子内篇校释》，中华书局 1985 年版，第 333、337 页。

第四章　魏晋至宋元间墨学的流传

　　魏晋至宋元 1100 余年间，墨学流传进入长久的低谷阶段，但仍传播不绝。其流传主要分为两种形式，一为文人的引用评论，一为传抄印刷与目录书载录。

第一节　从魏晋至宋元间典籍所载看此时期的墨学流传

一、从魏晋南北朝典籍所载看此时期的墨学流传

（一）从典籍所载看魏晋时期《墨子》的流传

　　《三国志》裴松之注载前人典籍中曾引《墨子》或论墨家。如《三国志·魏书·田畴传》裴松之注引《魏略》就田畴辞赏官之事论曰："昔夷、齐弃爵而讥武王，可谓愚谙，孔子犹以为'求仁得仁'。畴之所守，虽不合道，但欲清高耳。使天下悉如畴志，即墨翟兼爱尚同之事，而老聃使民结绳之道也。外议虽善，为复使令司隶以决之。"[1] 以"墨翟兼爱尚同之事"比况田畴辞赏官之事之社会效应；《三国志·魏书·曹植传》裴松之注引《曲略》曰"……人各有所好尚。兰茞荪蕙之芳，众人之所好，而海畔有逐臭之夫；《咸池》《六英》之发，众人所乐，而墨翟有非之之论：岂可同哉……"[2] 以

---

[1]　陈寿：《三国志》，中华书局 1959 年版，第 344 页。

[2]　陈寿：《三国志》，中华书局 1959 年版，第 559 页。

墨子非乐作为"人各有所好尚"的论据之一;《三国志·魏书·方技传》裴松之注引傅玄论马钧曰:"马先生之巧,虽古公输般、墨翟、王尔,近汉世张平子,不能过也。公输般、墨翟皆见用于时,乃有益于世。平子虽为侍中,马先生虽给事省中,俱不典工官,巧无益于世。用人不当其才,闻贤不试以事,良可恨也。"① 以墨翟之巧及见用于当世比说马钧;等等。

《晋书》中曾载两晋时人论墨,如《晋书·刘寔传》载刘寔《崇让论》中有曰:"夫争者之欲自先,甚恶能者之先,不能无毁也。故孔墨不能免世之谤己,况不及孔墨者乎!"② 以孔墨并举作为"争先"之例;《晋书·孙蕙传》载孙蕙以"秦秘之"之名写的书信中有曰:"秘之不天,值此衰运,窃慕墨翟、申包之诚,跋涉荆棘,重茧而至,栉风沐雨,来承祸难。"③ 以墨翟作为历史上的救世英雄之一;《晋书·范宁传》载其论世俗虚浮风气时先设问曰:"黄唐缅邈,至道沦翳,濠濮辍咏,风流靡托,争夺兆于仁义,是非成于儒墨……"④ 以儒墨之争为私家学术争辩之端;《晋书·郭瑀传》载张天锡给郭瑀信中有曰:"昔傅说龙翔殷朝,尚父鹰扬周室,孔圣车不停轨,墨子驾不俟旦,皆以黔首之祸不可以不救,君不独立,道由人弘故也。"⑤ 以墨子与孔子游说救世并举。又载作者房玄龄等论两晋时风中牵涉墨家一次。《晋书·向秀传》载房玄龄论西晋学术风气时曰:"向秀,……雅好老庄之学。庄周著内外数十篇,历世才士虽有观者,莫适论其旨统也,秀乃为之隐解,发明奇趣,振起玄风,读之者超然心悟,莫不自足一时也。惠帝之世,郭象又述而广之,儒墨之迹见鄙,道家之言遂盛焉。"⑥ 可使我们窥见西晋世风。

《太平御览》卷八〇载皇甫谧作《帝王世纪》中曰:"凡尧即位九十八

---

① 陈寿:《三国志》,中华书局1959年版,第808页。
② 房玄龄:《晋书》,中华书局1974年版,第1192页。
③ 房玄龄:《晋书》,中华书局1974年版,第1883页。
④ 房玄龄:《晋书》,中华书局1974年版,第1984页。
⑤ 房玄龄:《晋书》,中华书局1974年版,第2454页。
⑥ 房玄龄:《晋书》,中华书局1974年版,第1374页。

年，年百一十八岁。墨子以为，尧堂高三尺，土阶三等。尧取散宜氏女，曰皇，生丹朱。又有庶子九人，皆不肖，故以天下命舜。"① 皇甫谧作《帝王世纪》引墨家主张，可见此时《墨子》的流传。

《太平御览》卷五八一载："《傅子》曰：马先生能使木人吹箫，比妙般输、墨翟，不劣古矣。"② 论其技巧以墨子作比，与《三国志·魏书·方技传》裴松之注引傅玄论马钧之巧可作比照。

张华《博物志》卷二："秦之西有义渠国。其亲戚死，聚柴积而焚之熏之，即烟上，谓之登遐，然后为孝。此上以为政，下以为俗，中国未足为非也。此事见《墨子》。"③ 此所引见《墨子·节葬下》。

由上《三国志》裴松之注和《晋书》等引时人论说，可考见墨家和墨学在魏晋时期的流传及特点。

第一，魏晋时期是一个传统观念大变革的时期，玄学鹊起使得儒墨之学渐衰。如207年，辽东公孙康杀袁尚等而送首级给曹操、田畴哭首级而辞官封；208年，曹操征荆州还，复封田畴而田畴不就，《魏略》就田畴辞赏官之事论中有曰"使天下悉如畴志，即墨翟兼爱尚同之事，而老聃使民结绳之道也"，即抛开儒家而言墨家，并将墨家"兼爱"与老子"小国寡民"相提并论，开墨、道并举之端。这种改"儒墨并举"为"墨道并举"所体现的喜道恶儒的世风，或者与曹操反传统思想的带动有关。

第二，汉代延续下来的儒墨并举的观念依旧存在。如刘寔《崇让论》举孔、墨并为"争先"，如夏侯湛《抵疑》叹自己不能"传《诗》《书》，讲儒墨"等。这种儒墨并举观念的延续，使世人在谈玄讲道、放浪形骸时，将墨家与儒家一同视为异类，妨碍了墨学的传播。

第三，墨家的诸多思想仍被某些人重视。如《曲略》对墨家非乐论的称引，如傅玄论马钧时对墨家技巧的称赞等。也正是这种对墨家思想精

---

① 李昉等：《太平御览》，中华书局1985年版，第373页。
② 李昉等：《太平御览》，中华书局1985年版，第2620页。
③ 范宁：《博物志校注》，中华书局1980年版，第24页。

神、事迹的重视，才使得墨学流传不绝如缕。

（二）从典籍所载看南朝的墨学流传

沈约《宋书》、萧子显《南齐书》、姚思廉《梁书》《陈书》对墨家及墨学各有论说，构成了南朝墨学流传的一个方面。

首先，南朝人讨论最多的不再是儒墨关系及墨家思想的影响，而是墨家学术的发展流变。如《宋书·志序》载沈约论曰："刘向《鸿范》，始自《春秋》，刘歆《七略》，儒墨异部，朱赣博采风谣，尤为详洽，固并因仍，以为三志。"[1] 在追述学术分合中强调了"儒墨异部"。《南齐书·高逸列传》文末载萧子显论中有曰："墨家之教，遵上俭薄，磨踵灭顶，且犹非吝；今则肤同断瓠，目如井星，授子捐妻，在鹰庇鸽。……杂家之教，兼有儒墨。……道家之教，执一虚无，得性亡情，凝神勿扰。……九流之设，用藉世教，刑名道墨，乖心异旨，儒者不学，无伤为儒；佛理玄旷，实智妙有，一物不知，不成圆圣。"[2] 承《汉书·艺文志》论杂家思想，论九流诸子，重点强调墨家学说精神的古今变化。

其次，就世人对墨家思想学说的态度亦有论述。如《南齐书·王融传》载王融于永明末上疏中有曰："窃习战阵攻守之术，农桑牧艺之书，申、商、韩、墨之权，伊、周、孔、孟之道。"[3] 从中可见墨家书的流传。《陈书·陆瑜列传》载太子陈叔宝寄江总书中赞陆瑜曰："论其博综子史，谙究儒墨，经耳无遗，触目成诵，一褒一贬，一激一扬，语玄析理，披文摘句，未尝不闻者心伏，听者解颐，会意相得，自以为布衣之赏。"[4] 赞陆瑜"谙究儒墨"，学习深入。

葛洪《抱朴子》及《神仙传》对墨学与墨家的称引论说，构成了南朝

---

① 沈约：《宋书》，中华书局 1974 年版，第 203 页。
② 萧子显：《南齐书》，中华书局 1972 年版，第 947 页。
③ 萧子显：《南齐书》，中华书局 1972 年版，第 820 页。
④ 姚思廉：《陈书》，中华书局 1973 年版，第 464 页。

墨学流传的另一个方面。葛洪《抱朴子》中对墨子及墨家的论说大致可分两类。

其一，从汉魏传统论墨，将墨家作为先秦诸子的一个派别。如《抱朴子·论仙》曰："鬼神数为人间作光怪变异，又经典所载，多鬼神之据，俗人尚不信天下之有神鬼，况乎仙人居高处远，清浊异流，登遐遂往，不返于世，非得道者，安能见闻。而儒墨之家知此不可以训，故终不言其有焉。俗人之不信，不亦宜乎？"[①] 葛洪此言"儒墨之家不言鬼神"有误，儒家"不语怪力乱神"，而墨家主"明鬼"，此乃言儒家而及于墨家，系受汉魏以来"儒墨并称"的影响所致。《抱朴子·明本》："道者，儒之本也；儒者，道之末也。先以为阴阳之术，众于忌讳，使人拘畏；而儒者博而寡要，劳而少功；墨者俭而难遵，不可遍循；法者严而少恩，伤破仁义。唯道家之教，使人精神专一，动合无形，包儒墨之善，总名法之要，与时迁移，应物变化，指约而易明，事少而功多，务在全大宗之朴，守真正之源者也。"[②] 此述显然受司马谈《论六家要旨》影响。《抱朴子·明本》又曰："凡言道者，上自二仪，下逮万物，莫不由之。但黄老执其本，儒墨治其末耳。"[③] 此乃崇道而抑儒墨之论。

其二，将墨子作为崇尚神仙、掌握道教方术的仙人来对待。《抱朴子·遐览》载葛洪之师郑隐所藏道书中有《墨子枕中五行记》五卷。[④] 葛洪在《抱朴子·遐览》中谓"其变化之术，大者唯有《墨子五行记》，本有五卷。昔刘君安未仙去时，钞取其要，以为一卷。其法用药用符，乃能令人飞行上下，隐沦无方，含笑即为妇人，蹙面即为老翁，踞地即为小儿，执杖即成林木，种物即生瓜果可食，画地为河，撮壤成山，坐致行厨，兴云起火，无所不作也。……凡七种之，则用其实合之，亦可以移形

---

① 王明：《抱朴子内篇校释》，中华书局 1985 年版，第 20—21 页。
② 王明：《抱朴子内篇校释》，中华书局 1985 年版，第 184 页。
③ 王明：《抱朴子内篇校释》，中华书局 1985 年版，第 185 页。
④ 王明：《抱朴子内篇校释》，中华书局 1985 年版，第 333 页。

易貌，飞沈在意，与《墨子》及《玉女隐微》略同①，过此不足论也。"② 此《墨子五行记》，据葛洪《神仙传》，系墨子从神仙处所得。此书不见于《汉书·艺文志》，而《太平御览》卷八五七载"刘根《墨子枕中记钞》曰：'百花醴蜜。'"③ 疑刘根《墨子枕中记钞》即葛洪所见《墨子枕中五行记》。刘根，东汉方士，事见于《后汉书·方术列传》。那么，将墨子作为崇尚神仙、掌握道教方术的仙人来对待，且托名于墨子而造作道术书，则自东汉始。又，《隋书·经籍志·子部·五行》《灶经》十四卷" 注"梁有……《墨子枕中五行要记》《五行变化墨子》五卷"。联系《后汉书·襄楷传》所言宫崇从神人处得《太平经》可见④，此皆为东汉方术士所伪造，而为魏晋道教徒所繁衍，但葛洪却信之传之，与其后半生笃信道教有关。另据《抱朴子·金丹》载，"又墨子丹法，用汞及五石液于铜器中，火熬之，以铁匕挠之，十日，还为丹，服之一刀圭，万病去身，长服不死。"⑤ 此乃道教徒托名墨子所研制之丹法。又，《隋书·经籍志·子部·医方》有"《墨子枕内五行纪要》一卷"，注曰："梁有《神枕方》一卷，疑此即是"。

葛洪在《抱朴子》中所表现的后一类墨子形象，更集中表现在他的《神仙传》中。

葛洪《神仙传》卷四："墨子者，名翟，宋人也。仕宋为大夫，外治经典，内修道术，著书十篇，号为《墨子》，世多学之者，与儒家分涂，务尚俭约，颇毁孔子，尤善战守之功。公输班为楚将，作云梯之械，将以攻宋。墨子闻之，徒行诣楚，足乃坏，裂裳以裹之。七日七夜到楚，见公输班……楚乃止，不复攻宋焉。……墨子年八十有二，乃叹曰：'世事已可知矣，荣位非可长保，将委流俗以从赤松游矣。'乃谢遣门人，入山精

---

① 此"《墨子》"指《墨子五行记》。
② 王明：《抱朴子内篇校释》，中华书局 1985 年版，第 337—338 页。
③ 李昉等：《太平御览》，中华书局 1985 年版，第 3810 页。
④ 参见范晔：《后汉书》，中华书局 1965 年版，第 1080 页。
⑤ 王明：《抱朴子内篇校释》，中华书局 1985 年版，第 81 页。

思至道，想像神仙。于是夜常闻左右山间有诵书声者。墨子卧后，又有人来，以衣覆之。墨子乃伺之。忽有一人，乃起问之曰：'君岂山岳之灵气乎？将度世之神乎？愿且少留，诲以道教。'神人曰：'子有至德好道，故来相候，子欲何求？'墨子曰：'愿得长生，与天地同毕耳。'神人授以素书《朱英丸方》《道灵》《教戒》《五行变化》，凡二十五卷，告墨子曰：'子既有仙分，缘又聪明，得此便成，不必须师也。'墨子拜受，合作，遂得其效，乃撰集其要，以为《五行记》五卷。乃得地仙，隐居以避战国。至汉光武帝时，遂遣使者杨辽，束帛加璧，以聘墨子，墨子不出。视其颜色，常如五六十岁人，周游五岳，不止一处也。"① 墨子止楚攻宋流传甚广，引发道教徒注意而将墨子归为神仙之列。而其文曰"神人授以素书《朱英丸方》《道灵教戒》《五行变化》，凡二十五卷"、墨子"乃撰集其要，以为《五行记》五卷"诸传说，对后世影响尤大。《神仙传·卷四》"刘政者，沛国人也。高才博物，学无不览，深维居世，荣贵须臾，不如学道，可得长生，乃绝进取之路，求养性之术。勤寻异闻，不远千里，苟有胜己，虽奴客，必师事之。后治墨子《五行记》，兼服朱英丸，年百八十余岁也，如童子"云云② 中，即可看出这种影响。

由以上引用可看出南朝的墨学流传特点如下。

第一，南朝士人不再像前人那样主要从社会政治思想的角度关注墨家，而更多地从学术流变的角度关注墨家。引发这种变化的原因有二：其一，南朝武人轮番篡位夺权，不及讨论政治治理之术，世人对文化学术的关注热点由社会政治思想转移到学术文化流别方面。其二，离世脱俗的佛教思想的冲击，使学人以探索某家学说的精神玄机为要务。谈玄讲佛，影响了墨学流传。

第二，墨家虽仍以先秦诸子名家被世人称引，《墨子》虽仍以先秦诸

---

① 葛洪：《神仙传》，学苑出版社 1998 年版，第 74—76 页。

② 葛洪：《神仙传》，学苑出版社 1998 年版，第 80—81 页。

子名家著述在世上流传，但已不再是当时学人关注的热门思想学术。就外来学术言，世人关注的是佛典释家；就传统学术言，世人关注的是老庄玄理、儒家学说。《南齐书·高逸传》载袁粲所论"孔老治世为本，释氏出世为宗"[①]，可代表当时学界对中外学术思想名家的看法。就伦理思想的博大精深来说，墨子不及孔子；就天人关系论说的深刻贴实来说，墨子不及老庄；就人间关爱的广度和深度来说，墨家不及佛家。由此种种，墨学不再像两汉那样与儒家并称，退出了"最为世人关注的思想学术"的行列。墨学在学界长久沉寂的局面，是从南朝开始而不是从秦汉开始的。

第三，墨子被道教徒附会为神仙，是南朝墨学史上的大事。墨家以技巧著称，《墨经》自晋鲁胜注说，扩大了流传面。于是道教徒将种种方术、道术附会到墨子身上，称墨子从神仙处接受《五行记》。葛洪《抱朴子·遐览》载"《墨子五行记》"为"变化之术"之"大者"，《神仙传》载墨子从神人处得"素书《朱英丸方》《道灵》《教戒》《五行变化》，凡二十五卷"而成"地仙，隐居以避战国"，且"汉武帝时""视其颜色，常如五六十岁人"，皆是道教徒的附会造作。

（三）从典籍所载看北朝的墨学流传

自魏收《魏书》、令狐德棻《周书》以及《颜氏家训》《刘子》中的引墨论墨，可看出墨家墨学在北朝的流传情况。

北朝士人论墨，多承两汉之说。如《魏书·阳固传》载其《演颐赋》曰："敦儒墨之大教兮，崇逸民之远心。播仁声于终古兮，流不朽之徽音。"[②]以孔、墨自励，将儒、墨作为仁义道德的代表，表现了北朝士人对两汉学术的继承。而亦间或有对杨朱、墨子的批判，如《魏书·刘献之传》："刘献之，博陵饶阳人也。少而孤贫，雅好《诗》《传》，曾受

---

① 萧子显：《南齐书》，中华书局 1972 年版，第 933 页。

② 魏收：《魏书》，中华书局 1974 年版，第 1609 页。

业于渤海程玄，后遂博观众籍。见名法之言，掩卷而笑曰：'若使杨墨之流不为此书，千载谁知其小也！'曾谓其所亲曰：'观屈原《离骚》之作，自是狂人，死其宜矣，何足惜也！……'"① 这种言论，看出其对"继承儒学"的标榜。

北朝士人论墨，亦有对魏晋论墨的继承，即对墨家学术流别的关注。如《魏书·释老志》追述学术源流曰："自羲轩已还，至于三代，其神言秘策，蕴图纬之文，范世率民，垂坟典之迹；秦肆其毒，灭于灰烬；汉采遗籍，复若丘山。司马迁区别异同，有阴阳、儒、墨、名、法、道德六家之义。刘歆著《七略》，班固志《艺文》，释氏之学，所未曾纪。"② 此述司马谈学术六分之意。《周书·武帝本纪》载周武帝诏书中有曰："至道弘深，混成无际，体包空有，理极幽玄。但歧路既分，派源逾远，淳离朴散，形气斯乖。遂使三墨八儒，朱紫交竞；九流七略，异说相腾。道隐小成，其来旧矣。"③ 此论诸子学术。《周书·庾信列传》末载史臣论曰："逮乎两周道丧，七十义乖。淹中、稷下，八儒三墨，辩博之论蜂起；漆园、黍谷，名法兵农，宏放之词雾集。虽雅诰奥义，或未尽善，考其所长，盖贤达之源流也。"④ 此亦追述韩非所言战国儒墨派系。《周书·孝义列传》篇首载令狐德棻论曰："孝始事亲，惟后资于致治；义在合宜，惟人赖以成德。上智禀自然之性，中庸有企及之美。其大也，则隆家光国，盛烈与河海争流；授命灭亲，峻节与竹柏俱茂。其小也，则温枕扇席，无替于晨昏；损己利物，有助于名教。是以尧舜汤武居帝王之位，垂至德以敦其风；孔墨荀孟禀圣贤之资，弘正道以励其俗。观其所由，在此而已矣。"⑤ 将墨子与"孔、荀、孟"并列。

① 魏收：《魏书》，中华书局 1974 年版，第 1609 页。
② 魏收：《魏书》，中华书局 1974 年版，第 3025 页。
③ 令狐德棻：《周书》，中华书局 1971 年版，第 85 页。
④ 令狐德棻：《周书》，中华书局 1971 年版，第 742—743 页。
⑤ 令狐德棻：《周书》，中华书局 1971 年版，第 825 页。

《颜氏家训》中亦曾论墨。如《颜氏家训·省事》:"如有逆乱之行,得罪于君亲者,又不足恤焉。亲友之迫危难也,家财己力,当无所吝;若横生图计,无理请谒,非吾教也。墨翟之徒,世谓热腹,杨朱之侣,世谓冷肠;肠不可冷,腹不可热,当以仁义为节文尔。"① 以墨家行侠、杨朱为己皆不足取训诫子孙,提出以"仁义为节文",表现出儒家观念。

《太平御览》卷一九二载:"《秦州记》:'金城郡,汉昭元始六年所置。应劭云:"初筑城,得金,故曰金城。"凡城皆称金,言其固也。故《墨子》称金城汤池。'"② 《秦州记》郭仲川作。其引"金城汤池"不见于今本《墨子》,疑《墨子》"城守"部分之佚文。准此,《墨子》在彼时尚有完本。

《太平御览》卷一六一载:"《刘子》曰:'邑号朝歌,墨子回车。'"③ 亦承两汉之墨家传说。

总之,北朝士人论墨,有如下两点应予注意。

首先,北朝士人论墨,没有南朝传说中的"墨子见神仙"等神怪气息。这与南朝、北朝的主流思想差异有关。南朝佛道思想盛行,梁武帝萧衍曾三次舍身佛寺,并大倡"神不灭论"。而北朝则不同,北周武帝建德三年(574)五月十四日,北周武帝诏令僧道二教之众大集京师,于太极殿辩佛道优劣,帝自躬临,并斥佛人不净。五月十五日,武帝决意禁断佛道二教,敕令罢除僧门道士,一并还俗,经像悉数毁坏,籍三百万人并充军民。一时间,关陇佛道,诛除略尽。这便使得北朝儒生扬眉吐气,标榜纯儒之学。这种学术风气使得北朝士人在论墨时脱尽神秘气息而还墨子本来面目。

其次,在评价墨子时,北朝士人多承两汉魏晋旧说,两汉时期的儒墨并举、魏晋时期重墨家学术流别的风气,在北朝士人论墨时都得以继承。北朝继承学术旧统的主要原因在于,北朝为异族掌权,夷夏之辨的传统观

① 颜之推:《颜氏家训》,《诸子集成》,河北人民出版社 1986 年版,第 26—27 页。
② 李昉等:《太平御览》,中华书局 1985 年版,第 929 页。
③ 李昉等:《太平御览》,中华书局 1985 年版,第 781 页。

念，使得北朝士人更加重视"学术正宗传承人"的名号。在这种"学术阴影"的笼罩下，他们不敢像南朝士人那样对墨家"学术形象"作改造乃至歪曲为"道教徒"。

二、从隋唐五代典籍所载看此时期的墨学流传

（一）从典籍所载看隋朝墨学的流传

就流传至今的古代典籍看，能够全面反映隋代社会情况的是《隋书》。《隋书》八十五卷，其纪传五十五卷，唐魏徵等撰；其《志》三十卷，唐长孙无忌、于志宁等撰修。《隋书》论墨家、墨学及引《墨子》情况如下。

《隋书·经籍志》载墨家书三种："《墨子》十五卷、目一卷，注：宋大夫墨翟撰。《随巢子》一卷，注：巢，似墨翟弟子。《胡非子》一卷，注：非，似墨翟弟子。梁有《田俅子》一卷，亡。"① 另外还载"《墨子枕内五行纪要》一卷"②。

《隋书·经籍志》之诸子论中论墨家曰："墨者，强本节用之术也。上述尧、舜、夏禹之行，茅茨不翦，粝粱之食，桐棺三寸，贵俭兼爱，严父上德，以孝示天下，右鬼神而非命。《汉书》以为本出清庙之守。然则《周官》宗伯'掌建邦之天神地祇人鬼'，肆师'掌立国祀及兆中庙中之禁令'，是其职也。愚者为之，则守于节俭，不达时变，推心兼爱，而混于亲疏也。"③ 其论兼融《论六家要旨》及《汉书·艺文志》之论墨家，而又有自己的裁剪发挥。其论杂家时涉及墨家："杂者，兼儒、墨之道，通众家之意，以见王者之化，无所不冠者也。古者，司史历记前言往行，祸福存亡之道。然则杂者，盖出史官之职也。放者为之，不求其本，材少而多学，

---

① 魏徵等：《隋书》，中华书局 1973 年版，第 1005 页。
② 魏徵等：《隋书》，中华书局 1973 年版，第 1043 页。
③ 魏徵等：《隋书》，中华书局 1973 年版，第 1005 页。

言非而博，是以杂错漫羡，而无所指归。"① 其论亦仿《汉书·艺文志》论杂家之言，以为杂家中兼有"墨家之道"。

《隋书·经籍志》所载"《墨子枕内五行纪要》一卷"，已佚。据《抱朴子·遐览》，其师郑隐所藏道书中有《墨子枕中五行记》五卷，后由刘安摘抄为一卷②，称"《墨子五行记》"。此书部分内容在宋代依旧流传，《太平御览》卷八八八载："《墨子五行书》云：'墨子能变形易貌，坐在立亡。蹙面则成老人，含笑则成女子，踞地则成小儿。'"③ 此所论，当与道教徒崇信墨子为神仙有关。

此外，《隋书》还载时人论墨家与墨学。如《隋书·王贞列传》载隋炀帝时齐王杨暕招王贞书中有曰："卿道冠鹰扬，声高凤举，儒墨泉海，词章苑囿，栖迟衡泌，怀宝迷邦，徇兹独善，良以於邑。"④ 以"儒墨泉海，词章苑囿"赞王贞之才；《隋书·潘徽列传》在《韵纂序》中曰："上柱国、太尉、扬州总管、晋王握珪璋之宝，……加以佃渔六学，网罗百氏，继稷下之绝轨，弘泗上之沦风，赜无隐而不探，事有难而必综。至于采标绿错，华垂丹篆，刑名长短，儒墨是非，书圃翰林之域，理窟谈丛之内，谒者所求之余，侍医所校之逸，莫不澄泾辨渭，拾珠弃蚌。"⑤ 论学术以"儒墨是非"为例。这些，都说明自汉代开始的"儒墨并称"现象仍在延续，墨家的思想影响在隋代仍未式微。

另外，在《隋书·艺术志》的绪论中有曰："语医，则文挚、扁鹊、季咸、华佗；其巧思，则奚仲、墨翟、张平子、马德衡。凡此诸君者，仰观俯察，探赜索隐，咸诣幽微，思侔造化，通灵入妙，殊才绝技。"⑥ 以墨子为至巧的代表。

---

① 魏徵等：《隋书》，中华书局 1973 年版，第 1010 页。
② 葛洪崇信其师寿达数百，故言刘安曾撮抄其书。
③ 李昉等：《太平御览》，中华书局 1985 年版，第 3944 页。
④ 魏徵等：《隋书》，中华书局 1973 年版，第 1737 页。
⑤ 魏徵等：《隋书》，中华书局 1973 年版，第 1746 页。
⑥ 魏徵等：《隋书》，中华书局 1973 年版，第 1763 页。

由《隋书》所见，隋代墨学的流传可注意者有三：

其一，虽经过了魏晋南北朝时期的长久战乱，《墨子》仍在流传，只是因抄录《墨子》者自竹简而至缣帛，故合篇为卷。萧梁庾仲容辑抄《子抄》时《墨子》已为"十六卷"，《隋书·经籍志》因之著录为"《墨子》十五卷，目一卷"。

其二，由于东汉以来道教的发展，墨家因主"明鬼、天志"而被道教徒看重，造作出种种神怪传说，墨子也被逐渐附会为道教的神仙。《隋书》所载《墨子枕内五行纪要》即此方面内容的反应。

其三，《隋书》所见隋代关于墨家与墨学的评说，依旧承袭汉魏晋南北朝人"儒墨并举"之论。并由于晋人鲁胜《墨辩注》的影响，墨家的工艺技巧也受到重视，故有《隋书·艺术志》墨翟"巧思"之论。

（二）从典籍所载看唐五代墨学的流传

唐五代关于墨学流传的记载主要保存在《旧唐书》《新唐书》《旧五代史》《新五代史》中。其论墨家、墨学及引《墨子》情况如下。

《旧唐书·经籍志》载："丙部为子，其类一十有四：一曰儒家，以纪仁义教化。二曰道家，以纪清净无为。三曰法家，以纪刑法典制。四曰名家，以纪循名责实。五曰墨家，以纪强本节用。六曰纵横家，以纪辩说诡诈。七曰杂家，以纪兼叙众说。八曰农家，以纪播植种艺。九曰小说家，以纪刍辞舆诵。十曰兵法，以纪权谋制度。十一曰天文，以纪星辰象纬。十二曰历数，以纪推步气朔。十三曰五行，以纪卜筮占候。十四曰医方，以纪药饵针灸。"[1]《新唐书·艺文志》曰："丙部子录，其类十七：一曰儒家类，二曰道家类，三曰法家类，四曰名家类，五曰墨家类，六曰纵横家类，七曰杂家类，八曰农家类，九曰小说类，十曰天文类，十一曰历算类，十二曰兵书类，十三曰五行类，十四曰杂艺术类，十五曰类书类，

---

① 刘昫等：《旧唐书》，中华书局 1975 年版，第 1963—1964 页。

十六曰明堂经脉类，十七曰医术类。"① 都承《汉书》《隋书》而将墨家作为子部中的一家来载录。具体到墨家类，《旧唐书·经籍志》载："《墨子》十五卷，注：墨翟撰。《胡非子》一卷，注：胡非子撰。右墨家二部，凡一十六卷。"②《新唐书·艺文志》载："《墨子》十五卷，注：墨翟。《胡非子》一卷。《随巢子》一卷。右墨家类三家，三部，一十七卷。"③《旧唐书》所著录为现存书，故缺"《随巢子》一卷"。

以上二书之纪传部分论墨主要有以下三方面的内容。

第一，论墨家思想或学术流别。如《旧唐书·崔沔传》载其与太常卿韦縚论"加笾豆之数及制服之纪"时有曰："虽加笾豆十二，未足以尽天下美物，而措诸清庙，有兼倍之名，近于侈矣！鲁人丹桓宫之楹，又刻其桷，《春秋》书以'非礼'。御孙谏曰：'俭，德之恭也；侈，恶之大也。先君有恭德，而君纳诸恶，无乃不可乎！'是不可以越礼而崇侈于宗庙也。又据《汉书·艺文志》：'墨家之流，出于清庙，是以贵俭'。由此观之，清庙之不尚于奢，旧矣。太常所请，恐未可行。"④ 此据《汉书·艺文志》所论，举墨家"出于清庙是以贵俭"作为清庙尚俭的例证。而两唐书中所载"史臣"之论，亦可见此内容。如《新唐书》列传第一百一卷末论曰："自晋汔隋，老佛显行，圣道不断如带。诸儒倚天下正议，助为怪神。愈独喟然引圣，争四海之惑，虽蒙讪笑，踣而复奋，始若未之信，卒大显于时。昔孟轲拒杨、墨，去孔子才二百年。愈排二家，乃去千余岁，拨衰反正，功与齐而力倍之，所以过况、雄为不少矣。自愈没，其言大行，学者仰之如泰山、北斗云。"⑤ 赞韩愈维护儒学之功，将"杨、墨"作为儒学的对立学说来对待。

第二，承魏晋旧说以墨子可行"鬼道"。如《旧唐书·李邕列传》载

① 欧阳修等：《新唐书》，中华书局 1975 年版，第 1509 页。
② 刘昫等：《旧唐书》，中华书局 1975 年版，第 2032 页。
③ 欧阳修等：《新唐书》，中华书局 1975 年版，第 1533 页。
④ 刘昫等：《旧唐书》，中华书局 1975 年版，第 4930 页。
⑤ 欧阳修等：《新唐书》，中华书局 1975 年版，第 5269 页。

李邕谏中宗勿以"妖人郑普思"为秘书监时曰："若以普思可致仙方，则秦皇、汉武久应得之，永有天下，亦非陛下今日可得而求；若以普思可致佛法，则汉明、梁武久应得之，永有天下，亦非陛下今日可得而求；若以普思可致鬼道，则墨翟、干宝，各献于至尊矣，而二主得之，永有天下，亦非陛下今日可得而求。此皆事涉虚妄，历代无效，臣愚不愿陛下复行之于明时。"[1]此言若"鬼道"实可致，则"墨翟、干宝，各献于至尊矣"，以墨子为明"鬼道"的代表，可能因墨子倡"明鬼说"而被道教徒附会有"五行术"有关。此一观念，至五代动乱时，为民间术士所借用而作为起事的号召手段。如《新五代史·李存义传》载："存义历建雄、保大二军节度使。娶郭崇韬女。是时，魏州妖人杨千郎用事，自言有墨子术，能役使鬼神，化丹砂、水银。庄宗颇神之，拜千郎检校尚书郎，赐紫，其妻出入宫禁，承恩宠，而士或因之以求官爵，存义及存渥等往往朋淫于其家。"[2]将"墨子术"作为神仙方术的代表。

第三，承用秦汉传闻，以墨家事迹作为例证。如《旧唐书·于志宁列传》载其谏太子书中有曰："又郑、卫之乐，古谓淫声。昔朝歌之乡，回车者墨翟；夹谷之会，挥剑者孔丘。先圣既以为非，通贤将以为失。顷闻宫内，屡有鼓声大乐，伎儿入便不出。闻之者股栗，言之者心战。"[3]以墨子"非乐"论所引发的传闻作论据来谏太子喜爱"淫乐"。

（三）隋唐五代墨学流传综说

隋唐五代时期墨学流传情况应予注意者有三。

第一，由《隋书·经籍志》《旧唐书·经籍志》《新唐书·艺文志》著录可见，其时《墨子》书仍在流传，且篇卷与《汉书·艺文志》所载同。其书流传面颇广，墨学论说与墨家事迹被多人传扬。

---

[1] 刘昫等：《旧唐书》，中华书局1975年版，第5040页。
[2] 欧阳修：《新五代史》，中华书局1974年版，第151页。
[3] 刘昫等：《旧唐书》，中华书局1975年版，第2695页。

第二，隋唐五代在对墨家与墨学的评价方面，继承的基本都是前代观点，如《隋书·潘徽列传》在《韵纂序》中论学术以"儒墨是非"为例、《旧唐书·崔沔传》载崔沔与太常卿韦绍论"加笾豆之数及制服之纪"时举墨家"出于清庙是以贵俭"作为清庙尚俭的例证、《新五代史·李存义传》载"魏州妖人杨千郎用事，自言有墨子术，能役使鬼神，化丹砂、水银"继承的是晋代以来"墨子为鬼道"的观点。

第三，唐代的墨学流传中出现截然相反的两种观点。一种主张在传儒经之外，亦传其他诸子书，其中有《墨子》。顾炎武在《日知录》卷十七曾专考此问题，曰"唐时凡九流百家之事，并付诸国学，而授之以经"，并引欧阳詹《贞元十四年记》"我国家春享先师后，更日命太学博士清河张公讲《礼记》。束修既行，筵肆乃设，公就几，北坐南面；直讲抗牒，南坐北面。大司成端委居于东，小司成率属列于西。国子师长序公侯子孙自其馆，太学长序卿大夫、子孙自其馆，四门师长序八方俊造自其馆，广文师长序天下秀彦自其馆，其余法家、墨家、书家、算家术业以明亦自其馆。没阶云来，即席鳞差，攒弁如星，连襟成帷"①为证。这是唐代社会开放的结果，它对墨学与墨家事迹流传的促进作用是很大的。

另外一种则继承了孟子以来"尊儒辟墨"的观点，主张以儒家为正统。如《新唐书》列传第一百一卷末赞韩愈维护儒学之功时将"杨、墨"作为儒学的对立学说来对待等。这两种观点的对立，开启了千余年"儒墨为用"与否的争论。

三、从宋元典籍所载看此时期的墨学流传

（一）从《宋史》《元史》所引看宋元时期的墨学流传

《宋史》除《艺文志》所载外引时人论墨一次，《元史》引时人论墨二次。

---

① 黄汝成：《日知录集释》，岳麓书社 1994 年版，第 635 页。

《宋史·李渎列传》载："真宗祀汾阴，直史馆孙冕言其隐操，请加搜采，陈尧叟复荐之。命使召见，辞足疾不起。遣内侍劳问，令长吏岁时存抚。明年，又遣使存问，渎自陈世本儒墨习静避世之意。"① 其言"世本儒墨"，继承的是汉代以来"儒墨并称"的观点。《元史·黄泽列传》载："吴澄尝观其书，以为平生所见明经士，未有能及之者，谓人曰：'能言距杨、墨者，圣人之徒也，楚望真其人乎！'然泽雅自慎重，未尝轻与人言。"② 吴澄言"能言距杨、墨者，圣人之徒也，楚望真其人乎"，继承的是孟子以来"尊儒辟墨"的观点；《元史·胡长孺列传》载："至长孺，其学益大振，《九经》、诸史，下逮百氏，名、墨、纵横，旁行敷落，律令章程，无不包罗而揆序之。"③ 由此可见元代某些知识士子所习课业中有墨学。

《宋史·艺文志》载："子类十七：一曰儒家类，二曰道家类（释氏及神仙附），三曰法家类，四曰名家类，五曰墨家类，六曰纵横家类，七曰农家类，八曰杂家类，九曰小说家类，十曰天文类，十一曰五行类，十二曰蓍龟类，十三曰历算类，十四曰兵书类，十五曰杂艺术类，十六曰类事类，十七曰医书类。"④ 但墨家类只载墨家书一种："《墨子》十五卷，注：宋墨翟撰。右墨家类一部，十五卷。"⑤ 同时，作为道书的《墨子枕中记》仍在流传："《太上墨子枕中记》二卷。"⑥ 此书疑即《隋书·经籍志》所载"《墨子枕内五行纪要》"，而将一卷增益为二卷；《太平御览》卷八百八十八所引《墨子五行书》或与此书有关；另外，《宋史·艺文志》还增加"《名墨纵横家无所增益答迮英圣问》一卷"，惜其久佚。

①　脱脱：《宋史》，中华书局 1985 年版，第 13429 页。
②　宋濂：《元史》，中华书局 1976 年版，第 4324 页。
③　宋濂：《元史》，中华书局 1976 年版，第 4331 页。
④　脱脱：《宋史》，中华书局 1985 年版，第 5771 页。
⑤　脱脱：《宋史》，中华书局 1985 年版，第 5203 页。
⑥　脱脱：《宋史》，中华书局 1985 年版，第 5198 页。

（二）从《太平御览》等引他人所论看宋元时期的墨学流传

《太平御览》引《墨子》128 次，引他书论墨引墨 31 次。其引他书论墨引墨计：《庄子》1 次（卷八二）、《尸子》3 次（卷三二七、卷三三六、卷四六二）、《胡非子》1 次（卷四九六）、《吕氏春秋》2 次（卷三二〇、卷四二九）、《战国策》1 次（卷三二〇）、《世本》1 次（卷三五五）、《淮南子》3 次（卷三二七、卷四二九、卷四三一）、《史记》1 次（卷二一）、《说苑》1 次（卷八二〇）、《新序》2 次（卷二七一、卷六〇七）、《汉书·地理志》1 次（卷一六五）、《论衡》1 次（卷一六七）、刘根《墨子枕中五行记》1 次（卷八五七）、胡广《百官箴》1 次（卷五八八）、《琴操》1 次（卷九一二）、《帝王世纪》1 次（卷八〇）、《傅子》1 次（卷五八一）、张协《楔赋》1 次（卷三〇）、《墨子五行书》1 次（卷八八八）、《秦州记》1 次（卷一九二）、《刘子》1 次（卷一六一）、《北齐书》1 次（卷三四九）、《北史》1 次（卷三二〇）、《唐书》1 次（卷二二三）、《后汉书》李贤注 1 次（卷三三六）。这诸多引用，我们在其前章节中多已列述。而《太平御览》的编辑载录，更扩大了墨学的流传。

（三）从宋元笔记等典籍所载看墨学流传

宋人赵与时《宾退录》卷六载："《真诰》《丹台录》诸书所载，如武王发为北斗君，召公奭为南明公，贾谊为西门都禁郎，温太真为监海开国伯，魏武帝为北君太傅，孔文举为后中卫大将军，陶侃为西河侯，秦始皇为北帝上相，周公旦为北帝师，伯夷、叔齐为九天仆射，墨翟为太极仙卿，庄周为太玄博士，孔子为元宫仙之类，凡数十人，不可悉书。"①此追述墨子被道教遵奉的过程。

洪迈《容斋续笔》卷四："《墨子》书《贵义》篇云：'子墨子北之齐，遇日者。日者曰："帝以今日杀黑龙于北方，而先生之色黑，不可以北。"

____
① 赵与时：《宾退录》，上海古籍出版社 1983 年版，第 80 页。

子墨子不听，遂北，至淄水，不遂而反。日者曰："我谓先生不可以北。"子墨子曰："南之人不得北，北之人不得南，其色有黑者，有白者，何故皆不遂也。且帝以甲乙杀青龙于东方，以丙丁杀赤龙于南方，以庚辛杀白龙于西方，以壬癸杀黑龙于北方，若子之言，不可用也。'"《史记》作《日者列传》，盖本于此。"① 此将《墨子》与《史记·日者列传》联系起来，追述《史记》之"日者"的文化源流。

元人刘祁《归潜志》卷十三："老子之书，孔子尝见之矣，而未尝论其是非。孟子亦尝见之矣，而未尝言。若庄子与孟子同时，其名不容有不相知，而亦未尝有一言相及。而孟子所排者，杨、墨、仪、秦；庄子所论者，孔、颜、曾、史。至于扬子始论老庄得失，韩子则盛排之，何哉？夫老庄之书孔孟不言，其偶然邪？其有深意邪？扬子排之，其得圣人微意邪？其与圣人异见邪？"② 其追述诸子学术史而及于墨家。

元人陶宗仪《辍耕录》卷十三："余幼时，尝见胡石塘先生《玄宝传》，今不能记其全篇。有人出永嘉高则诚（明）《乌宝传》相示，虽曰以文为戏，要亦有关于世教。《传》曰：'乌宝者，其先出于会稽褚氏。世尚儒，务词藻，然皆不甚显。至宝厌祖父业，变姓名从墨氏游，尽得其通神之术，由是知名。初，宝之先有钱氏者，亦以通神之术显。迨宝出，而钱氏遂废。然其术亦颇相类，故不知者犹以为钱云。宝轻薄柔默，外若方正，内实垢污。善随时舒卷，常自得圣人一贯之道，故无人而不自得。流俗多惑之，凡有谋于宝，小大轻重，多寡精粗，无不曲随人所求。自公卿以下，莫不敬爱。其子姓蕃衍，散处郡国者，皆官给庐舍、而加守护焉。其有老死者，则官为聚其尸而焚之。盖知墨之末俗也。宝之所在，人争迎取邀致。苟得至其家，则老稚婢隶无不忻悦。且重扃邃宇，敬事保爱，惟恐其他适也。然素趋势利，其富室执人，每屈辄往。虽终身服役弗厌。其窭人贫

---

① 洪迈：《容斋续笔》，《四部丛刊续编》，商务印书馆 1934 年版，第 9—10 页。
② 刘祁：《归潜志》，中华书局 1983 年版，第 146 页。

氓，有倾心愿见，终不肯一往，尤不喜儒。虽有暂相与往来者，亦终不能久留也。盖儒墨之素不相合若此。宝好逸恶劳，爱俭素，疾华侈，常客于弘农田氏，田氏朴且啬，宝竭诚与交。田氏没，其子好奢靡，日以声色宴游为事。宝甚厌之。邻有商氏者，亦若田氏父之为也，遂挈其族往依焉。盖墨之道贵清净故也。然其为人也多诈，反覆不常。凡达官势人，无不愿交，而率皆不利败事。故其廉介自持者，率不与宝交。自宝之术行，挟诈者往往伪为宝术以售于时，后皆败死，故宝之术益尊是时，昆仑抱璞公、南海玄珠子、永昌从革生皆能济人，与世俯仰，曲随人意。而三人亦愿为宝交，苟得宝一往，则三人亦无不可致，故时誉咸归于宝焉。宝族虽伙，然其状貌技术亦颇相似。知与不知、咸谓之乌宝云。'论曰：乌氏见于《春秋》，《世本》姓苑。若存余枝乌获，皆为显仕。至唐，承恩重，胤始盛，迨宝而益著。宝裔本褚氏，而自谓乌氏，则变诈亦可知矣。宝之学虽出于墨，而其害道伤化尤甚。虽孟轲氏复生，不能辟也。然使宝生于唐虞三代时，其术未必若是显。然则宝之得行其志者，亦其时有以使之。呜呼！岂独宝之罪哉？"[①] 通过对乌宝道术的记述评论，反映出民间对道教之"墨子术"的遵奉。

（四）宋元墨学流传评说

宋元之墨学流传，我们可从学界与民间两方面论说。

第一，作为先秦诸子之一，墨子受到宋元学人的重视，如李渍"自陈世本儒墨习静避世之意"，胡长孺学《九经》、诸史及名、墨、纵横。同时，宋元学人重视墨家的学术流变，如洪迈《容斋续笔》将《墨子》与《史记·日者列传》联系起来，追述"日者"之学术文化源流。

第二，民间对墨子、墨家的重视，主要基于道教的影响，如赵与时《宾退录》称"墨翟为太极仙卿"，追述墨子被道教遵奉的过程等。

---

① 陶宗仪：《辍耕录》，《丛书集成初编》，中华书局 1985 年版，第 193—194 页。

第二节　魏晋至宋元间文人对墨学的研究和评说

魏晋至宋元间，墨学研究虽步入低谷，但并非无可称说者。晋鲁胜、唐韩愈、宋王安石及朱熹等人对墨家与墨学的研究评说，足可重视。

一、晋鲁胜对《墨辩》的研究和评说

晋鲁胜对《墨辩》的研究评说保留在《晋书·鲁胜列传》中："鲁胜，字叔时，代郡人也。少有才操，为佐著作郎。……其著述为世所称，遭乱遗失，惟注《墨辩》，存其叙曰：'名者所以别同异，明是非，道义之门，政化之准绳也。孔子曰："必也正名，名不正则事不成。"墨子著书，作《辩经》以立名本，惠施、公孙龙祖述其学，以正别名显于世。孟子非墨子，其辩言正辞则与墨同。荀卿、庄周等皆非毁名家，而不能易其论也。名必有形，察形莫如别色，故有坚白之辩。名必有分明，分明莫如有无，故有无序之辩。是有不是，可有不可，是名两可。同而有异，异而有同，是之谓辩同异。至同无不同，至异无不异，是谓辩同辩异。同异生是非，是非生吉凶，取辩于一物而原极天下之污隆，名之至也。自邓析至秦时名家者，世有篇籍，率颇难知，后学莫复传习，于今五百余岁，遂亡绝。《墨辩》有上下《经》，《经》各有《说》，凡四篇，与其书众篇连第，故独存。今引说就经，各附其章，疑者阙之。又采诸众杂集为《刑》《名》二篇，略解指归，以俟君子。其或兴微继绝者，亦有乐乎此也！'"①通过鲁胜《墨辩叙》可看出以下三点。

第一，《墨子》虽经汉末三国战乱，仍旧流传不绝。但除鲁胜所论外，再无对于《墨辩》诸文专门研究的记载。鲁胜注《墨辩》，成为刘向编校《墨

---

① 房玄龄：《晋书》，中华书局 1974 年版，第 2433—2434 页。

子》后研究《墨辩》之第一人。

第二，鲁胜所见之《墨辩》"有上下《经》，《经》各有《说》，凡四篇，与其书众篇连第"，与今传毕沅从《道藏》本所整理之篇章次序相同；其曰"引说就经，各附其章"，知其与今传毕沅从《道藏》本所整理之《经》《说》分篇并立不同；加之所"采诸众杂集为《刑》《名》二篇"，可见鲁胜《墨辩注》当有《经上注》（含《经说上》诸章分布到相应《经上》诸章下）《经下注》（含《经说下》诸章分布到相应《经下》诸章下）《刑》《名》诸篇。

第三，据鲁胜讲，《墨辩》的主旨是"以立名本"。鲁胜总结《墨辩》"以立名本"的论题有：讲"察形、别色"的"坚白之辩"、查"是有不是，可有不可"的"两可"之辩、讲"至同无不同，至异无不异"的"至同至异"之辩等。

第四，鲁胜重视名辩而对《墨辩》研究、注释，可能与他的思想倾向有关。据《晋书·鲁胜列传》，鲁胜还作有《正天论》，其辞有曰："以冬至之后立晷测影，准度日月星。臣案日月裁径百里，无千里；星十里，不百里。"[1] 其学重科技术数，故对主讲科技的《墨辩》发生兴趣。

二、唐士子对墨学的研究和评论

（一）赵蕤《长短经》论墨学

赵蕤《长短经》中论墨或引他人论墨的内容可分为如下三类。

第一，引墨家所论以为论据。如卷三《文下》曰："《墨子》曰：'古之人未知宫室，就陵阜而居，穴而处。故圣王作，为宫室。为宫室之法：高足以避润湿，边足以圉风寒，宫墙之高足以别男女之礼，谨此则止，不以为观乐也。故天下之人，财用可得而足也。'当今之王为宫室，则与此异矣。必厚敛于百姓，以为宫室台榭曲直之望、青黄刻镂之饰。

---

① 房玄龄：《晋书》，中华书局 1974 年版，第 2433 页。

为宫室若此，故左右皆法而象之，是以财不足以待凶饥、振孤寡，故国贫而难理也。"[1] 论"国贫而难理"的原因之一是"厚敛于百姓，以为宫室台榭曲直之望、青黄刻镂之饰"时举《墨子》所云为主论据；又曰："当今之王，其为衣服，则与此异矣。必厚敛于百姓，以为文彩靡曼之衣，铸金以为钩，珠玉以为佩。由此观之，其为衣服，非为身体，此为观好也。是以其人淫僻而难治，其君奢侈而难谏。夫以奢侈之君，御淫僻之人，欲国无乱，不可得也。为衣服不可不节。此墨翟之术也。"[2] 论当今之王"其为衣服，非为身体，此为观好也"之非时举墨子所论为据。由这些论说看，赵蕤是颇为欣赏墨子关于社会治理特别是其"节用"理论的。

第二，引他人论墨之说。如卷三《文下》引赵高说李斯改诏书私立胡亥语曰"上下合同，可以长久；中外若一，事无表里。君听臣之计，则长有封侯，世世称孤，必有松乔之寿、孔墨之智。今释此而不从，祸及子孙，足为寒心。善者因败为福，君何处焉？"[3] 又引《汉书·艺文志》论曰"墨家者，盖出于清庙之官，茅屋采椽，是以贵俭；养三老五更，是以兼爱；选士大射，是以上贤；宗祀严父，是以右鬼；顺四时而行，是以非命；以孝示天下，是以上同，此其所长也。及蔽者为之，见俭之利，因以非礼，推兼爱之意，而不知别亲疏，此墨家之弊也。"[4] 又于卷八《杂说》论曰："班固九流，其九曰杂家，兼儒墨，合名法。傅子九品，其九曰杂才，以长讽议。由是观之，杂说之益，有自来矣。故著此篇，盖立理叙事，以示将来君子矣。"[5] 这些引用，说明唐前期墨家学说受重视的程度。

第三，《长短经》还记有"神农形悴，唐尧瘦臞，舜黎黑，禹胼胝，

① 赵蕤：《长短经》，《丛书集成初编》，中华书局1985年版，第88页。
② 赵蕤：《长短经》，《丛书集成初编》，中华书局1985年版，第89页。
③ 赵蕤：《长短经》，《丛书集成初编》，中华书局1985年版，第200页。
④ 赵蕤：《长短经》，《丛书集成初编》，中华书局1985年版，第97页。
⑤ 赵蕤：《长短经》，《丛书集成初编》，中华书局1985年版，第256页。

伊尹负鼎而干汤，吕望鼓刀而入周，墨翟无黔突，孔子无暖席，非以贪禄位，将欲起天下之利，除万人之害"①，对墨家献身精神多所赞颂，显示出赵蕤对墨家学说的重视。

赵蕤引墨家学说的特点在于：首先，赵蕤将墨家学说作为与儒家学说等同的至理名言来对待，故将其与儒家学说一同引作说理论据。其次，赵蕤引墨子"节用"论以批评当政者不恤民情等是为执政者施政提供理论借鉴，表现出唐前期社会的开放。

（二）韩愈论墨

唐人韩愈多次论墨，收入《韩昌黎文集》者就有十数则。而其中最应引为注意者，为韩愈《读墨子》一文。

《韩昌黎文集》载韩愈《读墨子》："儒讥墨以上同、兼爱、上贤、明鬼，而孔子畏大人，居是邦不非其大夫，《春秋》讥专臣，不'上同'哉？孔子泛爱亲仁，以博施济众为圣，不'兼爱'哉？孔子贤贤，以四科进褒弟子，疾殁世而名不称，不'上贤'哉？孔子祭如在，讥祭如不祭者，曰'我祭则受福'，不'明鬼'哉？儒墨同是尧舜，同非桀纣，同修身正心以治天下国家，奚不相悦如是哉？余以为辩生于末学，各务售其师之说，非二师之道本然也。孔子必用墨子，墨子必用孔子，不相用不足为孔墨。"②韩愈就墨家主要学说中的"上同、兼爱、上贤、明鬼"诸说，一一排比孔子所论与墨子所主这两学说间实际意蕴的一致性，因而得出"孔子必用墨子，墨子必用孔子，不相用不足为孔墨"的"孔墨相用说"，引发了学术史上的长久争论。

但仅就《读墨子》一篇，还难以了解韩愈对墨学的全面态度。韩愈在《与孟尚书书》中分辩自己没有"近少信奉释氏"时说："……且愈不

---

①　赵蕤：《长短经》，《丛书集成初编》，中华书局1985年版，第79页。

②　马其昶：《韩昌黎文集校注》，上海古籍出版社1986年版，第39页。

助释氏而排之者，其亦有说。孟子云：今天下不之杨，则之墨。杨、墨交乱，而圣贤之道不明，则三纲沦而九法斁，礼乐崩而夷狄横，几何其不为禽兽也！故曰：'能言拒杨墨者，皆圣人之徒也。'扬子云云：'古者杨墨塞路，孟子辞而辟之，廓如也。'夫杨、墨行，正道废，且将数百年，以至于秦，卒灭先王之法，烧除其经，坑杀学士，天下遂大乱。及秦灭，汉兴且百年，尚未知修明先王之道。其后始除挟书之律，稍求亡书，招学士，经虽少得，尚皆残缺，十亡二三。故学士多老死，新者不见全经，不能尽知先王之事，各以所见为守，分离乖隔，不合不公，二帝三王群圣人之道于是大坏。后之学者无所寻逐，以至于今泯泯也。其祸出于杨、墨肆行而莫之禁故也。孟子虽贤圣，不得位，空言无施，虽切何补？然赖其言，而今学者尚知宗孔氏，崇仁义，贵王贱霸而已。其大经大法皆亡灭而不救，坏烂而不收，所谓存十一于千百，安在其能廓如也？然向无孟氏。则皆服左衽而言侏离矣。故愈尝推尊孟氏，以为功不在禹下者，为此也。汉氏已来，群儒区区修补，百孔千疮，随乱随失，其危如一发引千钧，绵绵延延，浸以微灭，于是时也，而唱释、老于其间，鼓天下之众而从之。呜呼，其亦不仁甚矣！释、老之害，过于杨、墨；韩愈之贤，不及孟子。孟子不能救之于未亡之前，而韩愈乃欲全之于已坏之后，呜呼，其亦不量其力且见其身之危，莫之救以死也！虽然，使其道由愈而粗传，虽灭死万万无恨！"① 由此可见，韩愈所标榜的还是自己的儒家立场，他赞成孟子的"今天下不之杨，则之墨。杨、墨交乱，而圣贤之道不明"，说"夫杨、墨行，正道废，且将数百年"，并分析儒家之道堕坏的原因之一是"后之学者无所寻逐，以至于今泯泯也。其祸出于杨、墨肆行而莫之禁故也"。那么由此可以论定，韩愈在《读墨子》中所主张的"孔墨相用"意在说明：儒墨之辩，实"生于末学，各务售其师之说，非二师之道本然也"。

---

① 马其昶：《韩昌黎文集校注》，上海古籍出版社1986年版，第214页。

（三）柳宗元论墨

柳宗元论墨，其内容有二，一曰辩墨不如佛，一曰探讨墨家学术问题。

就前者，其《送僧浩初序》有曰："儒者韩退之与余善，尝病余嗜浮图言，訾余与浮图游。近陇西李生础自东都来，退之又寓书罪余，且曰：'见《送元生序》，不斥浮图。'浮图诚有不可斥者，往往与《易》《论语》合，诚乐之，其于性情奭然，不与孔子异道。退之好儒未能过扬子，扬子之书于庄、墨、申、韩皆有取焉。浮图者，反不及庄、墨、申、韩之怪僻险贼耶？曰：'以其夷也。'果不信道而斥焉以夷，则将友恶来、盗跖，而贱季札、由余乎？"[1] 季札、由余，祖非华夏而古称贤者；柳宗元以此比况外来之佛家与华夏之墨家等，主张"墨不如佛"，故反问曰"浮图者，反不及庄、墨、申、韩之怪僻险贼耶"，由此可见柳宗元反庄、墨、申、韩诸子而赞佛屠的态度。

关于后者即探讨墨家学术诸问题，其《辩〈晏子春秋〉》曰："司马迁读《晏子春秋》，高之，而莫知其所以为书。或曰晏子为之，而人接焉，或曰晏子之后为之，皆非也。吾疑其墨子之徒有齐人者为之。墨好俭，晏子以俭名于世，故墨子之徒尊著其事，以增高为己术者。且其旨多尚同、兼爱、非乐、节用、非厚葬久丧者，是皆出墨子。又非孔子，好言鬼事，非儒、明鬼，又出墨子。其言问枣及古冶子等，尤怪诞。又往往言墨子闻其道而称之，此甚显白者。自刘向、歆、班彪、固父子，皆录之儒家中。甚矣，数子之不详也！盖非齐人不能具其事，非墨子之徒，则其言不若是。后之录诸子书者，宜列之墨家。非晏子为墨也，为是书者，墨之道也。"[2] 由《晏子春秋》与《墨子》同倡"尚同、兼爱、非乐、节用、非厚葬久丧"诸说，而谓《晏子春秋》"宜列之墨家"，并解释说"非晏子为墨也，为是书者，墨之道也"。此一论断，甚有学术眼光，开启了古书辨伪的"思

---

① 柳宗元：《柳河东全集》，中国书店1991年版，第285页。

② 柳宗元：《柳河东全集》，中国书店1991年版，第49页。

想比较方法"。

柳宗元不但研究《墨子》本文，而且对于后人就墨家的研究解说也十分关注，其《覃季子墓铭》中曰："覃季子，其人生爱书，贫甚，尤介特，不苟受施。读经传言其说数家，推《太史公》《班固书》下到今，横竖钩贯，又且数十家，通为书，号《覃子史纂》。又取《鬻》《老》《管》《庄》《子思》《晏》《孟》下到今，其术自儒、墨、名、法，至于狗彘草木，凡有益于世者，为《子纂》又百有若干家。"①赞覃季子对于"儒、墨、名、法"等家的整理研究。

（四）唐代士子论墨评说

由赵蕤、韩愈、柳宗元论墨，可见唐代主流学术思想的演变。边族出身的李氏入主中原，思想开放，故实行包容各家学说的宽容政策，儒、道、墨、法乃至佛教、道教都获得发展。由赵蕤论事说理时将墨家与儒家等诸子各家学说一同引作说理论据看，其所处的唐前期是一个传统学术兴盛的时代。但到了韩愈、柳宗元所处的唐中期，佛学大盛，传统学术思想受到挑战，不但墨、法等诸子思想被贬斥，而且儒家思想的正统地位也受到佛、道思想的挑战，思想界出现儒、释、道三分的局面，墨家思想依旧处于不被重视的地位。

因墨家曾"非儒"，故墨家思想与儒家思想的联系和对立一直是历代学者关心的论题。在唐前期诸子学术大流行的时代，墨家思想亦受到重视，魏徵选编《群书治要》以为朝廷施政借鉴，《墨子》与焉；赵蕤也在其《长短经》中对墨家学说引用、传扬。但到了儒、释、道三家争立的唐中期，儒家思想不但面临着与佛、道的论战，而且学界在"争学术正统"的时风下，也不断有人重提"孟子辟杨、墨"。如韩愈虽有《读墨子》倡"孔墨为用"，但同时又在《与孟尚书书》中说"杨、墨交乱，而圣贤之道

---

① 柳宗元:《柳河东全集》，中国书店 1991 年版，第 121 页。

不明，则三纲沦而九法斁，礼乐崩而夷狄横，几何其不为禽兽也……其祸出于杨、墨肆行而莫之禁故也"，表示自己的尊儒斥墨态度。

唐前中期，社会热点问题由探讨社会治术向探索个人心性转变，所以佛教逐步兴盛，信徒越来越多。在心性问题方面，佛家的解说最为细密，道家次之，儒家再次之，墨家又次之，所以受人重视的程度各有不同。但墨家为理想献身的死不旋踵精神，为解决社会问题而奔走的忘我态度，与佛家的自苦自持、忘我向修精神有相似之处，故虽有像柳宗元诸人的抨击，但墨家的流传并没有就此中绝。

三、宋元士子对墨学的研究和评论

（一）孙奭注《孟子》时对墨家的评说

孟子在世时对墨家多有批判。孟子对墨家的批判主要集中在"兼爱""薄葬"两大问题上。故孙奭注《孟子》时亦对此两问题多有解说。另外，就孟子自言"好辩"的解说，孙奭也作了诸多发挥。

孙奭在《孟子注疏·序》中说："自昔仲尼既没，战国初兴，至化陵迟，异端并作，仪、衍肆其诡辩，杨、墨饰其淫辞。遂致王公纳其谋，以纷乱于上；学者循其踵，以蔽惑于下。"① 表现出批判墨家的基本态度。

关于墨家兼爱，孙奭在为赵岐《孟子题辞》"周衰之末……异端并起，如杨朱、墨翟之言以干时惑众者"所作的注中说："自后陪臣执政，大夫世禄，六卿分晋，及田常弑简公而相齐国，诸侯晏然不讨，海内争于战攻，于是六国盛焉。其务在强兵并敌谋诈用，而纵横长短之说起。故秦用商君富国强兵，楚、魏用吴起战胜弱敌，齐威宣王用孙子、田忌之徒而诸侯东面朝齐。天下于是方务于合纵连横，以攻伐为贤，而杨朱、墨翟以兼爱、自为，以害仁义。孟轲乃述唐虞三代之德，退叙《诗》《书》，

---

① 孙奭：《孟子注疏》，《十三经注疏》，中华书局 1980 年版，第 2260 页。

述孔子之意。当此之时，念非《孟子》有哀悯之心，则尧、舜、汤、文、周、孔之业将遂沉小，而正道郁塞，仁义荒怠，佞伪并行，红紫乱朱矣。杨雄云：古者杨、墨塞路，孟子辞而辟之。"①谓墨家"兼爱"与杨朱"自为"一样妨害儒家"仁义"。孙奭在《孟子注疏·尽心章句下》中又说："墨翟无亲疏之别，杨朱尚得父母生身不敢毁伤之义。儒者之道，幼学所以为己，壮而行之所以为人，故能兼爱。无亲疏之道，必归于杨朱为己，逃去杨朱为己之道，必归儒者之道也。然而归之儒道，则当斯受而安之矣。……孟子又言今之人有与杨、墨辩争其道者，如追放逸之豕豚，既还入其栏，又从而罥之者也。以其逃墨而归儒，则可受之而已，而乃又从而罪之，无以异于追放逸之豕豚，既入其栏，又从而罥之也。以其为亦太甚矣，差孟子所以比之。"②对儒家之爱与墨家之爱加以辨别。

关于薄葬，孙奭在《孟子注疏·滕文公章句上》中说："'吾闻夷子墨者，墨之治丧也，以薄为其道也'至'是以所贱事亲也'，此孟子以此告徐子，是其直己之道而正夷子也。以其夷子既以厚葬其亲，而尚治其墨家之道，故不知以此厚其亲是儒家之正道而已。孟子所以反覆直而正之，乃因徐子而告之曰：我闻夷子治墨家之道者也，夫墨者治丧不厚，但以薄之是为其道也，夷子思以墨道以变易天下之化，岂以薄其丧而不贵之者也？然而夷子葬其父母，以厚为之，则是以墨家所贱者而事父母之亲丧也。以其墨家贱厚而贵薄也。'夷子曰：儒者之道，古之人若保赤子'至'施由亲始'，此又夷子以言于徐子，而以墨道为是也。乃曰：儒者之道，有云古之人治民，若保安赤子者，是言何谓之乎？是则以为恩爱之道无有差等之异也，但施行恩爱之道，当自父母之亲为始耳，我所以厚葬其亲，何为独非以墨道也？之，夷子自称己之名也。徐子又以夷子此言告于孟子。"③对孟子所批判的墨家之徒夷之宣传薄葬却对其亲厚葬的矛盾，详加解说，

① 孙奭：《孟子注疏》，《十三经注疏》，中华书局 1980 年版，第 2661 页。
② 孙奭：《孟子注疏》，《十三经注疏》，中华书局 1980 年版，第 2778 页。
③ 孙奭：《孟子注疏》，《十三经注疏》，中华书局 1980 年版，第 2707 页。

大加批判。

关于孟子自辩"予岂好辩哉，予不得已也"问题，孙奭在《孟子注疏·滕文公章句下》中说："'圣王不作，诸侯放恣'至'是禽兽也'，孟子又言自孔子之后，圣王无有兴作于其，诸侯乃放恣为乱，布衣之处士乃横议而游说于诸侯，于是杨朱、墨翟偏蔽之言盈满于天下。天下之言者，不归从杨朱之为己，则归从墨翟之兼爱。以其为己之言行，是使天下无其君也；兼爱之言行，是使天下无其父也：无父无君，是禽兽之类也，非人也。'公明仪曰'至'率兽而食人也'。孟子又引昔公明仪有云：君之庖厨乃多有其肥肉，栈厩之中多养其肥马，而下民以有饥饿之颜色，郊野之间以有饿死之莩者，如此是国君率兽而食人也。'杨、墨之道不息，孔子之道不著'至'吾为此惧'，又至'吾言矣'，孟子又言杨、墨自为、兼爱之道不熄灭，则孔子之正道不著明，是邪说欺诬其民，而充溢掩其仁义之道也。仁义既以邪说充塞而掩之，则不特率兽食人，而人亦将自相食也。孟子故言我为此恐惧，乃欲防闲，卫其先圣之正道，而排斥拒其杨、墨，放逐其淫辞，使邪说者不得兴作于其间。所谓作于其心，害于其事，作于其事，害于其政，圣人复起，必从吾言矣，此盖说在上篇，此更不说。"[1]对孟子辟杨、辟墨的良苦用心，与为保卫儒家学说孟子不能不辩的苦衷加以解说。

（二）欧阳修论墨

欧阳修论墨，应予注意者有二，一为承前儒之说而辟墨，一为从文献角度对墨家予以论说。

关于承前儒之说而辟墨，欧阳修在回答如何辟佛扬儒时说："莫若修其本以胜之。昔战国之时，杨、墨交乱，孟子患之而专言仁义，故仁义之说胜，则杨、墨之学废。汉之时，百家并兴，董生患之而退修孔氏，故孔

---

[1]　孙奭：《孟子注疏》，《十三经注疏》，中华书局1980年版，第2715页。

氏之道明而百家息。此所谓修其本以胜之之效也。今八尺之夫，被甲荷戟，勇盖三军，然而见佛则拜，闻佛之说则有畏慕之诚者，何也？彼诚壮佼，其中心茫然无所守而然也。"①主张修其本心以克胜包括墨家在内的非儒家学说。

关于从文献角度对墨家予以论说，欧阳修在《崇文总目叙释》中论"墨家类"时说："墨家者流，其言贵俭兼爱，尊贤右鬼，非命上同，此墨家之所行也。孟子之时，墨与杨其道塞路，轲以墨子之术俭而难遵，兼爱而不知亲疏，故辞而僻之。然其强本啬用之说，有足取焉。"②在论"杂家类"时说："杂家者流，取儒、墨、名、法，合而兼之，其言贯穿众说，无所不通。然亦有补于治理，不可废焉。"③虽然也有辟墨之言，但其曰杂家"取儒、墨、名、法"而"亦有补于治理"，还是较公允的，他并没有因杂家中渗入墨家言而偏激地一概否定。

（三）王安石论墨

王安石对墨家学说多有非议。其《杨墨》一文曰："杨墨之道，得圣人之一而废其百者是也。圣人之道，兼杨墨而无可无不可者是也。墨子之道，摩顶放踵，以利天下；而杨子之道，利天下拔一毛而不为也。夫禹之于天下，九年之间三过其门，闻呱呱之泣而不一省其子，此亦可谓为人矣。颜回之于身，箪食瓢饮以独乐于陋巷之间，视天下之乱若无见者，此亦可谓为己矣。杨墨之道，独以为人、为己得罪于圣人者，何哉？此盖所谓得圣人之一而废其百者也。是故由杨子之道则不义，由墨子之道则不仁，于仁义之道无所遗而用之不失其所者，其唯圣人之徒欤？二子之失于仁义而不见天地之全，则同矣，及其所以得罪，则又有可论者也。杨子之所执者为己。为己，学者之本也。墨子之所学者为人。为人，学者之末

---

① 欧阳修：《欧阳修全集》，中国书店1991年版，第123页。
② 欧阳修：《欧阳修全集》，中国书店1991年版，第1003页。
③ 欧阳修：《欧阳修全集》，中国书店1991年版，第1003页。

也。是以学者之事必先为己，其为己有余而天下之势可以为人矣，则不可以不为人。故学者之学也，始不在于为人，而卒所以能为人也。今夫始学之时，其道未足以为己，而其志已在于为人也，则亦可谓谬用其心矣。谬用其心者，虽有志于为人，其能乎哉？由是言之，杨子之道虽不足以为人，固知为己矣；墨子之志虽在于为人，吾知其不能也。呜呼，杨子知为己之为务，而不能达于大禹之道也，则亦可谓惑矣！墨子者，废人物亲疏之别，而方以天下为己任，是以所欲以利人者，适所以为天下害患也，岂不过甚哉？故杨子近于儒，而墨子远于道，其异于圣人则同，而其得罪，则宜有间也。"①

王安石在此对墨学进行了多层次分析。首先，王安石认为，墨家之道同杨朱之道同样是"得圣人之一而废其百者"，因为墨家虽继承了禹的"九年之间三过其门，闻呱呱之泣而不一省其子"的克己为人精神，但墨家之道之"为人"同杨朱之道之"为己"一样偏颇，因为王安石认为："由杨子之道则不义，由墨子之道则不仁""二子之失于仁义而不见天地之全，则同矣"，皆不及儒家的"于仁义之道无所遗而用之不失其所"。其次，王安石回答了前人辟墨时大都回避的一个问题，即墨家全力为人而不为己，有何不妥？王安石分析："墨子之所学者为人。为人，学者之末也。是以学者之事必先为己，其为己有余而天下之势可以为人矣，则不可以不为人。故学者之学也，始不在于为人，而卒所以能为人也"；所以，"墨子之志虽在于为人，吾知其不能也"。再次，王安石对墨家"为人不为己"而导致的一个伦理偏差——兼爱之论提出批评："墨子者，废人物亲疏之别，而方以天下为己任，是以所欲以利人者，适所以为天下害患也"。其"害患"在于它坏了人间伦理，使儒家的礼乐文化无法推行，而不能达到建立在人心顺服基础上的天下大治。

王安石批判墨家之说服力，是建立在性理分析基础之上的。他在《虔

---

① 王安石：《王安石全集》，上海古籍出版社 1999 年版，第 229 页。

州学记》中说："周道微，不幸而有秦，君臣莫知屈己以学，而乐于自用，其所建立悖矣，而恶夫非之者，乃烧《诗》《书》，杀学士，扫除天下之庠序，然后非之者愈多，而终于不胜。何哉？先王之道德，出于性命之理，而性命之理，出于人心。《诗》《书》能循而达之，非能夺其所有而予之以其所无也。经虽亡，出于人心者犹在，则亦安能使人舍己之昭昭，而从我于聋昏哉？然是心非特秦也，当孔子时，既有欲毁乡校者矣。盖上失其政，人自为义，不务出至善以胜之，而患乎有为之难，则是心非特秦也。墨子区区，不知失者在此，而发'尚同'之论，彼其为愚，亦独何异于秦。"① 王安石说"先王之道德，出于性命之理，而性命之理，出于人心"，打通心、理、道间的关系，将墨家"尚同"与秦代焚书坑儒联系起来，分析它们悖于人心、违于性理、碍于天道的理论缺陷，对世人甚有说服力。

此外，王安石还对墨学史上的某些问题加以讨论。如其《抚州通判厅见山阁记》中说"且夫人之慕于贤者，为其所乐与天下之志同而不失，然后能有余以与民，而使皆得其所愿。而世之说者曰：'召公为政于周，方春舍于蔽芾之棠，听男女之讼焉，而不敢自休息于宫，恐民之从我者勤，而害其田作之时。盖其隐约穷苦，而以自媚于民如此。故其民爱思而咏歌之，至于不忍伐其所舍之棠，今《甘棠》之诗是也。'嗟乎！此殆非召公之实事、诗人之本指，特墨子之余言赘行，吝细褊迫者之所好，而吾之所不能为。"② 就墨家论《诗三百》加以评说。殊不知战国时期，除了儒家说《诗》系统之外，尚有诸多与儒家说相异的《诗》说流传，所谓"世之说者"论《诗》诸言，不一定出自墨家之说。

由上我们可归纳王安石论墨的特点如下。

首先，宋代立国百余年，内忧外患接连不断，庆历改革的政治斗争，促使学术分化，产生了王安石新经学与"三苏"旧经学的对立。王派解经，

---

① 王安石：《王安石全集》，上海古籍出版社 1999 年版，第 304 页。

② 王安石：《王安石全集》，上海古籍出版社 1999 年版，第 310 页。

循经求义，不做无根之谈。因而，王安石论墨家"兼爱"之非，亦详加分析，较前人更加细密，更具说服力。他分析墨家兼爱学说对儒家推行仁义治国策略的危害，分析墨家克己为人的厉行精神推广的不可能性，较孟子和荀子的泛泛抨击更有说服力。

其次，王安石对墨家的分析批判多建立在"性理说"的基础上。他在《虔州学记》中说"先王之道德，出于性命之理，而性命之理，出于人心"，进而分析墨家的"尚同"说与秦朝的焚书坑儒同样，皆欲"使人舍己之昭昭，而从我于聋昏"，此等违于"人心"之论、之行，是儒家学说之大敌。以"性理说"批判墨家，是王安石论墨的特色。

（四）"三苏"论墨

苏洵与苏轼、苏辙父子三人对墨家各有所评论。

苏洵在《上韩昭文论山陵书》中说："况夫空虚无有，一金以上非取于民则不获，而冒行不顾以徇近世失中之礼，亦已惑矣。然议者必将以为，古者'君子不以天下俭其亲'，以天下之大，而不足于先帝之葬，于人情有所不顺。洵亦以为不然。使今俭葬而用墨子之说，则是过也；不废先王之礼，而去近世无益之费，是不过矣。子思曰：'三日而殡，凡附于身者必诚必信，勿之有悔焉耳矣；三月而葬，凡附于棺者必诚必信，勿之有悔焉耳矣。'古之人所由以尽其诚信者，不敢有略也，而外是者则略之。"① 虽然苏洵屈于舆论压力不敢用墨家之说来倡俭葬，曰"使今俭葬而用墨子之说，则是过也"，但他主张的"三日而殡""三月而葬"确实是有违孔子丧葬之礼而类同墨家之说的。

苏轼论墨，继承了前人辟墨态度。他在《六一居士集序》中说："夫言有大而非夸，达者信之，众人疑焉。孔子曰：'天之将丧斯文也。后死者不得与于斯文也。'孟子曰：'禹抑洪水。孔子作《春秋》。而予距杨、

---

① 曾枣庄等：《嘉祐集笺注》，上海古籍出版社1993年版，第356页。

墨.'盖以是配禹也。文章之得丧，何与于天，而禹之功与天地并，孔子、孟子以空言配之。不已夸乎。自《春秋》作而乱臣贼子惧。孟子之言行而杨、墨之道废。天下以为是固然而不知其功。孟子既没，有申、商、韩非之学，违道而趋利，残民以厚主，其说至陋也，而士以是罔其上。上之人侥幸一切之功，靡然从之。而世无大人先生如孔子、孟子者，推其本末，权其祸福之轻重，以救其惑，故其学遂行。秦以是丧天下，陵夷至于胜、广、刘、项之祸，死者十八九，天下萧然。洪水之患，盖不至此也。方秦之未得志也，使复有一孟子，则申、韩为空言，作于其心，害于其事，作于其事，害于其政者，必不至若是烈也。使杨、墨得志于天下，其祸岂减于申、韩哉！由此言之，虽以孟子配禹可也。"① 苏轼提出"孟子既没，有申、商、韩非之学，违道而趋利，残民以厚主，其说至陋也，而士以是罔其上"，"而世无大人先生如孔子、孟子者，推其本末，权其祸福之轻重，以救其惑，故其学遂行"，因而有其焚书坑儒之害；而幸有孟子辟杨、墨，才使得杨、墨之说没有像"申、商、韩非之学"在秦代实施那样给世人带来无尽危害，若"使杨、墨得志于天下，其祸岂减于申、韩哉"。这种推论式的评说，虽不一定使世人信服，但足以看出苏轼辟墨态度。

　　苏轼由辟墨，进而引发出"严儒墨之分"的观点。他在《韩愈论》中说："韩愈之于圣人之道，盖亦知好其名矣，而未能乐其实。何者？其为论甚高，其待孔子、孟轲甚尊，而拒杨、墨、佛、老甚严。此其用力，亦不可谓不至也。然其论至于理而不精，支离荡佚，往往自叛其说而不知。……愈之《原人》曰：'天者，日月星辰之主也。地者，山川草木之主也。人者，夷狄禽兽之主也。主而暴之，不得其为主之道矣。是故圣人一视而同仁，笃近而举远。'夫圣人之所为异乎墨者，以其有别焉耳。今愈之言曰'一视而同仁'，则是以待人之道待夷狄，待夷狄之道待禽兽也，而可乎？教之使有能，化之使有知，是待人之仁也。不薄其礼而致其情，不责其去而

---

① 苏轼：《苏轼全集》，上海古籍出版社 2000 年版，第 852 页。

厚其来，是待夷狄之仁也。杀之以时，而用之有节，是待禽兽之仁也。若之何其一之！儒墨之相戾，不啻若胡越。而其疑似之间，相去不能以发。宜乎愈之以为一也。孔子曰：'泛爱众而亲仁。'仁者之为亲，则是孔子不兼爱也。'祭如在，祭神如神在。'神不可知，而祭者之心，以为如其存焉，则是孔子不明鬼也。"① 苏轼在批判韩愈"人者，夷狄禽兽之主也""是故圣人一视而同仁"等言论的同时，分析孔子"泛爱众而亲仁"与墨子"兼爱"的不同、孔子"祭如在，祭神如神在"与墨子"敬神"的不同、孔子主张"祭者之心，以为如其存焉"与墨子"明鬼"的不同，主张"圣人之所为异乎墨者，以其有别焉"，重倡"儒墨相异论"，否定"儒墨并称"说。

较之苏轼，苏辙更注重从学术层面区分墨家与儒家的不同。他在《王衍》一文中说："至唐始以义疏通南北之异，虽未闻圣人之大道，而形器之说备矣。上自郊庙朝廷之仪，下至冠婚丧祭之法，何所不取于此？然以其不言道也，故学者小之，于是舍之而求道，冥冥而不可得也，则至于礼乐度数之间，字书形声之际，无不指以为道之极。然反而察其所以施于世者，内则谗谀以求进，外则聚敛以求售，废端良，聚苟合，杜忠言之门，辟邪说之路，而皆以诗书文饰其为，要之与王衍无异。呜呼，世无孔、孟，使杨、墨塞路而莫之辟，吾则罪人尔矣！"② 在追寻儒学发展的历代状况后表示"世无孔、孟，使杨、墨塞路而莫之辟，吾则罪人尔矣"。

苏辙还在先秦诸子学派的发展流变中讨论墨家学说的影响与变化。其《老聃论下》曰："昔者六国之际，处士横议，以荧惑天下。杨氏'为我'，而墨氏'兼爱'。凡天下之有以君臣父子之亲而不相顾者，举皆归于杨子；而道路之人皆可以为父兄子弟者，举皆归于墨子也。"③ 指出杨朱"为我"论、墨子"兼爱"说产生的社会背景，又提出只因"天下之人，不可以绝其相属之亲而合其无故之欢，此其势然矣"，故"老聃、庄周知夫天下之

① 苏轼：《苏轼全集》，上海古籍出版社 2000 年版，第 721—722 页。
② 苏辙：《苏辙集》，中华书局 1990 年版，第 968 页。
③ 苏辙：《苏辙集》，中华书局 1990 年版，第 1265 页。

不从"杨朱、墨子之说，故"而起而承之"，对两家学说加以改造，"以为'兼爱''为我'之不足以收天下，是以不为'为我'，不为'兼爱'，而处乎'兼爱''为我'之际"，创立"无为"学说，"两无所适处，而泛泛焉浮游其间，而我皆无所与，以为是足以自免而逃天下之是非矣"。苏辙这种追寻先秦诸子间学术关联的研究思想与研究方法，对后世学者有重大启发意义。

由上"三苏"论墨诸说，可归结其论墨特点如下。

第一，前已言及，庆历改革的政治斗争，促使学术分化，产生了王安石新经学与"三苏"旧经学的对立。"三苏"领导的蜀学在解经时，引庄禅而抒己意，具有超世脱俗的批判精神与执著真理的求道意识，念念不忘追求孔子之道。因而，"三苏"从"卫道"的角度出发，对墨家"兼爱"等主张进行批判。

第二，宋儒解经，抛开汉儒解经旧学而另辟新径，由此而及于墨学研究方式方法与学术思想。故"三苏"解墨，一反汉代的"儒墨并举"的学术思路，而重倡"儒墨之辩"，努力追寻墨家学说与儒家主张的相异点。

第三，"三苏"之辟墨，更加注意从学术流变的角度追寻墨家学术的源出和思想特点。因而，他们的分析就更具说服力。

（五）朱熹的墨学研究

朱熹论墨，仍遵从北宋士子的辟墨传统。宋人黎靖德编《朱子语类》中有朱熹评说墨家的多条记载。

朱熹论墨，首先将墨家视为异端。《论语六·攻乎异端章》载朱熹说："异端不是天生出来。天下只是这一个道理，缘人心不正，则流于邪说。习于彼，必害于此；既入于邪，必害于正。异端不止是杨墨佛老，这个是异端之大者。"[1] 他首先认为"杨墨佛老"是异端。此章又载朱熹说："凡言

---

[1]　朱熹：《朱子语类》，中华书局 1994 年版，第 586 页。

异端不必攻者，皆是为异端游说反间。孟子谓：'能言距杨墨者，圣人之徒也。'不必便能距杨墨，但能说距杨墨，亦是圣人之徒。"① 此论较孟子辟墨更加偏激。

朱熹对于墨家的批判，主要针对墨家的"兼爱"说。他曾分析墨家"兼爱"与儒家"复礼"主张的不同，《论语二十三·颜渊问仁章》载其答人问《外书》有曰：'不能克己，是为杨氏之为我；不能复礼，是为墨氏之兼爱。故曰："亲亲而仁民，仁民而爱物。"''时说："'克己复礼'，只是一事。《外书》所载，殊觉支离，此必记录之误。向来所以别为一编，而目之曰'外书'者，盖多类此故也。伊川尝曰：'非礼处，便是私意。既是私意，如何得仁！须是克尽己私，皆归于礼，方始是仁。'此说最为的确。"② 引程伊川之说来区别墨家"兼爱"与儒家"复礼"的不同。

就孟子与杨、墨之辩，朱熹有诸多评说。他在《孟子五·公都子问好辩章》中说："孟子苦死要与杨墨辩，是如何？与他有甚冤恶，所以辟之如不共戴天之仇？'能言距杨墨者，圣人之徒也。'才说道要距杨墨，便是圣人之徒。如人逐贼，有人见了自不与捉，这便唤做是贼之党。贼是人情之所当恶。若说道贼当捉，当诛，这便是主人边人。若说道贼也可捉，可恕，这只唤做贼边人！"③ 他用"贼之党""主人边人""贼边人"三类人捉贼立场与表现不同，来说明孟子为何一定要"与杨墨辩"，从而将"三苏"重倡的"儒墨之辩"向前推进一步。朱熹还指出，孟子之所以要辟杨墨，只要因他们的学说坏了人心，他在《孟子五·公都子问好辩章》中说："当时如纵横刑名之徒，孟子却不管他，盖他只坏得个粗底。若杨墨则害了人心，须著与之辩。"又说："当时人心不正，趋向不一，非孟子力起而辟之，则圣人之道无自而明。是时真个少孟子不得！"又说："孟子于当时只在私下恁地说，所谓杨墨之徒也未怕他。到后世却因其言而知圣人之道为是，

---

① 朱熹：《朱子语类》，中华书局 1994 年版，第 586 页。
② 朱熹：《朱子语类》，中华书局 1994 年版，第 1065 页。
③ 朱熹：《朱子语类》，中华书局 1994 年版，第 1319 页。

知异端之学为非，乃是孟子有功于后世耳。"①因此，朱熹认为孟子对后世儒学教化人心作用的发挥功不可没，故他在《孟子三·人皆有不忍人之心章》中说："尝思之：孟子发明四端，乃孔子所未发。人只道孟子有辟杨墨之功，殊不知他就人心上发明大功如此。看来此说那时若行，杨墨亦不攻而自退。辟杨墨，是扞边境之功；发明四端，是安社稷之功。若常体认得来，所谓活泼泼地，真个是活泼泼地！"②认为孟子"发明四端"较"辟杨墨"之功更为伟大。

应该指出，朱熹对于墨家的批判评说，都基于学术分析。他讨论墨家"兼爱"之本心，在《性理一·人物之性气质之性》中说："它原头处都是善，因气偏，这性便偏了。然此处亦是性。如人浑身都是恻隐而无羞恶，都羞恶而无恻隐，这个便是恶德。这个唤做性邪不是？如墨子之心本是恻隐，孟子推其弊，到得无父处，这个便是'恶亦不可不谓之性也'。"③承认墨家"兼爱"之本心是出于"善"，只因"气偏，这性便偏了"。如此公允之说，辟墨时才更有说服力。朱熹又在《孟子五·公都子问好辩章》中答"墨氏兼爱，何遽至于无父"之问时说："人也只孝得一个父母，那有七手八脚，爱得许多！能养其父无阙，则已难矣。想得他之所以养父母者，粗衣粝食，必不能堪。盖他既欲兼爱，则其爱父母也必疏，其孝也不周至，非无父而何。墨子尚俭恶乐，所以说'里号朝歌，墨子回车'。想得是个淡泊枯槁底人，其事父母也可想见。"④从经济能力方面分析墨家"兼爱"主张的难以推行。

朱熹在论墨家弊端时，往往比较佛家论说来批判。《论语六·攻乎异端章》载朱熹答人"程子曰：'佛氏之言近理，所以害甚于杨墨。'看来为我疑于义，兼爱疑于仁，其祸已不胜言。佛氏如何又却甚焉"之问时说：

---

① 朱熹：《朱子语类》，中华书局 1994 年版，第 1319 页。

② 朱熹：《朱子语类》，中华书局 1994 年版，第 1290 页。

③ 朱熹：《朱子语类》，中华书局 1994 年版，第 71 页。

④ 朱熹：《朱子语类》，中华书局 1994 年版，第 1320 页。

"杨墨只是硬恁地做。佛氏最有精微动得人处，本朝许多极好人无不陷焉。"① 分析佛家诸说"最有精微动得人处"故而比杨墨"硬恁地做"更具蛊惑性，因而"害甚于杨墨"。

朱熹还将杨、墨与佛老学说对比论述。《释氏》载朱熹说："孟子不辟老庄而辟杨墨，杨墨即老庄也。今释子亦有两般：禅学，杨朱也；若行布施，墨翟也。道士则自是假，今无说可辟。然今禅家亦自有非其佛祖之意者，试看古经如《四十二章》等经可见。"② 分析佛家"禅学"派、"布施"派与杨朱学说、墨翟学说的关系。

朱熹还就性、理、德、功间关系论杨墨。《孟子十一·万章问孔子在陈章》载朱熹答"'经正则庶民兴'，这个'经正'，还当只是躬行，亦及政事否"之问时说："这个不通分做两件说。如尧舜虽是端拱无为，只政事便从这里做出，那曾恁地便了！有禹汤之德，便有禹汤之业；有伊周之德，便有伊周之业。终不如万石君不言而躬行，凡事一切不理会。有一家便当理会一家之事，有一国便当理会一国之事。"③ 所以《孟子五·墨者夷之章》载朱熹说："尹氏曰：'何以有是差等，一本故也，无伪也。'既是一本，其中便自然有许多差等。二本，则二者并立，无差等矣。墨子是也。"④ 批判墨者夷之"爱无差等，施由亲始"的"二本"说，主张言行合一。

朱熹还讨论到墨学流传中的诸多问题。他和学生们讨论到墨家学派的源出和创立问题。《论语二十一·子贡问师与商也章》载朱熹答人"伊川谓师商过、不及，其弊为杨墨"之问时说："不似杨墨。墨氏之学，萌蘗已久，晏子时已有之矣。师商之过、不及，与兼爱、为我不关事。"⑤ 晏子倡俭，故朱熹将其与墨家联系起来。朱熹还论到汉文帝倡俭与墨家的

---

① 朱熹：《朱子语类》，中华书局 1994 年版，第 587 页。
② 朱熹：《朱子语类》，中华书局 1994 年版，第 3007 页。
③ 朱熹：《朱子语类》，中华书局 1994 年版，第 1477 页。
④ 朱熹：《朱子语类》，中华书局 1994 年版，第 1314 页。
⑤ 朱熹：《朱子语类》，中华书局 1994 年版，第 1016 页。

关系，《历代二》载朱熹曰："三代以下，汉之文帝，可谓恭俭之主。……文帝不欲天下居三年丧，不欲以此勤民，所为大纲类墨子。"①朱熹谓汉文帝之节俭，从学源上来自墨家，为我们研究墨家在西汉时的地位与墨学在西汉时的流传提供了线索。韩愈论墨，是朱熹甚为关心的问题，《孟子十一·逃墨必归于杨章》载朱熹答"孟子云'逃墨必归于杨，逃杨必归于儒'，盖谓墨氏不及杨氏远矣。韩子却云：'孔墨必相为用。'如此，墨氏之学比之杨朱又在可取"之问时说："昌黎之言有甚凭据？且如《原道》一篇虽则大意好，终是疏。其引《大学》只到'诚意'处便住了。正如子由《古史》引《孟子》自'在下位不获乎上'，只到'反诸身不诚'处便住。又如温公作《通鉴》，引《孟子》'立天下之正位，行天下之大道'，却去了'居天下之广居'，皆是掐却一个头，三事正相类也。"②谓韩愈的"孔墨必相为用"没有讲清楚"便住了"，需再加诠释。

　　总之，朱熹从不同角度对墨家做了论说，表现出对墨家学说的熟悉和关注。正因如此，他才在论述其他问题时也常据墨家为例，如他为了说明"须是自家强了他，方说得他"时举"孟子辟杨墨"③为例；又如他为了说明"陈叔向是白撰一个道理。某尝说，教他据自底所见恁地说，也无害，只是又把那说来压在这里文字上。他也自见得自底虚了行不得，故如此。然如何将两个要捏做一个得？一个自方，一个自圆，如何总合得？这个不是他要如此，止缘他合下见得如此"，便谓"如杨墨，杨氏终不成自要为我，墨氏终不成自要兼爱，只缘他合下见得错了。若不是见得如此，定不解常如此做。杨氏壁立万仞，毫发不容，较之墨氏又难。若不是他见得如此，如何心肯意肯？"④动辄便举杨墨为例。

　　由上述可见朱熹论墨的特点如下。

---

①　朱熹：《朱子语类》，中华书局 1994 年版，第 3224 页。

②　朱熹：《朱子语类》，中华书局 1994 年版，第 1471 页。

③　朱熹：《朱子语类》，中华书局 1994 年版，第 3116 页。

④　朱熹：《朱子语类》，中华书局 1994 年版，第 3316 页。

第一，朱熹论墨，将墨家视为"异端"，尤其对墨家"兼爱"说多有分析批判。他曾细细分析墨家"兼爱"与儒家"复礼"主张的不同，区别儒家"仁民爱物"与墨家"摩顶放踵而利天下为之"的不同，斥"墨氏兼爱，则蔽于义"，并标举"墨者夷之所谓'爱无差等，施由亲始'"的自相矛盾性，以"岂有视人如亲，一例兼爱得"违反人间常理来攻击墨家"兼爱"说之偏颇，谓墨家的诸说为"诐、淫、邪、遁"之辞。

第二，朱熹在论墨家弊端时，往往比较佛家论说来批判。他分析佛家诸说"最有精微动得人处"故比杨墨"硬恁地做"更具蛊惑性，因而"害甚于杨墨"；分析佛家"禅学"派、"布施"派与杨朱学说、墨翟学说的关系，努力追寻老子、杨朱、道家、佛家间的学术关联；要求人们像孟子辟杨墨那样辟佛。

第三，朱熹对于墨家的批判评说，都基于学术分析。他讨论墨家"兼爱"之本心，承认墨家"兼爱"之本心是出于"善"，只因"气偏，这性便偏了"。如此公允之说，辟墨时才更有说服力。

第三节　魏晋至宋元间《墨子》的著录与整理

一、魏晋至宋元间《墨子》的著录与版本

《墨子》书，西汉成帝年间，刘向曾予整理；而任宏领校兵书，亦曾涉乎《墨子》。故刘歆作成《七略》，将前者著录在《诸子略》，将后者著录在《兵书略》。班固承《七略》而为《艺文志》，在《兵书略》"兵技巧"类谓"省《墨子》重"，而在《诸子略》"墨家"著录《墨子》七十一篇，注曰"名翟，为宋大夫，在孔子后"。[1]

---

① 班固：《汉书》，中华书局 1962 年版，第 1762、1738 页。

东汉时,《墨子》篇数有变化。高诱注《吕氏春秋·当染》云"墨子名翟,鲁人,作书七十二篇",却又于《吕氏春秋·慎大览》注云"墨子名翟,鲁人也,著书七十篇,以墨道闻也"。① 其云"七十二篇"者,当有班固之后的人所编目录一卷在内,故梁庾仲容《子抄》载《墨子》为"十六卷",而《隋书·经籍志》明确著录为"《墨子》十五卷,目一卷";高诱云"七十篇"者,当指其约数。② 王应麟不知此约数之称,故于《玉海》中引《中兴馆阁书目》"自《亲士》至《杂守》为六十一篇"下注曰"亡九篇"③;蒋维乔又据此云"《墨子》共仅七十篇……七十一篇者,已有目在内,自成一卷"。④ 殊不知《汉书·艺文志》著录某书篇数时多不含目录。如其著录"《孟子》十一篇"⑤,与赵岐《孟子题辞》言孟子"著书七篇""又有外书四篇"⑥之篇数相合,是篇数中无目录。

其后,抄录《墨子》者自竹简而至缣帛,故合篇为卷。梁庾仲容辑抄《子抄》时《墨子》已为"十六卷",《隋书·经籍志》因之著录为"《墨子》十五卷,目一卷"。马总《意林》及《旧唐书·经籍志》《新唐书·艺文志》《郡斋读书志》《宋史·艺文志》《崇文总目》《通志·艺文略》《文献通考·经籍考》《玉海》《四库全书总目》均著录"《墨子》十五卷",而"目一卷"缺载;但《直斋书录解题》著录为"《墨子》三卷";《玉海》引《中兴馆阁书目》既载"《墨子》十五卷,自《亲士》至《杂守》六十一篇",又载"一本自《亲士》至《尚同》凡十三篇";《国史经籍考》著录"《墨子》十五卷,又三卷"⑦

于是,《墨子》流传中便出现了"三卷本"与"十五卷本"两个系统。

---

① 陈奇猷:《吕氏春秋校释》,学林出版社1984年版,第97、864页。

② 参见班固:《汉书》,中华书局1962年版,第1662、1701页。

③ 见孙诒让:《墨子间诂》,中华书局1986年版,第601页。

④ 见陈奇猷:《吕氏春秋校释》,学林出版社1984年版,第97页。

⑤ 班固:《汉书》,中华书局1962年版,第1725页。

⑥ 孙奭:《孟子注疏》,《十三经注疏》,中华书局1980年版,第2662、2663页。

⑦ 孙诒让:《墨子间诂》,中华书局1986年版,第597—603页。

"《墨子》三卷本"，疑出自乐壹。《通志·艺文略》谓："《墨子》，又三卷，乐臺①注，《唐志》不载，当考。"宋濂《诸子辩》云："《墨子》三卷，战国时宋大夫墨翟撰。上卷《亲士》《修身》《所染》《法仪》《七患》《辞过》《三辩》七篇号曰经，中卷《尚贤》三篇、下卷《尚同》三篇，皆号曰论，共十三篇。"②钱曾《读书敏求记》引此后曰："予藏宏治③己未旧抄本，卷篇之数恰与其言合。……潜溪博览典籍，其辩订不肯聊且命笔，而止题为三卷，其犹未见完本欤?"④由此可知王应麟《玉海》所引《中兴馆阁书目》之"十三篇"本即焦竑《国史经籍考》之"三卷本"，钱曾犹及见三卷十三篇之"宏（弘）治己未旧抄本"。元陶宗仪《说郛》中《墨子》著录篇目为"《亲士》第一、《修身》第二、《所染》第三、《法仪》第四、《七患》第五、《辞过》第六、《三辩》第七、《尚贤上》第八、《尚贤中》第九、《尚贤下》第十、《尚同上》第十一、《尚同中》第十二、《尚同下》第十三"，即此"三卷十三篇本"。

又，今《道藏》本《墨子》"十五卷本"系自《亲士》至《三辩》恰好七篇，自《尚贤上》至《尚同下》恰好六篇，合《中兴馆阁书目》"十三篇"本所列起止篇名。则《中兴馆阁书目》所载之"十三篇"本、焦竑《国史经籍志》所载之"三卷本"、钱曾犹及见三卷十三篇之"宏治（弘）己未旧抄本"系统，实乃《墨子》十五卷"本之节本，缺第四卷《兼爱上》

① 疑"乐臺"当"乐壹"之形讹，《隋书·经籍志》载注《鬼谷子》者有乐一。乐壹注《鬼谷子》，《隋书·经籍志》列于皇甫谧后，两《唐志》却列于皇甫谧前。张守节《史记（苏秦列传）正义》曰"《七录》有《苏秦书》。乐壹注云：'秦欲神秘其道，故假名鬼谷也。'《鬼谷子》三卷，乐壹注。乐壹，字正，鲁郡人。"（[日] 泷川资言等：《史记会注考证附校补》，上海古籍出版社1986年版，第1362页。）是乐壹注者为"《鬼谷子》三卷"而非《苏秦书》"，一般注某书者都因喜爱此书，若乐壹所注为"《苏秦书》"，他是不会说"秦欲神秘其道，故假名鬼谷"的，故张守节引"乐壹注"云云，当非出自《七志》，而当出自"乐壹注《鬼谷子》三卷"，我们不能因此定乐壹为萧梁前之人。

② 宋濂：《宋濂全集》，浙江古籍出版社1999年版，第137页。

③ "宏治"疑即"弘治"。

④ 钱曾：《读书敏求记》，《丛书集成初编》，中华书局1985年版，第82页。

《兼爱中》《兼爱下》及其以下十二卷五十八篇。此一传本因系节本，流传价值不大，故自"道藏本"《墨子》五十三篇流传后，《墨子》三卷十三篇本流传渐少，只有《说郛》等少数丛书收录此本。

"《墨子》十五卷本"，当《隋书·经籍志》所著录"《墨子》十五卷，目一卷"之阙"目一卷"者，第十六卷当为《目录》。此十五卷篇目，毕沅《墨子注》曾参照《道藏》篇卷① 为之重排目录为：第一卷 7 篇，《亲士》《修身》《所染》《法仪》《七患》《辞过》《三辩》；第二卷 3 篇，《尚贤上》《尚贤中》《尚贤下》；第三卷 3 篇，《尚同上》《尚同中》《尚同下》；第四卷 3 篇，《兼爱上》《兼爱中》《兼爱下》；第五卷 3 篇，《非攻上》《非攻中》《非攻下》；第六卷 6 篇，《节用上》《节用中》《节用下》(有目无文)《节葬上》(有目无文)《节葬中》(有目无文)《节葬下》；第七卷 3 篇，《天志上》《天志中》《天志下》；第八卷 4 篇，《明鬼上》(有目无文)《明鬼中》(有目无文)《明鬼下》《非乐上》；第九卷 7 篇，《非乐中》(有目无文)《非乐下》(有目无文)《非命上》《非命中》《非命下》《非儒上》(有目无文)《非儒下》；第十卷 4 篇，《经上》《经下》《经说上》《经说下》；第十一卷 3 篇，《大取》《小取》《耕柱》；第十二卷 2 篇，《贵义》《公孟》；第十三卷 3 篇，《鲁问》《公输》题目及正文皆缺一篇；第十四卷 12 篇：《备城门》《备高临》题目及正文皆缺 2 篇、《备梯》题目及正文皆缺 1 篇、《备水》题目及正文皆缺 2 篇、《备突》《备穴》《备蛾傅》；第十五卷 8 篇，题目及正文皆缺 4 篇、《迎敌祠》《旗帜》《号令》《杂守》。但明人吴宽所见本之篇目次序与此不同：毕沅《墨子注》据"《道藏》本"将《备城门》作"第五十二"，而吴宽抄本将《备城门》作"五十四"，并于正文末手跋云"本书七十一篇，其五十一之五十三、五十七、五十九之六十、六十四之六十七，篇目并阙"②。两本之篇目顺序差异在于：毕沅所据"《道藏》本"之《备城门》前题目及正文皆缺 1 篇，《迎敌祠》前题

---

① 参见《道藏》第 27 册，文物出版社、上海书店、天津古籍出版社 1988 年版，第228—306 页。

② 孙诒让：《墨子间诂》，中华书局 1986 年版，第 592 页。

目及正文皆缺 4 篇；而吴宽所见本《迎敌祠》前题目及正文皆缺 2 篇，《备城门》前题目及正文皆缺 3 篇。

毕沅本和吴宽本之题目及正文皆缺者都为 10 篇。此 10 篇缺题篇目，除 3 篇难以揣测外，《备城门》以下所缺 7 篇之名，据《备城门》篇首墨子与禽滑釐的问答可以推测。《墨子·备城门》载："禽滑釐问于子墨子曰：'……吾欲守小国，为之奈何？'子墨子曰：'何攻之守？'禽滑釐对曰：'今之世常所以攻者：临、钩、冲、梯、堙、水、穴、突、空洞、蚁傅、轒辒、轩车。敢问守此十二者奈何？'"① 依此，《备高临》以下所缺 2 篇当为《备钩》《备冲》，《备梯》以下所缺当为《备堙》，《备水》以下所缺 2 篇当为《备穴》《备突》②，《备蚁傅》今作《备蛾傅》，其以下所缺 2 篇当为《备轒辒》《备轩车》。另外难以推测篇目之 3 篇，毕沅本置《备城门》前 1 篇、《备城门》后 2 篇，而吴宽本均置《备城门》前。

这 10 篇缺题篇章脱缺的时间，洪颐煊据《直斋书录解题》所论而谓"无题十篇宋本已阙，有题八篇阙文，在宋本已后"。孙诒让以"《道藏》本即从宋本出，有题八篇，宋本盖已阙"，而谓"洪说未塙"。③

"十五卷本"系统之"《道藏》本"为清孙星衍、卢文弨、毕沅所注本之底本，因而成为清中后期广为流传的本子。

《墨子》"三卷本"系统和"十五卷本"系统之外，还出现过《墨子》"治术"选本系统，即唐人魏徵《群书治要》之《墨子治要》。其选本出现的原因，《书林清话》卷二曰："古书无刻本，故一切出于手抄，或节其要以便流观。如《隋志》所载梁庾仲容《子抄》，其书虽佚不传，而唐魏徵《群书治要》、马总《意林》，固其流派也。"④ 由于抄写困难，故时人抄部

---

① 孙诒让：《墨子间诂》，中华书局 1986 年版，第 450—453 页。
② 《备穴》《备突》，"《道藏》本"系统作《备突》《备穴》，故孙诒让曰"疑亦传写移易，非其旧也"。（参见孙诒让：《墨子间诂》，中华书局 1986 年版，第 506 页）
③ 孙诒让：《墨子间诂》，中华书局 1986 年版，第 596 页。
④ 叶德辉：《书林清话》，中华书局 1987 年版，第 30 页。

头大、卷数多之书时，往往撮其精要，《墨子》因此以选本面貌出现在《群书治要》中。

《群书治要》，唐魏徵奉敕编抄。《群书治要》的编抄，主要为了总结治术，为唐太宗施政提供借鉴。此举于贞观五年（631）完成。该书从经、史、子三部之66种典籍中，摘取与治理有关的前人论述加以编排，共50卷。该书首见载录于《新唐书·艺文志》。《新唐书·艺文志》还载有刘伯庄《群书治要音》五卷，说明在唐太宗时期《群书治要》不但在流传，而且有人在研究。但至《宋史·艺文志》，仅载录"《群书治要》十卷"，注云"秘阁所录"，是《群书治要》至此已残缺，且在北宋四大皇家藏书阁中仅有秘阁所藏。《书林清话》卷一曰："唐魏徵《群书治要》五十卷，目录分五函，亦以十卷为一函。"① 是原书五函，北宋时仅存一函。其后，《群书治要》皆不见载于官私目录，可能在两宋之交或宋元之交，所存之一函十卷也已亡佚，世人已不能窥其踪影了。

好在传入日本之《群书治要》还有残本存世。日本仁明天皇承和年间（834—847），即《群书治要》编定后200余年的唐文宗、武宗时代，《群书治要》已传入日本。其后受到历代日本执政者的重视，故有多种抄本、印本传世。

其印本如：后永尾天皇元和二年（1616）骏河铜活字本、光格天皇天明七年（1787）尾张藩刊本、仁孝天皇弘化三年（1846）纪伊藩据元和本重刊本等。前两种版本于20世纪初复传回中国，《书林馀话》卷下曾载神田喜一郎论"元和二年铜活字本"与"尾张藩刊本"之优劣曰："《四部丛刊》之刊行，实为有裨学界之壮举。吾辈学生，无不同感此福音。今读其预定书目，大旨合于出版之主旨。四部中重要书籍，已网罗俱尽。其选择底本，亦尚为适当。虽然，论吾辈得陇望蜀之愿，则如此巨构，于底本之选择，尤宜格外注意。如《群书治要》不用日本元和二年刊本，而用有显

---

① 叶德辉：《书林清话》，中华书局1987年版，第19页。

然臆改形迹之天明七年尾州藩刊本，注意似犹未周。"①谓"元和二年铜活字本"优而"尾张藩刊本"劣。

《群书治要》之日本抄本，现存最古者为镰仓时代龟山天皇文永年间至后宇多天皇建治年间（1264—1277）之北条实时、孙贞显等写本，称"镰仓写本"，今在日本东京国立博物馆保管。此写本缺卷四、卷十三、卷二十，存47卷。该写本后有日本宫内厅书陵部昭和十六年（1941）排印本、日本汲古书院平成元年（1989）影印写本等。

"镰仓写本"以汉文抄录，部分字旁标有日本假名读音。首载魏徵《群书治要序》，次节抄《周易》等经书、《史记》等史书、《六韬》等子书所载政论章句。而《墨子》在第三十四卷，依次摘录《所染》《法仪》《七患》《尚贤》《非命》诸篇墨子论述。所抄《墨子》各篇提行，篇目上皆以圆墨丁志之。②

将"《道藏》本"《墨子》与《群书治要》"镰仓写本"之《墨子》相对校，发现《群书治要》抄录时所本之《墨子》与《道藏》本《墨子》之"十五卷"本系统字句差异较大。但它与乐壹注"三卷本"系统也不同，乐壹注"三卷本"系统止于"《尚同下》第十三"，而《群书治要》抄有其后之《非命》篇文，它们显然也不是同一个传本系统。《群书治要》抄录时所本之《墨子》，是否是唐人杨倞注《荀子》时所见之"《墨子》三十五篇"本，今已难考。杨倞所见本或为唐人删去《墨子》之"墨经""城守"等部分后的《墨子》选本，曾在唐代流传，今亦难考其详。

《群书治要》之选本《墨子》与《道藏》本《墨子》互有优劣，而《群书治要》抄录时所本之《墨子》虽多有脱文，但如《所染》首句"子墨子"下不衍"言"字、"知伯摇"作"智伯瑶"等，亦多有可取处。

由上可见，汉魏以来，共有三大《墨子》传本系统。最先流传的是

① 叶德辉：《书林馀话》，中华书局1987年版，第43页。
② 参见魏徵：《群书治要》第五册，日本汲古书院1989年版，第256—281页。

《墨子》十五卷七十一篇本；后有乐壹节注《墨子》前十三篇而为三卷本；其后又出现《墨子》"治术"之选本，今天可见者为唐魏徵《群书治要》之《墨子治要》本。十六卷七十一篇本传至唐代已出现残缺，后《中兴馆阁书目》云正文"自《亲士》至《杂守》为六十一篇，亡九篇"，至明正统间编《道藏》时仅有五十三篇正文，遂流传至今。自"道藏本"《墨子》五十三篇重出后，三卷十三篇本流传渐少，只有《说郛》等少数丛书收录此本。《群书治要》之《墨子治要》本，自《宋史·艺文志》载录后即不见流传，却因传入日本而保存下来，复又传入我国，成为《墨子》选本系统的代表。

二、魏晋至宋元间《墨子》的整理

魏晋至宋元间，见于记载或流传至今的《墨子》整理著作有：晋鲁胜《墨辩注》四篇、梁庾仲容《子钞·墨子钞》、乐壹《墨子注》三卷、唐魏徵《群书治要·墨子治要》、唐马总《意林·墨子节录》、元陶宗仪《墨子节抄》《读墨子随识》《诘墨节抄》。

除《群书治要》之《墨子治要》以上已介绍之外，今将流传至今而较为重要的此时期《墨子》整理著作介绍如下。

（一）唐人马总《意林》之《墨子节录》

梁庾仲容曾抄录《子抄》，其书后来残佚不传，而唐魏徵《群书治要》、马总《意林》，固其流派。庾仲容《子抄》，每家或取数句，或一二百言。马总《意林》，一遵庾仲容此例，所抄多者十余句，少者一二言，比《子抄》更为取严录精。观所采诸子，今多不传者，惟赖此仅存其概。

《意林》自标用"《墨子》十六卷"本，抄录《墨子》"君子自难而易，彼君子自易而难""灵龟先灼，神蛇先暴"至"君子服美则益敬，小人服

253

美则益骄"15句。① 其中"灵龟先灼，神蛇先暴"②"甘瓜苦蒂，天下物无全美"③"古之学者得一善言，附于其身；今之学者得一善言，务以说人，言过而行不及"④"君子服美则益敬，小人服美则益骄"⑤ 为今本《墨子》所无。孙诒让曰："今本《公输》篇后，兵法诸篇之前，阙第五十一篇，以上数条疑皆此篇佚文。"⑥ 是唐人所见《墨子》尚不甚残缺。"灵龟先灼，神蛇先暴"，疑为《墨子》前几篇之佚文。

（二）元人陶宗仪《墨子》

陶宗仪所抄之《墨子》，在其《说郛三种》中。《说郛三种》卷四十六曰："《墨子》三卷"；并列篇目为"《亲士》第一、《修身》第二、《所染》第三、《法仪》第四、《七患》第五、《辞过》第六、《三辩》第七、《尚贤上》第八、《尚贤中》第九、《尚贤下》第十、《尚同上》第十一、《尚同中》第十二、《尚同下》第十三"；题目与篇目之间录韩愈《读墨子》。⑦

篇目以下抄录"甘井近竭，招木近伐，灵龟近灼，神蛇近暴"至"一目之视不如二目之视也……一手之操不如二手之强也"计18句墨子语录。⑧ 其中"甘井近竭，招木近伐，灵龟近灼，神蛇近暴"⑨ 等疑为佚文。此佚

① 马总：《意林·墨子节录》，《无求备斋墨子集成》第1册，台湾成文出版社1975年版，第1—6页。
② 马总：《意林·墨子节录》，《无求备斋墨子集成》第1册，台湾成文出版社1975年版，第2页。
③ 马总：《意林·墨子节录》，《无求备斋墨子集成》第1册，台湾成文出版社1975年版，第5页。
④ 马总：《意林·墨子节录》，《无求备斋墨子集成》第1册，台湾成文出版社1975年版，第5—6页。
⑤ 马总：《意林·墨子节录》，《无求备斋墨子集成》第1册，台湾成文出版社1975年版，第6页。
⑥ 孙诒让：《墨子间诂》，中华书局1986年版，第599页。
⑦ 参见陶宗仪：《说郛三种》，上海古籍出版社1988年版，第754页。
⑧ 陶宗仪：《说郛三种》，上海古籍出版社1988年版，第754页。
⑨ 陶宗仪：《说郛三种》，上海古籍出版社1988年版，第754页。

文增加"甘井近竭，招木近伐"2句，显然不是从《群书治要》《意林》等抄出，则"《墨子》三卷本"系统当有较"《墨子》十六卷本"系统优长处。惜"《道藏》本"《墨子》未据校。

第五章　明清时期的《墨子》整理与墨学研究

第一节　明清时期的《墨子》整理

一、明代的《墨子》刊刻与整理

明代刻书业大兴。自正统间张宇初所编《道藏》之《墨子》，至崇祯十五年（1642）刊金堡、范方等评点《墨子》，明代见于载录之墨学著作计28种。今将重要刊本和评本介绍如下。

（一）焦竑等《墨子品汇释评》

焦竑等《墨子品汇释评》（明万历四十四年晋江李廷机刊本、《墨子集成》本、明书林人瑞堂郑继白刊本），收《尚贤》《兼爱》《贵义》《鲁问》《公输》等篇文字而评说之，于书眉上收录陈后山、袁了凡、何孟春、张之象、申时行、林希元等家评语。①评语或发挥文意，如《尚贤》之"故古者圣王之为政，列德而尚贤"上载袁了凡曰"用人之门，只务欲尚贤使能。谁能出其门，而以他道邪诐进耶"②；或论文章特点，如《兼爱下》之"又有君大夫远适于巴越齐荆"云云上载袁了凡曰"是子作文最长于辩驳，铺叙

---

① 参见焦竑等：《墨子品汇释评》，《无求备斋墨子集成》第6册，台湾成文出版社1975年版，第1—24页。

② 焦竑等：《墨子品汇释评》，《无求备斋墨子集成》第6册，台湾成文出版社1975年版，第3页。

词说，情义兼到……"①。焦竑等《墨子品汇释评》所收评语既多又详，可代表明代《墨子》评点的最高水平。

（二）归有光等《墨子评点》

归有光等《墨子评点》（明天启五年《诸子汇函》刊本、《墨子集成》本、清同治间江西翻刻《诸子汇函》本、日本明治间排印《诸子汇函》本、1925 年上海会文堂《评点百二十子》石印本），收罗一峰、张周田、陈明卿、张方洲、薛方山、杨碧川、沈霓川、何椒丘、杨南峰、陈广野、邹东郭等家评语。② 评语或论文章结构，如《亲士》篇首书眉上载罗一峰曰"大义俱见于冒头，下是引证之耳"③；或论学说渊源，如《小取》之"是犹谓也者同也，吾岂谓也者异也"上载陈广野曰"此意得之《庄子》而奇情过之"④。

最可注意者，为每篇之后皆附言论通篇文旨，如《兼爱》文后载王凤洲曰"兼爱是墨子一生本领，自君臣父子兄弟以及于民，即《孟子》'亲亲而仁民，仁民而爱物'也。谛观立意，自有条理，非吾后世之相驳者比也"⑤，既点出墨学的中心思想是"兼爱"，又抛开前代儒者征引不休的《孟子》所论墨家之"兼爱"即"无父无母"之论，另辟新说，将"兼爱"与《孟子》的"亲亲而仁民，仁民而爱物"之说相比较，从而得出"非吾后世之相驳者比也"的结论。它代表了明代思想解放的一个侧面，是我们探讨明

---

① 焦竑等：《墨子品汇释评》，《无求备斋墨子集成》第 6 册，台湾成文出版社 1975 年版，第 11 页。

② 参见归有光等：《墨子评点》，《无求备斋墨子集成》第 6 册，台湾成文出版社 1975 年版，第 1—25 页。

③ 归有光等：《墨子评点》，《无求备斋墨子集成》第 6 册，台湾成文出版社 1975 年版，第 1 页。

④ 归有光等：《墨子评点》，《无求备斋墨子集成》第 6 册，台湾成文出版社 1975 年版，第 16 页。

⑤ 归有光等：《墨子评点》，《无求备斋墨子集成》第 6 册，台湾成文出版社 1975 年版，第 14 页。

代学术思想发展时应注意的一个问题。

（三）陈仁锡《墨子奇赏》

陈仁锡《墨子奇赏》（明天启六年蒋氏三径斋刊本、《墨子集成》本），在其《诸子奇赏》卷二十二、卷二十三，收录《墨子》之《亲士》至《杂守》所存文（《墨经》四篇不载；有的篇为节选），于书眉上标出评语。①

评语计卷二十二 34 条，卷二十三 14 条，共 48 条。评语多简括，且疏密不一，如《尚贤上》《尚贤下》《兼爱上》《非攻下》《天志上》《天志下》《非儒》《备梯》《迎敌祠》《旗帜》《号令》《杂守》通篇无评语。有的评语与其他书所收不同，如归有光等《墨子评点》之《亲士》"故虽有贤君不爱无功之臣"云云上载"陈明卿曰'似整齐而流动'"②，但陈仁锡《墨子奇赏》此句上却无③。陈仁锡（1581—1636），字明卿，万历二十五年（1597）中举，天启二年（1622）进士，后因忤魏忠贤被削职为民，崇祯初复起用。陈仁锡《墨子奇赏》刊于天启六年（1626），反没收天启五年刊归有光等《墨子评点》所收陈仁锡评《墨子》语，其原因应进一步研究。

陈仁锡这些评语中，不乏独特见解，如目录前对墨学的总说，其文曰："（墨子）名翟，以尚同、兼爱为宗。其文滔滔莽莽，一泻千里，可称辩才。及读攻守诸篇，叙事错综变幻，诘屈聱牙，又何奇也！禽滑厘之徒闻其风而悦之，相里勤之弟子、五侯之徒、南方之墨者苦获、已齿、邓陵子之属，俱诵《墨经》而倍谲不同，相谓'别墨'。"④ 其谓墨家"以尚同、

---

① 参见陈仁锡：《墨子奇赏》，《无求备斋墨子集成》第 6 册，台湾成文出版社 1975 年版，第 1—237 页。

② 归有光等：《墨子评点》，《无求备斋墨子集成》第 6 册，台湾成文出版社 1975 年版，第 3 页。

③ 参见陈仁锡：《墨子奇赏》，《无求备斋墨子集成》第 6 册，台湾成文出版社 1975 年版，第 7 页。

④ 陈仁锡：《墨子奇赏》，《无求备斋墨子集成》第 6 册，台湾成文出版社 1975 年版，第 1 页。

兼爱为宗",乃仁智之见;其论《墨子》文章"滔滔莽莽,一泻千里",所重者乃"文气";其谓《备城门》以下诸篇"叙事错综变幻,诘屈聱牙",可谓得其文要。

综观明代之《墨子》整理,其成就虽不如清人,但由于明人的刊刻传布,使《墨子》一书流传广大,扩大了墨家的思想影响。尤可注意者为明人对《墨子》的评说,除了文风、文气、文章结构的评点外,诸家评论均涉及到墨家思想,并以此与儒家学说相比较,且不受前人"儒墨相争"或"儒墨为用"的影响,善于发表独立见解。

二、清前期的《墨子》刊刻与整理

清人的墨学整理和研究是接续明人而来的,可分为前后两期论说。前期即清顺治元年(1644)至雍正十三年(1735),是清代墨学研究的低沉期。此间92年,仅出现如下3种墨学整理著作。

马骕《墨翟之言》。此书康熙九年(1670)刊于《绎史》中,后有清同治七年(1868)姑苏亦西斋刊本、光绪十五年(1889)金匮浦氏重修本、民国二十六年(1937)上海商务印书馆《万有文库》印本等。其书节录《墨子》中的《亲士》《尚贤》《尚同》《辞过》《兼爱》《三辩》《非乐》《节葬》《天志》《公输》《大取》《小取》诸篇文字,并取《韩非子》《说苑》《庄子》《淮南子》《吕氏春秋》《论衡》诸相似论述以为比照。后取《吕氏春秋》《胡非子》《随巢子》《缠子》等文以为附注。[①]它是清代关注《墨子》的最早著述。

傅山《墨子大取篇释》。此书刊于《霜红龛集》卷三十五,有清宣统三年(1911)山阳丁宝铨太原节署刊本。它节取《墨子·大取》篇文句,

---

① 参见马骕:《墨翟之言》,《无求备斋墨子集成》第6册,台湾成文出版社1975年版,第1—90页。

顺文注释。① 这是清代注《墨》第一家。

陈梦雷等《墨子汇考》。此书刊于《古今图书集成·理学汇编·经籍典》，有清雍正六年（1728）铜活字排印本、清光绪十九年（1893）上海同文书局印本、民国二十三年（1934）上海中华书局影印铜活字本等。它辑录了周人至宋洪迈之著述中载录的《墨子》目录、序跋、评论等②，为后人研究提供了诸多方便。

清前期，墨学整理著述仅三种，墨学研究又进入了低沉期。这首先与此时期的民族文化冲突有关。清人入关之后，先实行"圈地""编庄""投充"等政策，加剧了与汉人的矛盾。尔后虽两度实行笼络汉民、收买知识士子的政策，却又损伤了入关满人的利益，故屡行屡废。两种民族文化的关系短时间内难以理顺，执政者无暇顾及当时还处于非主流地位的墨家文化的振兴，这是此期墨学低沉的原因之一。

顺治皇帝虽看到关外旧有满人文化的落后性，决意改革，但他推行的主要还是明朝以儒家思想为主导地位的旧政策。康熙皇帝执政后继续推行顺治帝"复明旧制"的政策，力主实行的也是传统的、属于儒家文化系统的一贯政策。这是此期墨学低沉的原因之二。

清人入关前，儒家思想已在中国推行了1700余年，不但贯彻到历代王朝的统治政策中，而且日益渗入到中华大众的举止言行乃至思维方式中。推儒术，兴科举，确实是当时笼络民心、牢笼知识士子的有效措施。此时期的执政者只有选择这为大众所习惯接受的、为当时的知识士子所欢迎的儒家文化，才有利于自己的统治。而清初执政者正是这样做了。这是此期墨学低沉的原因之三。

执政最长、奠定清代主要文化政策的康熙皇帝幼习儒学，对其他文化学

---

① 参见傅山：《墨子大取篇释》，《无求备斋墨子集成》第 6 册，台湾成文出版社 1975 年版，第 1—26 页。

② 参见陈梦雷等：《墨子汇考》，《无求备斋墨子集成》第 6 册，台湾成文出版社 1975 年版，第 1—17 页。

说尚不甚熟悉，因而未能关注到墨家文化。这是此期墨学低沉的原因之四。

此时期的知识士子分化为两类，一为依附清廷自寻出路者，他们惟清廷政策是瞻，自然不敢超越皇家所好，弃儒习墨；一为拥护南明反清复国者，他们自然要沿袭明代的主导文化，继续推行儒家文化。知识群体中缺乏推倡墨家文化者，这是此期墨学低沉的原因之五。

三、清中期的《墨子》刊刻与整理

乾隆、嘉庆两朝（1736—1820）是清代墨学著作整理的复兴期。此85年间，墨学著作出现了15种。

此时期有《墨子》刊本、校注本9种，其中较受后人关注者有如下三种。

汪中《校陆隐刻本墨子》53篇，据《述学·内篇》所存汪氏《墨子序》，当作于乾隆四十五年（1780）。汪《序》曰"明陆隐所叙刻，视他本为完"，故以其为基础校刻《墨子》；又曰"其书多误字，文意晦昧不可读"，故"以意粗为是正"[1]。查明嘉靖三十一年（1553）芝城铜活字蓝印本陆隐《墨子校》十五卷，曾藏于聊城杨氏海源阁，后归姑苏潘博山。明人校书多粗疏，汪中自言多正其"误字"，当非虚言，惜乎汪书没有流传下来。

毕沅《墨子注》十六卷，有清乾隆四十八年（1783）刊《经训堂丛书》本、清光绪元年（1875）湖北崇文书局刊《子书百家》本、民国八年（1919）上海扫叶山房石印《百子全书》本及日本天保六年松元氏重刊本等。其书篇幅较大，首列毕沅《墨子叙》《墨子篇目考》；中为毕注《墨子卷之一》至《墨子卷之十五》，卷十五后为《墨子佚文》二十一条；最后是《墨子目卷之十六》，并附按语列述《墨子》流传聚散过程，又附孙星衍《墨子后叙》。它以《道藏》本为底本，参校以潜庵子《墨子》节选本、郎兆

---

[1]　孙诒让：《墨子间诂》，中华书局1986年版，第617页。

玉《墨子评》堂策槛本等明人校注研究成果，成为明清间《墨子》校注的承前启后之作，此为其注《墨》功劳之一；发现《经上》《经下》篇读法，即梁启超在《中国近三百年学术史》十四《清代学者整理旧学之总成绩(二)》中所说：毕沅"据《经上》篇有'读书旁行'一语，于篇末别为《新考定经上篇》，分为上下两行横列。最初发现此《经》旧本写法，不能不算毕氏功劳"①，这是毕氏注《墨》功劳之二。②

张惠言《墨子经说解》二卷，先有稿本流传，后有清光绪三十三年(1907)上海国粹学报馆石印本、清宣统元年(1909)邓宝辑《风雨楼秘籍留真》影印本、清宣统元年国学报存会影印本等。它专释《墨子》之《经上》《经下》《经说上》《经说下》四篇。将《经说》文字附于《经》文旁；注用单行小字，颇多精意。③孙诒让曾说："此书最难读者，莫如《经》《经说》四篇。余前以未见皋文先生（即张惠言——引者注）《经说解》为憾"。后得此书，"惊喜累日。余前补定《经下》篇句读，颇自矜为创获，不意张先生已先我得之。其解善谈名理。……固有精论，足补正余书之阙误者"④。

此时期还有读《墨子》札记 3 种，其中较重要者有如下两种：

王绍兰《读墨子杂记》，在其《读书杂记》中；先刊在罗振玉编《雪堂丛刻》内，有民国四年(1915)排印本，后有上海书店《丛书集成续编》本等。该篇节录《墨子》"窥戎""晋文染于舅犯、高偃""其类在誉石""吾当未盐数天下之良书""撅羊""芊鉏""其类在院下之鼠""故所得而后也"等八条，加以校正考释。⑤或补毕沅注《墨》之缺，如解"窥戎"为"观兵"⑥；

---

① 梁启超：《中国近三百年学术史》，中国书店 1985 年版，第 230 页。
② 参见毕沅：《墨子注》，《无求备斋墨子集成》第 7 册，台湾成文出版社 1975 年版，第 1—242 页。
③ 参见张惠言：《墨子经说解》，《无求备斋墨子集成》第 9 册，台湾成文出版社 1975 年版，第 1—98 页。
④ 孙诒让：《墨子间诂》自序，《墨子间诂》，中华书局 1986 年版，第 4—5 页。
⑤ 王绍兰：《读墨子杂记》，《丛书集成续编》，上海书店 1994 年版，第 776—778 页。
⑥ 王绍兰：《读墨子杂记》，《丛书集成续编》，上海书店 1994 年版，第 776 页。

或正毕注之失，如"吾当未盐数天下之良书"句，毕谓"盐当尽字之讹"，王绍兰依郑玄《郊特牲注》而谓之曰"此盐亦当读为艳"①；或据方言以释，如"撎羊"，以吴语"撎"解之，谓"刑羊"②。

朱亦栋《墨子书札记》，在其《群书札记》内，有清光绪四年（1878）武林竹简斋刊本。该篇节录《墨子》"高偃""聆缶""凑凑而至""芊鉏""翁""扰失社稷""圃田""敬""三亭""宀"等十条，加以校释。③或补毕沅校注之缺，如考"高偃"为"郭偃"④，又如解"宀"为"肉"字⑤；或正毕注之失，如谓"聆缶"之"缶""当如字解"，是乐器⑥；谓"凑凑而至"之"凑"当解为"聚"，而不做毕注之"臻"⑦。

清中期85年间，墨学整理著作数量大增；毕沅通注《墨子》，成为现存的第一个《墨子》全注本；张惠言校注《墨经》，使孙诒让为之赞叹⑧。这些，都证明着墨学研究出现了战国之后两千年来的第一个兴盛局面。

此期墨学研究的兴盛，主要在于《墨子》文本的整理，它与乾嘉时期以校注、考据为代表的学术繁荣是一致的。乾嘉考据学派在注经、考据诸方面都取得了前无古人的成就。这种畸形的学术繁荣，主要与清代的学术政策有关。清人入主中原，为巩固统治，对汉人特别是汉族知识士子实行软硬两手政策：或以科举牢笼，或以文字狱恫吓。而后者尤为酷烈，从而

---

① 王绍兰：《读墨子杂记》，《丛书集成续编》，上海书店 1994 年版，第 777 页。

② 王绍兰：《读墨子杂记》，《丛书集成续编》，上海书店 1994 年版，第 777 页。

③ 朱亦栋：《墨子书札记》，《无求备斋墨子集成》第 9 册，台湾成文出版社 1975 年版，第 1—10 页。

④ 朱亦栋：《墨子书札记》，《无求备斋墨子集成》第 9 册，台湾成文出版社 1975 年版，第 2 页。

⑤ 朱亦栋：《墨子书札记》，《无求备斋墨子集成》第 9 册，台湾成文出版社 1975 年版，第 9 页。

⑥ 朱亦栋：《墨子书札记》，《无求备斋墨子集成》第 9 册，台湾成文出版社 1975 年版，第 3 页。

⑦ 朱亦栋：《墨子书札记》，《无求备斋墨子集成》第 9 册，台湾成文出版社 1975 年版，第 3—4 页。

⑧ 孙诒让：《墨子间诂》自序，《墨子间诂》，中华书局 1986 年版，第 4—5 页。

使得知识士子相率钻于故纸堆中，而考据训诂之小学，遂风靡于一世。动辄犯禁杀头的威胁，使此时期的知识士子们专心古学，不问现实，遂使经典整理之学大兴。《墨子》也渐成士子们关注的对象。

关注文字校理，疏于义理致用研究，是此时期墨学研究的不足，也是整个乾嘉学术的缺陷。这主要与知识士子的时代心态紧密相关。清初，以民族气节相标榜的知识士子试图利用自己的学问为时代作出贡献，因而出现过鼓吹经世致用的顾炎武、黄宗羲等经学大师。但随着康熙削平三藩而巩固政权、雍正健全典制以加强统治等新形势的出现，在清代文化环境中成长起来的乾嘉士子，不但没有明代遗少的抗清情绪，甚至转而附清拥清，因而心安理得地钻在学问中。此一时期墨学校注、札记乃至音韵研究成绩斐然，而义理、实用研究不昌，此乃重要原因。

四、清后期的《墨子》刊刻与整理（上）

道光元年（1821）至宣统三年（1911），是清代墨学著作整理的高潮期。此 91 年间，产生了墨学整理著作 37 种。以下我们将清光绪二十三年（1897）成稿的李宝淦《墨子文粹》以上的墨学整理著作，和 1904 年刊行的王闿运《墨子注》以下的墨学整理著作，分为两个阶段来讨论。

道光元年至光绪二十五年（1899）的墨学整理著作中，有许多引人注目的札记。其中成绩最著者有以下几种。

洪颐煊《墨子丛录》（在其《读书丛录》内）。此书有清道光二年（1822）富文斋刊《读书丛录》本，清光绪间重刊富文斋《读书丛录》刊本等。该篇列《墨子缺篇》《墨子在七十子后》至《杰》共三十五条。① 或校《墨子》文字，如《敌国》条，谓《七患》之“边国”乃“适国”之误，即“敌国”，

---

① 参见洪颐煊：《墨子丛录》，《无求备斋墨子集成》第 9 册，台湾成文出版社 1975 年版，第 1—16 页。

古"敌"字多作"适"①；或以方言释词，如"连独"条，谓《兼爱中》"连独无兄弟"之"连独"乃《尔雅》郭璞注所引江东语"幼独"②；或正毕注之失，如"侲子"条，《非攻下》"譬若传子之为马"，毕曰"传子言传舍之人"，而洪氏引《方言》，以"侲，养马人"解之③。其又辩墨子在孔门七十七子后④，开墨子年代之辩。

王念孙《墨子杂志》（在其《读书杂志》中）。此书是王念孙父子研读《墨子》的记录；《读书杂志》，有清道光十二年（1832）原刊本，清同治九年（1870）金陵书局重刊本，民国十二年（1923）上海扫叶山房石印本等。该书首列道光十二年王念孙《墨子序》，次《亲士》至《杂守》诸篇札记共433条，后附错简校正6条。⑤其篇以《道藏》本《墨子》为底本，将卢文弨、孙星衍、毕沅三家《墨子》校注之"所未及，及所校尚有未当者，复加考正"。或正前注之失，如《亲士》之"正天下"，毕注为"征天下"，而王考"正"当作"长"。⑥或补毕注之缺，如《非攻下》"天下序其德"，注"序，顺也"。⑦或校正文字，如《辞过》之"故法令不急而行"，王曰"上'故'字涉下'故'字而衍"。⑧或补脱简，如谓《尚贤下》"曰莫若为王公大人骨肉之亲无"以下"旧本脱'故富贵面目佼好者'八字"。⑨其校补文字，除引他本外，还引丛书、旧注所录《墨子》原文为证，故所获良多；其注释辨正，多引字书及他书文句为证，表现了审慎态度。诚如王树柟《墨子斠注补正·序》所言："乾隆癸卯毕弇山沅始集卢、孙校本重加

① 洪颐煊：《墨子丛录》，《无求备斋墨子集成》第9册，台湾成文出版社1975年版，第4页。
② 洪颐煊：《墨子丛录》，《无求备斋墨子集成》第9册，台湾成文出版社1975年版，第7页。
③ 洪颐煊：《墨子丛录》，《无求备斋墨子集成》第9册，台湾成文出版社1975年版，第8页。
④ 参见洪颐煊：《墨子丛录》，《无求备斋墨子集成》第9册，台湾成文出版社1975年版，第2页。
⑤ 参见王念孙：《读书杂志》，江苏古籍出版社1985年版，第559—629页。
⑥ 王念孙：《读书杂志》，江苏古籍出版社1985年版，第559页。
⑦ 王念孙：《读书杂志》，江苏古籍出版社1985年版，第576页。
⑧ 王念孙：《读书杂志》，江苏古籍出版社1985年版，第563页。
⑨ 王念孙：《读书杂志》，江苏古籍出版社1985年版，第568页。

订正，作校注十五卷；道光中高邮王氏念孙补校六卷；自两家书出，而是书之症结大半可通。"①

俞樾《墨子平议》三卷（在其《诸子平议》中）。《诸子平议》，有清同治九年（1870）刊本、清光绪七年（1881）重定刊本、清光绪十五年（1889）刊《俞氏丛书》本、清光绪二十五年（1899）刊《春在堂丛书》本、民国十一年（1922）双流李氏念劬堂刊本等。《墨子平议》逐篇摘引《墨子》文句（各篇首句下标出篇名），或补充辨正毕沅、王念孙之说，如解《亲士》之"分议者延延，而支苟者詻詻，焉可以长生保国"句②；或引证先秦汉魏古籍文句，以诠释字义词义句义等，如解《所染》之"晋文染于舅犯、高偃"句③；或以己意校订文字，如谓《三辩》之"无乃非有血气者不能至邪"之"非"字为衍文④。该书创获颇多。但其所见他家校注不广，是其缺陷。

王树柟《墨子斠注补正》二卷，有光绪丁亥（1887）文莫室刊本等。首为作者光绪丁亥年序。次上下卷，摘引《墨子》文句，依次低一格作注；并将吴汝纶为其刊正数十条，用双行小字附于《补正》之后；还将吴汝纶《考订墨子经下篇》正文附于《经说》后。最后附其丁亥三月跋。⑤其《序》称赞毕沅、王念孙校注之功，而对其"间有考定未审及误文漏义、遗诸目前者"，"复合二书，详加审订"。⑥其补毕、王二家之缺者，用"补曰"标出；其正二家之失者，用"正曰"标出；文中称"万历本"者，乃《子汇》本；

---

① 王树柟：《墨子斠注补正》，《无求备斋墨子集成》第11册，台湾成文出版社1975年版，第1—2页。
② 俞樾：《诸子平议》，上海书店1988年版，第163页。
③ 俞樾：《诸子平议》，上海书店1988年版，第165页。
④ 俞樾：《诸子平议》，上海书店1988年版，第168页。
⑤ 参见王树柟：《墨子斠注补正》，《无求备斋墨子集成》第11册，台湾成文出版社1975年版，第1—146页。
⑥ 王树柟：《墨子斠注补正》，《无求备斋墨子集成》第11册，台湾成文出版社1975年版，第2页。

称"焦竑本"者，乃《二十九子品汇释评》本。

此时期诸多《墨子》读书札记的出现，为《墨子》校注工作奠定了良好的基础。而此一时期的《墨子》校注之作，更取得了引人注目的成就。其中最受后人重视者有以下几种。

孙诒让《墨子间诂》十五卷，有清光绪二十年（1894）苏州毛上珍聚珍木活字本、光绪丁未（1907）定本重刊本、民国二十四年（1935）世界书局刊《诸子集成》本等。定本首列光绪二十一年（1895）俞樾序、孙诒让自序、《墨子间诂总目》及孙诒让附记、毕沅和洪颐煊关于《墨子》目录的考说；次《墨子间诂》十五卷；后有《墨子附录》一卷，包括《墨子篇目考》《墨子佚文》（在毕沅所辑基础上增6条）《墨子旧叙》（收鲁胜《墨辩注叙》、毕沅《墨子注叙》、孙星衍《墨子注后序》及《经说篇跋》、汪中《墨子序》及《墨子后叙》、王念孙《墨子杂志叙》、武亿《跋墨子》、张惠言《书墨子经说解后》），又有《墨子后语》上下篇（包括《墨子传略》《墨子年表》《墨学传授考》《墨子绪闻》《墨学通论》《墨家诸子钩沉》）。其校以毕沅本为底本，又吸收了明人吴宽、清人王念孙、王引之、顾千里、洪颐煊、钱大昕、惠栋、陈乔枞、俞樾等人的研究、校注成果；且初版后又得张惠言《墨子经说解》、杨葆彝《墨子经说校》二书以补正，始成定本。因之，《墨子间诂》包容了清代《墨子》校注乃至札记式研究的主要成果。仅有如王树楠《墨子斠注补正》等少数成果未收入其中。书中前序、后附录及后语等，还收罗了清代以前人的研究成果。因之可以说《墨子间诂》是其前两千年墨学研究的总结。并且，其书十五卷中，增加了作者大量的注语和校语，是毕沅注语、校语的十数倍。

综观此一时期产生的《墨子》整理著作，成就巨大。其中原因，首先与墨学研究的积累有关。乾隆年间，毕沅开清人注墨之先；其后，有众多学者从校勘、注释、音韵等方面对《墨子》下过诸多功夫，出现了诸多读书札记和校注之作；并对《墨子》中最为杂乱、深奥的《墨经》进行了整理、研究；从而使清末学者可以在此基础上继续努力。

其次，当与此时期某些学者的学术爱好有关。以孙诒让为例，其为清末小学大家，他在研读古书方面下过相当大的功夫。而除《周礼》外（孙氏有《周礼正义》八十六卷），他用精力最多的便是《墨子》。特别是对《墨经》四篇及《备城门》以下诸篇，他自言"研核有年，用思略尽"，"覃思十年，略通其谊"①。十数年心血的浇灌，始成《墨子间诂》。

就清代的《墨子》校理，梁启超《中国近三百年学术史》十四《清代学者整理旧学之总成绩（二）》曾总结说："大抵毕（即毕沅——引者注）注仅据善本雠正，略释古训；苏氏（即苏时学——引者注）始大胆刊正错简；仲容（即孙诒让——引者注）则诸法并用，识胆两皆绝伦，故能成此不朽之作。然非承卢（即卢文弨——引者注）、毕、孙（即孙星衍——引者注）、王（即王念孙——引者注）、苏、俞（即俞樾——引者注）之后，恐亦未易得此也。仲容于《修身》《亲士》《当染》诸篇，能辨其伪（参见孙诒让《墨子序》——引者注），则眼光远出诸家之上了。其《附录》及《后语》，考订流别，精密闳括，尤为向来读子书者所未有。盖自此书出，然后《墨子》人人可读。现代墨学复活，全由此书导之。古今注《墨子》者固莫能过此书，而仲容一生著述，亦此书为第一也。"②其概括可谓精当，其评说可谓公允。

五、清后期的《墨子》刊刻与整理（下）

1900年至1911年的《墨子》整理，先有王闿运《墨子注》七十一篇。王闿运《墨子注》有光绪甲辰年（1904）江西官书局刊《湘绮楼全书》本。

该书首列王闿运光绪癸卯年（1903）秋自叙。《叙》中讨论了墨子里籍与时代、《墨子》版本及近人注、墨家科技及与西洋技艺的关系，叙述

---

① 孙诒让：《墨子间诂》自序，中华书局1986年版，第1—4页。
② 梁启超：《中国近三百年学术史》，中国书店1985年版，第230页。

了校理《墨子》的经过，以及对墨家学说的评论。自叙后是对《墨子》的校注。校注以毕沅本为底本，将《亲士》至《非儒下》作为"七十一篇上"；自《大取》中分出"语，经也"至篇末另为《语经》篇，并《大取》其他文字至《公输》为"七十一篇中"；自《备城门》以下为"七十一篇下"；校注后列毕沅所辑《墨子佚文》；又分出《经》《经说》四篇置最末，以说就经，旁行列出，某些条目注释较详。书末有门生衡阳萧鹤祥甲辰年（1904）孟冬跋。《跋》语所言其书体例为："编中条例：凡所解释者，小①注之；校改者亦如之。其移补者，间以阴文别之；其不足重录者，则通篇如之。就中亦有校增者，则以阴线围之；脱漏者亦如之。"②其所谓"不足重录者"，指《尚同下》《兼爱下》《天志中》《天志下》《非命中》《非命下》诸篇，王氏因与其上之篇重复，而以阴文刻出。王氏于篇中所校改字，有的较长，如《尚同中》"曰其为正长者此。是故"与"上者天鬼……"间，加出"谋事得，举事成……则万民之亲可得也"数十字③，却不注增改之依据，显得颇为随意。

　　《墨经》四篇，是王氏注文最多的部分。萧鹤祥《跋》谓《经》上下、《经说》上下，排次句读，尤多所更正。其上篇则略依毕校考定，其下篇则皆师所诠分也④。但实际上王氏《经上》句读，并未吸收毕沅等前人成果，而将几条不同概念合为一句来诠解。如《经上》"厚，有所大也。日中，正南出。直，参也"，本为三组不同的概念："厚"之所云，指立体物体积；"日中"所云，指测量朝向；"直"所云，指测量原则。毕沅等俱分为三条来诠释，而王闿运则以"厚"喻地、日中为南、以直参验而合为一来解，

---

① "小"字后疑脱"字"字。
② 王闿运：《墨子注》，《无求备斋墨子集成》第16册，台湾成文出版社1975年版，第1—429页。
③ 王闿运：《墨子注》，《无求备斋墨子集成》第16册，台湾成文出版社1975年版，第59页。
④ 王闿运：《墨子注》，《无求备斋墨子集成》第16册，台湾成文出版社1975年版，第429页。

殊觉牵强①。

在词语诠释上，王闿运虽攻击毕沅、卢文弨等"浅率陋略"，"疑其僮妾所为"，但王注更错误百出。如不知《墨经》中"乐"即"正"字，因解《经上》"同长，以乐相尽也"②"日中，乐南也"③等条多妄说。

王闿运是书将《墨子》53篇分上、中、下三部分，又将《墨经》单独分出，其所分具体内容虽未必全都恰当，但他这种试图将《墨子》进行分类的治墨方法，却给后人如胡适等人的《墨子》分类以重要启示。

其后应予注意者为曹耀湘《墨子笺》。曹耀湘《墨子笺》十五卷，有清光绪三十二年（1906）湖南官书报局排印本。其书体例不一，前两篇正文各句单列，校注文字双行排于正文后；《墨经》及《大取》5篇正文各句单列，校注文字双行排于正文下；《小取》按段单列正文，校注文字双行排于正文下；篇末附记篇意概要及作者的发挥议论；《备城门》以下诸篇未注。后附《墨子佚文》《墨子篇目考》《评议五家》（节录《庄子·天下篇》《韩非子·显学篇》《淮南子·要略》《史记·孟子荀卿列传》《汉书·艺文志》相关文字）、毕沅《毕刻本叙》、孙星衍《毕刻后叙》及《附记》、王闿运《读墨要旨》等。所注篇章详略不一，《亲士》《修身》和《墨经》四篇及《大取》之注尤详，可与《墨子间诂》对读。

曹氏是书，最可注意者为篇末附论。如《大取》篇末论曰："按《墨子》，《经上》《经下》《经说》上下、《大取》《小取》凡六篇，篇第相属，语意相类，皆所谓'辩经'也。《大取》，则其所辩者较大，墨家指归所在也。凡墨子之说，其为儒家所排斥、世情所畏恶者三端：节葬也，非乐也，非儒也；有为儒家所排斥而世情不以为恶者：兼爱也，非命也；有为世情所

---

① 王闿运：《墨子注》，《无求备斋墨子集成》第 16 册，台湾成文出版社 1975 年版，第 382 页。

② 王闿运：《墨子注》，《无求备斋墨子集成》第 16 册，台湾成文出版社 1975 年版，第 381 页。

③ 王闿运：《墨子注》，《无求备斋墨子集成》第 16 册，台湾成文出版社 1975 年版，第 382 页。

畏恶而儒家不以为非者：尚同也，非攻也，节用也；有与儒术相合而亦不违乎世情者：则尚贤也，无志也，明鬼也，与夫亲士、修身、贵义之说，皆是也。既与人情有违，则行之不能无窒；与儒术有异，则言之不能无争。墨子述大禹、箕子之教，修内圣外王之术，思以易天下，故必为‘辩经’，博极万事万物之理，穷其源而竟其委，……其宗旨则略具于此篇。所辩者大，故曰大取也。"①这既从世情容否、儒家臧否的角度论述了墨家学说要义，及其与《墨经》四篇、《大取》《小取》的关系，又总结墨家学说为"内圣外王之术"，是夏学的延续。此可谓曹氏对墨学的总评论。

曹氏解《墨经》四篇，于辩说诸句往往能得其要，如《经上》解"故"、解"智"、解"虑"、解"知"等条。于科技诸句，有的能得其解，如《经上》解"中"、解"圆"、解"方"、解"倍"等，有的则多误解，如《经上》"止，以久也"，不知其为静力学论说，而以"凡事物用之以久者，则其势当止"②解之。这一方面表现出曹氏科技知识的贫乏；另一方面，曹氏解《墨经》在张惠言、陈澧等之后，特别是陈澧的《东塾读书记》，同治年刊行后，又于光绪十四年（1888）收入《皇清经解续编》，影响颇大，而曹氏却不能择善吸收前人成果，表现出对新学识关注的滞后性。

总体来看，曹耀湘的《墨子笺》，其校注虽在孙诒让《墨子间诂》初刊本后，但水平却不及孙氏。《墨子笺》最有价值部分，当为各篇末的论说，它已近于墨家思想学说的综合研究，不少观点，都给后人以有益的启示。而其尤为后人激赏者，为其对"儒墨相訾"的评说，曹氏于《兼爱上》篇末论曰："墨子之学，其为儒者所诋訾，在于兼爱。孟子至比之于禽兽，以为无父。究其实，则忠孝之理所由推行而尽利也。……儒者即欲自别于

①　曹耀湘：《墨子笺》，《无求备斋墨子集成》第 17 册，台湾成文出版社 1975 年版，第274 页。

②　曹耀湘：《墨子笺》，《无求备斋墨子集成》第 17 册，台湾成文出版社 1975 年版，第128 页。

墨氏，独不思《孝经》之言乎？孟氏之书，其自蹈于偏蔽者欤？"① 陈柱《墨学十论·历代墨学述评》针对此而评曰："在前清老儒，能发为此言，显斥孟子，亦可谓异于常流者。"②

曹耀湘《墨子笺》的最大功绩，在于明确了《经说》之"标目字"体例。其《经说上》解题曰："《经说》二篇，每遇分段③之际，必取《经》文章首一字以识别之。其中亦有脱漏数处。必明乎此，然后此四篇之章句次序始可寻求，而校讹补脱，略有依据之处矣。"④ 因而他在论《经说》文中，于各章首之标目字下，先以双行小字引《经》文以补足之，然后列出《说》文，再予解释。其前，至迟在孙诒让《墨子间诂》中，已注意到《经说》中的标目字问题，孙诒让于《经说上》首字"故"下注曰"此目，下文"，并于每章解说的首字或二字下断句。王闿运《墨子注》亦于《经说》文首字或首二字下空格以识别之。曹耀湘在此基础上更明确提出"必取章首字以识别"，已明确论到体例问题。至梁启超《墨经校释》中特别予以论述，使其与"旁行读"同样，成为破解《墨经》体例的"两大发现"之一。

另外，还有吴汝纶《点勘墨子读本》十六卷。吴汝纶《点勘墨子读本》，在《桐城先生点勘诸子读本》中，先有清宣统元年（1909）北京衍星社排印线装本，后有清宣统二年（1910）重庆启渝公司排印线装本等。前十五卷，列《墨子》原文，逐句点读，间加注释。末卷为《墨子佚文》，除列毕沅本所辑 21 条外，又补《意林》所辑 3 条。其注除采用毕沅、王念孙、俞樾、王树枏诸家成果外，并加案语以明己意。间有眉批阐明篇意、辩说

---

① 曹耀湘：《墨子笺》，《无求备斋墨子集成》第 17 册，台湾成文出版社 1975 年版，第 46 页。

② 陈柱：《墨学十论》，《无求备斋墨子集成》第 33 册，台湾成文出版社 1975 年版，第 218 页。

③ 段，疑为"叚"之讹。

④ 曹耀湘：《墨子笺》，《无求备斋墨子集成》第 17 册，台湾成文出版社 1975 年版，第 155 页。

真伪等。书中还有其子闿生附批、圈点、句读。① 该书是晚清时期流传较广的普及读本。

该书之尤可注意者，在眉批之文。其文或解篇旨，如卷一诸篇。或考订作者，如《所染》篇首上批曰"此《吕览》文，而集录者删改末段妄收入之《墨子》"②，并在篇文上批出《吕览》文起始处。或批评文笔，如《法仪》篇末批曰"结束不振"③。或辩说前人之非，如《尚同下》篇首批曰"毕沅云：《中兴书目》'一本十三篇'者，即此以上诸篇，非有异本。某案宋潜溪云'上卷七篇，号曰《经》；中卷、下卷六篇，号曰《论》；共十三篇'。今自此以下诸篇，不见经、论之分，则必有异本矣。宋云《亲士》至《经说》十三篇"④。更多的眉批是校勘讹衍，如《尚贤上》篇首批曰"句首五字疑后人妄加，当为问者之词"⑤ 等。这种批评方式，继承了明代的评点方法。然其考说批评，重证据，举实例，是明代的空疏之风所难以比肩的。

纵观清代的《墨子》整理，其成就是巨大的。由于毕沅、孙星衍、卢文弨等人的努力，基本结束了《墨子》无法卒读的现象；其提出的《墨经》"旁行读"之法，为揭开《墨经》千古之谜提供了一把钥匙。张惠言等继续努力，基本弄懂了《墨经》的内容要义，并为后人开创了一种研究《墨经》的途径，即结合西方科技知识来诠释《墨经》。孙诒让结合此两方面的成就倾全力作成的《墨子间诂》，成为后人整理、研究《墨子》的坚实基础。曹耀湘在孙诒让、王闿运等人研究基础上，明确了《经说》之"标

① 参见吴汝纶：《点勘墨子读本》，《无求备斋墨子集成》第 11 册，台湾成文出版社 1975 年版，第 1—320 页。
② 吴汝纶：《点勘墨子读本》，《无求备斋墨子集成》第 11 册，台湾成文出版社 1975 年版，第 13 页。
③ 吴汝纶：《点勘墨子读本》，《无求备斋墨子集成》第 11 册，台湾成文出版社 1975 年版，第 17 页。
④ 吴汝纶：《点勘墨子读本》，《无求备斋墨子集成》第 11 册，台湾成文出版社 1975 年版，第 53—55 页。
⑤ 吴汝纶：《点勘墨子读本》，《无求备斋墨子集成》第 11 册，台湾成文出版社 1975 年版，第 27 页。

目字"体例，提出《经说》各章"必取章首字以识别"。后来梁启超在《墨经校释》中又就此特别论述，使其与"旁行读"同样，成为近现代破解《墨经》体例的"两大发现"之一。

第二节　明清时期的墨学研究

一、明代的墨学研究

明人的墨学研究成果，多保存在他们对《墨子》的评点中。或论思想学说，或评篇章文法，已见上说。其他应注意者，为宋濂等人的儒墨关系之论和王阳明以心学论墨。

（一）宋濂等人的儒墨关系论

宋濂论墨，在《潜溪后集》卷一《诸子辩》中。宋氏将其所见《墨子》篇目，分为三卷，"《墨子》三卷，战国时宋大夫墨翟撰。上卷《亲士》《修身》《所染》《法仪》《七患》《辞过》《三辩》七篇号曰经，中卷《尚贤》三篇、下卷《尚同》三篇，皆号曰论，共十三篇"①。钱曾谓其"未见完本"②，尹桐阳《墨子新释》更承此分卷法，将《墨子》分为《墨经》《墨论》《杂篇》三部分。宋氏此文，对墨家学说多所肯定，谓"墨者，强本节用之术也。予尝爱其'圣王作为宫室便于主，不以为观乐也'之言，又尝爱其'圣人为衣服适身体和肌肤，非荣耳目而观愚民也'之言，又尝爱'饮食增气充虚强体适腹'之言。墨子甚俭者乎！菲饮食，恶衣服，大禹之薄于自奉者"③。并由此比较孔墨之说谓："孔子亦曰'奢则不逊，俭则固'。然则

---

① 宋濂：《宋濂全集》，浙江古籍出版社 1999 年版，第 137 页。

② 钱曾：《读书敏求记》，《丛书集成初编》，中华书局 1985 年版，第 882 页。

③ 宋濂：《宋濂全集》，浙江古籍出版社 1999 年版，第 138 页。

俭者，固孔子之所不弃哉。或曰：如子之言，则翟在所取，而孟子辞而辟之，何也？曰：'本二。'"① 这些论说，比韩愈的"孔墨互用"说更加大胆地肯定了墨家学说。然明代亦有抨击墨家或褒扬墨家的激烈之辞，如胡应麟和李贽之言。

胡应麟《少室山房笔丛》卷十一论曰："余尝读其《非儒》《明鬼》《公孟》诸篇，所谓嘱授其徒、簧鼓其众者，一以指摘仲尼为事。……翟者固是尧舜，非桀纣，摩顶放踵以为天下，而独甘心置喙于吾圣人，何哉？盖其意欲吾儒角立并驱，以上接二帝三皇之统，故肆言以震撼一世，而冀其从。又苦行以先之，聚徒以倡之，驯致儒墨之称，杂然并立于衰周之世，正仲尼所谓行伪而坚、言奸而辩者。圣王有作，其无逃于横议之刑必矣。……唐儒如韩愈者，亦从而遵信之，彼未深考其言耳！……宋太史景濂《诸子辩》，时论甚精，《读墨》亦以孔子所不弃，皆溺于昌黎，弗深考也。"② 胡氏分析墨家异于儒者之言，并推测其所出当因为争一席之地，而标新论、立异说。

李贽出于他的反传统思想，对墨学大加褒扬，其《墨子批选》谓："天志是为民的规矩"，"就天意说出兼爱教旨"，"兼爱毕竟割舍不得"。又对孟子攻击墨家之言大加批驳，曰："我爱人之父，然后人皆爱我之父，何说无父？若谓使人皆爱我父者乃是无父，则必使人贼我父者乃是有父乎？是何异禽兽、夷狄人也！"③

（二）王阳明以心学论墨

独立于"儒墨为用"是非论争之外而对墨学加以研究论说的是王阳明。王阳明论墨接续的是程朱理学家所论，首先讨论墨家的"兼爱"问题。《传

① 宋濂：《宋濂全集》，浙江古籍出版社 1999 年版，第 138 页。
② 胡应麟：《少室山房笔丛》，《文渊阁四库全书》第 886 册，台湾商务印书馆 1982 年版，第 287 页。
③ 李贽：《墨子批选》，《古今图书集成》，中华书局、巴蜀书社 1985 年版，第 72305 页。

习录》载他在回答人"程子云'仁者以天地万物为一体',何墨氏'兼爱'反不得谓之仁"之问时说:"此亦甚难言,须是诸君自体认出来始得。仁是造化生生不息之理,虽弥漫周遍,无处不是,然其流行发生,亦只有个渐,所以生生不息。如冬至一阳生,必自一阳生,而后渐渐至于六阳,若无一阳之生,岂有六阳?阴亦然。惟其渐,所以便有个发端处;惟其有个发端处,所以生;惟其生,所以不息。譬之木,其始抽芽,便是木之生意发端处;抽芽然后发干,发干然后生枝生叶,然后是生生不息。若无芽,何以有干有枝叶?能抽芽,必是下面有个根在。有根方生,无根便死。无根何从抽芽?父子兄弟之爱,便是人心生意发端处,如木之抽芽。自此而仁民,而爱物,便是发干生枝生叶。墨氏兼爱无差等,将自家父子兄弟与途人一般看,便自没了发端处;不抽芽便知得他无根,便不是生生不息,安得谓之仁?孝弟为仁之本,却是仁理从里面发生出来。"① 以"冬至一阳生"、以"木始抽芽"多方作比,论"父子兄弟之爱,便是人心生意发端处",而墨家"兼爱无差等,将自家父子兄弟与途人一般看,便自没了发端处",因而"安得谓之仁",从学理源头上分析墨家"兼爱"说的不合时宜性。

王阳明论墨,更多的是讨论前人关于墨家的批判评说。如关于孟子辟墨问题,王阳明在《答罗整庵少宰书》中说:"凡某之所谓格物,其于朱子'九条'之说,皆包罗统括于其中;但为之有要,作用不同,正所谓毫厘之差耳。然毫厘之差而千里之谬实起于此,不可不辨。孟子辟杨、墨至于'无父,无君'。二子亦当时之贤者,使与孟子并世而生,未必不以之为贤。墨子'兼爱',行仁而过耳;杨子'为我',行义而过耳。此其为说,亦岂灭理乱常之甚,而足以眩天下哉?而其流之弊,孟子至比于禽兽夷狄,所谓'以学术杀天下后世'也。今世学术之弊,其谓之学仁而过者乎?谓之学义而过者乎?抑谓之学不仁不义而过者乎?吾不知其于洪水猛兽何如也!孟子云:'予岂好辨哉?予不得已也!'杨、墨之道塞天下,孟子之

---

① 王阳明:《王阳明全集》,上海古籍出版社1992年版,第25—26页。

时，天下之尊信杨、墨，当不下于今日之崇尚朱说，而孟子独以一人呶呶于其间，噫，可哀矣！韩：'佛、老之害甚于杨、墨。'韩愈之贤不及孟子，孟子不能救之于未壤之先，而韩愈乃欲全之于已壤之后，其亦不量其力，且见其身之危，莫之救以死也矣！"① 其谓"孟子辟杨、墨至于'无父，无君'。二子亦当时之贤者，使与孟子并世而生，未必不以之为贤"，这是作为儒家后学首次对孟子辟墨提出疑问。王阳明认为，杨、墨之弊在于"墨子'兼爱'，行仁而过耳；杨子'为我'，行义而过耳"，所以他反问"此其为说，亦岂灭理乱常之甚，而足以眩天下哉"？基于此，王阳明指出"孟子之时，天下之尊信杨、墨，当不下于今日之崇尚朱说"，故孟子出于推行学说的需要"不得已也"而辩。这些推导论析，合情合理。

王阳明对墨家的分析伦说，对前人辟墨的评说议论，其目的在于"今用"，在于纠正当时学风，在于为推行心学服务。他在《别湛甘泉序》中指出，"今世学者，皆知宗孔、孟，贱杨、墨，摈释、老，圣人之道，若大明于世"，但实际上"圣人不得而见之矣"，因为"世之学者，章绘句琢以夸俗，诡心色取，相饰以伪，谓圣人之道劳苦无功，非复人之所可为，而徒取辩于言词之间"，故而使"圣人之学遂废"；这种学风，甚至不及"墨氏之兼爱""杨氏之为我""老氏之情净自守""释氏之究心性命"，因为"杨、墨、老、释，学仁义，求性命，不得其道而偏焉，固非若今之学者以仁义为不可学，性命之为无益"，所以王阳明甚至说，"居今之时而有学仁义，求性命，外记诵辞章而不为者，虽其陷于杨、墨、老、释之偏，吾犹且以为贤"，因为他们"彼其心犹求以自得也。夫求以自得，而后可与之言学圣人之道"，只要究其"偏"，他们也可言"圣人之道"。②

王阳明之所以如此偏激地批评当世学风，其最终目的在于推行心学。他在《象山文集序》中说："圣人之学，心学也。尧、舜、禹之相授受曰：

---

①　王阳明：《王阳明全集》，上海古籍出版社 1992 年版，第 77—78 页。

②　王阳明：《王阳明全集》，上海古籍出版社 1992 年版，第 230—231 页。

'人心惟危，道心惟微，惟精惟一，允执厥中。'此心学之源也。中也者，道心之谓也；道心精一之谓仁，所谓中也。孔孟之学，惟务求仁，盖精一之传也。而当时之弊，固已有外求之者，故子贡致疑于多学而识，而以博施济众为仁。夫子告之以一贯，而教以能近取譬，盖使之求诸其心也。迨于孟氏之时，墨氏之言仁至于摩顶放踵，而告子之徒又有'仁内义外'之说，心学大坏。孟子辟'义外'之说，而曰：'仁，人心也。学问之道无他，求其放心而已矣。'又曰：'仁义礼智，非由外铄我也，我固有之，弗思耳矣。'盖王道息而伯术行，功利之徒外假天理之近似以济其私，而以欺于人，曰：天理固如是，不知既无其心矣，而尚何有所谓天理者乎？自是而后，析心与理而为二，而精一之学亡。世儒之支离，外索于刑名器数之末，以求明其所谓物理者。"①他认为心学的关键在于"中也者，道心之谓也；道心精一之谓仁，所谓中也"，但由于墨家言"仁"而偏、告子"仁内义外"，遂使"析心与理而为二"，而"精一之学"的心学被破坏；所以，要辟墨家、辟告子，使"惟务求仁，盖精一之传"的发端于"孔孟之学"的心学大行。

王阳明论墨，其特点有二：

其一，承前人论墨诸说而又创新。就墨家的"兼爱"问题，他承程朱理学家的话题，而更以阴阳化生理论，论墨家"兼爱无差等，将自家父子兄弟与途人一般看，便自没了发端处"，从而否定其"仁"，从学理源头上分析墨家"兼爱"说的不合时宜性。之所以这样，首先与王阳明的政治立场有关。王阳明为维护明王朝的统治，曾带兵围剿边民和农民起义，也曾镇压过明宗室朱宸濠造反，并总结出"破山中贼易，破心中贼难"的名言，倡导"去人欲，存天理"的"致良知"说，以加强正统理念来维护王朝统治。因此，他接过前人辟墨话题，以维护儒学正统来维护王朝政权。

其二，王阳明辟墨，目的在于今用，即纠正当世学风，因而他指出，

① 王阳明：《王阳明全集》，上海古籍出版社1992年版，第245页。

"世之学者，章绘句琢以夸俗，诡心色取，相饰以伪，谓圣人之道劳苦无功，非复人之所可为，而徒取辩于言词之间"，故而使"圣人之学遂废"；这种学风，甚至不及杨、墨、老、释之偏。王阳明认为，"经"以载道，孔子删六经，目的在于去虚文而明实道于天下；六经已将"实道"讲得明明白白，不需要浮文虚词的诠释，所以汉儒以至朱熹《四书集注》《性理大全》之类著作都应抛开，回到原始五经上去认识其中所载的"实道"，使之发挥"去人欲，存天理"的教化作用和齐家治国平天下的政治功能。

二、清代的墨学义理研究

（一）清初顾炎武论墨学与墨家

清初，活跃在学坛上的是顾炎武、黄宗羲、阎若璩、胡渭等。就传统学术研究来说，顾炎武反王阳明而尊朱熹，黄宗羲著《明儒学案》却以王学为宗。但实际上两人都反对空谈心性而主张恢复汉唐经学重现实的传统。顾炎武讲"格物致知"之"知"为"当务之急"（《日知录》卷六）；黄宗羲将"致良知"之"知"解为"即是行字"（《明儒学案·姚江学案》），都与朱王理学、心学的"内向之学"不同。这主要是在清人入关的新形势下，以中华民族命运为己任的士人，欲以学术经世致用。故而，墨学的研究也脱离理学和心学的牢笼，恢复了它与社会紧密关联的本来面目。代表这种学风变化的是顾炎武的墨学研究。

就顾炎武《日知录》所见，书中引墨论墨的内容可分为如下三类来分析。

第一，引作说理证据。如卷一以"《墨子》书言'周之《春秋》，燕之《春秋》，宋之《春秋》，齐之《春秋》'。周、燕、宋、齐之史，非必皆'春秋'也，而云'春秋'者，因鲁史之名以名之也"来比论"三《易》"之说[1]；

---

[1]　黄汝成：《日知录集释》，岳麓书社 1994 年版，第 2 页。

如卷二十二引《吕氏春秋》所载"越王请以故吴之地，阴江之浦书社三百以封墨子"作为证据之一来证"古人多以乡为社"①；如卷二十二引《墨子》曰"尧北教乎八狄，道死，葬蛩山之阴。舜西教乎七戎，道死，葬南巳之市。禹东教乎九夷，道死，葬会稽之山"云云作为证据之一来考证帝尧之冢灵台是否在济阴成阳②；等等。

从顾炎武的这些引用，我们可看出两点：

其一，顾炎武之所以引用《墨子》之文作为证据，是因为他熟悉《墨子》。查顾炎武对《墨子》的引用，卷九"诚有如《墨子》所云：'使治官府则盗窃，守城则倍畔，使断狱则不中，分财则不均。'"③，其所引为《墨子·尚贤中》之文，《墨子·尚贤中》文为"使治官府则盗窃，守城则倍畔，君有难则不死，出亡则不从，使断狱则不中，分财则不均，与谋事不得，举事不成，入守不固，出诛不强"④，两相对比，一全一缺，显然是凭记忆引用。卷十六所引为《墨子·尚贤下》之文⑤，其文无误；卷二十四所引为《墨子·非攻中》之文⑥，其文无误。既然卷九所引那般长的《墨子》文句也凭记忆引用，那么这三处较短的《墨子》文句亦当凭记忆引用。凭记忆引用而能字句不误，说明了顾炎武对《墨子》的熟悉。

其二，由顾炎武对《墨子》的熟悉可以想见，《墨子》应在明末清初学人中广为传习。从上述明代评点《墨子》著述的迭现可以想见，明代曾出现过诸子学术大普及中的墨学普及潮流。这一潮流所使得顾炎武学习、研究《墨子》到了对其细微之处都熟记于心的程度。如上述《日知录》卷二十二引《吕氏春秋》言"越王欲以地封墨子"事，《墨子·鲁问》载："子墨子游公尚过于越。公尚过说越王，越王大说，谓公尚过曰：'先

---

① 黄汝成：《日知录集释》，岳麓书社1994年版，第787页。
② 黄汝成：《日知录集释》，岳麓书社1994年版，第791页。
③ 黄汝成：《日知录集释》，岳麓书社1994年版，第313页。
④ 黄汝成：《日知录集释》，岳麓书社1994年版，第49页。
⑤ 黄汝成：《日知录集释》，岳麓书社1994年版，第59页。
⑥ 黄汝成：《日知录集释》，岳麓书社1994年版，第127—128页。

生苟能使子墨子至①于越而教寡人，请裂故吴之地方五百里，以封子墨子。'……"②但顾炎武为什么撇开《墨子》而引《吕氏春秋》呢？因此他所要论证的是"古人多以乡为社"，《吕氏春秋》言"以故吴之地，阴江之浦书社三百以封墨子"，而《墨子》言"裂故吴之地方五百里以封子墨子"，一言"书社三百"与论题所需要的论据正合，一言"方五百里"与论题所需要的论据不合，故顾炎武撇开《墨子》而引《吕氏春秋》。对此种细微问题的区别和把握，说明顾炎武对《墨子》学习时用力之深。

第二，对《墨子》研究辨析。如卷六以"《月令》：'择元日，命民社。'注：'祀社日用甲。'据《郊特牲》文，日用甲，用日之始也"及其他书证，来证明"《墨子》云'吉日丁卯，周代祝社'，疑不可信"③；卷二十五引"张衡言：《春秋元命包》有公输班与墨翟事，见战国，非春秋时。又言别有益州，益州之置在于汉世，以证图谶为后人伪作"，来作为"传记之文若此者甚多"④的铺垫，引起对《管子》《国语》《说苑》诸书所记事件的辨伪；等等。

中国经学到隋唐时期的《九经义疏》，注疏之学发展到了极致，新学人难乎为继，故宋代儒生在经学研究中一反前代重注疏的旧路，通过标榜圣人之道，来宣扬义理之学，探讨"天道"与"心性"间关系，从而使他们的著述充满了思辨色彩；但由于宋儒径改经文、辄谈"叶音"等学术缺陷而使其经学研究流于空疏。顾炎武接受了宋明学人的学术怀疑精神，而重新运用汉唐经学家提倡的"书证求义"的注疏方式，并把这种方式运用到考辨古史中去，不但取得如上述所引的诸多学术成果，而且探索出一条将怀疑精神与书证考据相结合，即各取汉学与宋学学术方法之长的新的学

---

① "至"字原脱，从孙诒让校增。（参见孙诒让：《墨子间诂》，中华书局1986年版，第436页）

② 孙诒让：《墨子间诂》，中华书局1986年版，第436页。

③ 黄汝成：《日知录集释》，岳麓书社1994年版，第217页。

④ 黄汝成：《日知录集释》，岳麓书社1994年版，第899页。

术研究方法，为清代考据学的产生铺平了道路。

第三，评说墨家思想观点或引他人评说。如卷十八曰："自老庄之学行于战国之时，而外义者告子也，外天下、外物、外生者庄子也。于是高明之士厌薄诗书，以为此先王所从治天下之糟粕。而佛氏晚人中国，其所言清净慈悲之说，适有以动乎世人之慕向者。六朝诸君子从而衍之，由清净自在之说而极之，以至于不生不死入于涅盘，则杨氏之为我也。由慈悲利物之说而极之，以至于普度众生，超拔苦海，则墨氏之兼爱也。天下之言不归杨，则归墨，而佛氏乃兼之矣。其传浸盛，后之学者遂谓其书为内典。推其立言之旨，不将内释而外吾儒乎？夫内释而外吾儒，此自缁流之语，岂得士人亦云尔乎？"① 此承朱熹说而有变化，主叙"外学"与"内学"的区别及"内学"的发展，并辨析杨朱、墨家、儒家诸学说间的关系，谓"由清净自在之说而极之，以至于不生不死入于涅盘，则杨氏之为我也"，谓"由慈悲利物之说而极之，以至于普度众生，超拔苦海，则墨氏之兼爱也"等等，区别同异，嫁接诸家，别开生面。

在墨学研究史上，顾炎武是一个转折型的人物，他对《墨子》、墨学与墨家的考证和研究，都成为他扭转宋明空疏之学而开清代考据之学、结束宋明"内向之学"的研究而转向经学、子学结合现实的"实学"研究的众多成果中的重要部分，在墨学研究史上有重要启发意义。

（二）清中后期的墨家与墨学研究

康熙年间，韩菼《有怀堂文稿》卷二十二有《杨墨》一文，谓："夫由杨、墨之迹，固未至于无君父也；由其说而推其害，直可以无君父；孟子固忧其祸之无终也。"②

《四库全书总目》则对《墨子》作者、篇卷、墨佛儒三家异同及《备

---

① 黄汝成：《日知录集释》，岳麓书社 1994 年版，第 652 页。
② 韩婖：《有怀堂文稿》，《四库存目丛书》第 245 册，齐鲁书社 1997 年版，第 604 页。

城门》以下作者等问题，全面论说。其谓"其书中多称'子墨子'，则门人之言，非所自着"，定《墨子》出于门人之手。谓宋时《墨子》仅佚八篇。谓"佛氏之教，其清静取诸老，其慈悲则取诸墨"，墨家"能自啬其身，而时时利济于物，亦有足以自立者，故其教得列于九流，而其书至今不泯耳"。谓"第五十二篇以下，皆兵家言。其文古奥，或不可句读，与全书为不类。疑因五十一篇言公输般九攻、墨子九拒之事，其徒因采摭其术，附记其末"①。此说当对汪中、尹桐阳分城守部分为"杂篇"，有启发意义。

乾隆时，毕沅综合卢文弨、孙星衍校注成果，作成《墨子注》十六卷。其于《叙》文中，就《墨子》流传及版本、孔墨之争、《墨子》作者、墨子时代及里籍、注墨方式等加以论述。关于孔墨之争，他基本生发了韩愈所论。毕沅认为"惟《亲士》《修身》，及《经上》《经下》，疑翟自著"，其他篇为"门人小子记录所闻"，"《备城门》诸篇皆古兵家言，有实用焉"②。又认为注古书当古字、古音，以古今字、假借字解之。

毕沅《墨子注》附有孙星衍《后叙》，论墨家学说实出禹夏之教，与孔、孟之宗固不同；承毕沅《亲士》等四篇为墨翟自作说，又加《经说》两篇，谓"凡六篇，皆翟自著"③。另有《经说篇跋》，论述"物化""均发不绝""影移"等，已注意到此诸篇中的"坚白同异之辩"及诸术学论说。④

毕沅认为墨家尚贤、尚同、节用、节葬、非乐、非命、尊天、事鬼、兼爱诸说，"通达经权，不可訾议"⑤；孙星衍认为墨学"出于夏礼"，孔孟尊周礼，两家之争，是"势则然焉"⑥。

具有反传统儒学色彩的墨家研究者是汪中。汪中《述学·墨子序》从《汉书·艺文志》之述，先从周之史佚讲起，追溯墨学源流；继考墨子时

① 纪昀等：《钦定四库全书总目》，中华书局1997年版，第1564—1565页。
② 毕沅：《墨子注叙》，见孙诒让：《墨子间诂》，中华书局1986年版，第612页。
③ 孙星衍：《墨子注后叙》，见孙诒让：《墨子间诂》，中华书局1986年版，第615页。
④ 孙星衍：《墨子注后叙》，见孙诒让：《墨子间诂》，中华书局1986年版，第616—617页。
⑤ 毕沅：《墨子注叙》，见孙诒让：《墨子间诂》，中华书局1986年版，第610—614页。
⑥ 孙星衍：《墨子注后叙》，见孙诒让：《墨子间诂》，中华书局1986年版，第614—617页。

代；继讲《墨子》书内容，将其分为"内外二篇"，"又以其徒之所附着为杂篇"。其文之最可注意者，为对墨学的评价和对孟子非墨的评论，谓墨家学说"救世亦多术"；谓《备城门》以下"临敌应变，纤悉周密"，乃"才士"所为；为墨家倡兼爱"欲国家慎其封守，而无虐其邻之人民畜产"，与先王所制"聘问吊恤之礼"同义；谓"墨子之诬孔子，犹孟子之诬墨子也，归于'不相为谋'而已矣"；谓墨家"述尧舜，陈仁义，禁攻暴，止淫用，感王者之不作，而哀生人之长勤，百世之下，如见其心焉"，对墨家大加赞扬。①

同时人中"是孟非墨者"还有张惠言。他在《书〈墨子经〉后》中说："墨氏之言修身亲士，多善言，其义托之尧、禹。……墨子之言，悖于理而逆于人心者，莫如非命、非乐、节葬。"而其兼爱之论，"与圣人所以治天下者，复何以异？故凡墨氏之所以自托于尧、禹者，兼爱也。尊天、明鬼、尚同、节用者，其支流也。非命、非乐、节葬，激而不得不然者也。天下之人，唯惑其兼爱之说，故虽他说之悖于理，不安于心者，皆从而则之，不以为疑。孟子不攻其流而攻其本，不诛其说而诛其心，被之以无父之罪，而其说始无以自立。"②

嘉庆、道光年间的墨学研究者们，继续争论兼爱等墨学论说的是非问题。黄式三《儆居集》卷二《为我兼爱说》曰："《汉书·艺文志》于墨者取贵俭、兼爱、上贤、右鬼、上同，谓此其所长。唐韩愈《读墨子》取尚同、兼爱、尚贤、明鬼，而谓孔墨必相为用。宋姜氏弥明作《广原道》，言周衰，兼爱之道微，为我之道胜。兼爱之篇，前人有取之者。而汪容甫为毕氏校是书，遂谓孟子之斥兼爱为墨子之受诬，则不可也。夫墨氏以泛爱兼利为急而短父母之丧，亲亲仁民不分次而亲亲之道不厚，以尚俭节用为务而薄其父母之葬，爱物亲亲不分次而亲亲之道尤薄，爱无差等，固墨家之说之谬。"③对墨家学说仍持批评态度。

① 汪中：《墨子序》，见孙诒让：《墨子间诂》，中华书局1986年版，第617—621页。
② 张惠言：《茗柯文编·初编》，中华书局1987年版，第19页。
③ 黄式三：《儆居集》，见谭家健：《墨子研究》，贵州教育出版社1995年版，第362页。

俞正燮则在《癸巳存稿》卷十二《墨子兼爱》一文中批评孟子，为墨家兼爱说辩护。其文曰："谓兼爱即无父，是险义也。学者恶墨以墨绳自矫，不便私欲，为遁辞以避之，谓圣人有差等。按墨书言兼爱，本之天，与王者天道王政岂有差等者？《艺文志》云：蔽者为之，推兼爱之义，而不知别亲疏。非墨子所谓兼爱也。"①

俞樾以新的视角，结合当时的社会背景来论说墨学价值，评论墨孟之争。谓"墨子则达于天人之理，熟于事物之情，又深察春秋战国百余年间时势之变，欲补弊扶偏，以复之于古，郑重其意，反复其言，以冀世主之一听。虽若有稍诡于正者，而实千古之有心人也"，肯定了墨家的救世价值；又谓"乃唐以来，韩昌黎外，无一人能知墨子者"，表明了自己对"儒墨之争"的态度；复谓"近世西学中，光学、重学，或言皆出于《墨子》。然则其备梯、备突、备穴诸法，或即泰西机械之权舆乎"②，与时儒一同鼓吹"西术东源"说。

一如《墨子间诂》是清代墨学整理的总结之作，孙诒让的墨学研究，亦堪称清人墨学研究的总结。他在《墨子间诂》的《自序》中讨论了《墨子》前三十篇，经及说诸篇，《备城门》以下十余篇的作者，提出《修身》《亲士》《当染》乃"后人以儒家缀饰之，非其本书也"；讨论了墨家学说的救世价值，谓墨家"用心笃厚，勇于振世救弊，殆非韩、吕诸子之伦比"③。他在《墨子间诂》的《附录》中，辑录了历代书目对《墨子》的著录，和他所能收集到的注墨解墨著述的序言，以及在毕沅所辑基础上的佚文辑录。在《墨子间诂》的《墨子后语》中，就墨翟生平与活动、墨学传授及墨家诸子、先秦两汉人论墨辟墨论等，进行全面辑考与研究。这些，不但从资料方面为后人的墨学研究提供了方便，还在收集资料基础上提出自己的观点主张。

---

① 俞正燮：《癸巳存稿》，《续修四库全书》第 1160 册，上海古籍出版社 2003 年版，第 127 页。

② 俞樾：《墨子序》，载孙诒让：《墨子间诂》，中华书局 1986 年版，第 1—2 页。

③ 孙诒让：《墨子间诂》自序，中华书局 1986 年版，第 1—3 页。

孙诒让在《墨子传略》中，总结墨翟"生于鲁而仕宋。其平生足迹所及，则尝北之齐，西使卫，又屡游楚，前至郢，后客鲁阳，复欲适越而未果"。赞墨子"吴起、商君之才，而济以仁厚；节操似鲁连，而质实亦过之；彼韩、吕、苏、张辈，复安足算哉"！并结合文献，考墨子里籍为鲁，生于周定王时，在孔子后，曾学于史角后人。又梳理先秦两汉书涉其行事者，时加按语考辨，作成《墨子年表》。又钩稽古书古注之载，作成《墨子传授考》，考证墨子弟子十五人，再传弟子三人，不详系次者十四人，杂家四人。①

孙氏又辑先秦两汉旧籍所记墨子言论行事，作《墨子绪闻》；又辑"七国以还于汉，诸子之言涉墨氏者，而殿以唐昌黎韩子《读墨子》之篇"，条理为《墨学通论》；又考列诸目录所载墨家诸子书目，并辑佚文，作成《墨家诸子钩沉》《墨家诸子著录》及诸《佚文》等。②

（三）梁启超的《子墨子学说》

墨学义理研究的专门著作，始于清末梁启超所撰《子墨子学说》。

梁启超《子墨子学说》，先于1904年发表于《新民丛报》第三卷第1、2、4、5、9、10号之"学说"栏，后收入《饮冰室合集》专集，有清宣统间《墨学微》坊刻本、民国二十五年（1936年）上海中华书局排印本等。《子墨子学说》计6章：第一章《墨子之宗教思想》、第二章《墨子之实利主义》、第三章《墨子之兼爱主义》、第四章《墨子之政术》、第五章《墨学之实行及其学说之影响》，依次论述了墨家的宗教学说、经济学说、兼爱学说、政治学说以及实践精神等；第六章考证墨家后学。第一章前有《叙论及墨子传略》。

梁启超《子墨子学说》之首应注意者，为书中的墨家宗教思想研究。此书之所以将墨家宗教思想作为开宗明义之第一章，是因为梁启超觉

① 参见孙诒让：《墨子间诂》，中华书局1986年版，第629—671页。
② 参见孙诒让：《墨子间诂》，中华书局1986年版，第698—708页。

得,"墨子以宗教思想,为其学说全体之源泉,所以普度众生者,用心良苦"①。这种认识,显然是受西方宗教学影响。梁氏研究认为,墨家之宗教有三大内容:尊天,倡鬼,非命;并认为尊天为墨家宗教之核心,故而他先从古人言天的类别入手研究墨家之天。梁氏认为古人所说的天,可分为有象之天与无象之天。有象之天即有形体的自然之天,如《说文》《尔雅》所释之天。无象之天又包括有灵之天与无灵之天。无灵之天中,以命运言天者如孔子;以义理言天者如孟子。而言有灵、主宰之天者,即墨家之天。②墨家这种天是"人格"之天,是全知全能的,它不但主宰了善恶报应,更欲天下人行义而恶不义,欲人兼爱互利而非恶非贼,因而它是"墨家兼爱学说之前提"③。而墨家"明鬼",在于"检束人心";墨家"非命",在于劝人勿"偷息";它们是墨家"天命"学说的补充和辅助。④梁氏的这种研究,打通了墨家天、鬼、人之论说间的内部联系,在墨学研究史上具有重要意义。清代以前人论墨家义理时,仅在与儒学的对比中去发掘墨家的治世论说,总结墨家的政治主张,讨论墨家的伦理规范,而对墨家宗教论说的系统总结,梁启超是第一人。

墨家宗教思想研究之外,第二章《墨子之实利主义》对墨家经济思想的系统论说亦具有开创性。首先,梁氏指出墨家学说的突出特点是不讳言利,"且日夕称说之不去口",因而得出结论"利之一字,实墨子学说全体之纲领也"⑤。其次,梁氏逐一分析了《墨子》书言利之论的规律是"多

① 梁启超:《子墨子学说》,《无求备斋墨子集成》第18册,台湾成文出版社1975年版,第17页。
② 墨家之天为有灵之天、主宰之天,日本高濑武次郎《杨墨哲学》曾详加论述。(参见《杨墨哲学》之《墨子哲学》第二章第一节《天论》,日本金港堂书籍株式会社1902年版)。
③ 梁启超:《子墨子学说》,《无求备斋墨子集成》第18册,台湾成文出版社1975年版,第10页。
④ 参见梁启超:《子墨子学说》,《无求备斋墨子集成》第18册,台湾成文出版社1975年版,第12页。
⑤ 梁启超:《子墨子学说》,《无求备斋墨子集成》第18册,台湾成文出版社1975年版,第18页。

以爱利两者并举","其所谓利者,殆利人非利己也"①。再次,梁氏举《墨子·七患》"时年岁善,则民仁且良"诸句,指出墨家已认识到"生计与道德有切密之关系,故欲讲德育,必于生计问题植其大原"②。这种说法,本承孔子学说而来。孔子答冉有之问,谓于民"富之",然后才可"教之"③。墨子曾学孔子之术,此当为所学之一。梁氏此论,指出了墨家经济学说的特点:以利他为中心,以道德教化为途径,以治理社会为根本目的。从此出发,梁氏分析,墨家为了给民实利以利于"教之",故倡节用、节葬、非乐,因而形成了较严密的社会治理论说,区别了墨家以利为先与儒家以礼义为先的治世理论的根本不同。

梁氏还结合西方心理学来分析墨家"以利为先"的经济学理论的合理性,从"利己者,人类之普通性也"入手,分析墨家实行"爱利天下",是使天下人皆爱利别人的手段,是讲明:利人然后别人才利你,利人者天必佑之,利人才能使"吾良心泰然满足"。从而第一次挖掘出墨家学说宣传中的心理层面措施,这在墨学研究史上为第一次。

20世纪的墨学义理研究者大都指出,利与爱是墨家学说之两大要义。此一论说的开创者是梁启超,他在第三章《墨子之兼爱主义》中集中论述墨家的"兼爱"学说。首先梁氏在排比世上五种不同爱中,阐述墨家兼爱之伟大、之切实可行。谓有"惟爱灵魂者",固而恶其躯壳,不爱灵魂载体之身体,显然"不能行于普通社会";有"自爱其灵魂躯壳而不顾他人者",如杨朱等,拔一毛利天下而不为,"于是社会驯致灭亡";有"以本身为中心点,缘其远近亲疏以为爱之等差者",即儒家"亲亲"之爱,"于维持社会秩序最有力焉";有"平等无差别之爱普及于一切人类"者,即"泰

---

① 梁启超:《子墨子学说》,《无求备斋墨子集成》第18册,台湾成文出版社1975年版,第18页。

② 梁启超:《子墨子学说》,《无求备斋墨子集成》第18册,台湾成文出版社1975年版,第19页。

③ 杨伯峻:《论语译注》,中华书局1980年版,第137页。

东之墨子，泰西之耶稣"，"实爱说中之极普遍极高尚者也"；有"圆满之爱普及于一切众生"，即佛家之爱，"然此自是出世间法，与世间法不甚相容"①。其次，梁氏探讨了谓墨家宣传兼爱之直接原因，起于救世之需，因墨家以为战争、篡夺、乖忤、盗窃、欺诈这些社会动荡、混乱现象，皆由人们"不相爱始"。只有实行兼爱而不是"别爱"，才可治理社会混乱，制止社会动荡。② 这便指出了墨家兼爱学说的社会政治作用。

但是，梁氏并没有像过去的墨学研究者那样对墨家的兼爱只唱赞歌，而是实事求是地指出墨家兼爱学说的理论缺陷和空想性。梁氏从当时的社会实际出发，分析墨家"所谓爱人身若其身、爱人家若其家、爱人国若其国"的论说，"仅为一至善之理论，而断不可行于实际"，因为人人都不可能无尽止地只奉献、只爱利别人，因为天下人中"固有爱之非所以利之而反以害之者"，因为"极端利他主义，必不能为学说之基础"③。其最终结论是："以现在社会之眼观察墨子，诚见其缺点；若世界进而入于墨子之理想的社会，则墨子之说，固盛水不漏也。"④ 即墨子兼爱理想具有超前性，不切合改造当时之社会现实的需要。

梁启超是一个学者，又是一个政治家，所以他自然关注墨家的政治学论说。在第四章《墨子之政术》中，梁氏集中讨论墨家的"尚同"学说。梁氏从国家起源的角度探讨墨家尚同说的产生。他认为《墨子·尚同上》所谓"明乎天下所以乱者，生于无政长，是故选择天下贤良圣知辨慧之人，立以为天子，使从事乎一同天下之义"的国家起源论，与《荀子》的

---

① 梁启超：《子墨子学说》，《无求备斋墨子集成》第 18 册，台湾成文出版社 1975 年版，第 30—31 页。

② 参见梁启超：《子墨子学说》，《无求备斋墨子集成》第 18 册，台湾成文出版社 1975 年版，第 31—34 页。

③ 梁启超：《子墨子学说》，《无求备斋墨子集成》第 18 册，台湾成文出版社 1975 年版，第 34—36 页。

④ 梁启超：《子墨子学说》，《无求备斋墨子集成》第 18 册，台湾成文出版社 1975 年版，第 37 页。

"制欲而起礼"说有相同处。但不同的是，墨家更倡导"君权神圣"，主张君权必须上同于天，而不是像儒家那样强调君主应效法古代圣王。因而梁氏特别指出，"墨子以法治为政术之要"，但"其所谓法者"，是"法天"①。这一分析，既回应了第一章中的"尊天"为墨家核心学说的观点，又指出了墨家政治思想与儒家政治思想的本质区别。最后，梁氏总结墨家"尚同"说而生发的政治思想的结论是："墨子之政术，非国家主义，而世界主义、社会主义也。……举国界家界尽破之，而一归于大同，是墨子根本之理想也，……今世所谓社会主义者，以自由平等为精神，而不得不以法制干涉为手段。墨子之民约建国说与君权神圣说所以并容不悖者，亦明此而已。"②

梁启超总结墨家学说的主要精神在于它的实践性。在第五章《墨学之实行及其学说之影响》中，梁氏首先论述了墨家学说的实践意义，分析墨家鼓吹"义利同体"，"使全社会中，非实行者不得实利"，把个人的社会贡献与社会利益联系起来，大大打破了血缘宗亲分封赐爵制，因而是当时最可实行的学说。梁氏最后的结论是："综观墨学实行之大纲，其最要莫如轻生死，次则忍苦痛。……欲救今日之中国，舍墨学之忍苦痛则何以哉！舍墨学之轻生死则何以哉！"③

墨家义理研究之外，梁启超还在第六章《墨学之传授》中考证墨子弟子及后学 37 人。他对传统的"墨离为三"观点持辩证看法，谓"凡天下事物，必内力充溢，然后有分衍。其裂也，正以着其盛也"④。并考证"宋钘尹文一派得力于非攻宽恕者多"，"宋、尹二子，殆墨者而兼有得于老氏

___

① 梁启超：《子墨子学说》，《无求备斋墨子集成》第 18 册，台湾成文出版社 1975 年版，第 37—41 页。
② 梁启超：《子墨子学说》，《无求备斋墨子集成》第 18 册，台湾成文出版社 1975 年版，第 41 页。
③ 梁启超：《子墨子学说》，《无求备斋墨子集成》第 18 册，台湾成文出版社 1975 年版，第 48 页。
④ 梁启超：《子墨子学说》，《无求备斋墨子集成》第 18 册，台湾成文出版社 1975 年版，第 51—52 页。

软？吾故于《显学》篇三墨之外，别列此一派"①。谓墨子之后，墨家有四派。此为新说。

梁启超的《子墨子学说》，在墨学史上具有重要地位。其一，是书一改前人在序跋、札记、评说、眉批中述说墨家义理的传统做法，以学术专著的形式对墨家义理进行述说，开创了 20 世纪墨学研究的主流形式。其二，是书以专题研究的形式，对墨家义理进行分门别类的研究，其所进行的墨家宗教研究、墨家政治学说研究、墨家经济学说研究、墨家兼爱思想研究、墨家实践精神研究等，一直是 20 世纪墨学义理研究的热门话题，从中可见梁启超学术研究的超前目光。其三，梁启超的《子墨子学说》首于《新民丛报》上发表时，署名"中国之新民"，因为这正是他倡导新民教育之启蒙运动的炽烈时期，所以此文具有更强的现实意义。梁启超从启蒙新民，然后建立新民国家的政治宣传目的出发，去分析墨家诸说对教化民心、组织新社会的政治功效和不利弊端，呼吁发扬墨家自苦主义的实践精神，推行墨家赴汤蹈火的献身榜样，以为改造日益衰败的旧中国献出自身的一切。《子墨子学说》中所包容的救国救民的热情，将学术研究作为救世良药的实用特色，是后代墨学研究者所未能达到的。

三、清中后期的《墨辩》研究

清代中后期墨学研究之最可注目者，是《墨辩》②研究的兴起，特别是墨家科技论说的重新发掘和墨家科技理论价值被逐步认识。

墨子及其弟子皆出身于工匠，并曾致力于军事守御器械研究与制作，

---

① 梁启超：《子墨子学说》，《无求备斋墨子集成》第 18 册，台湾成文出版社 1975 年版，第 52 页。

② 在墨学研究史上，《墨经》《墨辩》与"墨辩"的使用含义混乱，今取胡适《中国哲学史大纲》说，以《墨经》指《墨子》中《经》上下、《经说》上下 4 篇，以《墨辩》指此 4 篇加《大取》《小取》共 6 篇。另外，以"墨辩"指以《墨辩》6 篇为载体的墨家辩学。

在实践中总结、发展了先秦工匠的制作技艺及科技理论，并将其总结在《经上》《经下》二篇中。后学又在实践中丰富了这些论说，作成《经说》二篇。惜乎其后儒学独尊，自汉至清中叶除晋鲁胜从事过此诸篇整理外，千余年间再无人问津。至清中后期，陡然出现诸多整理《墨经》之作，如毕沅《墨子注》对此《墨经》四篇费力爬梳，张惠言更倾力疏释。此种墨学研究现象的出现，首先与当时的社会形势及文人心态密切相关。

（一）清中后期的社会状况

清乾隆盛世后，内政腐败，外侮入侵。历来以"担道义"为己任的知识士子，忧心如焚，寻谋救治良策。于是，士子议政之风复起。道光十八年（1838），黄爵滋上《严塞漏卮以培国本疏》，要求禁绝鸦片，矛头直指外侮；道光二十三年（1843），陈庆镛上《申明刑赏疏》，弹劾琦善、奕经、文蔚三重臣，矛头对准腐败。一时，政风突变，改革呼声高涨。

政治风气变革，与文化领域风气的变化相表里。18世纪中后期，武进人庄存与（1719—1788）倡导以经术补益时务，研究经书中的微言大义。庄存与外甥刘逢禄（1776—1829）专研公羊学，写成《春秋公羊经何氏释例》《公羊何氏解诂笺》等，发掘微言大义，鼓吹"大一统""张三世"等公羊旧说，倡导由"新王"来制止混乱局面，与宋翔凤等形成了今文经学中的常州学派。他们是道咸以降改革、变法的探路人。

其后，清今文经学中出现了龚自珍（1792—1841）、魏源（1794—1857）两大家。龚自珍拜刘逢禄为师，习今文经学，承公羊学"善变"之精义，用以倡导变革时政。魏源曾与龚自珍、林则徐等人讥议时政；后在两江总督陶澍、江苏巡抚林则徐幕下，参与实政；又受林则徐之托，在其《四洲志》基础上编成了详细介绍世界各国基本情况的《海国图志》。

今文经学家"经世致用"说的兴盛，推动着以"救世"为己任的知识士子们，把寻求治世方略的目光投向儒家经典以外的其他诸子之说。于是，在魏源前后，出现了诸多读《墨子》的札记和校理《墨子》的著作。然而，此时的墨学研究，仅限于文本的整理和文意的解析。思想研究、科技定义的发掘，主要发生在19世纪60年代的"洋务运动"，西方近代科技理论大量传入中国之后。

（二）清中后期的《墨辩》研究成果

对《墨子》之《经上》《经下》《经说上》《经说下》的独立研究，始自晋人鲁胜，已见上述。清中后期的《墨辩》研究，可以分科技定义解说与逻辑论说探索两方面来看。

毕沅《墨子注》中的《墨经》注，亦长于注解名辩词句，而拙于注解科技词句，如以"间傑"解《经上》"间"字，以"不移其所"解《经上》"守"字（据孙诒让校，当作"宇"字）等①，均误。但对某些生活中惯用的科技定义，毕沅也能解得要旨，如对"圜，一中同长也""倍，为二也"等的解说。②

张惠言《墨子经说解》，是清代最早专注《墨经》的著作。张惠言对《墨经》科技词句的解说，不像毕沅那样做感悟式的陈说，而能结合我国古代和西方近代科技成就确切论说。如以"日中则景（影）正表南"解"日中，正南也"，以"立一为中，量之四面同长，则圆矣"解"圆，一中同长也"等③，均得的要。

在洋务运动推动下，具进步思想的士子掀起了学习西方近代科技的热潮，于是出现了多家以西方近代科技理论解《墨经》的著作。

邹伯奇为较早用西方近代科技解释《墨经》者，他在《学计一得》中有关于《墨经》中的"圆界距心皆等""表度说测景之理"等论，曾被孙诒让采入《墨子间诂》中。如《经上》"圆，一中同长也"，《墨子间诂》

---

① 孙诒让:《墨子间诂》，中华书局1986年版，第283、286页。
② 孙诒让:《墨子间诂》，中华书局1986年版，第281、282页。
③ 孙诒让:《墨子间诂》，中华书局1986年版，第281、284页。

引"邹伯奇云：即《几何》言'圆面惟一心，圆界距心皆等'之意"①。陈澧《东塾读书记·墨子》中，亦引邹伯奇以算学、光学解《墨经》语。更为可喜的是，邹伯奇还结合墨家科技论说，做一些实验。如他曾做过小孔成像实验，并得出"孔束愈小，则景界愈清"的结论，发展了墨家光学论说。他还用凸透镜制造过望远镜，制造出我国最早的照相机（1844年），其摄制的底片20世纪60年代曾被发现过。②

陈澧《东塾读书记》之《墨子读书记》部分，对《墨经》注释，往往引科技学说。如《经上》"平，同高也"引《海岛算经》《几何原本》③ 解之；④又如解《经上》"直，参也"，谓"此即《海岛算经》所谓后表与前表参相直也"⑤ 等，皆得的要。然亦有误解者，如《经上》"纑，间虚也"，纑本字当为栌（王引之语），为柱上方木，而陈澧则用《九章算术》刘徽注之"广从（纵）相乘谓之幂"解"纑"字⑥。

能够代表清末墨辩逻辑最高研究成就者，当属梁启超的《墨子之论理学》。

梁启超研究墨辩逻辑的专文《墨子之论理学》，原作为《饮冰室读书录》于1904年发表在《新民丛报》第3卷第1、2、3号之"谈丛"栏。因其影响巨大，民间书坊将其与《子墨子学说》收为一书，刻成《墨学微》。⑦后一并收入中华书局1932年出版的《饮冰室合集》专集三十九。

该文前有二"附言"。一附言论对待中西学术之态度，谓"举凡西人今日所有之学，而强缘饰之，以为吾古人所尝有，此重诬古人，而奖励国

---

① 孙诒让：《墨子间诂》，中华书局1986年版，第281页。

② 秦彦士：《墨子新论》，电子科技大学出版社1994年版，第42页。

③ 《几何原本》，古希腊数学家欧几里得著，18世纪40年代由驻华传教士组织翻译，传入我国。

④ 孙诒让：《墨子间诂》，中华书局1986年版，第280、281页。

⑤ 孙诒让：《墨子间诂》，中华书局1986年版，第281页。

⑥ 孙诒让：《墨子间诂》，中华书局1986年版，第283页。

⑦ 梁启超在《墨子学案·自叙》中说"吾昔年曾为《子墨子学说》及《墨子之论理学》二篇，坊间有汇刻之名为《墨学微》者"。（参见《饮冰室合集》第8册，中华书局1989年版，第60页）

民之自欺者也"①，这是针对清末诸儒所谓"西学源出墨子"说而发的议论。另一附言讲述逻辑（Logic）之中译名，前人译为"名理""名学""似有所未尽"，而日本人译作"论理学"。梁启超预测"吾中国将来之学界，必与日本学界有密切之关系"，故从日译称为"论理学"为善。②

正文开端论逻辑学对建立学术体系、论述思想观点、驳他家学说的重要作用，谓"凡一学说之独立也，必排斥他人之谬误，而揭橥一己之心得。若是者必以论理学为城壁焉"③。其具体作用是："其难他说也，以违反于论理原则者摘其伏，则所向无敌矣；其自树义也，以印合于论理原则者证其真，则持之成理矣。"④但这种对立论和驳论都甚有作用的学说，梁氏认为在中国甚不发达，其"萌芽之稍可寻者，先秦诸子而已。诸子中持论理学最坚而用之最密者，莫如墨子"⑤，所以梁氏对《墨子》所载之墨辩逻辑作研究。

梁氏认为，"《墨子》全书，殆无一处不用论理学之法则"，但其"专言法则之所成立者，则惟《经说上》《经说下》《大取》《小取》《非命》诸篇为特详"⑥。所以他摘取这些篇章中的逻辑论说来阐述墨辩逻辑学说。

首先，梁氏对《墨子》书中涉及到的"名""辞""说""实、意、故""类""或""假""效""譬""侔""援""推"12个概念作了解释，并与西方逻辑学概念相比较。在比较论述中，梁氏采取了实事求是的态度，或指出某概念含义相当于西方某逻辑词语，如"辩""名""辞""说""类""或""假""譬""侔"等；或不甚明了者，如实指出，如释"援"字条谓"《墨子》所谓援，其义不甚分明，不敢强解"。

其次，梁氏分析了墨辩逻辑设立的诸法式。谓《经说下》"彼：正名者彼比。彼、此可：彼'彼'止于'彼'，此'此'止于'此'。彼、此不可：

① 梁启超：《墨子之论理学》，《饮冰室合集》第 8 册，中华书局 1989 年版，第 55 页。
② 梁启超：《墨子之论理学》，《饮冰室合集》第 8 册，中华书局 1989 年版，第 55 页。
③ 梁启超：《墨子之论理学》，《饮冰室合集》第 8 册，中华书局 1989 年版，第 55 页。
④ 梁启超：《墨子之论理学》，《饮冰室合集》第 8 册，中华书局 1989 年版，第 55 页。
⑤ 梁启超：《墨子之论理学》，《饮冰室合集》第 8 册，中华书局 1989 年版，第 55 页。
⑥ 梁启超：《墨子之论理学》，《饮冰室合集》第 8 册，中华书局 1989 年版，第 56 页。

'彼'且'此'也。彼此亦可:'彼''此'止于'彼''此'。若是而'彼此'也,则彼亦且此此也",即西方逻辑学"凡主宾两词之质量相等者,则可以互为主宾"①之定理。

再次,梁氏用较大篇幅,分析了《墨子》中对逻辑学演绎推理三段论式的应用,如《大取》《小取》中论内含外延和三段推论式的运用、如《天志》中论"天志"时对三段论(含倒装三段式)的运用,及论非攻说时对三段论的应用。②

最后,梁氏讨论了《墨子》对归纳法与演绎法的综合应用。谓培根为补亚里士多德演绎法之弊,"特创归纳法",而墨家"三表法",则已先含演绎法与归纳法原理。梁氏分析"三表法"第一法之"考之于天鬼之志"、第二法之"又征之以先王之书""皆属于演绎派";第一法之"本之于先圣大王之事"、第二法之"下察诸众人耳目之情实"、第三法"发而为刑政以观其是否能中国家人民之利"近于"归纳派论法"。③

总观此时期之《墨经》校注,不再像从前那样主要诠释字义,而是出现了大量以西方近代科技诠释《墨经》的现象,这不能不说是"西学东渐"的成就之一。这一诠释方式的出现,原因是多方面的。其一,《墨经》里的大量科技、逻辑论说,单凭传统的字义诠释难以理解,学人们求的解必定寻求新方法。其二,新输入的西方近代科技、逻辑知识,与《墨经》论说有诸多相通处。可以说,此时期《墨经》诠释方法的改变,既是墨学整理与研究深入发展的需要,又是社会文化发展现状使然。

但是,此时期学者对《墨经》的诠释方法主要是比附式,即以西方近代科学知识和西方逻辑论说来比附《墨经》文句,这便使得对《墨经》含

---

① 梁启超:《墨子之论理学》,《饮冰室合集》第 8 册,中华书局 1989 年版,第 58 页。
② 参见梁启超:《墨子之论理学》,《饮冰室合集》第 8 册,中华书局 1989 年版,第 58—68 页。
③ 参见梁启超:《墨子之论理学》,《饮冰室合集》第 8 册,中华书局 1989 年版,第 68—72 页。

义的理解尚处在表面化阶段，不能挖掘其精微的科学含义与深博的人文思想内涵。比附式诠释《墨经》的原因，不仅在于古学传入中国日浅，学人尚未全面把握；不仅在于《墨经》的科技研究起步不久，学者不能登堂入室；更重要的原因是由当时知识士子的文化心态造成的。邹伯奇在《学计一得》中论说了《墨经》中诸多科技知识后得出结论："西学源出墨学可从。"张自牧在《瀛海论》中论说墨家科技成就后谓："泰西智士从而推衍其绪，其精理名言，奇技淫巧，本不能出中国载籍之外。"这些盲目之论，一则由于他们对西方科技理解肤浅，二则因为其"天朝自尊"的夜郎心理所致。这种心态指导下出现的比附研究方式，不但不能尽得《墨经》之的要，还妨碍了墨学研究的发展。

梁启超在此基础上继续前进，其《墨子之论理学》结合日本传入的西方逻辑学来解说墨辩逻辑，取得了前无古人的成就。虽然这些研究论说，今天看来有不少附会之处，如其谓"演绎法只能推论其所已知之理，而归纳法专以研究其所未知之理"也存在着片面认识。这些，既表现了梁启超知识结构的局限，也说明在 20 世纪初西方科技刚传入中国时的某些认知局限。复如梁启超对墨家"三表"间的逻辑关系缺乏认识，墨家"三表"，第一表所谓"本之者"是立论的基础，墨家既尊天，又法夏崇禹，故天意和禹之行为是其社会学说立论之本原。"原之者"是第一表的内在延伸，关于天志与民意的关系，墨家缺乏明确说明，但墨家主张世人应顺天意而行，则民意中顺天者为真民意，逆天者为假民意，所以第二表仍以第一表为基础。第三表是反验措施，近似于近世的实证主义方法。但在 20 世纪初，西方逻辑体系刚传入东方不久，梁启超却能结合墨家论说作如此分析，是难能可贵的。而十数年后胡适对包括墨家在内的先秦名辩的探讨，以及后来郭沫若[①]、侯外庐[②]等对"三表法"的评说，都是在梁氏开创的基

---

① 郭沫若：《郭沫若全集·历史编》第一卷，人民出版社 1982 年版，第 122—123 页。
② 侯外庐等：《中国思想通史》第一卷，人民出版社 1957 年版，第 233—235 页。

础上进行研究的。

四、清代墨学研究评说

20 世纪前墨学研究的主要成就在清代，清代墨学研究的主要成绩有二，一为《墨子》文本整理，二为《墨辩》研究的兴起。

秦汉以降，墨学失去了与儒学并称"显学"的地位。自战国至元代，墨学整理之作仅出现 10 种（包括佚书）。明代出现 26 种墨学整理之作，清代出现 52 种墨学整理著作。清代墨学整理的成就不仅表现在数量上，更重要的是在质量上。自刘向校书后，《墨子》一直没得到系统的整理，故脱、讹、窜、衍现象十分严重，至不可卒读。正是经过清儒的整理，特别是毕沅、张惠言、孙诒让等人的校释，校正了大部分错简，提出了《墨经》"旁行读法"，破解了诸多科技、逻辑论说，才使得《墨子》成为可读之作。清代学者的努力，为 20 世纪墨学研究提供了可资利用的文本。

《墨辩》是《墨子》的重要组成部分，它所包含的科技、逻辑论说是墨家学说精华。但由于其论述过简，又由于晋人鲁胜的《墨辩注》失传，其后也无人整理研究，因而成为难以破解的谜篇。毕沅、张惠言、邹伯奇、陈澧、孙诒让等先后以西方科技知识和逻辑知识解说《墨经》，发掘其深邃含义，不但使其义稍可窥知，而且为 20 世纪的墨学研究指出了一条可以遵循的研究途径。

此两大成就之外，在诸子研究带动下的墨学义理研究成果，也为 20 世纪的墨学义理研究奠定了某些基础。

清代墨学研究取得如此成就的最主要原因有二。

其一，经学和诸子学研究的兴盛。清代墨学复兴的主要标志是墨学价值的被重新认识和重新挖掘。墨学价值的重新发现，得益于清代学者诸子研究的兴起。乾嘉学人在经学研究中重考据的学风，使他们在推导经典原义时，不得不去研究那些与儒家经典产生时代相近的子书，用它来作为比照儒经古音古义、古本和史实的材料。因而，乾嘉前后的学人在研究经学的同时，都花大气力研究先秦子学，使长期受冷落的《墨子》《管子》《商君书》等备受重视，出现了较多校本和注本。乾嘉时期子学研究的繁荣，不仅促进了经学研究的发展，还为小学研究提供了基础资料，使得以音韵学、文字学、训诂学为主要内容的小学，作为一门独立学科受到时人重视，出现了"《说文》四家注"等有分量的小学研究著作。由上可看出，以经学、子学、小学为代表的乾嘉学术的繁荣，都导源于经学研究中对宋学方法的舍弃和新的考据学方法的出现。

其二，西学的传入和比照西学知识的诠释方法的使用。独立的《墨辩》注释出现，《墨辩》科技含义、逻辑含义的发掘，首先是由于西学传入的刺激。具有进步思想的学人受西方科技知识、逻辑理论的启发，在解读《墨辩》时加以对照，逐渐发现了其中诸多与西方科技、逻辑等学说相似的论说，因之用西学知识比附论说，从而开启了一条能够逐渐接近《墨辩》原义的研究道路，使这一古老典籍焕发出熠熠炫目的科学光芒，使部分学者在西学东渐的狂潮中，找到了一叶可以固守"国粹"的"自慰"的扁舟。而在客观上，这种为证明"西学东源"的"夜郎心情"而使用的比照西学知识的诠释方法，为20世纪的《墨辩》校注乃至墨学义理研究，提供了新的方法。

但是清代墨学研究自有其不足。在《墨子》整理方面，且不说在具体词句诠释上还存在许多问题，《墨辩》中更多的科技含义和逻辑论说还没被发掘出来；更应注意的是，比照西学成就来解说《墨子》特别是《墨辩》的简单比附式研究方法，给20世纪墨学研究制造了某些误区。在研究类别方面，清代的墨学研究的主要成果在于《墨子》的文本整理，而系统的义理研究著述几成空白。这些不足，有待于现当代墨学研究来匡正和补救。

第六章　近百年来的《墨子》整理与墨学研究（上）

第一节　近百年来的《墨子》整理

一、1912—1948 年的《墨子》整理

孙诒让《墨子间诂》后，《墨子》整理仍是墨学研究者们的主要工作。1912—1948 年间涌现多部《墨子》整理著作，今将重要者介绍如下。

（一）尹桐阳《墨子新释》

尹桐阳《墨子新释》三卷，先有民国三年（1914）衡南学社石印本；又有民国八年（1919）《起圣斋丛书》再版排印本；后有民国十三年（1924）三版排印本。除首列作者《墨子新释序》，末有其弟尹鸣阳《跋》外，书分三卷，改换传统篇第次序。卷一《墨经》，从宋濂《诸子辩》之说，因《亲士》《修身》《非儒上（缺）》《非儒下》《经上》《经说上》《经下》《经说下》《大取》《小取》八篇中无"子墨子曰"，而定为"墨所自箸也"。故特析出列为卷一，称"经"。① 卷二《墨论》，收《所染》《法仪》《七患》《辞过》《三辩》《尚

---

① 尹桐阳：《墨子新释》，《无求备斋墨子集成》第 20 册，台湾成文出版社 1975 年版，第 4—7 页。

贤上》至《非命下》，连缺篇共 35 篇，尹桐阳谓"均墨弟子所论也。文词与《经》迥别，故类次而题曰'墨论'"。① 卷三《杂篇》收《耕柱》《贵义》《公孟》《鲁问》《公输》及《备城门》以下诸篇，附《墨子佚文》及其父尹乾《读墨子书后》。② 尹桐阳《杂篇》题解曰："记墨子言行及备攻法也。其体非《经》，其辞非《论》，故类次而题曰'杂篇'。"③ 三版又增附吴良荣《后叙》、陈长镛《叙》及作者三版《后叙》。

作者在《墨子新释叙》中，首论文字学及光学、力学、数学、名学对解释《墨子》的重要性；次评韩愈后之墨学研究与整理；后讲自作《新释》之意。

尹桐阳学过西方科学，故其于《墨经》诸篇新释中，能以西方近代科技知识疏解之。如《经上》"圆，一中同长也"，新释："自界至中心作直线俱等。今几何学圆基础之性质如是"④。这些解说，较陈澧用西方近代科技诠释《墨经》，更加详明。

但其中也有过分生硬的解释，或附会之说。如《经上》"必，不已也"，新释："必，分极也。分之不已，至不能再分，化学上可推定此分子亦由数个微小粒子而成。此最小分子，名曰原子。原子者，由分而不已来也。"⑤ 这显然不是墨家的认识水平。

《墨经》之外，尹氏颇为用力的部分还有《备城门》以下篇的新释。尹氏《备城门》解题曰："墨子既作《非攻篇》，而恐人不已听也，于是复

---

① 尹桐阳：《墨子新释》，《无求备斋墨子集成》第 20 册，台湾成文出版社 1975 年版，第 5—6 页。
② 尹桐阳：《墨子新释》，《无求备斋墨子集成》第 20 册，台湾成文出版社 1975 年版，第 6 页。
③ 尹桐阳：《墨子新释》，《无求备斋墨子集成》第 20 册，台湾成文出版社 1975 年版，第 231 页。
④ 尹桐阳：《墨子新释》，《无求备斋墨子集成》第 20 册，台湾成文出版社 1975 年版，第 26 页。
⑤ 尹桐阳：《墨子新释》，《无求备斋墨子集成》第 20 册，台湾成文出版社 1975 年版，第 24 页。

作《备城门》诸篇，严守法以制人之攻。绎其文词，大类《考工记》。或者索解不得，遂谓自《备城门》以下无足观。可哂也！今疏其文理，详为考证。所言守法。实古兵家之巨擘……"①其说可注意者有二：其一，尹氏认定《备城门》以下诸篇亦墨子所作，是墨子"非攻说"的组成部分；其二，他批判"《备城门》以下无足观"的传统旧说是不解其文之义所起，此部分实为古兵法重要内容之一。

出于这样的认识，尹氏对《备城门》以下今存十篇，详加注解。新释或取毕沅、孙诒让注而简化之，如《备城门》之注"临""钩""冲""轒辒""沉机"等，又简明注释其制作形制，使人易懂，不似孙诒让《间诂》多文字考证。对于毕注、孙注之未详者，尹氏多加释解，如《备城门》"梯"下详注其形制。②尹桐阳于民国八年（1919）曾为大冶县知事，时值战乱，对守城诸械，可能有实践经验，故其注《备城门》以下诸篇，能结合实践注之，如《备城门》注"县（悬）沉……令相接三寸"曰"若今鸡嘴缝也，使数扁接而为一"③。

尹氏于《墨子新释叙》中谓"不明假借不足以释《墨子》"，故新释中多以今字释，但往往不言其据，令人莫名。如《备城门》"五步积狗尸"，尹注"狗尸，钩矢也"④而不言其据。上古音中，狗与钩、尸与矢，均同声同韵，但却找不到两字相通的例证。⑤

对于清人某些校注成果，尹氏未予吸收，特别是孙诒让《墨子间诂》

---

① 尹桐阳：《墨子新释》，《无求备斋墨子集成》第20册，台湾成文出版社1975年版，第268页。

② 尹桐阳：《墨子新释》，《无求备斋墨子集成》第20册，台湾成文出版社1975年版，第269页。

③ 尹桐阳：《墨子新释》，《无求备斋墨子集成》第20册，台湾成文出版社1975年版，第270页。

④ 尹桐阳：《墨子新释》，《无求备斋墨子集成》第20册，台湾成文出版社1975年版，第272页。

⑤ 参见高亨：《古字通假会典》，齐鲁书社1989年版，第324、338、339、574页。

已从前人所校改正的大段错简文字，尹氏仍从旧误。如《备城门》"大铤前长尺"至"墙七步而且一"共700字，孙诒让已从顾广圻之校从《备穴》移正，而尹氏未从。①

总之，尹桐阳《墨子新释》之校注，由于他对西方新学的接受，多有自己的理解，颇有可取处，在清末民初诸《墨子》注家中，算较好的一家。但其书出孙诒让《墨子间诂》定本后，却不能吸收孙氏所总结的清人注墨校墨成果，实为憾事。尹桐阳分《墨子》53篇为经、论、杂篇的做法，是对宋濂《墨子辩》分《墨子》13篇为"经""论"，和汪中分《墨子》53篇为内、外、杂篇这两种成果的发展。

（二）张纯一《墨子集解》

该书有1932年上海医学书局初版排印本，1936年上海世界书局修正版排印本，1971年台湾文史哲出版社影印本，1988年成都古籍出版社影印本。

据1932年初版本载蒋维乔《序》，该书为张纯一积十数年之功写成，先交商务印书馆，不果，又由蒋氏推介到医学书局出版；而此时张纯一已由上海返汉阳，故由蒋维乔代为校核。初版本于蒋《序》后载作者1931年8月作《自叙》，叙述自己自1919年春起治墨，及博采张惠言、王树枬、梁启超、张之锐、刘师培、释太虚等孙诒让《墨子间诂》未收之前人注墨成果，和《间诂》出版后学人成果，作成《墨子集解》的艰难过程。修正本在《自叙》后有附记，谓初版后又辑入欧阳季香、栾调甫、伍非百诸校释成果及陆稳蓝印本成果。1988年成都古籍出版社即影印此修正本。

初版本与修正本互校，修正本不但增加了上述诸学者校注成果，而且有删改，如《亲士》首句注改"间诂"曰"孙云"，使全书体例统一。② 可见，

---

① 尹桐阳：《墨子新释》，《无求备斋墨子集成》第20册，台湾成文出版社1975年版，第268—282页。

② 参见张纯一：《墨子集解》，成都古籍书店1988年版，第1页。

我们应以修正本为据来评说张纯一的《墨子》整理成就。

在修正本校注中，张纯一择善选录了毕沅、张惠言、苏时学、王树楠、王闿运、尹桐阳、梁启超、张之锐、释太虚、张其锽等校注成果，然后以案语形式表述己意，加以评说；有时串讲文意；并将每篇分段，于段末以案语形式总结段意。更可引人注意的是，大多篇题目下，张纯一引前人题解语后，都以案语形式较为详尽地表述己意；或讲篇意及此篇在墨家学说中的地位；或辩说前人题解是非；有时还结合他家学说讲解墨学大义或据前后篇意以考篇序。

张纯一《墨子集解》的主要成就不在于版本校勘和字词注释[①]，而在于句意、段意、篇意的解说，如《节葬下》，题解引佛经，引晏婴语、庄子语、杨王孙语以与墨家节葬相比较，谓墨家节葬之旨在于"洞彻生死之故，力矫奢靡之风，无限慈怀寓俭以行"[②]。以下各段意皆本此解说：第一段末云"以上言厚葬久丧，视能否富贫、众寡、治乱为衡"[③]，第二段末云"言厚葬久丧不能富贫"[④]，第三段末云"言厚葬久丧不能众寡"[⑤]，第四段末云"言厚葬久丧不能治乱"[⑥]，第五段末云"言、贫、寡、乱不能止大国之攻"[⑦]，第六段末云"言贫、寡、乱更干鬼神之罚"[⑧]，第七段末云"以上举证圣王节葬之法"[⑨]，第八段末云"断言今之葬埋异乎圣王"[⑩]，第九段

[①] 李笠曾评张纯一《墨子间诂笺》曰"校勘之功甚疏，旁参之本绝少；臆说孤证，时所不免；空言充轫，余颇病之"。（参见李笠：《定本墨子间诂校补》之《校勘引据各本书目提要》，商务印书馆 1925 年版，第 4 页）

[②] 张纯一：《墨子集解》，成都古籍书店 1988 年版，第 156 页。

[③] 张纯一：《墨子集解》，成都古籍书店 1988 年版，第 158 页。

[④] 张纯一：《墨子集解》，成都古籍书店 1988 年版，第 161 页。

[⑤] 张纯一：《墨子集解》，成都古籍书店 1988 年版，第 162 页。

[⑥] 张纯一：《墨子集解》，成都古籍书店 1988 年版，第 162 页。

[⑦] 张纯一：《墨子集解》，成都古籍书店 1988 年版，第 163 页。

[⑧] 张纯一：《墨子集解》，成都古籍书店 1988 年版，第 164 页。

[⑨] 张纯一：《墨子集解》，成都古籍书店 1988 年版，第 167 页。

[⑩] 张纯一：《墨子集解》，成都古籍书店 1988 年版，第 168 页。

末云"总结前之厚葬久丧非圣王之道"①，第十段末云"言节葬为无过不及之道"②，第十一段末云"以上言节葬利群为孝"③，第十二段末解说全文旨意，以佛家形脱，道家化去比附墨家节葬之原因，实无视墨家节葬的经济意义，强国手段；但评墨家此法"死而忘亲，为天下也"④，似为得之。通过这样前解后说，中间分段解析文意，而且前后关联的解析、总结，将墨家节葬说剖析得清楚明白。

《墨子集解》后有附录九部分：第一部分为《墨子佚文》，采毕沅、孙诒让所辑佚文；第二部分为《墨称之探本》，从江瑔说而补证墨非姓氏；第三部分为《墨子鲁人说》；第四部分为《墨子年代考》，以公输为季康子葬母、谓墨子及见孔子等十四论，考其与孔门七十子同时；第五部分为《墨儒之异同》，证两家学术渊源同、尊天同、重祭稍异、丧礼异、命说异、讲利异、兼爱异、力行异、节用异、修齐治平同、施教法异、政教不分同；第六部分为《墨子与农家及其源流》，谓春秋末之隐逸型农家启发了墨家，墨子与许行、陈仲子、於陵子之志行同；第七部分为《墨学与景教》⑤，收其书显阴《序》、栾调甫来书、作者《弁言》，该书《目录》及《结论》全文；第八部分为《读〈评梁胡栾墨辩校释〉》，系讨论旁行读及牒经例的旧文，署"民国十二年八月四日写讫"；第九部分为《墨子大取篇释义叙》，赞张之锐解墨之功。⑥

要之，张纯一《墨子集解》，收罗材料宏富，而于篇、段、句之义理解说尤详。但校勘功疏，参校本少，前人已经指诟。⑦

---

① 张纯一：《墨子集解》，成都古籍书店1988年版，第168页。
② 张纯一：《墨子集解》，成都古籍书店1988年版，第170页。
③ 张纯一：《墨子集解》，成都古籍书店1988年版，第170页。
④ 张纯一：《墨子集解》，成都古籍书店1988年版，第170—172页。
⑤ 《墨学与景教》为张纯一所作另一书。
⑥ 参见张纯一：《墨子集解》，成都古籍书店1988年版，第561—676页。
⑦ 参见李笠：《定本墨子间诂校补》之《校勘引据各本书目提要》，商务印书馆1925年版，第4页。李笠所斥为张纯一《墨子间诂笺》，其书为《墨子集解》的基础。

（三）吴毓江《墨子校注》

此书于 1943 年由重庆独立出版社排印出版。该书首载王兆荣《叙》，言吴毓江校勘之功，访搜十余种明代旧刊，"对于现在古刊本《墨子》，殆已网罗无遗"①。次作者《自叙》，言自己积 20 年之力，校勘之功有三：一曰搜集异本，二曰征引善本，三曰寻求例证。次《例言》，列校勘所用自唐"卷子本"、明"正统道藏本"依次至"毕沅本"共唐本一、明本十四，清本二；以毕沅本为底本。

《墨子校注》在《墨子》整理史上的功绩主要在于校勘，吴氏不但采唐"卷子本"（自日本《群书治要》中），广采明本，而且多从类书、古注中搜集引文以作比证。如《明鬼下》"周宣王合诸侯而田于甫田，车数百乘"，校曰："上'田'字，诸本作'用'，吴抄本作'舍'，四库本作'田'与毕本同"，引毕沅、俞樾、孙诒让校语后，曰："案宋本蜀本《御览》八十五引作'宣王田于圃田，从人满野'；又三百七十一作'王田于圃田，车徒满野'；又八百八十三作'宣王田于圃，见杜泊'。《汉书·郊祀志》颜注所引，与《御览》八百八十三全文相同，惟'圃'下多一'田'字，据颜注则《御览》'圃'下脱'田'字。《法苑珠林·怨苦篇》引作'田于甫田，从人满野，'又《赏罚篇》引颜之推《冤魂志》作'游于圃田，从人满野'。皆可为俞读左证。孙引《论衡·死伪篇》文'圃'字，宋本《论衡》作'囿'，与明道藏本《国语》韦注合。《史记·魏世家》'秦七攻魏，五入囿中'，《索隐》云'囿即圃田。圃田，郑薮'。据此，则古书中或言'囿'，或言'圃田'，其地一也。"② 不但列诸明本辨正考校，而且以《太平御览》《法苑珠林》《冤魂志》等引文参校。这种广采善本的校勘成就，在墨学史上应予以注意。

---

① 吴毓江：《墨子校注》，《无求备斋墨子集成》第 43 册，台湾成文出版社 1975 年版，第 3—5 页。

② 吴毓江：《墨子校注》，《无求备斋墨子集成》第 43 册，台湾成文出版社 1975 年版，第 270—271 页。

另外应予注意的是吴氏《墨子校注》中的解释，如《明鬼下》"鲍幼弱，在荷襁之中"，在引毕注孙诂后曰："荷繈，毕说可通。又疑当为'葆襁'，荷、葆形近而误。《论衡·祀义篇》作'鲍身尚幼，在襁褓，'文虽小异，'襁褓'字尚不误，可据以订正，'葆襁'犹'襁褓'也。鲍幼弱在葆襁之中，与'成王少，在强葆之中'语法正类。"① 将释词与校勘联系起来。

吴氏《墨子校注》正文后附有如下四部分：

第一，《墨子旧本经眼录》。列"卷子本"，"正德俞抄三卷本""道藏本""顾校道藏本""嘉靖壬子陆校铜板活字本""嘉靖癸丑陆叙唐刻本""嘉靖丁巳江藩重刻唐本""隆庆丁卯沈刻百家类纂本"（附万历壬子百子类函本）、"万历丁丑潜庵叙刻本""万历辛巳茅校书坊刻本""日本宝历七年秋山仪校刻本""李贽批选本""绵眇阁本""堂策槛本""顾校李本""陈仁锡本""四库全书本""毕沅校刻本"、王树楠《墨子斠注补正》、孙诒让《墨子间诂》、吴汝纶《点勘墨子》、曹耀湘《墨子笺》、"王闿运注本墨子"、日本牧野谦次郎《墨子国字解》、尹桐阳《墨子新释》、张纯一《墨子集解》、李笠《定本墨子间诂校补》这28种版本的提要，而于明代及以前版本、日本版本这些常人难见之本，解说尤详，可给人以参考。

第二，《〈墨子〉各篇真伪考》。将今本53篇分6组（即胡适、梁启超所做的5组区分之外，又将《备城门》至《备蛾傅》7篇分为一组，其后4篇分为一组），而于《备城门》至《备蛾傅》7篇作者时代考证尤详；列胡适、梁启超、朱希祖诸说后，关于《备城门》至《备蛾傅》7篇真伪，不同意朱希祖"汉人伪作说"，而详加考辨。证"三老""四尉"名已见于春秋、战国；驳此诸篇抄袭《管子》《黄帝兵法》《尉缭子》说；驳朱氏先秦无铁器说。由此而论定此7篇为墨子守备书，而《迎敌词》以下与墨家兼爱等旨不合，且用字有异，故为汉人伪书。

---

① 吴毓江:《墨子校注》,《无求备斋墨子集成》第43册,台湾成文出版社1975年版,第275页。

第三，《墨子姓氏生地年世考》。驳江瑔等"墨子姓翟名乌说"八证、钱穆"刑徒说"六证；从孙诒让、高濑武次郎之考，定墨子为鲁人；排列梁启超前诸说，由与墨子相关人士考其生于前 488 年至前 477 年，卒于周威烈王末年即前 402 年。

第四，《墨学之真谛》。逐一讲墨学纲领为爱智双修、讲墨家群治主张。

要之，吴毓江《墨子校注》的主要成就在于广引明本以校勘文字，其缺陷在于义理研究不够。将张纯一《墨子集解》与吴毓江《墨子校注》结合阅读，可以互补。

（四）李笠《定本墨子间诂校补》

李笠《定本墨子间诂校补》，有 1925 年上海商务印书馆排印本，1936年上海商务印书馆重排本。

该书首载作者《叙》，言此书为补《定本墨子间诂》不足而作；次杨绍廉《序》；次《凡例》；次《校勘引据各本书目提要》；次《定本墨子间诂校补上编》《定本墨子间诂校补下编》；最后是《定本墨子间诂校补附编》，对孙诒让《墨子间诂》所附作了校补，增加了《百家类纂·墨家类·墨子题辞》、陆稳《新刻墨子序》、唐尧臣跋（见嘉靖本）、陆弘祚《新刻墨子序》（见"茅本"）①、王闿运《墨子叙》、王景曦《墨商跋》等。

据李笠《序》及其《校勘引据各本书目提要》，李笠《校补》系将1907 年所刊之定本《墨子间诂》与 1894 年所刊之聚珍本《墨子间诂》互校，又吸收"节删本"沈津"明刊百家类纂本"，"别行本"张惠言《墨子经说解》、杨葆彝《墨子经说校注》、梁启超《墨经校释》，"全本""影明嘉靖癸丑刊本""明刊茅坤校本""顾千里校道藏本""顾千里校季本""毕沅刊本""孙

---

① 陆弘祚即陆稳，李笠考此《序》当茅坤《序》而误载。（参见李笠：《定本墨子间诂校补》之《校勘引据书目提要》，商务印书馆 1925 年版，第 4 页）

诒让校浙江官局仿毕刻本""王闿运注湘潭本""初印聚珍本《墨子间诂》""硃批聚珍本《墨子间诂》"，"单注本"王景曦《墨商》、王树枏《墨子校注补正》、张纯一《墨子间诂笺》，4 类计 16 种本校勘成果，并将好友杨嘉《墨子间诂校》（未刊）的校语录于书中，标以"杨《校》"，此可谓明清至近代《墨子》校勘成果的大总汇。

关于李笠《校补》的成就和缺失，陈柱《墨学十论·历代墨学述评》谓："其书采获自比张书（指张纯一《墨子间诂笺》——引者注）为多。盖自《间诂》以后，能博采诸家以注《墨》者，惟李书而已。其功亦岂时流所及乎？然采录虽勤，发明则少；《墨辩》部分，李氏自谓别撰集解，今且勿论；《大、小取》以下，所采亦陋；除王闿运及杨嘉校语外，几无物矣。至其采录王景曦之语，尤多鄙陋可笑者。"① 今检李笠《校补》，陈柱的评论是公允的。李笠校语，基本抄录前代校勘材料，缺少发明性校勘新说，故只能陈陈相因，以收集资料之功见长。

（五）刘昶《续墨子间诂》

刘昶《续墨子间诂》，1925 年上海扫叶山房出版；又有 1957 年台湾艺文印书馆影印本。

该书首载《自序》，简要叙述从李善臣学文字学而走上治学之路的学术经历及作此书原因，次《凡例》，次正文四卷。

正文依次选取《墨子》文句，补正孙诒让《墨子间诂》。所补正之《墨子》文句大字另行，次行顶格大字，或释文词，或解句意，而间有考证性文字，以小字双行形式列于所考之注文下。

刘昶补注文的特点有三。

其一，考证中多引字书或其他典籍原文，或补《间诂》不足，如《亲士》

---

① 陈柱：《墨学十论》，《无求备斋墨子集成》第 33 册，台湾成文出版社 1975 年版，第 227 页。

"越王勾践遇吴王之丑"之"遇"字《间诂》未注；刘昶注曰"遇者遭也"，并举《吕览·长攻》"必有其遇"之高注为证。①

其二，补注中多引字书以破假借，如《亲士》"尚摄中国之贤君"，毕注"尚"为"上"，注"摄"为"合"，而刘昶改曰"'摄'乃'代'之假借字"，并以朱骏声《说文通训定声》所举《周礼·大宗伯》注、《左传·隐公元年》《礼记·明堂位》等文为证②。

其三，于《经上》《经下》两篇所补尤详，几占所补注文字的三分之一。但其解说，却多有附会之处。如《经上》"故，所得而后成也"，以"古书"解"故"，并举《吕氏春秋·至忠》"读尝故记"高注"故，古书也"为证。③然查《吕氏春秋》毕沅校正本，此处高诱注为"故记，古书也"，陈奇遒校释本同。由此错误，以下刘昶误解《经说上》"大故""小故"曰："夏禹得治水之方，而后成《禹谟》《禹贡》。汤武得伐罪之名，而后成《汤浩》《武成》。是以云'故所得而后成也'。大故小故者，尚（上之假借）者夏书，其次商周之书也。"④如此等旁解歧说，层出不穷。

总之，立足于文字训诂特别是假借等解释原文，是刘昶此书的特点；从文字训诂和假借字解释中，为求新说而致误释妄说，是刘昶此书的缺点。

（六）陈柱《〈墨子刊误〉刊误》

陈柱《〈墨子刊误〉刊误》，1928 年上海中华书局聚珍排印本。

---

① 参见刘昶：《续墨子间诂》，《无求备斋墨子集成》第 30 册，台湾成文出版社 1975 年版，第 5 页。

② 刘昶：《续墨子间诂》，《无求备斋墨子集成》第 30 册，台湾成文出版社 1975 年版，第 5—6 页。

③ 刘昶：《续墨子间诂》，《无求备斋墨子集成》第 30 册，台湾成文出版社 1975 年版，第 125 页。

④ 刘昶：《续墨子间诂》，《无求备斋墨子集成》第 30 册，台湾成文出版社 1975 年版，第 125—126 页。

　　该书首载陈柱《重刊墨子刊误序》，言整理缘起，乃"余以暇日，偶取孙书（孙诒让《墨子间诂》——引者注）与苏书对勘，知其未备者固多，而所引讹谬大失苏书本意者亦颇不少"；"苏氏原书，校勘之疏，亦无与伦比。因取往年所校"①，而刊布。次载王拯乙丑（1865 年）初夏《跋》。次陈澧乙丑春《跋》。次苏时学《墨子刊误》两卷。次陈柱《〈墨子刊误〉刊误》两卷。

　　《〈墨子刊误〉刊误》以苏时学族侄苏戒迷所赠丁卯（1867）仲夏羊城客寓校刊本《墨子刊误》为底本，对照孙诒让《墨子间诂》所引，加以校正或补充；并对苏书刊印之误时有刊正；据胡朴安、陈乃乾主编《国学月刊》首期所载，亦同时评说陈兰甫抄本。

　　陈柱刊误所做工作主要有三：

　　第一，以同治丁卯羊城客寓校刊本《墨子刊误》校孙诒让《墨子间诂》引苏时学《墨子刊误》之误。如《备城门》"门者皆无得挟斧斤凿锯椎"②，苏时学曰："此五者防有变也。已上言城门关锁之法"，陈柱曰："定本《间诂》引此注作'城关锁之法'，误也。陈本及聚珍本均作'城门'，与此同。"③

　　第二，据流行各本及《国学月刊》所载陈兰甫抄本，校丁卯仲夏羊城客寓刊本《墨子刊误》，如《兼爱下》"人与为人君者之不惠也"，陈柱曰："此条当列在'譬之犹以水救火'条上。陈本不误。"④

　　第三，连带校陈抄本之误，如《兼爱下》"其说必将无可焉"，陈柱曰："《墨子》原文作'将必'，此到（倒）。陈本亦到（倒）。"⑤

---

① 陈柱:《〈墨子刊误〉刊误》,《无求备斋墨子集成》第 33 册, 台湾成文出版社 1975 年版, 第 1—2 页。

② 苏时学《墨子刊误》"无"作"毋"。

③ 陈柱:《〈墨子刊误〉刊误》,《无求备斋墨子集成》第 33 册, 台湾成文出版社 1975 年版, 第 119 页。

④ 陈柱:《〈墨子刊误〉刊误》,《无求备斋墨子集成》第 33 册, 台湾成文出版社 1975 年版, 第 107—108 页。

⑤ 陈柱:《〈墨子刊误〉刊误》,《无求备斋墨子集成》第 33 册, 台湾成文出版社 1975 年版, 第 107 页。

（七）岑仲勉《墨子城守各篇简注》

岑仲勉《墨子城守各篇简注》，1948年北平古籍出版社排印出版；又有1971年台湾世界书局影印本；1958年中华书局排印出版。

该书首载作者《自序》，对比《孙子》讲《墨子》城守诸篇的军事价值，谓此诸篇守备器械是《墨经》所述科技的具体运用，探讨城守诸篇较少为人研究的三大原因。次作者1956年《再序》，考《墨子》城守诸篇作者，及冶铁时代。次《凡例》。次《〈墨子〉城上守备器具人员和建筑物配置简表》。次《目录》。次正文。

各篇正文，先分为若干节，节后为注文。注文先述此节大意，次引古书所释并加辨正；然后解字词、器物，每词或器具为一段。

其书注释特点如下：

第一，结合后世器具实物解释。《墨子》城守各篇所涉及城守器具，没有图样形式或详尽的资料流传下来，给后世解释造成困难。故岑氏据后世器具加以推测，如在解《备高临》之"台城"时，以《周书·韦孝宽传》之"土山"，《通典》卷一五二之"土台"、《开禧德安守城录》之"土山"例之。①

第二，结合古兵书、兵图解释。如《备突》"突门"，以《六韬·突战》之"突门"《通典》卷一五二之"突门"解之。②

第三，结合古代战例解释。如解《备城门》"攒火"，从《北史·王思政传》作火攒，乘迅风投于城外敌人之土山上烧敌为例解之。③

第四，对前代解释作以辨正。如《备高临》"羊黔"，先对王念孙《读书杂志》解为"羊坽"、王闿运《墨子注》解为"小岑"、于省吾《墨子新证》解为"岸岑"及吴毓江《墨子校注》说等加以辨正，然后以"基础"解之。④

---

① 参见岑仲勉：《墨子城守各篇简注》，中华书局1958年版，第39—40页。
② 参见岑仲勉：《墨子城守各篇简注》，中华书局1958年版，第52页。
③ 参见岑仲勉：《墨子城守各篇简注》，中华书局1958年版，第29页。
④ 参见岑仲勉：《墨子城守各篇简注》，中华书局1958年版，第39页。

总之，岑仲勉的《墨子城守各篇简注》，多结合古书记载，古兵书所述及古代战例加以解释，使后人较少涉足的此十一篇文章大意稍通。

二、1949—1999 年的《墨子》整理

此时期《墨子》整理著作，较重要者有如下几种。

（一）严灵峰《墨子集成》

严灵峰《墨子集成》，全称《无求备斋墨子集成》，1975 年台湾成文出版社出版。

这是一部迄今收书最多的墨学研究著作丛书。计收战国《墨子》起至 20 世纪 60 年代 83 位作家 ① 的墨学研究或整理著作(含著作节录)91 种。② 其中元代以前著作 5 种，明人著作 10 种，清人著作 20 种，清中叶以前存世的主要墨学著作、近现代出版的主要墨学著作，都基本收罗其中，为墨学研究者提供了方便。由于该丛书在台湾出版，故 1950 年后台湾出版的众多墨学著作基本未收，为大陆墨学研究者带来了不便。

该丛书基本用影印出版。惟收 1950 年后大陆学者著作时，出于政治原因有改删，这是利用时需留意的。

（二）王焕镳《墨子校释》

王焕镳《墨子校释》，1984 年浙江文艺出版社出版。题"王焕镳著　朱渊、蔡勇飞、朱宏达、水渭松、王敬之参释"。

该书首为《前言》，介绍墨子、墨家、思想学说，《墨子》书流传及校释过程；次《关于校释体例的说明》，次《本书引用与参考各家书目》，次

---

① 其中一书有多位作者（如明代《墨子评点》）者仅按一位计。
② 收录两种以上版本（如张纯一《墨子集解》）者仅按一种计。

校释正文 36 篇，自《亲士》至《公输》，中缺《墨辩》6 篇，《备城门》11 篇未释。

每篇校释正文，先列题解，述本篇旨意，间或考订作者。① 每篇校释分为若干段，先列正文，次注释。正文以孙诒让《墨子间诂》为底本，将《辞过》改为《节用下》，移于《节用中》后。作者以为文字脱漏错乱较多，不足以在注释中讲明的，在此段注后另列出所校正文字，如《尚贤下》第二段末段文字，即作此处理。作者认为需校移之字句段落，通移于其应植处加以校释；诠释较通俗，很少有考证性文字，此著当与王焕镳《〈墨子校释〉商兑》相互参看。

（三）王焕镳《〈墨子〉校释商兑》

王焕镳《〈墨子〉校释商兑》，中国社会科学出版社 1986 年 5 月出版。

该书前有作者《序言》，后有水渭松《后记》，中为《墨子》36 篇，亦未释《墨辩》及《备城门》以下诸篇。

每篇中先列所需校释之文句，文句下列前人旧说，次以按语形式，详加辩说、注解考证。书中所引前人观点计有朱熹《诗集传》、段玉裁《古文尚书撰异》及《说文解字注》、翁方纲手抄《墨子》节本、牟庭《同文尚书》、朱骏声《说文通训定声》、王闿运《墨子注》、曹耀湘《墨子笺》、吴汝纶《点勘诸子读本》（附吴闿生说）、王景曦《墨商》、刘师培《墨子拾补》、陶鸿庆《读诸子札记》、王树柟《墨子校记补正》、张纯一《墨子间诂笺》及《墨子集解》、尹桐阳《墨子新释》、李笠《定本墨子间诂校补》、刘昶《续墨子间诂》、陈柱《〈墨子刊误〉刊误》、章太炎《文始》、于省吾《双剑誃诸子新证》、姚永概《慎宜轩笔记》、吴毓江《墨子校注》、陈汉章《墨子间诂》批校（其中有孙人和语）②、高亨《诸子新笺》、蒋礼鸿《墨子间

---

① 惟《所染》篇末有一段篇章结构分析。

② 参见孙人和：《〈墨子〉举正》，《师大国学丛刊》第 1 卷第 2 期，1931 年 5 月。

诂述略》①，以及孙诒让《墨子间诂》及其中引苏时学、惠栋、毕沅、卢文
弨、孙星衍、王念孙、王引之、戴望、黄绍箕、阎若璩、俞樾、洪颐煊、
江声、顾广圻、王绍兰、陈乔枞、孔广森、吴玉搢19家注文，共计46家
意见，是《墨学》整理史上引书最多的一家。

据该书《序言》及《后记》，此书是王焕镳先生自70岁治墨后，积十
余年功夫所作《墨子集诂》中选出的一部分。书中部分文字曾在《杭州大
学学报》1979年第1、2期及1980年第1期上发表过。

关于《墨子校释商兑》的成就，水渭松在为该书所写的《后记》中总
结为五点："1.从辨明墨子思想的角度提出校释商酌；2.从义理、文字、声
韵三方面考察并订正误字，使意义完密，文字条畅，声韵谐调；3.根据《墨
子》的文理和文例，订正错简和订补脱文；4.疏佶屈难晓的文句，使之文
从字顺；5.辨明篇章。"

（四）刘如瑛《〈墨子〉笺校商补》

刘如瑛《〈墨子〉笺校商补》，是山东教育出版社1995年9月出版之
刘如瑛《诸子笺校商补》中的一种。

《诸子笺校商补》，前有徐复序，举例述说该书校补笺释成就。次《自
序》，叙述该书体例，所用底本等。次《本书主要参考及征引书目》。次
正文。

《〈墨子〉笺校商补》释《亲士》至《杂守》文98条，每条先列原文，
次经按语形式，于前人缺校缺注处补之，于前人误校误笺处商而正之。

《〈墨子〉笺校商补》是《诸子笺校商补》中用力最勤者之一，有诸多
见解受到徐复称扬。如《尚贤中》"是以民皆劝其赏，畏其罚，相率而为贤，
者以贤者众，而不尚者寡"，不取众人以"贤者"为句，而取俞樾以"贤"
字绝句；但否定俞樾"者"字乃"是"字之误说，而认为"者"乃"此"字，

---

① 原文载《浙江学报》第1卷第1期，1947年9月。

草书形近致讹，并举《号令》"其正及父老有守者"；旧本"者"讹为"此"为证。

第二节　近百年来的《墨辩》研究

一、1912—1948 年的《墨辩》整理与研究

如前所述，清代《墨辩》的整理与研究取得了很大成就，探索到一条借助西方科技知识解说《墨辩》的门径。近百年来的《墨辩》整理与研究基本是遵循这条道路发展的。

1912—1948 年的《墨辩》整理与研究成果丰硕，今选取重要成果介绍如下。

（一）胡适《墨辩新诂》

《墨辩新诂》是作者在美国哥伦比亚大学为撰写博士论文而做的基础研究，初稿写毕于 1917 年 2 月 17 日，包括 4 篇长文：第一篇释《经上》《经说上》，第二篇释《经下》《经说下》，第三篇释《大取》，第四篇释《小取》。后经过三次修改，于 1919 年 3 月将第四篇发表在《北大月刊》第 1 卷第 3 期（1919 年 3 月）上。后收入《胡适文存》一集卷二（1921 年），又收入中华书局《胡适学术文集·中国哲学史下》（1991 年）。

该文将《墨子·小取》分 9 节详加解说。第一节"夫辩者"至"不求诸人"是墨家关于辩论的总说，讲辩之作用六种及推论三方法；第二节"或也者不尽也"至"吾岂谓也者异也"，具体讲论辩七法：或、假、效、辟、侔、援、推，是本文之重点；第三节"夫物有以同而不率遂同"至"则不可偏观也"，述推论易出谬误之四端，针对辟、侔、援、推而发；第四节"夫物或乃是而然"至"或一是而一非也"，论一辞之难，总起下文；第五节"白

马马也"至"此乃是而然者也"，释第四节"物或是而然"句；第六节"获之亲"至"此乃是而不然者也"，释第四节"乃是而不然"；第七节"且夫读书"至"此乃是而然者也"，释"或不是而然"；第八节"爱人待周爱人而后为爱人"至"此一周而一不周者也"，释第四节"一周而不一周"句；第九节"居于国则为居国"至"此乃一是而一非者也"，释第四节"一是而一非"句。各节所释，先正文字，后旁征博引，评前人得失，然后解其文意，分析其中所包含的逻辑论式，及墨家关于论辩定义、论辩方法、部分逻辑命题的含义。在这篇文章中，胡适解"名实"及墨家论辩七法中的"或""假""效"三法，与其《中国哲学史大纲》中解释大异，如《大纲》中批章太炎以因明三支比附墨家之"效"，而此文中改为"墨家之名实本非法式的论理也。故夫三支之基本学理则固《墨辩》所具备矣"①。这些，都表现了胡适对墨辩的不断钻研、修正。

（二）胡适的墨辩逻辑研究总说

胡适将《墨子》中的《经上》《经下》《经说上》《经说下》《大取》《小取》称为《墨辩》。其对所谓墨辩这一部分的研究，在他的墨学研究中成绩最著。胡适重点讨论的是墨家的知识论和名辩说与逻辑条例。

胡适总结墨家论"知"的过程，有三个层次：第一，"知，材也"，即人的感知器官，这是人所以能"知"的内在基础；第二，"知，接也"，即外物通过人的感知器官而产生的感觉；第三，"知，明也"，即对在内在感知器官基础上产生感觉的综合把握，即理解。胡适总结说：墨家"所以'知觉'含有三个分子：一是'所以知'的官能，二是由外物发生的感觉，三是'心'的作用。要有这三物同力合作，才有'知觉'。"这是胡适对墨家认识外物之程式的理解的综合把握，第一次对其从认识过程的解析上作综合论述。

---

① 胡适：《胡适学术文集·中国哲学史》，中华书局1991年版，第688页。

胡适进而分析，墨家还将人的认知过程与时间和空间联系起来，谓《经上》的"久，弥异时也"是论时间，《经上》的"宇，弥异所也"是论空间。有了这二者的作用，方可将上述认知的三个过程统一起来，而产生"知觉"。

胡适进而分析，墨家还认识到知识欲存留在大脑中而产生价值，要靠记忆，故《经下》曰"知而不以五路，说在久"。有了久与宇的作用，才有"记忆"。其中，久的作用更大。"先由五路知物，后来长久了，虽不由五路，也可见物。譬如昨天看梅兰芳的戏，今天虽不在吉祥园，还可以想起昨天的戏来。这就是记忆的作用"。

分析了墨家关于获取知识、转化成记忆的过程后，胡适还讨论了墨家关于获取知识三个途径的论说。认为《经上》"知：闻、说、亲"，及《经说上》"知：传受之，闻也。方不障，说也。身观焉，亲也"，即此。闻知分为传闻和亲闻。说知即推理，人的大量知识不是靠亲知，而是靠推理获得。

胡适还讨论了墨家检验知识的标准，即《经下》"知其所以不知，说在以名取"，学说要靠它们产生的效果来检验。墨家同时还认识到"人类行为总是由知识来指引"，即《经上》"为：穷知而县于欲也"。①

胡适重点讨论了墨辩逻辑条例。他先从墨家关于论辩的诸多概念入手来讨论这一问题。胡适分析，墨家以为辩的作用在于明是非，《经上》"辩，争彼也"，彼乃㲋之形误，与诐通，即论辩。结合《小取》"夫辩者，将以明是非之分，审治乱之纪，明同异之处，察名实之理，处利害，决嫌疑"，胡适认为墨家总结的说辩目的，"共有六项：（一）明是非，（二）审治乱，（三）明同异，（四）察名实，（五）处利害，（六）决嫌疑"。

就《小取》"摹略万物之然，论求群言之比；以名举实，以辞抒意，以说出故；以类取，以类予；有诸己，不非诸人；无诸己，不求诸人"，胡

---

① 以上引文皆见胡适：《中国哲学史大纲》卷上，《胡适学术文集·中国哲学史》，中华书局 1991 年版，第 132—138 页；又见胡适：《先秦名学史》，学林出版社 1983 年版，第 76—115 页。

适认为："摹略万物之然，论求群言之比"是墨家"总结'辩'的方法，摹略有探讨搜求的意义。论辩的人须要搜求观察万物的现象，比较各种现象交互的关系，然后把这些现象和这种种关系，都用语言文字表示出来"，这就是"以名举实，以辞抒意，以说出故"；而"以类取，以类予"则是"以名举实，以辞抒意，以说出故"的根本方法。"取"是"举例"，"予"是"断定"。凡一切推论的举例和断语，都把一个"类"字作根本。"类"便是"相似"。胡适进一步指出，"'以说出故'的'故'乃是《墨辩》中一个极重要的观念"，"故的本义是'物之所以然'，是成事之因。无此因，必无此果"，"故，是立论所根据的理由"。"'故'有大小的分别。小故是一部分的因"，各种小故的总和，便是大故；诸小故合成大故，乃可见物。

　　经过上述分析，胡适得出结论："《墨辩》的名学，只是要人研究'物之所以然'，然后用来做立说的根据"，所以应从因果关系着手去研究墨辩逻辑。

　　胡适还提出，《墨辩》中还有一个重要的概念——法。法即范式。《经下》"一法者之相与出尽类"，即说同法者必定同类。"法"是"所若而然"，"故"是"物之所以然"，将两者结合起来，可见故与法的关系，一类的法即是一类所以然的故。胡适强调："科学的目的只是要寻出种种正确之故，要把这些'故'列为'法则'（如科学的律令及许多根据于经验的常识），使人依了做去可得期望的效果。"

　　这样，胡适把墨辩逻辑的诸多基本概念，即辩、类、故、法等作了通俗解说，并指出它们同两种最基本的逻辑推理方法的关系——"名学的归纳法是根据于'有之必然'的道理，去求'所以然'之故的方法。名学的演绎法是根据于'同法的必定同类'的道理，去把已知之故作立论之故（前提），看他是否能生出同类的效果"①。这就为以下讨论墨辩方法扫清了

---

① 以上引文皆见胡适：《中国哲学史大纲》卷上，《胡适学术文集·中国哲学史》，中华书局 1991 年版，第 138—156 页。

障碍。

关于墨辩方法的研究，胡适没有像前代学者那样从《墨经》里钩稽条例，而是用《小取》的一段文字来统领《墨经》所列诸逻辑方法。《小取》有曰："或也者，不尽也。假也者，今不然也。效也者，为之法也；所效者，所以为之法也；故中效，则是也；不中效，则非也；此效也。辟也者，举也物以明之也；侔也者，比辞而俱行也；援也者，曰子然，我奚独不可以然也。推也者，以其所不取之同于其所取者，予之也。是犹谓'也者同也'，吾岂谓'也者异也'。"胡适结合西方逻辑中的判断和推理诸式来解释这段话中所举的墨辩方法。

胡适以为"或也者"之"或"，是"域"字的古字，"有限于一部分之意"；结合《易·文言》"或之者，疑之也"，又谓此句有"不能包举一切，故有疑而不决之意"。胡适在这里，实际上以西方逻辑中的或然判断来解释"或也者，不尽也"之意。

"假也者，今不然也"，胡适谓"假即假设"，"假设的话，现在还没有实现，故说'今不然也'"。这实际上是用西方逻辑的假言判断来解释。

以上二条是墨家的判断之法。

"效也者，为之法也"云云，是胡适最看重的一句。他认为"此处所谓'效'，乃是'演绎法'的论证（又译外籀）。这种论证，每立一辞，须设这辞的'法'，作为立辞的'故'。凡依了做去，自然生出与辞同样的效果的，便是这辞的'法'。这法便是辞所仿效。"因为胡适主张"凡同法的必同类"，故而"求立辞的法即是求辞的类"，所以他认为墨家的演绎论证，"不必一定用三支式"。墨家所说的"效"，也是"实在没有规定'三支'的式子"。因为他认为墨辩的效、法、故是一致的，所以他批评章太炎在《原名》中分析墨家也有大前提、小前提、结论这种"三支式"的演绎推理的结论，认为这是因把"大故"与"小故"和概念理解为大前提、小前提所致。胡适提出："《墨辩》的'效'，只要能举出'中效的故'，——因明所谓因，西洋逻辑所谓小前提，——已经够了，正不必有三支式"。为什么墨辩逻辑不用大前提呢？胡适以为："因为大前提的意思，已包含在小前提之中"。所以胡适提出：墨家的"演绎法的理论，基本上是一种正确地作出论断的理论"①，它不同于西方逻辑三段论，也不同于因明学的三支式，但它却具备三段论的"基本学理"②。这一认识，纠正了前人研究墨辩逻辑时那种与西方逻辑和佛家因明简单比附的方法，注意到墨辩逻辑的特殊方面。

《小取》提出的群、侔、援、推四法，胡适作为"归纳的论辩"来解释。

他认为："侔与辟都是'以其所知谕其所不知而使人知之'的方法"，它们的区别是"辟是用那物说明这物；侔是用那一种辞比较这一种辞"。但是，"这两种法子，但可说是教人的方法，或是谈说的方法，却不能作为科学上发明新知识的方法"。它们都不能推出人类未知的新知识。

但援和推则不同。胡适认为，墨家的"援"即援引和援例，即"由这一件推知那一件，由这一个推知那一个"的方法。它的推理结果，"大都是一个'个体'事物的是非，不能常得一条'通则'"，但它"有时也会有与'归纳'法同等的效能，也会由个体推知通则"。

胡适认为，墨家的"推"是"归纳法"，亦名"内籀法"。《小取》所谓"推也者，以其所不取之同于其所取者，予之也。是犹谓'也者同也'，吾岂谓'也者异也'"，胡适解为："那些已观察了的例，便是'其所取者'。那些没有观察了的物事，便是'其所未取'。说那些'所未取'和这些'所取者'相同，因此便下一个断语，这便是'推'。"胡适文解"也者"即"他者"，《小取》"推"法下半部分的意思是"人说'那些不曾观察的，都和这些已观察了的相同'，我若没有正确的'例外'，便不能驳倒这通则"。

另外，胡适还依据西方逻辑归纳的种类，分析了《墨辩》中关于求同、求异，同异交得诸论述。

① 胡适：《先秦名学史》，学林出版社 1983 年版，第 118—123 页。
② 胡适：《〈墨子·小取篇〉新诂》，《北京大学月刊》第 1 卷第 3 期，1919 年 3 月。

此后，胡适得出结论："'或'与'假'系'有待的'辞，不很重要。'效'是演绎法，由通则推到个体，由'类'推到'私'。'辟'与'侔'都用个体说明别的个体，'援'由个体推知别的个体，'推'由个体推知通则。这四种——辟、侔、援、推——都把个体的事物作推论的起点，所以都可以叫做'归纳的论辩'。"

最后，胡适就墨辩与因明、西方逻辑的优劣来总结墨辩逻辑在世界逻辑史上的价值，说："墨家的名学在世界的名学史上，应该占一个重要的位置。法式的一方面，自然远不如印度的因明和欧洲的逻辑……墨家名学所有法式上的缺陷，未必就是他的弱点，未必不是他的长处。印度的因明学……三支便差不多全是演绎法，把归纳的精神都失了。……欧洲中古的……法式越繁，离亚里士多德的本意越远了。墨家的名学虽然不重法式，却能把推论的一切根本观念，如'故'的观念，'法'的观念，'类'的观念，'辩'的方法，都说得很明白透彻。有学理的基本，却没有法式的累赘，这是第一长处。印度、希腊的名学多偏重演绎，墨家的名学却能把演绎、归纳一样看重。……墨家因深知归纳法的用处，故有'同异之辩'，故能成一科学的学派。这是第二长处。"①这种价值的论定，是在传世三种逻辑方法的比较的基础上作出的，因此是中允的。胡适的这一研究，将清末学者在墨辩逻辑研究上的比附方法，发展为科学的比较方法。

（三）梁启超《墨经校释》

梁启超《墨经校释》，民国十一年（1922）上海商务印书馆初版排印，后多次重印，《墨子集成》本即据此影印；又有1975年台北新文丰出版公司影印本，1957年台湾中华书局一版影印本等。据该书《自序》，是书写成于"庚申除夕"，即1921年2月7日。随后梁启超以此寄示胡适，胡适

---

① 以上引文，除标明者外，皆见胡适：《中国哲学史大纲》卷上，《胡适学术文集·中国哲学史》，中华书局1991年版，第138—156页。

有序写于民国十年（1921）2月26日。

该书首列梁启超《自序》，言《墨经》的科技成就及校理之难、前人校注及自己校释《墨经》的过程。次《凡例》，解旁行读法，又谓《经说》每首字"皆牒经标题之文"等。次《读墨经余记》，讨论《墨经》作者。梁启超承鲁胜《墨辩注序》"墨子著书，作《辩经》以立名本"之说，谓《经上》乃墨子自著，《经下》"或墨子自著，或禽滑釐、孟胜诸贤补续"①，《经说》"大半传述墨子口说"，后学有"引申增益"，并驳孙诒让、胡适"非墨子作说"；还讨论了《墨经》与名家学派的关系、旁行读法、后人窜衍、《墨经》中三段论与佛家因明三段式的比较等，又附《复胡适之书》。次《今本墨经》，在前人校改基础上复加校勘，改旁行读为直读；次《经上旁行原本》《经下旁行原本》。次《墨经校释》四卷。最后附胡适《墨经校释后序》，《序》中批评梁启超所定"凡《经说》每条之首一字，必牒举所说《经》文此条之首一字以为标题"云云之公例，"太狭窄了"，举《经说下》第6条、第7条皆牒出"不"字以驳之，举梁启超并未完全恪守他自定的这一公例以驳之。又驳梁启超《墨经》有后人附加之论，分析《经上》"诸不一"云云一条，及《经说上》相应条文等，论其非后人所加。②

《墨经校释》4卷，先列各条经文，并引说就经，所改字下有双行校语标出原字。然后是梁启超校语。校语先引孙诒让校语，然后辩说是非，并出己意。然后是梁启超释语。释语多引《说文》解字义，引西方科技或逻辑释句意，并列出《墨子》书中相关联之语以补释。

《墨经校释》正文先为《经上之上／经说上之上》，解"故，所得而后成也"至"动，或徙③也"经文49条及相应《经说》之文。④次为《经上

---

① 梁启超此说与其在《墨子学案》中持论稍异。《墨子学案》第一章谓"《经》上下当是墨子自著"。（参见《饮冰室合集》第8册，中华书局1989年版，第7页）

② 胡适：《墨经校释后序》，载梁启超：《饮冰室合集》第8册，中华书局1989年版，第99—104页。

③ 徙，原《经》文作"從"。

④ 参见梁启超：《墨经校释》，《饮冰室合集》第8册，中华书局1989年版，第1—23页。

之下 / 经说上之下》，解"止：以久也"至"正：无非"经文 47 条及相应《经说》文。①复次为《经下之上 / 经说下之上》解"正：类以行之，说在同"至"通意后对，说在不知其谁谓也"42 条经文及相应《经说》文。②又次为《经下之下 / 经说下之下》解"所存与存者，于存与孰存，说在主"至"是，是与是同，说在不州"41 条经文及相应《经说》文。③共释《经》文 179 条。

梁启超《墨经校释》以张惠言《墨子经说解》及孙诒让《墨子间诂》为基础，但梁启超对此所下功夫比他们更大。梁启超所用的功夫，主要表现在如下二方面。其一，其校改文字比张惠言、孙诒让更多，仅《经》文即校改文字 70 处（其中《经上》27 处，《经下》43 处）。其二，其释义比孙诒让更加通俗。如孙诒让释《经上》"故：所得而后成也"云："此言故之为辞，凡事因得此而成彼之谓。墨子说与许义正同。"而梁启超以水的三态变化为例释为："《说文》：'故，使为之也。'加热能使水蒸为汽，加冷能使水凝为冰。汽，得热而成；冰，得冷而成也，故曰'故，所得而后成也。'第七十七条《经说》云'故也者，必待所为之成也'，义与本条相发明。"④

梁氏解《墨经》，往往联系逻辑原理，并结合生活实例来解释。如释《经说上》"故：小故，有之不必然，无之必不然。体也，若有端。大故，有之必然，若见之成见也"，梁云："此条论因果律，实论理学上最重要之问题也。'故'为事物所以然之故，即事物之原因。原因分为两种：总原因，谓之'大故'；分原因，谓之'小故'。例如见之所以能成见，其所需之故甚多。一，须有能见之眼；二，须有所见之物；三，须有传光之媒介物；四，须眼与物之间莫为之障；五，须心识注视此物。此五者，仅有其一，未必能见；若缺其一，决不能见。故曰'小故，有之不必然，无之必

---

① 参见梁启超：《墨经校释》，《饮冰室合集》第 8 册，中华书局 1989 年版，第 25—54 页。
② 参见梁启超：《墨经校释》，《饮冰室合集》第 8 册，中华书局 1989 年版，第 55—78 页。
③ 梁启超：《墨经校释》，《饮冰室合集》第 8 册，中华书局 1989 年版，第 79—97 页。
④ 梁启超：《墨经校释》，《饮冰室合集》第 8 册，中华书局 1989 年版，第 1—2 页。

不然'。盖小故者，分大故之一体也；其性质若尺之有端也。合诸小故，则成为大故。得大故则物成，故曰'大故，有之必然'。例如前所举五故同时辏会，则'见之成见'也。佛典《唯识》《俱舍》诸论，皆言眼识待八缘而生。可知'见之成见'，其故实繁。"①

由于梁启超运用了中西相结合的学术方法并结合更广泛的西方科技知识来解说《墨经》，所以他的解说多有超越前人之处，解决了一些前人没有解决的问题。如《经上》"知：闻，说，亲；名，实，合，为"，孙诒让注"知有此三义"。张惠言注："知有三：闻一，说二，亲三，皆合名实而成于为。"而梁启超释："此条论知识之由来，为《墨经》中最精要之语。……人所以能得有智识者，恃三术焉。（一）闻知，（二）说知，（三）亲知。亲知最凡近而最确实，说之次之，闻知又次之。"并结合《经说》文解为："'身观焉亲也'者，谓由五官亲历所得之经验而成智识也。"举数例后总结说："身亲焉者，知识之基本，而又其最可恃者。故近世泰西之知识论咸趋重经验，而名学以归纳为极诣，诚以身亲焉之可恃也。"又解："'方不廇说也'者，谓由推论而得之智识也。说，所以明也；廇即障字；方，如《史记》'见垣一方'之方。身亲所得之知识，最近于正确，固也。然身所能亲者，其限域至狭，非亲莫知，则知之涂滞矣。据其所已知以推见其所未知，是之谓'所以明'，是之谓'说'。"举例后总结说："能推焉而知不障。此为得知识之第二途径，演绎的论理学，即此术也。"复解："'传受焉闻也'者，谓由传闻而得之智识也。"举例论析后总结曰："此为得知识之第三涂径，读书之所受，讲堂听讲之所受，皆此类也。"至此总结以上得知识三途径说："人类最幼稚之智识，多得自亲知；其最精密之知识，亦多得自亲知。人类最博深之智识，多得自闻知；其最谬误之智识，亦多得自闻知。而说知则在两者之间焉。中国秦汉以后学者，最尊闻知，次则说知，而亲知几在所蔑焉；此学之所以日窳下也。墨家则于此三者无

---

① 梁启超：《墨经校释》，《饮冰室合集》第 8 册，中华书局 1989 年版，第 2 页。

畸轻畸重也。"①这样,不但将孙诒让、张惠言较为简单的词义诠释作以详细解释,还结合《经说》,对文句含义作以述说,并结合西方逻辑学说讲解,使文义更加显明;梁氏还对亲知、闻知、说知的优劣作了分析评说,所运用的是西方的分析归纳方法。

当然,由于知识的局限,梁氏的《墨经校释》也有诸多未识的空白盲点,如《经上》"已:成,亡"及相应《经说》文"已:为衣,成也。治病,亡也",梁氏均无释,仅举张惠言解《经说》文云"为衣以成为已,治病以亡为已",及孙诒让"亡,犹言无病也";对张氏、孙氏相左解释,亦不加辨正。②此《经》文言事物终结形态,或成功,或消亡。故孙诒让以"无病"释"治病",甚合经意。就梁氏这一盲点,后人多所释解,其中伍非百《墨辩解故》云:"成,成立也,当因明之'立'。《经上》'故,所得而后成也',下文'令谓也,不必成。湿,故也,必待所为之成也',与此'成'字同义。亡,荡除也,今言攻破,当因明之'破'。凡持论者,有以成立自宗为目的者,有以破敌论为目的者。有益于己之持论者,则务成之。有损于己之持论者,则务破之。譬如为衣,则欲其成,治病则欲其亡。故曰'为衣,成也。治病,亡也'。"结合因明以论亡,结合日常行为之心理以喻之,通俗明白。

知识的局限,不仅给梁启超的《墨经校释》带来盲点,还造成了诸多误释。如解《经上》"闻,说,亲;名,实,合,为"之"名,实,合,为"。此条专论知识,前三字述说知识获得之途径有三,梁释不误。而后四字论知识结构的四种形态:名者,正名之名,为事物之符号,即哲学上的"概念",故《经说》解为"所以谓,名也"。实者,符号所对应的实物,即哲学上的"本质",故《经说》解为"所谓,实也"。合者,名与实、概念与本质的检验,即哲学上的"反验",故《经说》解为"名实耦,合也"。为者,

---

① 梁启超:《墨经校释》,《饮冰室合集》第8册,中华书局1989年版,第43—44页。
② 参见梁启超:《墨经校释》,《饮冰室合集》第8册,中华书局1989年版,第40页。

躬行亲做，即哲学上的"实践"，故《经说》解为"志行，为也"。而梁启超于西方哲学方法不甚了然，未理解此四种层次，故仅以最后一义解此后四字，云"墨家以知行合一为教，谓行为须由智识生，无行为则无以表示智识，故'名实合'谓之'为'。知而行之，则是'为'也"①。由此错误理解，梁氏将此四字读为"名实合，为"。并有校语以"'志行'疑当作'知行'"，皆误。

《墨经校释》还有因不采纳前人成果而妄校改者，如《经说上》"义：志以天下为芬……"，梁改作"芬"作"爱"。②毕沅、俞樾、孙诒让均疑"芬"字有误，而光绪三十年（1904）所刊王闿运《墨子注》已谓"芬，即分字，加艸以别于分离字耳。此分，读为职分之分"。志以天下为自己的职分，这就是墨家强调的"义"，王闿运所解已十分贴切，而梁启超于此仍妄改为"爱"，但释意仍与王闿运所释同，故不当改。

另外，《墨经校释》中还有因学术方法运用局限所造成的错误校改。如梁启超在给《经》《说》四篇分章析句时，发现了一条重要的规律，即《经》《说》每条皆有一字为标题；《经》文中此标题可与下文连读，《经说》中此标题不可与下文连读。这条规律，胡适曾评为"可自立一说，可供治墨学的参考"③。但梁启超却不分实际情况，滥用了这一发现，造成了误改。如《经说上》"知：材知也者……"，梁启超妄删"材"字，其理由是："据本书通例，《经说》每条首一字皆牒举经文首一字以为标题，所牒者仅一字而止。则此文'材'字殆涉经文而衍。"④但此《经说上》此条若仅牒出一"知"字，便与《经说上》之"知，知也者，以其知过物而能貌之，若见"一条标目字相混，故此处应标出两字。⑤

---

① 梁启超：《墨经校释》，《饮冰室合集》第 8 册，中华书局 1989 年版，第 45 页。

② 参见梁启超：《墨经校释》，《饮冰室合集》第 8 册，中华书局 1989 年版，第 6 页。

③ 胡适：《墨经校释后序》，载梁启超：《饮冰室合集》第 8 册，中华书局 1989 年版，第 100 页。

④ 梁启超：《墨经校释》，《饮冰室合集》第 8 册，中华书局 1989 年版，第 3 页。

⑤ 参见姜宝昌：《墨经训释》，齐鲁书社 1993 年版，第 5 页注②。

（四）梁启超《墨子学案》中的墨家逻辑研究

墨家社会政治学说之外，《墨子学案》还研究了墨辩及墨家科技。梁氏的墨辩研究，吸收了胡适的诸多成果①，并结合他的原作《墨子之论理学》及新作《墨经校释》，作以下论说。

就墨家之知识论，梁氏谓"墨学全体之大用，可以两字包括之，曰爱曰智"，"十论"是"教'爱'之书"，墨辩六篇是"教'智'之书，是要发挥人类的理性"。梁氏谓《墨经》所列"知，材也""虑，求也""知，接也""，恕明也"及《经说》解释，是墨家"智识之界说"，意在说明"智识的本质"；谓《墨经》"知：闻，说，亲"及《经说》之解，是墨家"论知识之来源"；谓闻知即传授，说知即推论，亲知即体验；谓"亲知是归纳的论理学，说知是演绎的论理学"，"闻知是其他听受记诵之学"。就墨家验证知识与学说的"三表"法，梁氏谓其为"彻头彻尾的实验派哲学"，这显然受胡适影响。

就墨家的逻辑定义即概念问题，梁氏先讨论了墨家所定"辩"的定义、"辩"的作用、"辩"的方法。谓《小取》所说的"以名举实"相当于西方逻辑的"概念"，"以辞抒意"相当于西方逻辑的"判断"，"以说出故"相当于西方逻辑的"推论"。又讨论了墨家的正名问题，及"辞""意""说""故"等概念。②

就墨辩逻辑的方式和法则，梁氏比较了因明"宗、因、喻"三支式、西方逻辑"大前提""小前提""断案"三段式，与《墨论》所述逻辑论式的关系。讨论了《小取》篇所列"或""假""效""辟""侔""援""推"七条逻辑法则。谓"或也者，不尽也"是"论理学上'特称命题'"；谓"假也者，今不然也"是"论理学上假言命题"；谓"效也者，为之法也"云

---

① 梁启超：《墨子学案·自序》后附记："胡君适之治墨有心得，其《中国哲学史大纲》关于墨学多创见。本书第七章，多采用其说。"（梁启超：《饮冰室合集》第 8 册，中华书局 1989 年版，第 65 页）

② 参见梁启超：《墨子学案》，《饮冰室合集》第 8 册，中华书局 1989 年版，第 41—48 页。

云之"效"即法则，推理必合法则才可成立；谓"辟也者，举他物而以明之也"是"论譬喻的作用"；谓"侔也者，比辞而俱行也"是"用那个概念说明这个概念"；谓"援也者，曰：子然，我奚独不可以然也"曰"援是援例。援与辟、侔，都是将所已知说明未知。但辟是用之于概念，侔是用之于判断，援是用之于推论"；解"推也者，以其所不取之同于其所取者予之也"曰"此条是讲归纳法，是论理学中最重要的部分。"①

梁启超还由此生发出去，重点讨论了《墨经》中的归纳法。先举穆勒归纳推理的五条法则，而后逐一解释《墨经》中此方面论述，谓墨家所讲归纳法则，占了穆勒五条中的三条，即求同法、求异法、同异交得法。②

与《墨家之论理学》相较，《墨子学案》对墨辩逻辑学说的论述更加深入、全面。在《墨子之论理学》中，梁启超只讲了墨辩逻辑的两大定理，分析了墨家的三段论式；而《墨子学案》中，梁启超讨论了墨辩逻辑的七大公式，讨论了墨家的"三表法"。这些，一方面是受其前学者的影响，如胡适墨辩研究成果对梁启超的影响，另一面也是梁启超不断研究的结果。

（五）栾调甫《名经注》

栾调甫《名经注》，其子女回忆作成于 1911 年，但未发表。在 20 世纪 20 年代的《墨辩》大讨论中，孙碔应其师栾调甫之命作《坚白离盈辩考证》，后附《名经注》释文 10 则，收入 1957 年人民出版社出版的栾调甫《墨子研究论文集》，使我们得窥《名经注》的体例及解说《墨经》的部分成就。

其注先列《经》文，后另行列《说》文，再别行以"案"字领起栾氏注语；在《经》文、《说》文中以圆括号标出栾氏校语。

---

① 参见梁启超：《墨子学案》，《饮冰室合集》第 8 册，中华书局 1989 年版，第 48—58 页。
② 参见梁启超：《墨子学案》，《饮冰室合集》第 8 册，中华书局 1989 年版，第 58—65 页。

与孙诒让论文内容相对，所选《名经注》10 则，都是关于"坚白离盈"的论说条文，在注文中贯彻了栾氏的"坚白有离盈两宗"之说。如《经上》"撄，相得也"，栾氏谓"此为撄字立界……实兼释坚白盈"；又《经上》"坚白，不相外也"及《经说》文，栾氏谓"此为墨子立量破离宗之辩也。《经说》以异处不相盈之为相外，即反证坚白之为不相外；因其同处而相盈也"等。这些解释，将墨家的坚白论——主"盈坚白"，即坚白合一论，与辩者的坚白论——离坚白，即坚白分离论，区别得清楚明白，并指出"久"与"宇"即时间和空间，是坚白论之离、盈两宗学说所以出现的关键。

这一论说，栾调甫在他 1922 年评说梁启超《墨经校释》的专文《读梁任公〈墨经校释〉》中，曾有过系统表述。他说："我以为坚白是最古的辩论，并且与后来名家的关系很大。据《庄子·天地篇》，孔子问老聃曾说过'辩者有言曰，离坚白，若悬寓'的话，这是发生在墨子之前的。辩者离坚白，是说石头的'坚'与'白'二者分隔成为独立，如'宇'与'久'那样的。……我叫着这一派是离宗。墨子是首先反对离宗的人，他的意思，是说'坚'与'白'同属于一块石头，既然无一处不坚，无一处不白，说是坚无不白，白无不坚，坚与白相盈而不相外了。他又说宇久不坚白、坚白无宇久的话，以破辩者'若县礴'的譬喻，我叫着这一派是盈宗。"[1] 栾氏此论，最可注意者有二，一为区别《墨经》中所记坚白论有离、盈两宗，一为论证墨子之前已有"离坚白"学说，并非自公孙龙时方有。

依据这两点认识，栾调甫对《墨经》中"坚白"论说，区别为辩者主"离坚白"以诘墨家，墨家以"盈坚白"以驳辩者，孙诒让曾把《名经注》中此类论说列出数条。如《经下》"不可偏去而二；说在见与俱，一与二，广与修"及《经说》"坚白：见不见离；一二：不相盈；广修：举不重"，栾氏

---

① 栾调甫：《读梁任公〈墨经校释〉》，《哲学》1922 年第 7 期。

谓"明坚白之不可离"，是墨家的正面论说，《说》文乃"系说者引离宗之言，用以反证经文者"，是辩者的反面论说。

先秦时期的"离坚白"与"盈坚白"之辩，只是两家认识问题的角度和方式不同。离宗从"名"上考虑，盈宗从"实"上立说；离宗取离析认识方式，盈宗取综合认识方式。但后人往往拘于《庄子·天下》对公孙龙"离坚白"的记载，又谓《庄子·天地》记孔、老"离坚白"问答为寓言，故认为战国中期才有"坚白之辩"。由此带来了墨学史上两大研究误区：其一，谓《墨经》之"坚白"论述乃出于公孙龙等，故视公孙龙等为《墨经》作者，因谓其为"后期墨家"；"坚白之辩"既是战国中后期才有，墨子时不当有，故墨子不当为《墨经》作者，至少《经下》不出于墨子。此失误发端于胡适作于 1917 年的《先秦名学史》和其于 1919 年出版的《中国哲学史大纲》。其二，不知"坚白论"中有"离坚白"和"盈坚白"两大对立观点，故分不清《墨经》"坚白"诸条中哪些为墨家的"盈坚白"论说，哪些是引述辩者的"离坚白"论说，因而误释强释。栾调甫之前的《墨经》注释，无不存有如此失误。栾调甫以敏锐的学术眼光，发现了这些问题，并结合彼时人的时空观、认识论、正名说等，细细分析《墨经》中诸"坚白"论说，更正了这两大失误，在墨学史上具有重要地位。栾调甫此观点公布后，大多学者都赞同这一观点，依此解说《墨经》中"坚白"诸条，并参考它来审视《墨经》的作者。

（六）谭戒甫《墨经易解》

此是作者 1928 年仲秋至武汉大学后印的讲义，共印行 4 次 ①，后于 1935 年交上海商务印书馆，出版于《武汉大学丛书》内。

该书分《上经》《下经》两部分。《上经》包括《经上》《经说上》的解析，

---

① 谭戒甫：《为评〈墨经易解〉答与忘先生》，《大公报·图书副刊》1935 年 12 月 26 日；又见谭戒甫：《墨辩发微》，中华书局 1964 年版，第 505—509 页。

《下经》包括《经下》《经说下》的解析。《上经》先解《经上》上截 48 条及相应《经说》，后解下截 48 条及相应《经说》；《下经》先解《经下》上截 41 条，又补 1 条（第 27 条），共 42 条经文及相应《经说》文，后解《经下》下截 41 条，（将原第 28 条调在最末）经文及《经说》文。

谭氏此书，可谓继张惠言、梁启超后，《墨经》诠释史上的第三高峰。据他的《墨辩发微序》，他解释《墨经》的特点有二，一是反对以"西方的逻辑架子，把我们东方的文句拼凑上去"，而主张"我国本有独立性的辩学，其论式组织即在《小取》《大取》二篇中，而《经说》各条就是辩学式的例证"，力主以先秦辩学的本来面目解释《墨经》；二是以为《经说》178 条中及《大取》《小取》中"都是名墨家的话。但里面有些段落却夹杂着驳辩的语，立破明显，对扬剧烈"，"里面另有一派形名家的学说，是由名家引来驳辩的"，反对学者们把它们混为一谈而纠缠不清。① 从这样的认识出发去作解释，故其书中有诸多独到的见解。如解"故，所得而后成也"及《经说》文，联系佛家唯识论中眼识待"九缘"生而解之；谓故即果，后果必有前因，因果相应，以佛家大乘五种比量解之；又谓"本条纯言因果律"，"章（炳麟）谓无喻依，亦非"。②

至于谭戒甫提出的"还墨家辩学本来面目"，和"名墨立破对话"的解说原则，则主要体现在对《经下》《经说下》的解说中。对于《经下》"推类之难，说在之大小"及《经说》文，谭戒甫结合佛家因明三支，解说了墨辩三辩即"故、理、类"及"辞"与佛家因明三支的对应关系；谭氏又将它们与逻辑三段比较，谓逻辑之"例"，即因明之"喻"，墨辩之"理"（即推）；"案"即"因""故"；"判"即"宗""辞"，从而将自张惠言以来诸治《墨经》者讨论不休的墨辩、因明、逻辑这三大古代推理方式间的复杂关系，解说得清晰明白，同时揭示了墨辩推理方式的独立性。

---

① 参见谭戒甫：《墨辩发微》序，《墨辩发微》，中华书局 1964 年版，第 3 页。
② 参见谭戒甫：《墨经易解》，《无求备斋墨子集成》第 34 册，台湾成文出版社 1975 年版，第 1—4 页。

名墨訾应论辩，是 20 世纪 20 年代墨辩大论辩中的热门话题，冯友兰在《中国哲学史》里也对《墨辩》中的墨论辩论题、道墨论辩及儒墨论论题等作了考证。谭戒甫进而提出，《墨辩》中收入了非墨家参与的论辩题，如《经下》"'牛马之非牛'，与'可之'同，说在兼"，及《经说》文，谭氏谓"本条《说》语'牛马非牛也未可'一辞，当即形名家所立。……至'牛马牛也未可'一辞，即由'牛马非马也'推出，特以之反证其非耳。此二辞属诸形名，乃著'故曰'或'而曰'二字于上以摄之，盖即名家援据以次驳诘者"①。

总之，谭戒甫《墨经易解》对墨辩科技、逻辑及社会诸命题的钻研是深透的，他一一辨别前人诸说，通过长久的钻研，得出了系统的新说，为张惠言、梁启超后，《墨经》研究史上的又一力作。

（七）杨宽《墨经哲学》

杨宽《墨经哲学》，1942 年正中书局排印出版，又有 1947 年正中书局重印本、1959 年台湾正中书局新版排印本等。

该书首列 1937 年三月蒋维乔《序》，论杨宽书"以墨证墨，以子治子"，谓"《墨经》实非全辩学之书"②。

次《凡例》，次《目次》，次《墨经通说》，分如下三题：《源流第一》谓"《墨经》为墨子自著"，因"十论"为后学所记，故墨子献楚惠王之书当此《墨经》；但"《墨经》中'坚白''同异'之说为后世墨者所谈辩"。又谓后世墨家俱诵此《墨经》，因其有"一同天下之词"，故逐一证墨家"《亲士》《修身》要旨"出《墨经》、"《尚贤》《尚同》十论"缘《墨经》而作。③

---

① 谭戒甫：《墨经易解》，《无求备斋墨子集成》第 34 册，台湾成文出版社 1975 年版，第 282—284 页。

② 杨宽：《墨经哲学》，《无求备斋墨子集成》第 42 册，台湾成文出版社 1975 年版，第 1—2 页。

③ 参见杨宽：《墨经哲学》，《无求备斋墨子集成》第 42 册，台湾成文出版社 1975 年版，第 13—25 页。

《释例第二》解经文旁行例与《经说》标题例，及《经文体例》与《经说体例》。①《校读第三》考正错简，谓"故""体""厚""侗"四句之《经》与《说》同时错乱，"平""直""闻""言"四句之《说》错入《经》，"大益"句错入下句，"久""字"二句"知""名"二句误合。依此校改，杨氏将《经上》诸条分为相连的 15 部分，加以解说。② 又考《墨经》传写之"三变四本"③，此与栾调甫，伍非百说略同。

次释论十五题，每题中含数条《经》及《说》文解说：《知识论第一》，分《论求知工具》《论求知之过程》《论得知之过程》《论知识之成立》、解"知，材也"等 4 条《经上》文及《经说上》文。每条解说先列《经》文，次《说》文，改字以方括号标出，下双行标出校语或注出通假字，以圆括号删去牒经字；次小字注释，或引前人注，或以书证式释字义；次大字解说，解说时广引书证。④《德行论第二》，分《论道德》《论实行》《论为人》解说"仁，（体）爱也"等 14 条《经上》文及相应《经说上》文。⑤《人生论第三》，分《论动非生》《论生》《论卧非生》《论梦非生》解说"力，刑之所以奋也"等 4 条《经上》文及相应《经说上》文。⑥《平治论第四》，分《论心之平》《论事之治》解说"平，知无欲恶也"等 4 条《经上》文及相应《经说上》文。⑦

---

① 参见杨宽：《墨经哲学》，《无求备斋墨子集成》第 42 册，台湾成文出版社 1975 年版，第 25—37 页。

② 参见杨宽：《墨经哲学》，《无求备斋墨子集成》第 42 册，台湾成文出版社 1975 年版，第 37—46 页。

③ 参见杨宽：《墨经哲学》，《无求备斋墨子集成》第 42 册，台湾成文出版社 1975 年版，第 46—47 页。

④ 参见杨宽：《墨经哲学》，《无求备斋墨子集成》第 42 册，台湾成文出版社 1975 年版，第 49—56 页。

⑤ 参见杨宽：《墨经哲学》，《无求备斋墨子集成》第 42 册，台湾成文出版社 1975 年版，第 57—79 页。

⑥ 参见杨宽：《墨经哲学》，《无求备斋墨子集成》第 42 册，台湾成文出版社 1975 年版，第 81—85 页。

⑦ 参见杨宽：《墨经哲学》，《无求备斋墨子集成》第 42 册，台湾成文出版社 1975 年版，第 87—90 页。

《言谈论第五》，分《论言之功用》《论言之意义》《论言之用词》解说"誉，明美也"5条《经上》文及相应《经说上》文。①《刑政论第六》，分《论君政》《论赏功》《论罚罪》解说"君，臣萌通约也"5条《经上》文及相应《经说上》文。②《宇宙论第七》，分《论宇宙之意义》《论宇宙之终极》《论宙之结构》《论宇之结构》解说"久，弥异时也"等30条③《经上》文及相应《经说上》文。④《辩说论第八》，分《论说》与《论辩》解说"故，所得而后成也"等6条《经上》文及相应《经说上》文。⑤《从事论第九》，分《论从事之意义》《论从事之结果》《论从事之起因》解说"为，穷知而㒟于欲也"3条《经上》文及相应《经说上》文。⑥《名实论第十》，分《论名》《论辞》《论名实合》解说"名，达类私"等3条《经上》文及相应《经说上》文。⑦《知源论第十一》，分《论知》《论闻知》《论亲知》解说"知，闻说亲"3条《经上》文及相应《经说上》文。⑧《行为论第十二》，分《论行为之宜欲》《论行为之类别》解说"合，正宜"等3条《经上》文及相应《经说上》文。⑨

---

① 参见杨宽：《墨经哲学》，《无求备斋墨子集成》第42册，台湾成文出版社1975年版，第91—98页。
② 参见杨宽：《墨经哲学》，《无求备斋墨子集成》第42册，台湾成文出版社1975年版，第99—104页。
③ 解说中将"久，弥异时也；宇，弥异所也""大益，㒟稹祗"各校分为二条，故28条有30条解说。
④ 参见杨宽：《墨经哲学》，《无求备斋墨子集成》第42册，台湾成文出版社1975年版，第105—158页。
⑤ 参见杨宽：《墨经哲学》，《无求备斋墨子集成》第42册，台湾成文出版社1975年版，第159—168页。
⑥ 参见杨宽：《墨经哲学》，《无求备斋墨子集成》第42册，台湾成文出版社1975年版，第169—176页。
⑦ 参见杨宽：《墨经哲学》，《无求备斋墨子集成》第42册，台湾成文出版社1975年版，第177—181页。
⑧ 参见杨宽：《墨经哲学》，《无求备斋墨子集成》第42册，台湾成文出版社1975年版，第183—185页。
⑨ 参见杨宽：《墨经哲学》，《无求备斋墨子集成》第42册，台湾成文出版社1975年版，第187—191页。

《同异论第十三》，分《论同》《论异》《论合同》《论同异之辨别》解说"同，重体合类"等4条《经上》文及《经说上》文。①《闻言论第十四》，分《论闻》《论言》《论诺》解说"闻，耳之聪也"等3条《经上》文及相应《经说上》文。②《别道论第十五》，分《论观巧观宜》《论观巧》《论观宜》《论正道》《论圣道》解说"服执說巧转则求其故"等5条《经上》文及相应《经说上》文。③

以上15部分共解说96条《经上》文及相应《经说上》文。其解说特点如下：

第一，杨宽认为"《墨经》之文，虽多界说，然义例条贯，上下相蒙，实为墨家哲学之纲领"④。杨宽所说的"《墨经》"，仅指《经上》与《经说上》。⑤出于这种认识，杨宽将《经上》96条经文依次分为15部分，每部分条数不等；然后将不宜在此部分中的少数条目调至相应位置⑥；力图凑成一个上下相连、各部分界限分明的论说体系。这一点，是除张其锽等人外，其他大多前代治墨学者没有明确做过的。

第二，杨宽谓前代治《墨经》诸家"立奇造异，说科学，谈玄妙"，其结果是"揆之一句固甚通，验之全文终不协"；故而他在解《墨经》时"不说科学，不谈玄妙"⑦，一反近代以来学者们竞用西方科技知识解说《经上》

---

① 参见杨宽：《墨经哲学》，《无求备斋墨子集成》第42册，台湾成文出版社1975年版，第193—202页。

② 参见杨宽：《墨经哲学》，《无求备斋墨子集成》第42册，台湾成文出版社1975年版，第203—206页。

③ 参见杨宽：《墨经哲学》，《无求备斋墨子集成》第42册，台湾成文出版社1975年版，第207—211页。

④ 杨宽：《墨经哲学》，《无求备斋墨子集成》第42册，台湾成文出版社1975年版，第5页。

⑤ 参见杨宽在《墨经哲学》凡例中谓"《墨经》原始，只今《经上》篇，其《经》与《说》不分写"。

⑥ 杨宽：《墨经哲学》，《无求备斋墨子集成》第42册，台湾成文出版社1975年版，第37—56页。

⑦ 杨宽：《墨经哲学》，《无求备斋墨子集成》第42册，台湾成文出版社1975年版，第13页。

的做法，"以《墨》治《墨》，以子证子"①，不用西方科技理论，也较少用中国传统术数学中诸科技成就，来解说《经上》诸文。如"力，刑之所以奋也"，不用重力解之，而依《尔雅》《周易》《说文》之释"奋"释"力"来解说此条。②

（八）1912—1948 年《墨辩》整理与研究评说

1912—1948 年的《墨辩》整理与研究是墨学研究热门。而此一时期的《墨辩》研究，除少数论文外，其成果多包含在《墨辩》整理中。不从事《墨辩》条文的研究，也就无从进行《墨辩》整理的。《墨辩》整理是此一时期《墨辩》研究的主要成果。

从整理方法上讲，清、民国学者多采用详注加义疏、解说的方式进行《墨辩》整理，如梁启超的《墨经校释》、胡适的《墨子小取篇新诂》、谭戒甫的《墨经易解》、杨宽的《墨经哲学》。

就解说方式看，清代及此一时期的《墨经》解说，有一个振荡式的发展过程。现存最早的《墨子》校注——毕沅的《墨子注》集合了毕沅、孙星衍、卢文弨的注《墨》成果。其《墨辩》6 篇，仍同其他篇的校注方法相同，以诠释词语、解说句义，即训诂、考据为主，并注意《经》文间意蕴的相互照应。这时，它的特殊含义和应有价值刚被初步认识③；这时的解说方式，可算是传统的书证解说式，是"以中解中"式。稍后，张惠言从晋鲁胜之法，将《墨经》四篇从《墨子》中剥离出来，结合形学、算学、光学等术数之学解说《墨辩》义理。又有邹伯奇，陈澧等继用此法，并结合西方近代科技论说解说《墨经》，令旧学人耳目一新。民初，胡适

---

① 杨宽：《墨经哲学》，《无求备斋墨子集成》第 42 册，台湾成文出版社 1975 年版，第 13 页。

② 杨宽：《墨经哲学》，《无求备斋墨子集成》第 42 册，台湾成文出版社 1975 年版，第 81—82 页。

③ 毕沅与孙星衍通信中已认识到《墨经》中"有似坚白异同之辩"。（参见孙诒让：《墨子间诂》附录之《孙星衍〈经说篇跋〉》，中华书局 1986 年版，第 616—617 页）

用西方逻辑，梁启超用西学诸知识解说《墨经》，使《墨经》义理研究发展到一个新阶段。此一阶段的《墨经》解说方式，可谓"以西解中"式。物极必反，当胡、梁二人的"以西解中"方式发展到极限后，《墨经》解说又出现了向"以中解中"的回归。如 20 世纪 40 年代出版的杨宽的《墨经哲学》，抛弃以西方科技与逻辑解说《墨经》的习惯方式，而重新回归到"以墨解墨，以子解子"的传统方法，用先秦两汉人的论说去诠释《墨经》，又回到"以中解中"的方式。但这种"回归"并非简单重复，而是螺旋式上升。杨宽的"以中解中"，借鉴了"以西解中"的《墨辩》注释成果，对《墨辩》经文含义有了较毕沅等清代学者更为清晰、准确的认识，他们把更多精力放在句义背后所蕴含的社会规律、人生哲理、生活经验、生产积累的挖掘和阐释上，故而能从更深的底蕴、更广的层面上去解说《墨辩》。

无论是毕沅等的"以中解中"，抑或胡、梁等的"以西解中"，还是杨宽等的"以中解中"，都基于一种共同的文化心态，即挖掘传统学术的应有价值，加重《墨辩》论说的知识含量，以增强其现有价值及历史地位。

二、20 世纪 20 年代初的《墨辩》大讨论

在近百年墨学史上有一甚应注意的事件，即 20 世纪 20 年代初关于《墨辩》的大讨论。当时有众多学者参与这一讨论，就墨辩逻辑、墨家科技、名墨关系、墨家方法论等各抒己见。

(一)梁启超和胡适的《墨辩》讨论

20 世纪 20 年代初关于《墨辩》的学术争论，是由梁启超与胡适的通信发端的。

1922 年初，梁启超利用在清华授课假期，将他 20 年来的《墨经》

札记整理成《墨经校释》，致信胡适，让胡适给他提意见①，并索序。胡适在写于民国十年（1921）二月二十六日的《序》中不客气地提了两条意见：

其一，"牒经标目字"太窄狭，不能成为公例。梁启超《墨经校释》前附《读墨经余记》，其中提出校读《墨经》一"公例"："凡《经说》每条之首一字，必牒举所说《经》文此条之首一字以为标题。此字在《经》文中可以与下文连读成句；在《经说》文中，决不许与下文连读成句。"胡适举梁启超《墨经校释》中例子，认为他这一条定得"太狭窄了，应用时确有许多困难"。应该改为"《经说》每条的起首，往往标出《经》文本条中的一字或一字以上"，但是，"（1）不限于《经说》每条的首一字，（2）不限于《经》文每条的首一字，（3）不必说'必'，（4）不可说'此字在《经说》中决不许与下文连读成句'"②。

其二，批评梁氏径改经删原文。梁启超《读墨经余记》中还提出："今本之《经》及《经说》，皆非尽原文，必有为后人附加者。"因而梁氏对《墨经》作了一些删改。胡适则认为《墨经》中除极少数字，如《经上》"說"字下注"音利"二字外，"不容易寻出后人附加的痕迹"。并指出梁氏诸多误删误改的例子。

除此两条"著书方法"的不足外，关于"《墨辩》的时代和著者等等问题"，二人意见亦不同。

同年四月三日，梁启超复胡适一信。信中先驳胡适"牒经标题公例定得太狭窄"说，认为书中十之八以上不改字可用此例，"其余一二，亦引申触类而可通，何为而不用之？"并举出"宋本书之夹缝，每恒牒书名之首一字"为例，坚持自己的发现为全书之"公例"。

---

① 胡适《梁任公〈墨经校释〉序》言梁启超请他"是正其讹谬"。（参见《胡适学术文集·中国哲学史》，中华书局1991年版，第705—706页）

② 文中着重号是作者原加的，见《墨经校释》，初版排印本后附胡适《序》，商务印书馆1922年版。

信中又针对胡适评他经改经删文字，而主张《经上》最末之 6 段文字不用删，合为一条即可通之说，加以驳斥，说：《经上》文字极短，最长者 11 字，仅两条，此 36 字一条，"与全书似不相应"。又针对胡《序》中"原书短简每行平均五六字"之说，举《汉书·艺文志》以为《尚书》每简 20 余字，《聘礼》错简 30 字左右，《礼记·王藻》错简为 26—35 字不等，汲冢《穆天子传》每简 40 字等为例，证胡适说之非。

信中还针对胡适说他认为"此书有后人附加"为误加以反驳。谓自己在《读墨经余记》中已讲明怀疑为公孙龙、桓团所附加，当是他们在诵习时附益之，如《论语·季氏》末之"邦君之妻……亦曰君夫人"43 字为后人附益同例。又指出二人对此意见不一在于各自所定作者不同有关，胡适认为它们出于公孙龙等之手，故无附益；而梁氏认为百余年间同派人陆续作成，故主"附益"说。①

胡适接到此信后，又复梁启超一信。信中首先指出梁氏谓宋本书夹缝恒牒书名首一字并非通例，且比喻不当，而"西文古本书每页之末行往往复写下页之首一字，以示衔接"，才与《墨经》牒经标目字例合。此下以大段文字，就梁氏指责他将《经上》末六条合一之事作以论辩。首先承认自己"措词不完密"，使梁氏误解，自己所说的"每行"是指上半行或下半行，两行乃一简。又以《经说上》末一大段文字"确是一片连贯文字"，而坚持将相应经文合一不误。又分析《经上》有三种体例，故"不可用一个通则来包括"，以辩自己连六条为一不误。

胡适此信，写于民国十年（1921）五月三日，当时没有公开，后连上两信一并收入《胡适文存》二集卷一，于 1924 年 11 月由上海亚东图书馆出版。而前两信，则由于梁启超收入《墨经校释》，并于 1922 年 4 月由商务印书馆出版，公诸社会，从而引发更多人参加这一讨论。

---

① 以上二信，见梁启超：《墨经校释》，商务印书馆 1922 年版；及《胡适文存·二集》，亚东图书馆 1924 年版。

（二）栾调甫、伍非百等参与讨论

1922 年 4 月梁氏《墨经校释》于上海出版，栾调甫读后发现不少问题。又受梁启超致胡适信中"学问之道，愈研究愈自感其不足。必欲为蹉躇满志之著作乃以问世，必终其身不能成一书而已。有所见辄贡诸社会，自能引起讨论。不问所见当否，而于世于己皆有益"等语影响，因而冒酷热两天写就《读梁任公墨经校释》一文，投给已刊登多篇《墨辩》研究论文的《东方杂志》。

《东方杂志》没有结果。栾调甫自己油印 40 份，于 6 月①分寄海内学者。因梁启超、蔡元培、胡适地址不知，故转托《哲学》杂志社转寄。《哲学》杂志社社长傅佩青一月后自河南回社，见到此稿，十分高兴，复函栾调甫商讨发表。于是，该文刊登在 1922 年 11 月刊出《哲学》第 7 期上。

于栾文发表稍前，上海《学艺》杂志第 4 卷第 2、3、4 期（1922 年 8 月、9 月、10 月）曾连载伍非百《〈墨辩〉定名答客问》《〈墨辩〉释例》《〈辩经〉原本章句非旁行考》三文。栾调甫读此三文后，识为治墨同志，因于是年冬托丙辰学社转寄信函及《读梁任公墨经校释》油印本。伍非百即回信并附治墨文加以讨论。日后往来信件达十余封。②次年，伍非百作成《评胡、梁、栾〈墨辩〉校释异同》一文，刊于上海《学艺》杂志第 5 卷第 2 期（1923 年 6 月）。

栾调甫的《读梁任公〈墨经校释〉》一文为何引起如此大反响？这首先是其文内容所决定的。

栾文首先指出，梁书的最大缺点是"校释内随意改字删字的办法"。如《经说上》"动偏祭从（從）者户枢免瑟"，梁氏改为"动遍（徧）际（際）

---

① 张纯一 1922 年 7 月 20 日所作《墨子间诂笺·自序》有曰"又得栾调甫先生《读墨经校释》稿"；栾调甫《墨子研究论文集》《读晋〈墨经注〉》中，言傅佩青接到油印本后复书在"壬戌七月"；故言栾调甫分寄油印稿在 6 月。（参见张纯一：《墨子间诂笺》，《无求备斋墨子集成》第 22 册，台湾成文出版社 1975 年版，第 5 页）
② 参见栾登登：《栾调甫与墨子》，《墨子研究论丛》（二），山东大学出版社 1993 年版，第 576—589 页。

徙若户枢它蚕（蠹）"。栾氏批评梁氏不知"瑟"字为"蠹"的假借字而妄从孙诒让改"免瑟"为"它蚕"。又如梁氏改《经上》"恕明也"为"恕明也"，栾氏认为由《经说》中牒经字之例可知原"恕"字为是，梁氏从孙诒让改为"恕"字为非。[①] 举此两例后，栾氏批评梁氏"不去详观细问的推求，只顾就文字随笔乱改，纵然说得圆满中听，其实反将原书的真意与可解的文字涂模糊了"。因此他建议"凡校注古书，最好将他本不同的字，与校者所疑当为某字的，都附注在本文下，如此就是我们现在不能解的，或读解错的，都可留与后人来解，或替我们审正。那么就是古书的文义，无论如何玄奥幽秘，也就不患莫有明瞭的日子了"。

其次，栾文就"旁行读"与"牒举字"两例，发表自己的意见。他从古书自简至帛至册至本的形制发展上，并举《经下》说"鉴"三句的错简证《墨经》确为旁行读。又依《盐铁论》第八所载"山东儒墨咸聚江淮"等语，考定《墨经》分章由西汉或汉后人完成。再据《后汉书·朱景列传》后三十二将名次，及《考证》引《罗氏闻见录》云原为两重旁行读，而确考旁行读法是刘宋时人写卷书时为省卷子而写成的，并由唐宋间人注出《经上》末"读此书旁行"五字。关于"牒举字"，栾调甫谓既有"牒首一字的正例"，也有"牒二字的变例"。梁氏不顾变例，又不知脱文，于是"不顾文义的胡乱运用"，故受胡适批评而提出四条修正例。但梁氏所说"是古人说《经》牒字标识的公例"，胡适所说"是今人用这公例来读《经说》应取的方法"，本为两事。栾调甫又以《管子》的《形势》诸解，《韩非子》的《解老》《喻老》之标识法为例，证《墨经》确有"牒举字"公例。

再次，栾文举《墨经校释》误删、误改、误释15条，逐一辨析订正。

复次，栾文就《墨经》作者提出见解。驳胡适"别墨惠施公孙龙之徒所作说"，修正梁氏"《经下》出弟子之手"说。谓公孙龙"离坚白""合

---

① 关于此意见之失，栾调甫于1924年8月24日所写《读伍非百〈墨辩解故〉》（见栾调甫《墨子研究论文集》附五）中已有自我分析。

同异"与《墨经》"盈坚白""别同异"说不同，其时尚有墨家在，墨家敬巨子、遵家法，故不容公孙龙之徒染指《墨经》。①

栾文发表后，伍非百作《评胡、梁、栾〈墨辩〉校释异同》予以评说。

著此文前，伍非百已先有三文发表。其《辩经原本章句非旁行考》，列出"第一次墨者著书之原本"样式及读法，"第二次汉人重写之本"样式及读法，"第三次鲁胜引说就经之本"样式及读法，"第四次近世通行之本"样式及读法，并列出理由：由《墨经》旁行读法同于《史记》年表，而异于佛经书，而定其改写为旁行者为《史记》流传后的汉人；汉人用帛写书，字形又省减笔画可写得小巧，故为省余绢而写为两行；又一一考寻《经》《说》互错，知必在鲁胜引《说》就《经》之后"。立论平实，分析明白。

伍氏又有《墨辩释例》一文，谓《墨经》上下两篇文体可分两大类："《经上》之文，有似训诂，盖正名之文也"；"《经下》之文，有似标题，盖立说之文也"。又谓《经说》标目字有五类。又立解说《墨经》专门名词三例，又谓《墨经》使用特种字有七例等。

伍氏复有《墨辩定名答客问》一文，考"墨辩"之名起于鲁胜等。

由此三文可知，伍非百亦属意于《墨辩》日久，故得出诸多异于他人所说的结论。另外，据他的《评胡、梁、栾〈墨辩〉校释异同》，他早于胡适《中国哲学史大纲》出版前，已积年研究而成《墨经章句》，后增加注释，更名为《墨辩解故》。有这样的深入研究，所以他对梁、胡间的争论，及栾对梁的批评尤为留意，于栾调甫寄他油印本《读梁任公〈墨经校释〉》后，于1923年3月30日写成《评梁、胡、栾〈墨辩〉校释异同》一文，发表在同年6月刊出的《学艺》杂志第5卷第2期上。

伍非百此文主要就"旁行""牒经"两公例及《经说上》末135字读法问题评三家得失。

---

① 以上据栾调甫：《墨子研究论文集》，人民出版社1957年版。

文中先赞栾文就"旁行"读成因及时间作了考证，但同时提出疑问。又赞同梁启超所定"牒经"公例，并以《经说》有"颠倒""并省""脱落"三种错讹来替梁氏向胡氏辩解。

关于梁启超径删字及胡适认为《经说上》末135字之六条可合为一条，伍文各有驳难，并谓此135字可分为七条。

最后逐一评点栾文评说梁氏《墨经校释》的15条例子，分析孙诒让校及梁校、胡校、栾校优劣，发表自己的看法。并特别就《经下》自"字或徙"至"说在因"一段文字的校读，阐明己见以求讨论。

前已考栾调甫油印《读梁任公〈墨经校释〉》分寄学者在1922年6月，由《哲学》杂志社转寄梁启超在1922年7月。据钟珍维等作《梁启超主要活动年表》①，此时梁启超在山东济南中华教育改进社讲演，7月24日讲学完毕回天津。8月又外出讲学至11月患心脏病。其后谢客养病至次年6月，而后又在北京清华、中国大学讲学。此即梁启超在1925年5月13日复栾调甫信中所说的"牵于人事，忽忽久稽"②。这种情况下，梁启超关注的热点已从墨学转到教学讲演，再加上傅佩青转寄梁启超油印稿时，"函内无书，又无发函地所"③，故未答辩栾调甫《读梁任公〈墨子校释〉》之意见。及伍非百《评梁、胡、栾〈墨辩〉校释异同》发表的1923年6月，梁启超仍在病中，故亦未有反响。

1923年5月，梁启超在《东方杂志》第20卷第10期上发表《阴阳五行说之来历》，涉及《墨经》中五行问题，并以五行创于黄帝之说为诬，而谓五行出于邹衍以后。针对此，栾调甫谓"余虽未敢谓任公此文即为对余之讨论。然因拙《读》与《校释》五行一章，尝有所疑，则谓任公著此文之动机，乃见拙《读》而作，似不为附会过甚之辞"，故又作《梁任公五行说之商榷》一文。文中首引梁任公《墨经校释》释《经下》《经

---

① 钟珍维等：《梁启超思想研究》，海南人民出版社1986年版，第280—343页。

② 栾调甫：《墨子研究论文集》附《梁任公来书》，人民出版社1957年版。

③ 栾调甫：《墨子研究论文集》附《梁任公来书》，人民出版社1957年版。

说下》文，重申自己在《读梁任公〈墨经校释〉》中的观点。又举梁氏论点：《甘誓》《洪范》之五行，不同于后世所说金、木、水、火、土之五行，《左传·昭公二十五年》所说五行虽近后世五行，但《左传》时代有问题；然后重申自己在《读梁任公〈墨经校释〉》中的观点，谓墨家在前人五行生克基础上，创出"五行毋常胜"之论，故古有五行常胜和毋常胜两派。栾氏以古有五行与阴阳两大哲学派别，至邹衍始将其合而为一。最后指出梁氏的方法问题：为证五行生克说出邹衍后，对邹衍之前提到五行之书，均谓伪书，或谓曾窜乱。这种为证观点而否定材料的方法实不足取。

此文虽未引起梁启超反应，但梁启超对栾调甫《墨经》研究成就，已十分推许，故于 1924 年春在南开大学讲学而著《清代学者整理旧学之总成绩》中，关于《墨子》整理一条里，赞扬"栾调甫著《读梁任公〈墨经校释〉》，虽寥寥仅十数条，然有卓识，明于条贯。其最大发明在能辨墨学与惠施一派名学之异同"[1]。1925 年，栾调甫因《东方杂志》20 卷 21 期所载章士钊《名墨訾应论》和《东方杂志》22 卷 9 期所载汪馥炎《坚白离盈辩》两文，误解了他关于名墨之辩的本义，故作《杨墨之辩》，并将此书寄予梁启超，才引起梁氏注意。《杨墨之辩》推导了杨墨及道墨（栾氏同意杨朱为老子弟子说）争辩的十二论题，多处发前人之未发，如坚白论中有离、盈两宗，同异论中有别、合两宗等。梁启超接到文章后，在上海见张纯一，才得知栾调甫地址，遂于 5 月 13 日复信一通，解释两次接到文章未复信的原因，表示了见面商讨的愿望。

同年 10 月，梁启超自天津至济南齐鲁大学，在齐鲁大学东村五号宅见到栾调甫，畅谈数日，并代燕京大学聘栾为教授，而齐鲁大学则聘栾调甫为教授加以挽留。而至此，栾、梁间的《墨辩》争论也画上了句号。

---

[1] 梁启超：《中国近三百年学术史》，中华书局 1936 年版，第 231 页。

（三）胡适、章士钊等的《墨辩》之争

胡适在《中国哲学史大纲》中有《别墨》一篇，将惠施、公孙龙列入墨家后学。此与《汉书·艺文志》诸子略"九流十家"分法大异，因而引发了 20 世纪 20 年代关于名墨关系的讨论。

《中国哲学史大纲》出版的次年，即 1920 年，章士钊便有《名学他辨》发表在《东方杂志》第 7 卷第 20 期上。批评胡适《中国哲学史大纲》以"争驳"诂《经上》"辩，争彼也"，则此与"辩者辩也"无异，系用"胶漆混淆之树义"。又主张墨辩形式与逻辑三段论和佛家因明三支相合，谓《经上》"辩，争彼也"之"彼"，即联结另二端词的三段论式的媒词（middleterm）；又逐一讨论了公孙龙辩式与三段论之异同。章士钊于 1907 年曾入英国苏格兰大学攻读政治经济学和逻辑学，至 1911 年方回国，对西方逻辑钻研较深。又曾于 1917 年作成《逻辑指要》一书，主张以墨辩与逻辑学相结合，建立以"欧洲逻辑为经，本邦名理为纬"的中西结合的逻辑学体系。上述论文，正是阐发的这种主张。

其后，章士钊又有《墨学谈》发表在 1923 年 11 月 6 日上海《新闻报》上，指摘梁启超《墨经校释》之误，推崇章太炎的墨学研究，批评胡适所释《经上》"辩，争彼也"之释为"语赘"，而"陷全《经》于无意义"。以下又举"尺棰"之例，慨叹包括梁、胡在内的当世学者，不能分辨名墨流别。从而引发了治经方法和名墨关系两方面的争论。

章太炎见此文后，于 11 月 6 日复章士钊信，肯定了章士钊诸多论说正确，又点名批评"适之以争彼为争俵，徒成费辞，此未知说诸子之法与说经有异，盖所失武断而已"。此信及章士钊复信以《章氏墨学一斑》为名，发表在 1925 年 11 月 11 日《新闻报》上。

胡适至此再也不能沉默，遂于 11 月 13 日致书章士钊，请代向章太炎询"说诸子之法与说经之法"有何不同。

11 月 14 日章士钊即将胡适信转示章太炎，章太炎于 11 月 15 日致书章士钊，谓"经多陈事实，其中时有重赘"，"诸子多明义理，有时下文简贵"；又谓训诂有直训、语根、界说三途，"《墨辩》下义，多为界说"。最后嘱章士钊"请以质之适之"。胡、章此二信以《墨辩之辩》为名，发表于 11 月 17 日《新闻报》。

胡适接信后，复章士钊一信，并请在《新闻报》上发表。信中力辩治经治子皆循审校勘——明训诂——定义理之途径；又解"辩争彼也"训"彼"为"佊"之三理由，以明"争彼"训辩不为赘语，不为直训。

章士钊由是论胡适以"佊"为逻辑矛盾律之不可通者七事，作《〈墨辩〉三物辩》，刊于 11 月 27 日《新闻报》。而胡适此时已养病迄离开上海，因不及答辩。至此，这一方面的争论暂告结束，而由栾调甫作《平章胡〈墨辩〉之争》来评说作结。

栾文先列述了争论过程，指出争论的问题有二，一为名墨流别，一为"争彼"之义。因胡适主要针对后一问题作答，故栾文主评后一问题。首先指出双方争论"胸存得失，纷洶失态"，次析双方是非。引申章太炎"经子之别"意为治经应有"贾、马之学"，应博学；治子要有"郭象、张湛之思"，必玄悟。次论胡适以清代汉学家方法治《墨经》，只重文字训诂，不"研求《经说》全章之义"，即缺乏"玄悟"，因而虽具看出毕沅、张惠言校"辩，争攸也"之"攸"当为"彼"为是，但不可当"彼"字平常义之解的眼光，却陷于字词训诂而不能据《墨经》大义求训解，故误。最后得出结论，"彼"，当以章太炎《庄子解故》"彼、匪可通"之释，解为"辩，争非也"，即争辩是非。

至此，"辩，争彼也"的讨论暂告结束。

与胡适在《新闻报》上争辩的同时，章士钊又于 1923 年 11 月在《东方杂志》第 20 卷第 21 期发表《名墨訾应论》。文中提出三证，力主惠施、公孙龙等名家与墨家不可混一，名墨争论诸题乃惠施本论而墨家驳之所成，并批评胡适所主之"惠施、公孙龙为墨者"之说，及胡适"《墨经》出于惠施、公孙龙辈"之说；还将其与章太炎所讨论之"名墨各异，但名墨儒三家俱讲正名"等公之于世。

1924年1月，章士钊又在《东方杂志》第21卷第2期上发表《名墨訾应考》，就《墨经》中几组《经》《经说》文，考证墨家与惠施、公孙龙等名家论难的诸多命题，以证名、墨两家"倍谲不同"，绝非有"祖述"关系，再次申论名墨之异。

伍非百见《名墨訾应考》后，于1924年7月作《〈名墨訾应考〉辨正》，发表在1924年9月出刊的《东方杂志》第21卷第17期上。谓章士钊所举名墨訾应论题中，仅"厚，有所大""非半无毋""行修以久""物甚不甚"4条为名墨论题，其他《经上》"次，无间而不撄撄也"等7条、《经下》"无不必待有"4条与名墨訾应无关，并评加考辨。章、伍持论不同，是由对《墨经》的诂释不同引起的。

汪馥炎就章士钊上两文，作《坚白离盈辩》，发表在1925年5月出刊的《东方杂志》第22卷第9期上。谓章士钊此二文指明了墨家、名家渊源有自，且持论相对，相互訾应，是对胡适《中国哲学史大纲》所持"惠施、公孙龙为别墨"说的最有说服力的斥难。但觉章士钊对名墨訾应最热门的论题——坚白之辩未加申论，故举《墨经》中涉及坚白之论者8条（《经上》"坚白，不相外也"等2条，《经下》"不可偏去而二"6条）逐一解说。又摘引栾调甫《读梁任公〈墨经校释〉》中坚白有离盈两宗之说，分析在坚白论题上名墨家三大不同：公孙龙等谓石或坚或白，"可二不可三"，而墨家则"二之三之皆可"；公孙龙等谈坚白，"重在以名取"，而墨家则"以为有所取，必有所考"；公孙龙等以为石或藏坚或藏白，而墨家则谓坚白可互载。由此他得出结论：公孙龙等名家主离坚白，墨家主盈坚白。

栾调甫于《华北日报》图书周刊第25、26期（1935年4月22日、29日）发表《二十年来之墨学》，谓在这次名墨关系讨论中，"行严之作殆未喻斯旨，汪馥炎作《坚白离盈辩》亦失余意"，即栾调甫认为他们都曲解了自己在《读梁任公〈墨经校释〉》和《梁任公五行说之商榷》文中一再申明的坚白说有离、盈二宗，墨子主盈坚白，杨朱主离坚白，故与墨子弟子论辩，其后有惠施、公孙龙与墨家后学之辩。所以，他"因就所见复作《杨墨之辩》，并属孙君稗余为作《考证》"。

栾调甫在《杨墨之辩》中钩稽先秦古书所记，考证墨家与道家、杨朱争论的十二命题，重申：坚白说中有离盈二宗，离宗古已有之，盈宗为墨子所创；同异说中有别合二宗，道家、杨朱多持合论，墨家持别论，因有"别墨"；等等。

孙碔《坚白离盈辩考证》亦就栾调甫对坚白说的主张加以申证，谓"细绎《读〈墨经校释〉》论坚白条之词意，原以坚白离盈两宗指杨墨二家之论辩，并非专指名墨互相訾应也；特恐学者不察，容有误会，故又根据《墨经》，参证诸子，而作《杨墨之辩》（齐鲁大学《墨学讲义》），胪举十有二事。……复证实坚白离盈，同异别合各渊源之有自。"但是，"近读章行严先生《名墨訾应论》及《考》，见其逐条考证，用心入细，或可谓有见于栾师说而作者。第其谓《庄子·天下篇》所记惠施、公孙龙之言，是《墨经》诸辩，其义莫不处处相反，不免多涉牵强附会，未足据为定论。"而"最近汪君馥炎作《坚白离盈辩》，又采栾先生之说，谓为名墨訾应之证，似亦未能详考名墨各家之异同，不免误会栾说"。复重申栾调甫本义，"盖栾先生本以坚白为最古之辩论，彼离宗之说，亦发生于春秋之季年，而当墨子之前。……厥后墨子起振盈宗，以抗离宗，而杨朱亦复伸离宗之说，以与墨者相诘难，遂有杨墨之辩。""公孙龙辈，既生杨墨之后，其思想学说，饱受杨墨之影响，斯为事实。"此即"栾先生谓坚白与后世名家极有关系"，非谓"至公孙龙时代，始与墨家共審句游心于坚白同异之间"。至此，将栾调甫持坚白离盈二宗说的本意，与章士钊文中名家有坚白论而墨家与之论辩说，汪馥炎文中采栾说以证名墨訾应之误，交代得清楚明白。最后，摘取栾调甫尚未出版之《名经注》中10条相关坚白离盈之说的注文，以坐实栾调甫本义。此文后来收入栾调甫《墨子研究论文集》中，作为附录之二。

至此，栾调甫接续胡适参与的这场名墨关系大讨论结束了。

（四）《墨辩》大讨论的主要论题、特点及原因

自 1922 年开始，至 1925 年基本结束的这场《墨辩》大讨论，其争论的主要问题有三个：

第一。牒经字问题。1922 年春出版的梁启超《墨经校释》主牒经字为《经说》通例，恒牒出《经》文一字为《经说》标目字，不合此例者为后人增改。胡适《墨经校释序》反对此说，并指责梁氏径改字。

第二，墨经旁行读问题。胡适 1919 年出版的《中国哲学史大纲》、梁启超 1922 年出版《墨经校释》，都提出过自己的旁行读法。1922 年夏栾调甫《读梁任公〈墨经校释〉》中断定旁行写法是由竹简抄到帛书上时，即西汉或汉以后的人造成的。1922 年 10 月伍非百发表的《〈墨辩〉原本章句非旁行考》亦持是论。其后，还有伍非百、张之锐、栾调甫就此问题讨论。

第三，名墨关系问题。1922 年栾调甫《读梁任公〈墨经校释〉》支持梁启超的《墨经》为墨子所作说，反对胡适的惠施、公孙龙所作说；并借机指出坚白有离、盈二宗，离坚白说创自春秋末，盈坚白为墨子所创，其后有墨子弟子与杨朱的盈离之辩，及墨家后学与公孙龙的论辩。章士钊在 1923 年 11 月发表的《名墨訾应论》及次年 1 月发表的《名墨訾应考》中，反对胡适的惠施、公孙龙为墨家而作《墨经》说，而定为墨家弟子持墨子所作"辩经"之精神，与名家相辩而作，并逐一考证名、墨持论不同的论题。及汪馥炎作《坚白离盈辩》，谓公孙龙之徒援《经说》而入其书，固有坚白之辩。对章、汪二人之说，栾调甫于 1925 作《杨墨之辩》以澄清己意与此不同，孙碤于 1926 年作《坚白离盈辩考证》更申说栾意。

第四，关于治《墨经》方法的讨论。胡适在《墨经校释序》中，曾指责梁启超为遵从自己的牒经字公例，妄改妄删经文。1922 年夏栾调甫《读梁任公〈墨经校释〉》亦批评此。1923 年 11 月章士钊发表《墨学说》，并与章太炎往来信件发表在此时《新闻报》上。他们就胡适《中国哲学史大纲》中的《经上》"辩，争彼也"之误，批评胡适不明治子与治经方法的不同。

胡适回信谓治经治子皆应循校勘——训诂——义理之途，坚持"彼"为"彼"之误而训"辩"无误。栾调甫于 1923 年作《平章胡〈墨辩〉之争》，认为章太炎谓治经、子之别，当谓治经须广识，治子须玄思；胡适之训诂陷于烦琐考证而不明全书大义，谓"彼"当与"匪"通而训为"非"。

这场《墨辩》大讨论的特点有以下几点：

第一，持续时间长。由上述文章统计可见，至 1949 年尚有相关文章发表。而其源起，则是 1919 年胡适出版《中国哲学史大纲》的某些论点和 1921 年初梁启超整理的《墨经校释》中的某些观点引发的。这场讨论延续了 30 年之久。

第二，讨论问题深。这场讨论中，虽也涉及《墨经》校诂的具体问题，但这往往作为基础或发端，大家关注、争论的多是《墨辩》中所包容的诸如作者、思想等重大研究问题和治学方法问题。

第三，牵涉学人多。由上述文章统计可见，仅著文参加讨论者有数十人。而其中主将，则是各学派的首领人物，梁启超、章太炎、胡适都是当时学界的顶尖人物，其论著、观点必然被广大学者所关注。

第四，《墨辩》大讨论引发了广大读者的读墨兴趣。许多学者曾谈到此问题。就此，栾调甫 1932 年作《二十年来之墨学》中总结说："《墨子》书……至晚近二十年中，家传户诵，几如往日之读经。"①

为什么会产生这次《墨辩》讨论并产生如此大的社会影响呢？其表面原因虽仅是《墨辩》诸学术问题探讨，但深层原因则与当时的学术文化思潮密切关联。

随着五四新文化运动的深入发展，如何对待传统学术成为时代课题。1919 年 11 月，胡适在《新青年》发表《新思潮的意义》一文，提出"研究问题，输入学理，整理国故，再造文明"的主张。同年，胡适又发表《论国故学》，宣传整理国故的重要性，号召用清代朴学式的科学方法，用

① 栾调甫：《二十年来之墨学》，《墨子研究论文集》，人民出版社 1957 年版，第 143—150 页。

历史发展的眼，用训诂、校勘、辨伪等手段去整理和研究古籍①。1922 年
5 月，胡适创办《努力周报》增刊《读书杂志》，以发表整理国故成果；
1923 年 1 月又创办《国学季刊》，有计划地组织讨论文章。自此，整理国
故风气盛行起来。

在两千年中国传统学术中，儒学研究一直占踞主导地位。但由于五四
新文化运动的猛烈冲击，大多数文人将整理国故的目光转向儒家典籍以外
的古书。具有反孔思想和科学精神的《墨子》被多数学人所注视，这也是
一重要原因。

《墨子》中的《墨辩》部分既含科学，又有较大难度，为文人施展才
华制造出一座舞台。中国知识阶层从脱离官学而独立的那天起，历来都靠
论辩诘难以相高。而清末废科举，堵塞了士子的争胜之路，故学人转以发
表文章求胜。读《墨子》成风、研《墨辩》成时尚，此亦为重要原因。

三、1949—1999 年的《墨辩》整理与研究

1949—1999 年的《墨辩》整理与研究取得很大成就，出现了众多论著。
今择其重要者介绍如下。

（一）沈有鼎《墨经的逻辑学》

沈有鼎《墨经的逻辑学》，先于《光明日报》1954 年 5 月 19 日，6 月 2 日、
16 日、30 日，7 月 14 日、28 日和 1955 年 3 月 9 日的《哲学研究》副刊发表；
后于 1980 年 9 月由中国社会科学出版社结集出版。

该书首为作者《序》，批评前人解《墨经》时望文生义的主观主义，
主张"让《墨经》自己来注释自己"。次《导言》，谓《墨经》逻辑产生于

---

① 参见胡适：《论国故学》，《国故学讨论集》第一集，群学出版社 1927 年版，第 131—
134 页。

同彼时"辩者"的诡辩。次正文 6 部分：第一部分，《〈墨经〉的认识论》讲《墨经》所论认识过程、认识条件、知识来源，批判"辩者"的相应诡辩题；第二部分，《"辩"的目标和功用》讨论墨家对"辩"的意义和作用的认识，及其对庄子和儒者的批判；第三部分，《"哲学"和"名"》讨论墨家对"指"的功用和局限、"名"的本质及与"实"的关系、"名"的分类（达名、类名、私名）的认识；第四部分，《"辞"和同异》论墨家对"辞"的含义、"辞"所表达的意即判断与同和异的八种关系的认识，并论述了全称判断和特称判断及必然判断在《墨经》中的表达方式；第五部分，《"说"和"辩"的原则及个别方式》论墨家关于推论和论证的理论说，举例分析了"说"即论证作用的认识，对立辞三要素故、理、类含义及其间联系的认识，以及"说"和"辩"的个别方式即"假""止""效""譬""擢""侔""推"七种论证方式的认识，还有《墨经》所分析的推论谬误"物是而然""物是而不然""物不是而然""物一周而一不周""物一是而一非"等情况；第六部分，《思想战线上的〈墨经〉》讨论《墨辩》作者与惠施等"辩者"关于"南方有穷无穷""无穷不害兼""大一小一""尺棰日取其半""离坚白""孤驹未尝有毋""飞鸟之影未尝动""镞矢不止"及告子"仁内义外"、老子"取下以求上"、五行家"五行常胜"等问题之辩难的逻辑原理，及合理性与谬误处。《结论》用阶级观点和唯物论来为《墨辩》作总结。最后有附录作者于 1962 年 10 月 5 日《光明日报》发表的《〈墨经〉论数》。

本书特点在于深邃的思辨色彩和细致入微的分析解说。本来，此书论述的诸多问题，前人都曾论述过。但在对《墨辩》文句作如此深刻的挖掘方面，此书胜过了前代同类著述。如《"辞"和同异》部分中关于《墨辩》及中国古代涉及的 8 种同异语词含义，及相互间差别和关系的分析和解说，较任何前人论说都细密周到。这里，表现出作者对逻辑理论的深刻把握，对《墨辩》文本的深刻体味，和作者思维的缜密与深邃。

本书的另一特点是以经证经，用《墨辩》的文句来证明《墨辩》的诸多论题。如《"说"和"辩"的原则及个别方式》中关于墨家对推论谬误的分析，先举《小取》《大取》中的总说，然后以此为纲，逐项寻求《墨经》中的相关论题为例作以分析说明。这不但比前人证此时举其他例证更具说明性，而且与前人以为二《取》为墨辩总说、《墨经》为墨辩分论的结论暗合。

但本书也带有明显的时代特色。如在《导言》和《结论》中对墨辩作阶级归属的分析，作唯物主义的定性，以是否为劳动人民服务来衡量，等等。

（二）詹剑峰《墨家的形式逻辑》

詹剑峰《墨家的形式逻辑》，1956 年湖北人民出版社出版。

该书首为《自序》，次正文 6 章，第一章《明辩》交代墨辩逻辑的一般问题，第二章《言法》讲墨子逻辑原则，第三章《立名》讲墨子的认识论，第四章《立辞》讨论"墨辩"关于判断的论说，第五章《立说上》讨论了墨家的推理，第六章《立说下》重在讨论墨子的归纳逻辑，第七章《辞过》讨论墨子对谬论或诡辩的批判；其后为《结论》总结墨子逻辑的作用和特点。

作者在《自序》中否定了"宗教墨学"说和"前后期墨家说"，主"墨辩"是墨子自创，《墨经》是墨子自著。交代全书写作方法是依现代逻辑教学大纲次序，去整理《墨子》全书中的逻辑论说，以成新的"一套规模初具的形式逻辑"体系。

关于墨家辩学，作者认为，墨子创立的"墨辩"是建立在科学基础之上的别同异、明是非的形式逻辑体系。墨子是一名工匠，又具有制造守御器械的实践，故以此实践为基础总结出的辩学体系，特别是《墨经》两篇，其内部具有系统的科学体系，成为科学的辩学逻辑。明同异、别是非，是"墨辩"最主要的作用。作者认为，讲求从实际出发而立辩，是墨家一贯的实践精神。墨家立辩的第一要领是"摹略万物之然"，即广求事例，明其原因；第二要领是"论求群言之比"，即把已知的客观现象及各现象间的关系，用"名""辞""说"表现出来而使人共喻。墨家立辩之法有三，即"以名举实""以辞抒意""以说出故"，名即概念，辞即判断，说即推理。作者认为，"墨辩"准则有二，即"有诸己不非诸人，无诸己不求诸人"，前者谓据实立说，不为人非也不怕人非；后者言不能据实立说则不必求人信，不必与人辩。从实际出发、符合实际的实践精神，是"墨辩"的灵魂。作者认为，"墨辩"产生于春秋末年的道、儒、墨三家论辩实践，其坚白之辩，两可之辩，同异之辩，是其主要辩题。

关于墨子逻辑原则，作者认为有"言有三法"的实践性原则、理由原则、同异原则。作者认为，墨家"三表法"的基本精神是实践性原则。墨家主张立言从实践出发，而应用于实际。墨辩逻辑的另外两大原则，即理由原则与同异原则，都是由此原则出发去探讨主观思维与客观事物间关系而派生的。作者认为，墨子逻辑特色是建立在"故"即理由的基础之上，以"故"为立名、立解、立说即概念、判断、推理的基础，此符合"凡事必有因"的科学研究原则；墨子"明故"的第一义是因果律，即现象的原因，第二义是思维的理由原则即立论的理由，亦即充足理由律。作者认为，墨子提出思维的同异原则从"别同异，明是非"而来，同异原则包括同一律、必异律、毋矛盾律、拒中律，并逐一分析了《墨经》中关于这些律条的论述。

关于墨子的认识论，作者指出：墨子认为认识过程由感官拟万物之情至心官司思维而成概念，即由感性认识阶段到理性认识阶段；墨子认为主名的本质是客观存在，名反映了实的本质；墨辩逻辑所分达名、类名、私名，即范畴、普遍概念、普通概念、单称概念；墨子的"盈"即谓一概念所包对象之本质属性，我们叫做内涵，墨子的"尽"即一要领涵盖对象的全部范围，我们叫做外延；墨辩逻辑有一词有多义，一义有多词现象，有"异意同辞"，"过名""通义后对"之说；《墨经》中所举概念即模拟实相、反映事物原因和规律的属性。作者举《经下》"区物一体也……"及《说》《经上》"知、闻、说、亲……"为例，讨论了《墨经》关于"类"的论说。

就"墨辩"关于判断的论说，作者举《经上》的"正，无非"、《经上》"假，必悖……"及《说》为例分析了墨家关于"辞"（判断）的定义及其与概念的差异；并举《经上》"言，出举也""名、实、合""合、正、宜、必"为例分析了墨家关于"言"（命题）"谓"（判断）的论说；对比亚里士多德逻辑的五谓（类、别、差、撰、寓）讨论了《墨经》中三种谓词的含义与作用；论述了《墨经》中关于肯定判断之"同"的四种含义，和否定判断之"异"的四种含义，及各自的逻辑作用。

关于墨家的推理，作者从《经上》"知：闻、说、亲"入手，讨论"说知"的意义和逻辑作用；从分析《小取》篇入手，谓墨辩逻辑推理共有或、假、效、辟、侔、援、推七种形式他还进一步指出：或是选言推理，假属于假言推理，效属于直言推理，它们都是由普遍到特殊，是演绎推理；其余四种，推为归纳推理，援为类比推理，与辟、侔都是以个别事物为推论起点，属于"类同推证"。作者还立足于《大取》"夫辞以故生，以理长……则必困矣"一段话，讨论墨子立说的纲领：故、理（法）、类的含义及其逻辑作用，并与演绎推理的两大原则联系起来论述，由墨子的"别同异"论及墨家逻辑的"遍有遍无有"律。作者又联系直言三段论来解释"效"，并举多例比较"效"的论式与因明三支式、逻辑三段论式相同，以说明墨家逻辑理论是建立在严密的逻辑基础之上的；又联系假言判断论式来解释"假"，努力寻求《墨子》中的假言推理式，证明此式是墨子立"说"的方法之一，批判"墨子辩学是自发逻辑"说；又举例证明"或"是选言推理，不限于选言判断，并分析其推理方式的特征在于"问故观宜""取此择彼"，其特点为只有双支式而无三支及三支以上式。由此得出墨子逻辑选言推理的一条规则，即作为大前提的选言判断，其选项必须是矛盾宾词，因此选项就能不相容而穷尽，其原因为墨子逻辑在于明是非而不调和。

关于墨子的归纳逻辑，作者认为墨子归纳法是据"凡事必有因"的道理，去研究事物"所必然"的规律的方法，是由"类"以求"故"，由"故"而知"法"，与演绎法明"故"以求"法"、由"法"以知"类"的思维方向相反。作者谓墨子之"推"即由已然推出未然，其进行先从观察实事开始，《墨经》中的百余条自然现象定义皆如此，皆由观察进而归纳为规律。其"三表法"，即从经验出发，以搜集实例为主去论基本法则。又谓墨子归纳法是由"别同异"出发，其主要方法有三种，即求同法、别异法、同异交得法，并各举多例以明之。作者谓墨子辩学把归纳和演绎同样看重，故常结合而不分离，如将假言推论与归纳法相结合，将选言推论与归纳法相结合。作者谓墨子之"援"是由特殊推到特殊的类推方法，"援"的特点在于：其一，它的应用是有限度的；其二，类比必须依据从前的经验。作者谓墨子之"辟"即譬喻，是借具体事物以说明抽象道理的方法。它虽也与"援"一样是由"个别"到"个别"，但它多取象于某物以说明一般作用。作者谓"侔"是"墨辩"的特有推论式，与现代逻辑的附性法有相似点，是对一判断的主词和谓词酌予比例的增减而成的推论式。它有"或是而然""或是而不然""或不是而然""或一是而一非"四种论式。

关于墨子对谬论或诡辩的批判，作者谓墨子总结"辞过"即谬论有三种：自语相违，即一句话本身包含着矛盾；现实相违，即一种论断与客观现实矛盾；比论相违，即一种论断违反逻辑原则。

关于墨子逻辑的作用和特点，作者谓墨子不但批判了当时的诡辩，更重要的是建立了一套形式逻辑体系，确立了"理由原则"和"同异原则"，建立了同一律、必异律、毋矛盾律、拒中律；建立起归纳推理和演绎推理的种种论式。墨子形式逻辑的总特点是"实"，主张概念出于"实"，判断反映"实"，推理符合"实"。其具体特点有九：墨子逻辑建立在唯物论基础之上；墨子朴素地坚信外物可知，推论可靠；知识从实践中来，经验是认识的源泉；知识或理论的最后目的在于实践；真理是客观的；实践是检验真理的标准；在两千年前就建立了普遍因果律和理由原则作为归纳和演绎推理的根据；其形式逻辑中归纳和演绎密切联系；墨子不但有直言三段式，而且同时建立了假言推论和选言推理。

该书关于墨辩逻辑的分析，重新建立起一套全新的理论体系，运用了一种新的研究方法，即从现代形式逻辑的概念、判断、推理的诸公式出发，去重新认识、诠释墨辩逻辑。其实质在于，他先认定墨辩逻辑是一个"形式逻辑"体系，而后从西方形式逻辑理论出发去条框《墨辩》，对《墨辩》文句作符合西方形式逻辑理论的解释。其结果是，初读此书，觉体系严密，论述周延，颇有新鲜感。但细绎深思，则不仅使人问：这是《墨辩》研究？还是以改释了的《墨辩》词句去解释西方形式逻辑呢？

（三）谭戒甫《墨辩发微》

谭戒甫《墨辩发微》，1958年科学出版社出版，1964年中华书局重印；又有1971年台北宏业书局影印本，1972年台北红叶书店影印本，1974年台湾世界书局本。

《墨辩发微》是在作者此前出版的《墨经易解》基础上扩展而成的。前有《重印弁言》，次作者《墨辩发微序》，次《墨辩发微凡例》，次《目录》，次正文三编，最后有《附录》。

作者在《墨辩发微序》中，回顾了清末以来研究《墨经》诸成果，指出前人研究中"以西框中"和未理清《墨辩》诸条作者的不足，回顾了自己研究墨辩的历史及前著《墨经易解》出版后与忘先生的评论及启示。

作者认为，《墨经》中少部分为墨子作，大部分为弟子及再传续成，《经说》乃再传弟子记其师之讲说；"别墨"与"真墨"相对，是三派墨家相恶之辞；名、墨皆出于夏代礼职所掌，名家正宗学术附于墨，形名家出于名家末流。另外，作者还就旁行读、牒经字、繁省字发表了意见，依明嘉靖癸丑陆稳刊本列《墨辩》6篇正文；将《经上》《经下》各列3表加以比较，分析流传中的错简分合。

作者分《上经校释》（含《经上》《经说上》文）《下经校释》（含《经下》《经说下》）《大取校释》《小取校释》所列该书正文，是在前出版的《墨经易解》基础上修改而成。其修改包括：第一，在各条《经》《经说》文后增加了校语，以"校"字标出，又将原"解"字改为"释"字；第二，少量的文字修改，如《经上》第一条释语中将"伟哉此言"改用"诚哉此言"；第三，较大改动者有 11 条：《经上》第 22、45、48、50 条，《经下》第 4、31、37、38、41、53、79 条，或增删，或重写。

作者就《小取》《大取》论墨辩体系；就《小取》第一章"夫辩者……无诸己不求诸人"论墨家辩学、辩术之体、用；就《小取》"或也者不尽也……吾岂谓'它者异也'"论墨辩或、假、效、故、辟、侔、援、推诸论式；就《小取》"夫物有以同、而不率遂同……不可不审也"论墨辩辟、侔、援、推四物常遍、不常遍之理；就《大取》末一章"故辞：以故生……则必困矣"论墨家后学所定"故、理、类"之论辩范式；就《大取》"三物必具，然后辞足以立"论墨辩所求"故、理、类"三物具足之论辩要求。作者还谓《墨子》所佚《三辩》乃《大取》篇末论"故、理、类"之三题，并对比它与陈那改革后因明论式之关系；还推测墨辩所定一辞三辩即"辞、故、理、类"之论式为已佚之《三辩》主题。作者还由墨辩论式源流来梳理墨辩形成、成熟的过程为墨论（墨家尚贤等十论）期、经说期、三辩期，即由"六物复式"（言、故、譬、侔、推、援）到"一辞三辩"（辞、故、理、类）的发展过程，并谓这是一个由论辩实践到理论总结、由草创到成熟的渐进过程。作者还以《大取》篇末 13 条校释为基础讨论墨辩关于"类"之致用；还谓《墨子》之《辞过》当讨论论辩之失，已佚，今《辞过》系后人妄分《七患》而成；还梳理《墨经》中五条经文以推见墨辩"辞过"之旨。

最后《附录》载作者五兄谭觉民 1919 年《墨经长笺序》及作者 1923 年《识》、作者 1928 年《墨辩发微原序》、作者 1928 年《墨辩征评序》《墨辩发微旧目次》、作者 1934 年《墨经易解序》、与忘 1935 年 11 月刊于《天津大公报图书副刊》之《墨经易解》书评、作者 1935 年 11 月 24 日作《为评〈墨经易解〉答与忘先生》、与忘《答谭戒甫先生》。

谭戒甫《墨辩发微》的最大特点，是所有立论都建立在扎实的《墨辩》原文诠释、研究的基础上。作者对《墨经》178 条论说，及《大取》《小取》数十章文字，吸收前人校注成果，逐字逐句下工夫研究。通达其意后，又寻绎每条每章与前后条、章及整篇文章主旨的有机联系，从而贯通全篇，找出哪些条是墨家的观点，哪些条是名家的论说，哪些条是形名家的辩辞。

揭示墨辩的本来体系，是本书的第二特点。清代学者利用他们的深厚小学功底和考据功力，对《墨辩》六篇下过很大校注功夫；自梁启超以降的近现代治墨学者，在校注《墨辩》文字的同时试图寻求墨家的辩学体系，作过各种探索，其路数不外乎二：或仿照西方近现代逻辑体系去解说墨辩，如梁启超、胡适、詹剑峰等；或对照佛家因明去认识墨辩，如章太炎、章士钊等。而墨家独特的辩学体系特别是辩式等，虽有探讨（如胡适），但终究未成系统。谭戒甫像清儒治墨那样立足于文本研究，而又在此基础上，对墨家论辩目的、辩式、辩式发展过程作了探讨和总结，勾画出墨家那独立于西方逻辑、佛家因明的辩学体系。

（四）高亨《墨经校诠》

高亨《墨经校诠》，1958年科学出版社出版，1962年中华书局重版，1958年台北世界书局翻印，1972年台北乐天出版社影印，1972年台湾广文书局影印。

该书首为作者《自序》，谓《经》上下篇先为墨子自作，后为弟子增益；《说》乃墨徒所作。举例说明《墨经》乃因墨家反驳名家及邹衍、告子、少连、老子、庄子、慎子而作，是彼时论辩的产物。次《述例》。次《墨子经说原文》。次《墨子经说表》，分"经上上栏""经上下栏""经下上栏""经下下栏"列出旁行读文，并引说就经。次正文四卷。最后是引用书目。

正文四卷，分释《经说表》所列四栏。分条校释，先列经文，次说文，次"校经"，次"校说"，次"诠经"，次"诠说"，对各条大意的解说全集中在"诠说"中。

总括此书，有如下特点：

第一，作者在文字学方面有深厚造诣，所以他对《墨经》校释的突破多从文字入手。如《经说上》谓"爱己者非为用己也"之两"己"字当作"民"，乃唐人避讳"民"字缺笔作"㠯"之形误等。这样改字后的解说，都能与所释之经文意思契合。

第二，作者在形近、音同的基础上改字后，使诸多长久难以诠释圆通的经文得到合理的解释。如谓《经上》"儇，俫"之"儇"古与"原"音近可通用等。

第三，作者于上古哲学有精深研究，故其对《墨经》中哲理性文句有独到的认识和简洁切题的解说。如对《经下》"止类以行人，说在同"及《经说》文的解说，先区别立类、别类、止类之意，而后举彼、我对话为例以解《经说》文。这样的解说方式，既有深度，又甚明晰。

第四，作者对先秦诸子文本甚为熟悉，故其能寻绎出较前人更多的墨家与他家辩题。如谓《经上》"平，同高也"驳惠施"山与泽平"说、"中，同长也"驳惠施"天下之中央，燕之北越之南"说、"厚，有所大也"驳惠施"无厚，不可积也，其大千里"说① 等。

（五）汪奠基《墨辩的逻辑科学思想分析》

汪奠基《墨辩的逻辑科学思想分析》，在 1961 年中华书局出版的《中国逻辑思想史料分析》第一辑内，为第七章。

该章包括《关于墨辩逻辑的一个问题》《墨辩逻辑的形成》《墨辩逻辑的内容》《墨经中的科学思想问题》《墨经上下及经说上下的解析》《大取的逻辑思想体系》《小取论辩的逻辑原理》7 部分。

作者谓鲁胜《墨辩注叙》所说的"名家"不是指学派，而是泛指逻辑学家；谓墨子作《经上》和《大取》之《语经》后，其余《墨辩》的内容由弟子后学不断完善而成。

---

① 以上惠施等名家诸说，均见郭庆藩：《庄子集释》，中华书局1961年版，第1102—1106页。

作者批判前人以因明、逻辑体系打乱《墨经》文句而作解的研究方法，而将《墨经》181 条分为 20 章，来探讨墨家本来的系统逻辑形式，并将此 20 章分为相互关联的五大部分：第一部分，论逻辑基本范畴及认识过程的客观基础（《经上》"故，所得而后成也"至"恕，明也"）；第二部分，论名的不同类型和辩说诸法则的形式定义（《经上》"仁，体爱也"至《经下》"无久与宇。坚白，说在因"）；第三部分，关于数理、自然和社会诸科学的规律性的认识范畴（《经下》"景不徙，说在改为"至"贾宜，则雠，说在尽"）；第四部分，论正确的辩说形式是表达客观事物规律性的形式，诡辩怀疑的形式则是违反客观事物的表现（《经下》"无说而惧，说在弗必"至"知狗而自谓不知犬，过也。说在重"）；第五部分，批判诡辩名谓不当之说并指出事实重于理论及其他有关名辩的基本原则（《经下》"通意后对，说在不知其谁谓也"至"是是与是同，说在不州"）。

其主要内容是逐条详细解说《墨经》181 条的逻辑内容，并努力将它们融合在上述逻辑系统中。其中有不少独特见解，如谓《经上》"体，分于兼"是讲事物个别和一般的关系，具朴素的辩证观念等。

就《大取》的逻辑思想体系，作者谓《大取》"总结了墨家论逻辑的辩证思维的全面问题"，"《大取》主要讨论辩术，是《墨经》的逻辑理论之用"。《大取》主要讨论古代有关辩证形式的逻辑思维形式问题，可分为前后两篇。前篇是后期墨家据《墨子》部分原文，结合当时争论的政治伦理问题所总结的政治逻辑认识，从逻辑上发展了《墨子》"十论"中提出的兼别、义利、爱利、志功等理论问题。后篇习惯上称为"《语经》"，特别强调逻辑的科学概括的形式。

就《小取》论辩的逻辑原理，作者谓其文可能是战国末墨家学者与辩察之士论辩后的逻辑总结。在《大取》《语经》的基础上概括地完成了对先秦名辩诸子思想批判的逻辑科学总纲的建立。其内容可分为四部分：（甲）关于辩的科学内容及其主要作用；（乙）关于辩的诸判断形式和推论形式；（丙）论辟、侔、援、推四大说辞中普遍性与特殊性及各种谬误的原因；（丁）关于五种不同类型的推论形式及对诡辩论的批判。

汪奠基该作的特点有两个：

第一，它努力发掘墨辩逻辑的哲学体系，努力论证从《大取》《小取》至《墨经》各篇，是有系统性的墨辩理论、墨辩论式、墨辩论例的有机组合。前人做过不少努力，去寻求《墨辩》的理论体系，特别是将《墨经》诸条论说有机系统起来，如张其锽《墨经通解》调整《墨经》原旁行读句序而指出"自×条至×条言××"，又如杨宽《墨经哲学》曾将《经上》诸条调整位置而分为"知识论""德行论""人生论""平治说"等15部分。但是，他们都没有汪奠基此文这般建立在哲学思辨基础上的系统区分与有机联系的论说，没有汪文这般结合《大取》《小取》而分析墨辩逻辑体系有机组合的哲学分析。

第二，对《墨经》及二《取》诸章做思辨性哲学解释。注文不但分析了《墨辩》六篇的逻辑哲学体系，而且在具体条文解释上也努力贯彻思辨逻辑观点。如对《经上》"已：成、亡"解曰"《经》义指明辩说形式中有自其判定的结果而言'已然'范畴……"等。

（六）方孝博《墨经中的数学和物理学》

方孝博《墨经中的数学和物理学》，中国社会科学出版社1983年7月出版。

该书首为《前言》，次正文4章，最后是《后记》。

《前言》包括4部分：第一部分，《墨经的著者及其成书年代》取梁启超说，谓《经》上下主要是墨子本旨，《说》为弟子讲解，三传弟子有增益，故作于前400多年至前240年之间。第二部分，《墨经体例》讨论《经》《说》内容类别、旁行读、牒经字。第三部分，《墨经中的自然科学及其社会根源》论《墨经》四篇之科学知识来源于冶铁发明、农业手工业进步、商业发达等社会生产水平进步，墨家所以能总结这些自然科技知识，因为他们出身劳动者、注意自己知识、有较正确的认识论与方法论、会用逻辑归纳法。① 第四部分，《几点说明》交代本书写作目的、体例、参考论著。

其书主要内容为：第一章《一些数学概念和理论》解说《墨经》中19条关于数学《经》文及《说》文。第二章《关于几个基本物理概念的论述》谓《墨经》中关于物理知识有物理概念、力学理论、几何光学等三项。分析《墨经》中时空论5条、运动静止2条、五行1条、不同类物理量不可相比1条、物质不灭1条，共一般物理知识10条。第三章《力学和几种简单机械》解《墨经》中力学知识和理论共8条。第四章《光和影、针孔成像和球面反射成像理论》共解《墨经》中光学影像知识8条。其后附有《测桌影定南北方位问题（共二条）和有关资料》解《墨经》中桌影定位知识2条。最后有《后记》叙写作出版过程。

作者自20世纪30年代起就研究《墨经》，至1963年写成初稿；又经不断修订，终在1983年出版。作者虽仅解释了180余条《墨经》文中的28条《经》文及相应《经说》文，但每条解释都仔细辨析有代表性的前人观点，择善相从，并对自己的观点加以申说论证，如关于《经下》"一少于二而多于五，说在建住"，作者先从孙诒让校改"建住"为"建位"，然后又从俞樾说，以古人所建数位中，同为一数而因所处位数的不同，有的代表个位数，有的代表十位数，来解释这条表面看似矛盾，实则包括辩证论说的《经文》含义，并依此义对《经说》文作句读和新解。然后分析此条经文在中国古代数学史上的价值，并批判梁启超妄改《经》文的轻率做法。

由于作者并非专门研究墨学，不是文史研究者而是数理学家，在相关文献学的论说中也难免出现失误，如作者在《前言》中谓牒经标目字是"梁启超首先发论的"，实际上曹耀湘在《墨子注》卷中就已提出这一问题。另外，作者亦以阶级斗争、生产斗争说墨学产生的原因（《前言》）。这些

---

① 此取洪震寰《墨经中的物理》之说（《物理通报》1958年第2期）。（参见方孝博：《墨经中的数学和物理学》前言，《墨经中的数学和物理学》，中国社会科学出版社1983年版，第10—12页）

不足，或是作者所从事专业的不同、或是社会时代政治潮流所造成的。

（七）杨向奎《墨经数理研究》

杨向奎《墨经数理研究》，1993年9月山东大学出版社出版。该书收录作者已发或未发表的墨学论文10篇。其中除1篇论述墨学与墨家集团外，另9篇都是关于《墨经》研究的。

在《墨经数理研究》中有两篇长文，一曰《〈墨经〉有关数学物理条文校注》，一曰《墨家的时空理论及其在自然科学方面的成就》。前者曾收入1983年5月上海人民出版社出版的作者学术文集《绎史斋学术文集》，后者发表于《社会科学战线》1978年第4期。另有《名墨等应论　惠施"历物之意"及相关诸问题》一文，曾发表于《中华文化论丛》1978年第8辑。此三文代表了杨向奎研究《墨经》的重要成就。在《杨向奎学述》中，作者把这3文在《继承"科圣"的瑰宝》部分中加以总结，把《墨经》的主要成就分为"时空观""数学力学方面的成就""惠施与墨家之相訾相应"的论辩成就。①

关于墨家的时空论，作者在《继承"科圣"的瑰宝》中谓："古代科学和哲学史上，墨家首次提出没有物质运动便没有时间、空间的科学理论"，谓《墨经》中"穷：或不容尺，有穷：莫不容尺，无穷也"等论，是"用数学方法证明空间无限的最早尝试"；而《墨经》之"尽，俱止动"的界说，"正好说明时间、空间和物体运动之不可分"；谓《墨经下》"宇进无远近，说在敷"是"说明空间位移无远近可言"，"这是运动的相对原理，也是时间和空间的相对原理"；谓《经上》"日中，正南也"是"以太阳为宇（地球）的坐标点"，"找到以太阳等宇徙的参照系"；谓《经上》"久，弥异时也""宇，弥异所也"论"无限的时间和无限的空间，一个无限的宇宙"，从而"能够得出一个运动着的无限宇宙的结论"。

① 杨向奎：《杨向奎学述》，浙江人民出版社2000年版，第190—216页。

关于墨家的数学、力学方面的成就，作者在《继承"科圣"的瑰宝》中谓：除梁任公总结的墨家平面几何成就外，《经上》"库，易也"说明墨家已发现了"0"的概念；《经上》"穷，或有前不容尺也"是变数教学中的极限概念；《经上》"次，无间而不相撄也"是极限概念在分析数学上的应用；谓《经上》"力，形之所以奋也"，《经说下》"引，无力也"堪与"万有引力定律"媲美，具有"划时代的成就"。

关于名墨訾应，作者在《继承"科圣"的瑰宝》中总结道：墨家所论"南方无穷"较惠施"有穷"为胜；墨家发挥了辩者的"尺棰"说，惠施的"无厚"说和"方日睨"说，改造了惠施的"同异"论。

就以上墨家科技三方面成就的总结，杨向奎并非空谈之论，他在《墨家的时空理论及其在自然科学方面的成就》中，曾以现当代数理知识和定理作以推算证明；在《〈墨经〉有关数学物理条文校注》中，综合前代诸儒的考证、训诂，特别是张惠言、孙诒让、高亨、谭戒甫等人的论说，以按语形式加以分析、评说、辨证和新释。因之，杨向奎的总结，具有很强的学术说服力。

(八) 姜宝昌《墨经训释》

姜宝昌《墨经训释》，齐鲁书社 1993 年出版。

该书依次释《经上》和《经说上》以及《经下》和《经说下》诸条文，后有《参考书目》及《后记》。《后记》中交代了学习、校释《墨经》的过程。

作者利用前贤校释成果，将《墨经》定为 179 条，认为其中关于逻辑的 2 条、认识论 4 条、数学 16 条、物理 9 条、力学 6 条、光学 2 条、经济学 2 条，其余 132 条都是关于社会政治和伦理学的（见《后记》）。

训释先列《经》文和《说》文，次详赡的校注，次译释《经》文和《说》文。校注是该书的主要部分，每条注文先释字词含义及墨辩逻辑意义，次引前贤校注意见，最后举出己意并以书证证明。

作者把小学基础和物理学知识结合起来，在训释中提出诸多新说。如将《经下》"是是与是同，说在不州"，取谭戒甫《墨辩发微》说，因《说》之标目字为"不"，故改首句为"不是与是同"，并结合墨辩逻辑语词含义，和名家的"是不是"物类之辩，而解为"同属于一物类的两个物种有所不同，因为每一个物种都不可能周延其物类"。取孙诒让"文"当做"之"字说，将《说》文校改为"是是，则是且是焉，今是之于是，而不［之］于是，故是、不之。是、不之，则是而不之焉。今是不之于是，而之于是，故是与是、不之同说也"，而训释为"所谓'是是'，自然是'是'加'是'。例如，一个群体由确定为'是'的同一种属的个体构成。如果非要分成两部分，也只不过是'是'加'是'。现在的情况是'之于是，而不之于是'，即既有'是'，又有'不是'，这可以叫做'是'和'是之否'。例如，一个群体由确定为'是'的一个物种和确定为'不是'的另一个物种的个体构成。既然一个物种为'是'，另一个物种为'不是'，自然为'是'加'是之否'。至于'之于不是，而之于是'的情况，也是如此。所以，'是是'当然都是'是'，'是'和'是之否'，是有'是'有'不是'。就物种而言，'是'和'不是'当然不同；而就物类而言，它们又是相同的，这就是'"不是"与"是"相同'的涵义"。

（九）黄省三《墨子思想新探》

黄省三《墨子思想新探》，台湾万卷楼图书公司 1995 年出版。

该书前有作者《自序》；次《绪论》，论《墨经》与名家、《墨经》的作者、《墨经》的校注、《墨经》的分类；后正文 6 篇；最后是《附录》，包括《〈墨经〉分条叙》《〈墨经〉引说就经条次表》《今本〈墨经〉》《主要参考书目》。

正文共 6 篇。第一篇《理则思想的探讨》，讨论了墨辩逻辑的基本理论以及概念、命题和推理。第二篇《知识论的探讨》，包括《本能起源说》《论知识的性质》《论知识的效能》三部分。第三篇《政治经济伦理思想的探讨》论述了墨家的政治、经济、伦理思想。第四篇《物理思想的探讨》论述了墨家的基本物理思想和力学、光学论说。第五篇《数理思想的探讨》

包括《数理基本概念》和《几何学》两部分。第六篇《生理与心理思想的探讨》介绍了《墨经》的生理学、心理学即有关梦的观念等认识。

此书以《墨经》为基本研究对象，兼及《墨子》"十论"诸篇，对墨家的政治、经济、伦理思想，特别是科技、逻辑思想作以论说。在墨辩逻辑论述中，与其他大部分同类著作一样，借用西方逻辑框架来架构章节，运用西方逻辑理论来解说《墨经》相关条文，亦落入"比附解墨"之窠臼。某些部分的解说，有独到之处，如第二篇中关于墨家所论观念转变为知识的过程，区分为复合、分辩、推证三种形式，是其他论著所未详细解说的部分。

（十）1949—1999 年的《墨辩》整理与研究评说

1949—1999 年大陆的墨学整理和研究，除《墨辩》部分外，成果甚少。一个主要原因就是在特定历史时期的特殊背景下学者更愿意选择那些远离政治的墨辩逻辑和墨家科技作为研究对象。此时期台湾的《墨辩》研究，较大陆为逊色。不但出版此类著作的数量少，质量也有所不及。没有大陆此期沈有鼎《墨经逻辑学》、方孝博《墨经中的数学和物理学》那般论说精深的著作。大陆学者的收入虽然菲薄，但无衣食之忧，且大家同样贫困故无个人另开创收门径之想，所以部分以学术为第二生命的学者，能够倾全力花较长时间从事那种并无多少"直接效益"的研究，不似台湾那样或为教学之需、或为取得学位而作短时期的"急就章"。这是此时期和上一时期大陆的《墨辩》研究一直优于台湾的主要原因。

第七章 近百年来的《墨子》整理
与墨学研究（下）

第一节 近百年来的墨学史研究

相对于墨家社会思想研究、《墨辩》整理与研究、《墨子》整理来说，近百年来的墨学史研究是较为沉寂的。

一、近百年来的墨学史研究论著

（一）梁启超的墨学史研究

梁启超关于墨学史诸问题的研究考证主要包含在他的《墨子学案》中。《墨子学案》就墨学史研究中的如下问题作了考证。

首先，关于墨子之生地及年代。梁启超考曰"墨子鲁人之说，当为近真"；并考《墨子》书中"绝无曾经仕宋的痕迹"，因谓"墨子始终是个平民，没有做过官的"；主要依据《墨子》书中所载墨子行事，参以他书记载，推定"墨子生于周定王元年至十年之间，约当孔子卒后十余年"，"卒于周安王十二年至二十年之间，约当孟子生前十余年"即生于前468—前459年，卒于前390—前382年。[①]

其次，关于墨子的环境及其学说渊源。梁氏谓墨子处在"时势变迁，

---

① 参见梁启超：《墨子学案》，《饮冰室合集》第 8 册，中华书局 1989 年版，第 1—2 页。

越发急转直下"的时代，加之他又"是个极端的人"，故"觉得旧社会整个要不得，非从根本上推翻改造不可"，所以"革除旧社会，改造新社会，就是墨子思想的总根原"。这些认识，在梁启超主张维新、从事保皇的时代是不可能有的。他从日本归国后参与了国民政府政治管理，在欧洲游历又对西方资产阶级革命有了深刻了解，故而在此发出孔子中庸、墨子革命的论说。另外，在本节中，梁启超还分析了墨子"背周道而用夏政"的现实原因、兼爱非攻的时代原因；分析了墨子节用反侈，"要建设一种劳力本位的互助社会"；分析了墨子主天志明鬼说，是为了推行他的政治主张；分析了墨子与道家老学相反的尚贤学说；分析了"墨子创教的动机，直可谓因反抗儒教而起"；分析了墨家与楚狂接舆等"独善其身"者及原壤、杨朱"放恣"者不同的实践态度和自苦精神。①

再次，关于《墨子》书。重点在胡适"五类"说的基础上，分析《墨子》今存五十三篇的类别。谓第一类即卷一《亲士》至《三辩》七篇，前三篇《亲士》《修身》《所染》"非墨家言，纯出伪托，可不读"；后四篇《法仪》《七患》《辞过》《三辩》"是墨家记墨学概要，很能提纲挈领，当先读"。谓第二类即卷二至卷九《尚贤》至《非儒》，"是墨学的大纲目，《墨子》书的中坚"，惟《非儒》"无'子墨子曰'字样，不是记墨子之言"。谓第三类即卷十、卷十一、《经》上下、《经说》上下及《大取》《小取》六篇，"大半是讲论理学。《经》上下当是墨子自著。《经说》上下，当是述墨子口说，但有后学增补。《大取》《小取》是后学所著"。谓第四类即卷十一《耕柱》至卷十三《公输》五篇，"记墨子言论行事，体裁颇近《论语》"。谓第五类卷十四、十五《备城门》以下诸篇，"专言守御的兵法，可缓读"。并开列了《墨子》研究阅读书目。这些分类，框架是胡适的，但梁氏作了许多修改，如胡适谓《墨辩》六篇"绝非墨子所作"②，而梁氏谓《墨辩》前四

① 参见梁启超：《墨子学案》，《饮冰室合集》第8册，中华书局1989年版，第3—5页。
② 胡适：《先秦名学史》，学林出版社1983年版，第76页。

篇主要出于墨子。这种结论的同异，主要来源于二人学术方法的不同。胡适用辩证逻辑方法，据"三表法"与《墨辩》较严密的逻辑体系而作是说；而梁氏则用形式逻辑的归纳方法，由文中有无"子墨子"曰立论出发而持异说。[①]

最后，关于先秦两汉人论墨之言论，谓孟子辟墨之方法，违反论理学原则。谓荀子批墨，反墨家兼爱，谓墨家"有见于齐无见于畸"，梁氏以为"确能中墨子之病"；谓荀子"反对墨家的实利主义，说他'蔽于用而不知文'，也确能指出墨学偏激的地方"；谓荀子反对墨家非乐十分正确；谓荀子反对墨家节用，说墨家此论会使"赏罚不行事变不应"，梁氏认为这"未免利用人类缺点，不如墨学之纯洁"。谓司马谈《论六家要旨》"以强本节用尽墨学，不能举墨学要领"。谓王充批墨家"明鬼论"，"不从主义上批评，专从方法上批评，所言极有价值"。王充指摘墨家明鬼与节葬说矛盾、乐利与非乐矛盾、倡宗教与不言来世矛盾等，并"以此为墨术不传之原因，确为正论"[②]。

（二）胡适对墨学史诸问题的考辨

"大胆假设，小心求证"是胡适的治学格言，在他的初期研究中已贯彻了这种方法。他在《中国哲学史大纲·序言》中对哲学史的史料考证作过突出强调，讲解"述学"（述学即穷搜史料以考证研究对象的生平、思想和学说真面目）对明变、求因、评判的决定性作用。所以，他研究某哲学家和哲学流派，先从考证入手，考说墨辩逻辑亦如此。他先列《墨子略传》一章考墨子时代等，谓"欲知一家学说传授沿革的次序，不可不先考定这一家学说产生和发达的时代。如今讲墨子学说，当先知墨子生于何时"。

他从孙诒让说，认定墨子是鲁国人。然后逐一分析《史记》谓墨子"并

---

① 参见梁启超：《墨子学案》，《饮冰室合集》第 8 册，中华书局 1989 年版，第 5—8 页。
② 梁启超：《墨子学案》，《饮冰室合集》第 8 册，中华书局 1989 年版，第 70—73 页。

孔子时"，毕沅《墨子序》谓墨子"六国时人，至周末犹存"，和汪中、孙诒让诸说得失。赞同汪中推论的可靠，而分析孙诒让《墨子间诂·墨子后语上·墨子年表序》"盖生于周定王之初年，而卒于安王之季"的错误：其一，孙氏所据《墨子》之《鲁问》《亲士》《非乐上》不可靠；其二，墨子决不会见吴起之死。并在驳论中考定"墨子大概生在周敬王二十年与三十年之间（西历纪元前500至490年），死在周威烈王元年与十年之间（西历纪年元前425至416年）"①。

胡适认为，墨子死后，还有墨者在著书立说，所以他立"别墨"一说，依《韩非子·显学》与《庄子·天下》所记考述墨家后学。他就《天下》载墨家后学各派"俱诵《墨经》而倍谲不同，相谓'别墨'；以坚白同异之辩相訾，以觭偶不仵之辞相应"一段话，认为此"墨经"不是今本墨子的《经》与《经说》四篇，而是"墨教的经典如《兼爱》《非攻》之类"，从而考证"后来有些墨者虽都诵《墨经》，虽都奉墨教，却大有'倍谲不同'之处"，故"另分出一派'科学的墨学'，……与宗教的墨学自然'倍谲不同'了，于是他们自己相称为'别墨'"；"如今的《经》上下、《经说》上下、《大取》《小取》六篇"是"这些'别墨'的书"；并又从"文体不同""理想不同""'墨者'之称"、所论问题与惠施、公孙龙讨论的问题相关这四个方面，考证"这六篇决非墨子所作"②。

胡适考定《墨辩》六篇非墨子所作的最主要的理由，在于认定"十论"是墨子所作，因《墨辩》诸篇与"十论"文体不同、思想不同，故认为非墨子所作，而定为后期墨家所作。为了符合这一说法，他才曲解《庄子·天下》所言，谓《墨经》非指《经》《经说》等篇。这种考证，具有"先入为主"的倾向。

---

① 胡适：《中国哲学史大纲》卷上，《胡适学术文集·中国哲学史》，中华书局1991年版，第103页。

② 胡适：《中国哲学史大纲》卷上，《胡适学术文集·中国哲学史》，中华书局1991年版，第128—129页。

以上诸说，基本是胡适在《先秦名学史》中提出或已论证的问题，在《中国哲学史大纲》中又细加考说，两书观点基本一致。而胡适关于今本《墨子》53 篇之可靠性的认识，则有一个发展过程，两书观点并不完全一致。先请看下表。

胡适的今本《墨子》53 篇分组

书目 类别	《先秦名学史》	《中国哲学史大纲》
墨者演绎墨翟基本学说	"第8—26篇和第28—30篇"，即《尚贤》上、中、下，《尚同》上、中、下，《兼爱》上、中、下，《非攻》上、中、下，《节用》上、中，《节葬》下，《天志》上、中、下，《明鬼》下，《非命》上、中、下。"大概是前期墨家写下的关于墨翟的基本学说"。	"《尚贤》三篇，《尚同》三篇，《兼爱》三篇，《非攻》三篇，《节用》两篇，《节葬》一篇，《天志》三篇，《明鬼》一篇，《非乐》一篇，《非命》三篇，《非儒》一篇"，"大抵皆墨者演墨子的学说所作的"。
墨者记录、辑聚墨翟言行	"第38、39和40篇"，即《耕柱》《贵义》《公孟》。是"前期墨家对墨翟言行的记录"。	"《耕柱》《贵义》《公孟》《鲁问》《公输》"，"乃是墨家后人把墨子一生的言行辑聚来做的"。
后期墨家所作	"第32—37篇"，即《经》上、下，《经说》上、下，《大取》《小取》，是"后期或新墨家的著作"。	"《经》上、下，《经说》上、下，《大取》《小取》"，"是《庄子·天下篇》所说的'别墨'做的"。
记墨家守城备敌之法	"第43—53篇"，即《备城门》至《杂守》11篇，大致可看做"前期墨家对墨翟言行的记录"。	"自《备城门》以下到《杂守》11篇。所记都是墨家守城备敌的方法"。
后人编成或假造	"第3、4、5、6、7、27、31、41和42篇"即《所染》《法仪》《七患》《辞过》《三辩》《非乐》上、《非儒》下、《鲁问》《公输》，"是后来根据墨翟的某些不完整的言论和轶事编纂而成的"。 "第1、2篇"，"似儒家的陈腐道德说教"。	"自《亲士》到《三辩》"，即《亲士》《修身》《所染》《法仪》《七患》《辞过》《三辩》，"皆后人假造成的"，"前三篇全无墨家口气，后四篇乃根据墨家的余论所作的"。

注：本表中加引号者为胡适原话。

胡适注重哲学史资料的考辨，尤其重视哲学家和哲学流派著述的考辨，所以他在博士论文《先秦名学史》（英文原称《中国古代哲学方法之进化史》）写成后，至《中国哲学史大纲》写作间的数年内，仍对《墨子》不断考证，故而两书关于《墨子》篇章的可靠性有表中所列的不同认识。

表中第 1 组材料，主要关于墨家"十论"的篇章，《中国哲学史大纲》列 24 篇；《先秦名学史》列 22 篇，缺《非乐上》《非儒下》两篇，而将其列入"后来根据墨翟的某些不完整的言论和轶事编纂而成的"一类。《中国哲学史大纲》虽将这两篇列入"十论"材料中，但说《非乐》《非儒》两篇更可疑"，即后人加入的材料颇多。对此两篇前后认识上没有本质区别。这 24 篇，胡适都认为反映了墨翟的思想学说，只是记录加工者，他在《先秦名学史》中认为是前期墨家，而在《中国哲学史大纲》中笼统地说是"墨者"。总之，胡适将这些材料作为研究墨翟及前期墨家的"宗教的墨学"的基础材料。

表中第 2 组材料，胡适认为是墨子言行录。《先秦名学史》中只列 3 篇；《中国哲学史大纲》列 5 篇，增加了《鲁问》《公输》两篇；而《先秦名学史》将这两篇分在"后来根据墨翟的某些不完整的言论和轶事编纂而成的"一类中。《鲁问》记墨子答"鲁君"之问，阐发非攻思想；《公输》记墨子止楚攻宋一事。关于这 5 篇，胡适在《中国哲学史大纲》中说"其中有许多材料比第 2 组还更为重要"，即认为墨者们演绎的墨子的"十论"更为重要，因为胡适认为它们的性质"就同儒家的《论语》一般"。

表中第 3 组材料是关于《墨辩》六篇的，胡适的前后观点一致，认为这是后期墨家所作的，与墨子及前期墨家的"宗教的墨学"有本质的不同，称其为"科学的墨学"，"决非墨子所作"。

表中第 1、2 组篇章，胡适在《中国哲学史大纲》中称可"先读"，第 3 组篇章，称可"后读"。这 3 组材料，他认为最为可靠，可分别作为考察墨翟及前期墨家和后期墨家即"别墨"的基础材料。

表中第 4 组材料，习惯上称"墨守十一篇"。《先秦名学史》和《中国哲学史大纲》所列一致。惟其作者，前书以为与墨翟有关系，大致可看做是前期墨家所记墨翟言行；而后书则笼统地视为"墨家守城备敌的方法"，不确指与前期墨家有关还是与后期墨家有关。

表中第 5 组材料，《先秦名学史》和《中国哲学史大纲》看法最异。

首先在篇目上，后书将《非乐上》《非儒下》列入墨家"十论"篇目中，虽说其"可疑"，但总归目为"后人演墨子学说"的篇章，其可靠性有了质的变化；后书将《鲁问》《公输》列入"墨子言行辑聚"类，成了比墨家"十论""更为重要"的材料，亦发生了质变。其次，《中国哲学史大纲》将《亲士》《修身》《所染》《法仪》《七患》《辞过》，统统斥为"皆后人假造的"，前 3 篇据非墨家材料而造，后 4 篇据"墨家的余论"而造。而《先秦名学史》则除认为《亲士》《修身》为儒家说教外，其余 5 篇却是后人据"墨翟的某些不完整的言论和轶事编纂的"。前后看法差别有质的不同。且《所染》一篇，《先秦名学史》中归为"不完整的"墨翟"言论和轶事"的编纂，而《中国哲学史大纲》中则归为"全无墨家口气"一类。这些，都说明胡适在撰写《先秦名学史》时，对今本《墨子》前 7 篇缺乏深入研究。

从上述《墨子》篇目的辨伪中，可以透视胡适的另一学说，即前后期墨家说。胡适在《先秦名学史》第三编《墨翟及其学派的逻辑》中，将《墨子》某些篇章列为"前期墨家写下的关于墨翟的基本学说"，列为"前期墨家对墨翟言行的记录"；将某些篇章"看做后期或新墨家的著作"。在《中国哲学史大纲》第八篇《别墨》中，谓墨家原有"宗教的墨学"一派，后来"另分出一派'科学的墨学'"，"于是他们自己相称为'别墨；(别墨犹言'新墨')"。他的主要观点是：今本《墨子》53 篇没有一篇是墨翟写定，其中某些部分是前期墨家记录和推演墨翟论说写成的"宗教的墨学"类著述；有些部分是后期墨家就所处时代争论的问题写成的篇章，和总结其前科技成果写成的篇章，即"科学的墨学"；另有少部分是他派诸子伪造的篇章。

（三）陈柱《墨学十论》论墨学史诸问题

陈柱《墨学十论》，1928 年上海商务印书馆排印出版；后流传较广，有 1930 年《万有文库》初版排印本，1931 年商务印书馆再版本，1934 年《国学小丛书》初版排印本等。此书从《墨子之大略》等十个方面讨论墨家与墨学，其中有如下两方面涉及墨学史问题。

《诸子墨论述评》用孙诒让《墨子间诂》附录《墨学通论》之材料，分《对于墨学全体之批评》《对于兼爱说之反对》《对于节用说之反对》《对于非乐说之反对》《对于节葬说之反对》《对于好辩之反对》《对于称道古昔之反对》述列并分析。最后总结道："非墨者大约为儒道法三家。道家如庄周则毁誉各半，而对于墨子之人格则极称道之。法家如韩非，虽非之亦不甚力。惟儒家孟、荀非之最甚；而荀卿为尤辩。"

《历代墨学述评》是该书最重要处。它按时代为序评论了其所见到的墨学著作。谓战国时墨家先"与杨朱共夺儒家之席"，又"尝与儒家中分天下"；自秦焚书，汉起中绝，无章句之作，至晋鲁胜始为《墨辩》作注。其后，郑樵《通志·艺文略》载《墨子》有《乐台注》，然书早亡；直至清乾隆间，乃有毕沅《墨子注》为全书章句。谓毕注缺陷有三："一，好以儒言傅会"；"二，引据类书尚多漏略"；"三，征引尚多未备"。同时又有汪中治墨，但其书失传，仅其序存，谓汪氏持论"精于毕、孙（星衍）"，"汪氏之见，盖卓于毕、孙远矣"。毕沅以后有王念孙，考证成就"尤远在诸家之上"，《墨子》"至王氏而略已可读"。而《墨经》四篇，则赖张惠言《墨子经说解》始可读。苏时学《墨子刊误》颇受孙诒让、陈澧称赞，但其失有二："一，笃信《伪尚书》，故往往据《伪尚书》而误解墨子"；"二，小学非其所长，故所说时或不免于陋"。又谓"以泰西科学释《墨经》，实始于邹（特夫）、陈（澧）二君"，陈澧"论墨学之得失"，"深得要领"。苏时学之后，有俞樾《墨子平议》补王念孙之所未备。但自毕沅后至俞樾书，皆不列《墨子》全文，故有孙诒让《墨子间诂》博采诸家说，分列《墨子》原文之下；其首刊之聚珍本错误少，而后刊之定本网罗内容多；其书成为集前代墨注、墨研之大成者。

孙氏书后，有章炳麟《国故论衡·原名》有独到之处。又有梁启超，开毕沅等校理《墨子》、以叙文及简说形式研墨外另一治墨门径，即他所作《墨学微》及《墨子学案》，两书对墨学综合研究，近于义理之学，而其《墨经校释》则近于考据之学。梁氏之论中，如墨家倡"民选天子""劳农政府"、反对君位世袭等均违事实，乃"似商贾趋时，好以外国学说，皮傅古书"。其《墨经校释》，"文字明晰"，引《说》就《经》，"极便学者研究"，但其疏失在于死守牒经字例而"妄加妄减"原文，暗用前人之说而不出前人之名，"援引多讹"，"改字太多"，"文字之学本疏……于古音义无所阐发"。但"梁氏提倡墨子，前后著书三种，其功可谓勤矣，可谓墨子之功臣矣"。此乃持平之论。

梁启超后，有胡适、章士钊以名理说《墨子》。但胡适"别墨"说，实"于论理有不可通者"。而章士钊"反其说，以《墨经》为墨家与施、龙辩难之书"而名曰"名墨訾应"，实误解了《庄子》所说墨家派别互以《墨经》为本而相互訾应之原义，且疏失不少，增字解经。

在梁启超稍前治墨诸家中，陈柱评论了王树枏、吴汝纶、王闿运、郑文焯、曹耀湘、胡兆鸾、尹桐阳。谓"郑书自以为过孙氏《间诂》，今不存。王树枏有《墨子校注补正》，以《万历本》校《墨子》，足补孙氏所未逮。吴书虽注重文章，然训释亦颇有足以正毕、王之说者"；"闿运本词章家，考证非其所长；除武断妄改外，并多袭前人之说"；曹耀湘《墨子笺》，"于每篇之末，皆略论其大义，亦颇有胆识"；胡兆鸾《墨子尚书古义》"专取墨子说《尚书》之一部分以治《书》，于墨学、经学均为别开生面"；尹桐阳书"祖述王闿运之说，然绝不出王闿运姓氏"。

与陈柱作墨书而同时刊布者，陈柱评刘师培、陶鸿庆、张纯一、李笠、胡朴安、刘昶之书。刘师培《墨子拾补》以《群书治要》《白孔六帖》《文选注》《艺文类聚》《太平御览》等引文校《墨子》，"均足以补孙氏《间诂》之缺遗，其释义多精确"；"陶鸿庆有《读墨子札记》，说亦精卓"；张纯一《墨子间诂笺》，章炳麟谓时有"精卓之义"，而李笠评校勘之功疏，旁参本少；李笠《定本墨子间诂校补》博采孙诒让后诸注墨者，然发明则少；胡朴安有《墨子经说浅释》只解《经上》《经说上》，多非难梁启超说，释义颇有发明，又有《墨子学说》问世，"均刊布于所编《国学汇编》"；刘昶《续墨子间诂》"颇能以小学阐发古义"，但"其所释往往前人已言之"，其"于《间诂》尚未细读"。

陈柱又以盈损之说，论在"墨子之学遂如日之中天"时，亦有人"力诋今之治《墨子》者"，如柳诒徵《读墨微言》谓"墨子之道自不能通行"，其利人之亲然后人利己之亲说，颇似"市道相交"；孙德谦《释墨经说辩义》讥考据家径改《墨子》文，反"西学中源"说。

(四) 方授楚《墨学源流》

方授楚《墨学源流》，1937 年上海中华书局排印出版，1957 年台湾中华书局影印，1989 年中华书局及上海书店影印。

该书有《自序》叙述作是书的动机及过程。谓基于正视听、辩彼时墨学争论热门话题，而考墨学源流，成书上卷；将往日与胡怀琛、卫聚贤等辩论文，辑成是书下卷。次为上卷《墨子之生平及其学派》、下卷《墨子之姓氏国籍学说辩》，后有《墨学余论》。其下卷《墨子之姓氏国籍学说辩》共四章，辑录的是作者往日与胡怀琛、卫聚贤等争论墨子姓氏国籍的论文。我们将放在"关于墨子国籍论战"中加以介绍评说，这里主要讨论其上卷。

上卷《墨子之生平及其学派》，除《导言》外，共十章：《墨子之身世》《墨子之事迹》《墨子书之考证》《墨学发生之背景》《墨子之学说》《墨家之组织》《墨学之传授》《墨学之进步》《墨学之衰微》《墨学之复活》。

关于墨子的身世和事迹，方授楚考证墨子姓墨名翟，并批评元人伊世珍、清人周亮工、近人江瑔"墨子非姓墨说"；从墨子鲁人说而驳宋人、楚人说；列前人生卒年说而谓墨子生于周敬王三十年（前490），卒于周威烈王二十三年（前403）前。又考墨子出身于工匠，受学于史角后代之为儒者；在越灭吴前已开始讲学①；居鲁时曾与巫马子、公孟子、程繁等论辩，晚年曾与鲁穆公问答；因宋与周道不同，故墨子至宋，曾止楚攻宋，其非攻论与宋襄公"仁战论"有联系；在卫曾劝公良桓子蓄财养士，曾推荐弟子仕卫；曾屡游楚而与鲁阳文君友善；曾屡游齐，晚年见田和；曾游越辞越王之封；或曾游魏；其所周游，在于行义非攻。

关于墨子书的作者及类别，方授楚考证今本《墨子》乃墨门弟子后学论述缀辑而成，应视作"墨学丛书"；作者类别基本用胡适说而加以考辨；考《墨子》"十论"诸篇引《诗》多改为散文化，引古书多改为当代语，多采通俗语词入文，有《韩非子·外储说左上》载楚王谓田鸠时所说的"言多而不辩"特征，由此考证"十论"成于墨子卒后70年左右；考《墨辩》六篇产生于"楚威王以后，至荀子以前"；《耕柱》《贵义》《公孟》《鲁问》《公输》其言"均辩而不多"，在"十论"之后而"至汉而始完成"②；驳朱希祖以《备城门》以下有汉代制度等而定为汉人伪书说，与《管子·九变》比较而定此前7篇为战国作品，《号令》《杂守》为汉人作，《迎敌祠》《旗帜》有阴阳家说；考《修身》《亲士》作于汉初，《法仪》《七患》《辞过》《三辩》4篇是"先秦之书似非后人伪托"，"其旨与墨家之说无忤"，《所染》袭《吕氏春秋·当染》而成。最后列表总结："十论"除《兼爱上》《非攻上》《非儒下》外，当为墨子弟子作而稍晚；墨家后学所作有《兼爱上》《非攻上》《经上》《经下》《贵义》《公孟》《鲁问》《公输》《非儒下》，稍后有《经说上》《经说下》《大取》《小取》《法仪》《七患》《辞过》《三辩》《备城门》至《备蛾傅》；秦汉之际有《所染》《耕柱》；西汉伪作有《亲士》《修身》。

关于墨家学说产生的社会背景，方授楚从彼时"社会生产状况已呈蜕化之迹"及制度文化随之动摇等方面考墨学产生原因。谓西周以畜牧为主

①　参见方授楚：《墨学源流》上卷，中华书局1937年版，第18页。然方氏考墨子生于公元前490年，而越灭吴在公元前473年，是墨子17岁前已讲学，恐无是理。

②　方授楚据《耕柱》"逢逢白云"至"迁于三国"，谓"国"乃"邦"字避讳改，而考有汉人之笔。见方授楚：《墨学源流》上卷，中华书局1937年版，第52页。

农业为副，春秋初两者并重，春秋末农业高度发展，战国以农业为主，商业渐盛，铁器用于制农具，引发生产状况、社会组织、政治制度大变化。西周为宗法社会，等级森严；春秋时上下失序，公卿为皂隶，皆基于经济与农业大发展，经济地位上升者求政治地位。鲁存周礼，且手工技艺发达，这便是儒家与墨家所处的相同社会环境。但所处社会环境相同，儒墨两家学说为何大异？方授楚认为关键在于两者出身不同，孔子出身于破落贵族，救世之术立足于君子，即今天所说的统治阶级；墨子为贱人，故立足于"贱人之观点方面倡为学说"。

关于墨家学说的考察，方授楚分如下6部分：第一，《墨学之渊源》分析"原于尧舜""原于夏禹""原于史佚"之非是，定为墨学乃墨子独创，故"九流多以其学术名家而'墨'乃独举其倡导者一人之姓以名家"。第二，《墨子学说之体系》谓墨学中坚在卷二至卷九自《尚贤》至《非儒》十一目，均先破后立：非贵族专制，故尚贤；非攻，故兼爱；非乐，故节用、节葬；非命，故天志、明鬼；非儒故立自己学说。又谓墨学因非攻而起。第三，《墨子之政治思想》，谓墨子对宗法用人制大肆抨击，故提出尚贤以救其弊；反对攻伐，并亲身止战；寻攻伐原因在于不兼爱，兼爱乃非攻之本，尚同乃统一之方。尚贤、非攻、兼爱、尚同乃墨子政治思想主导。第四，《墨子之经济学说》，谓其方法在节用，其目的在"利"。孔子不言利，与其所在阶级追求道德有关；墨子言利，则与其贱人出身有关。墨子以"贱人"标准考察统治阶级，谓统治者生活侈靡，故讲节用以削之；谓其礼俗靡财，故讲节葬以制之；谓其精神享乐过侈，故讲非乐以节之。谓墨家不但节制消费，而且注重发展生产，主张人人劳作，各尽所能，以时生财。方氏又谓墨家主张增加人口，提倡早婚；谓墨家主张分配求均。这些考察，借用了阶级分析的方法，从墨子阶级立场出发观察问题，以墨子所立的"贱人"标准去分析墨家所提出的社会主张。这种研究问题的角度，在当时是颇为新颖的。第五，《墨子之宗教信仰》，谓墨子以"贱人"出身登上社会舞台，故从"贱人"立场除旧立新，除旧即非命，立新即天志明鬼。谓墨家欲使"贱人"奋起，故破"富贵有命"论；为传播自己的学说而讲天志——"天志即墨子之意志"；借鬼神之制裁以欲人不相贼而相爱。第六，《墨子之根本精神》，谓墨子的思想特点在于平等，即《荀子·天论》攻其"有见于齐"，《非十二子》论其"僈差等"；主张人生之享用平等，死之礼节平等。

方授楚关于墨学传授的考察分如下两部分：第一，《墨子之教育》谓墨子重视教育；其教育方法：一为分科以发展个性，二为重实行，三为重动机，四为主要以三表法、类推法求知，五为贵义而不重书，六曰以诱劝学与严加督责结合。第二，《传授之情形》考墨子弟子后学40人：亲授18人、再传3人，三传1人，不可考11人，墨学杂家4人。

关于墨学发展与进步的考察，方授楚分如下十部分：第一，《后期墨者之系统》，据《庄子·天下》《韩非子·显学》列出南北两派系统表。第二，《真墨与别墨》批胡适之"别墨说"（《中国哲学史大纲》第八篇），梁启超之"别派"（《墨子学案》），钱穆谓许行、惠施、宋钘、公孙龙为墨者（《墨子》），并详辨惠施非墨家。第三，《〈墨经〉之作者》将梁启超"墨翟作说"加以分析，而定为"墨家后学所著"，"必禽滑釐、孟胜、田襄子诸巨子硕学，以多数人之力量，随时决定而颁布之者"。第四，《〈墨经〉之概要》谓"一、墨子学说之修正与发展。二、社会科学，如人生道德及政治、经济诸事，此以《经上》之上部为多。三、应用科学，如数术、形学（几何）、物理、制造诸事，此以《经上》之下部为多。物理中之光学则在《经下》之上部。四、知识论与辩学，《经上下》均有之，《大取》言及'语经'，《小取》则专言'辩'。五、对于他家学说之诘难。"并论旁行读。第五，《墨义之修正与发展》谓《墨经》在以下三方面发展了墨学："一曰反古"，反法古以修正墨子说；"二曰重情"，修正墨子重理智而抑感情之倾向；"三曰新功利观点"，从心理感情上解释"利"。第六，《兼爱非攻之新解》谓后期墨家在"无穷则害兼"，"非攻不非诛"（即"杀盗非杀人"）的论辩中发展了墨家兼爱非攻说。第七，《知识论与辩学》谓《墨经》之知识论在于自悟，辩学在于悟人。谓《墨经》中主闻见、思维、实验以接受知识，又有或、假、效、辟、侔、援、推之论辩七法。第八，《与他家之论难》考后期墨家与名家驳坚白同异，与"辩者"辩"火热"等；与老庄派辩"言誖"，辩"绝学无忧"；与宋钘辩"无欲恶"；与告子辩"仁内义外"等。第九，《实用科学》综释《墨经》中形学（几何）、物理学（力学、光学）、经济学等。第十，《〈墨经〉释疑》以"《墨经》非一人所著，乃墨门多数信徒百余年心力之结晶"以驳"《墨经》外来说"。

方授楚探讨墨学衰微的原因，列孙诒让、胡适、梁启超诸说及李季"农工阶级失败说"（《胡适〈中国哲学史大纲〉批判》）、郭沫若"因反革命而消亡说"（《中国古代社会研究》），逐一评说，并列自己理由如下：第一，墨学自身矛盾，如"杀盗非杀人"等；第二，理想之过高，以贱人生活为标准相号召；第三，组织之破坏，内部以巨子相争，互相诘难；第四，拥秦之嫌疑，腹䵍、唐姑果在秦被用，又有墨家媚秦之嫌。最后论因墨学因反旧贵族而起，故于贵族亡后亦销迹。

关于墨学之复活，方授楚谓秦后千七百年仅有鲁胜、乐台治墨，自清乾隆起有张惠言、卢文弨、孙星衍、毕沅、汪中、王念孙、丁杰、许宗彦（以上江浙人）、翁方纲（直隶大兴）进行研究；最后评说梁启超墨学研究得失，并列出历代墨学书目。

方授楚的《墨学源流》是墨家学术史研究的扛鼎作，其突出学术贡献有如下三点。

第一，就墨家学术渊源提出新说。方氏否定了前人墨学"原于尧舜""原于夏禹""原于史佚"诸说，考证墨学乃墨子独创，故"九流多以其学术名家而'墨'乃独举其倡导者一人之姓以名家"，并从宋、周"道"不同的角度补充考说。这对后人的先秦诸子文化源流研究有很大启发意义。

第二，方氏明确提出"《墨子》是墨学丛书说"，并从文体、语言等特点考察《墨子》各部分的产生年代，扩大了《墨子》书考察的证据范围，给《墨子》书性质以较为准确的定位。

第三，方氏从《墨子》"十论"与《墨经》思想倾向的不同，谓《墨经》在反古、重情、从心理感情上解释"利"这三大方面，弼正了《墨子》"十论"中凸现的墨家思想学说缺憾。

二、20 世纪 20 年代末关于墨子国籍的激烈争论

1928 年 4 月，胡怀琛在《东方杂志》第 25 卷第 8 期发表《墨子为印度人辨》，同年 8 月郑师许在《东方杂志》第 25 卷第 16 期上发表《〈墨翟为印度人辨〉驳议》，吴进修在同刊同期上发表《正胡怀琛的〈墨子为印度人辨〉》，同刊同期并列刊出胡怀琛答辩文章《墨翟续辩》；尔后，有方授楚、陈登源参与辩论，并成为与胡怀琛论辩的主力。事后，方授楚将他参与论辩的主要文章收为他的《墨学源流》下卷。这场讨论以胡怀琛最终承认墨子并非佛教徒而告终。

方授楚在《墨学源流》中选登了他的《墨子非印度人论》和《驳胡君怀琛〈墨翟续辨〉》二文及胡怀琛的《墨子为印度人辨》。

胡文先从引江琼说入手，考"翟"与"狄"古通，而举种种证据，得出八项结论："一，墨翟者，'墨狄'也。因面黑或衣黑而称'墨'，因外国人而称'狄'。二，墨翟，印度人也。三，'兼爱''节用'，佛学也。四，'天志''明鬼'，佛教也。五，'名学'，'因明'也。六，'无父'，出家也。七，'摩顶放踵'，秃头赤足之僧装也。八，索卢参，印度字之译音也。"

方氏《墨子非印度人论》以先秦至三国书尤其《墨子》书中无一以"狄"为"翟"驳胡第一结论；以孟子因陈相学于南蛮人许行而严斥之，而未以"外国人"斥墨子，以《渚宫旧事》卷二鲁阳文君言"翟子北方贤圣人"等驳胡氏第二结论；以天志、明鬼乃上古旧学，因明乃陈那改良后才传至中国等驳胡第三、四、五结论；针对胡六、七结论，驳对《孟子》"无父"及"摩顶放踵"之曲解，指出墨家主入世、倡早婚不同于佛学；以后汉有

索卢放、后秦有索卢曜驳胡氏第八结论。

方氏《驳胡君怀琛〈墨翟续辨〉》，对胡怀琛《墨翟续辨》中列出新证——辩驳：胡曰墨翟以释迦灭度后约六、七十年来中国，与先秦书载墨子行年不合；胡曰墨子曾言火葬同印度，但义渠国在今甘肃而不在印度；驳胡以《鲁问》言楚南啖人国有食长子之风比附印度；驳胡氏以几何学来自印度，谓古几何学出于划井田、造宫室；驳胡氏"鸡三足"论题来自印度说；驳胡氏寓言来自印度说等。

与胡怀琛论辩的另一主要人物是陈登源。陈登源驳胡怀琛的第一文《为墨翟国籍质胡怀琛君》，发表于开明书店《一般》杂志第 7 卷第 1 期（总 25 期）。文分八节：第一节，《墨家的旗帜》，驳胡怀琛墨学为佛学旁支说，谓墨家从未"打起佛的旗帜"，而却以"三代圣王"为旗帜；且先秦时《庄子》《荀子》及汉初《淮南子》已明言墨学出于先圣先贤。又驳胡怀琛"墨子托言古圣王"说，谓其托言圣王真为佛教旁支的话，当汉后佛教大盛时会昌盛起来。第二节，《从孟子书中论墨翟》，谓古今人皆以卑视态度对外来民族，如《孟子》书中斥陈良"南蛮鴃舌之人"；若墨翟真为外来之印度人，孟子为何不痛斥此点？第三节，《先秦无特创之名学乎》，驳胡怀琛"先秦无名学，故别墨之辩来自印度因明"说。举《荀子·正名》"故物虽众，有时而欲遍举之，故谓之物……有时而欲偏举之，故谓之鸟兽……"为内涵与外延之说；举《荀子》"有血气之属，必有知……故人之于亲也，至死无穷"而分析其三段论式；又引胡适谓荀子有演绎的论理等来反驳之。第四节，《天与鬼、节丧与火葬》批胡氏"天志为佛教"说，举《商颂》《洪范》等文与《墨子》文对照而论天志观念上古已有之。批胡氏"明鬼为佛教之一部"说，举《左传》《竹书纪年》等已载有鬼驳之。举胡氏"墨子言火葬之俗由印度来华"说，论墨子主薄葬，却不以火葬为善驳之。第五节，《从兼爱到出家》，驳胡氏谓"墨子兼爱无父因以为出家说"，谓兼爱近于"无父"，不等于"无父"，孔门亦讲"爱人""兼善天下"以驳之。又进而论"以兼爱证墨子之非佛，转有几分可通"，因《弥沙塞律经》有"父母不听，不得出家"说，及《佛临涅槃母子相见经》载如来死前见母传说，证佛家虽出家，然心中仍有父母之特殊地位，与墨子以兼爱爱父母不同。第六节，《思想相同未必人种相同》，举《后汉书·孔融传》孔融"父之于子，当有何亲"之论与西方"父育子为义务说"同，王莽复井田与希腊沙伦限制贵族占田同，卢梭反君权与鲍敬言"无君说"（《抱朴子·外篇·诘鲍》）同，来驳胡氏因墨学与佛学有相通处即谓墨子必印度人。第七节，《佛墨之思想果相同乎》，举墨子"非乐"与佛教"作乐"有异、墨家"抵抗"主义与佛家"无抵抗"有异、墨家"有无"与佛教"无为"有异来驳胡氏。第八节，《结论》归结上文之七事，并谓作翻案文章贵有证据，如阎若璩等尚可，而胡氏"以贸然而得，证据不甚充实之材料，推翻数千年之成案"，实不可能。

就陈登源所问，胡怀琛复一信，刊登在 3 月 24 日《时事新报》之《中国学术通讯》；3 月 25 日，陈奉符接一长信，遂刊于《一般》杂志第 8 卷第 2 期上，名曰《为墨翟国籍问题答陈登源君》。胡致陈信大意如下：第一，佛家坚忍性较耶稣教、回教稍差；第二，基督教输入西洋学说，亦杂中国旧说；第三，孟子斥外国人，墨翟之"翟"字亦含斥意；第四，荀子名学乃受墨家影响而有；第五，墨子之前无火葬，中土言火葬，自墨子始有，而印度为火葬唯一发生地，"则《墨子》书中火葬非言印度风俗而何"；第六，今人章太炎、张纯一已言墨子与佛有相通处；第七，墨学内容谓其出于印度无不通，谓出中国难一一导出根源；第八，汉后佛大盛，但"墨子之徒乃一反其本来面目，故有佛而无墨"；第九，墨子与佛非乐不同不敢强答。署曰"十八年四月十五日"。

陈登源就此复信作一文，登于《一般》同期上，名曰《为墨子国籍事再质胡怀琛君》，分七部分驳胡说：第一，《由中土十宗再论宗教家的坚忍性》，列表举佛教入中国之十宗，即俱舍宗、成实宗、律宗、禅宗、法相宗、三论宗、天台宗、华严宗、密宗、净土宗皆高举"佛"之旗帜，不似胡氏所言墨子之"易帜"不言佛。第二，《再论"依附"与不忘所"自"》

明末清初基督教传入中国虽杂引中国旧学，但不忘自己学说；而墨家则绝口不提"佛"字。第三，《再论孟子骂墨子》，谓孟子斥蛮夷，除陈相外，还因白圭欲二十而取一而斥之；此两小敌则大斥，而于墨家之学说大敌怎仅一个"翟"字斥之？又，《孟子》中凡"夷狄"之"狄"皆作"狄"而不作"翟"。第四，《说翟字》，分A《"墨翟"即墨翟之武断》、B《古人以"戎""狄"命名之例》、C《墨翟之翟决不能作洋鬼子解》批胡氏"翟"通"狄"之妄解墨子为印度人。第五，《论以墨辩证佛墨同源之非》，批胡氏"先秦本无名学，《墨经》为因明之衍"说，分三部分驳之：A先秦本有名学，B胡适已证后期《墨经》名学家发扬墨子名学，C墨子前已有孔、老之名学（取胡适说）；又分析《尚书·洪范》《易·坤卦》等已用三段论证方式，来证中国古有名学。第六，《论以火葬证墨子西来之误》，再论墨子主旨反厚葬，又证火葬非印度这唯一起源处：苗族、非洲桑给巴岛土人、希腊部分人，皆用火葬。第七，《再从学术思想论人种》谓学术出于相应环境，墨学出于非儒；非乐与佛用乐之大别足破墨子西来之非。第八，《附札两则》，以亚里士多德比墨子，谓墨子可兼科学家、军事家、哲学家；谓佛入中国后，墨家是否并入其中，请胡氏"拿证据来"！最后是《结论》，总括上文。

胡怀琛见到陈登源文后，于《一般》9月号（第9卷第1期）上发公开信，以《为墨翟国籍问题再答陈登源启》为名，谓陈已收到托刘叔琴捎去的自己有大量证据的油印本，却不据此讨论，指斥陈"不忠实"，故不再与之讨论，"从此已矣，不复言矣"。

陈登源复于《一般》杂志12月号（第9卷第4期）发表《为墨子国籍致胡怀琛君》。先驳"不忠实"，谓人的学说当以发表者为精华，别人讨论当据此；又回顾了二人往来讨论的"孟子斥责问题""翟、狄是否通问题"，证自己以事实说话，而胡氏名曰《伦理学史临时讲义》的《墨子辨》中找不到新的东西，才置而不论。

以下，又复述胡氏油印本内容：1—4页重复墨子面黑故为印度人，4—20页论墨、佛之思想相同，22页重说古父渠不火葬，墨子生于东方而知之，故是印度人，24页从索卢参等考墨子为印度人，等等。论其无新说。最后反问为何不拿"油印本中的宝藏，以痛驳我的《再质》呢？"

为了答辩方授楚、陈登源等人的驳难，胡怀琛将关于"墨翟为印度人"的观点详加整理，增加条目，先油印分赠同行，后又铅印成册，名曰《墨子学辨》。

《墨子学辨》首列卫聚贤1929年6月写于教育部古物保护所的《序》，序中大赞顾颉刚疑古态度，攻击反驳方"只有谩骂，没有有力的反证"；次说"西学中源"说之非；由抵制日货讲到抵制外来科学。复次说自己曾找证据证墨子为印度人。最后鼓励胡。火药味颇浓。

次释太虚于1929年7月12日作的《序》，谓墨子之天志明鬼及物理学系中国原无，名家及荀子正名受墨辩影响。但墨子根本思想不是佛教，而是印度婆罗门教等。

次《目录》，次《引用书目》，次正文。正文分16章。第一章《绪论》谓此为《中国学术周刊》已刊文《墨子出于印度辨》的详稿。其结论：第一，墨学出于印度，第二，墨翟为印度人，第三，墨翟为婆罗门教徒。第二章《从哲学方面辩证》，第一，比较原文谓《墨经》知识出于《尼乾子经》；第二，《〈墨经〉说觚与〈百论〉之对照》谓"《墨经》中语多有与《进论》《中论》相似者，如其中'同''异''合'等条"；第三，《今人多以佛墨互证》举梁启超、章太炎、胡适、张纯一、释太虚论墨学与佛学互证。第三章《从科学方面辩证》有两部分：第一，《墨书科学疑出于印度》，以闽学会译《印度史》与《墨经》中算学、光学、力学比照而论定。第二，《墨书几何学界说尤似出于印度》举《隋书·经籍志》载《婆罗门算法》等证之。第四章《从文学方面辩证》，谓其文字奇特、长篇论说、文句结构法、解释假托并发明公例等与佛书中相似者比证，又谓中国寓言始于墨，墨子寓言出于印度(以其与佛书中相同者证)。第五章《从文字方面辩证》，谓《墨子》中"扡""度"等均为后世佛书所袭用。第六章《从宗教方面辩证》，谓《天志》《明鬼》中有宗教家语，墨子弟子有宗教精神，巨子制度为宗教制度，《新五代史》等载墨子有役使鬼神匿形幻化等术。第七章《从风俗方面辩证》，谓《耕柱》中"能说书者说书"是讲经，墨子书中言火葬，《墨子·节葬》言輆沐国食长子俗为今缅甸风俗，《墨子》中言早婚俗合印度俗。第八章《从器物方面辩证》谓墨子兵法中多外国器械，如轒辒、苔、蟊、璅琯等。第九章《从姓名肤色方面辩证》谓墨子因系外国人而称"翟"，因面墨或衣墨而称墨。第十章《从墨子弟子方面辩证》，谓随巢子、胡非子不似中国人姓名，禽滑釐疑为匈奴人，索卢参疑为月氏人。第十一章《从孟子拒墨方面辩证》，谓无父即宗教家无家庭观念，摩顶即秃头，放踵为赤足。第十二章《墨学在中国之源流如何》，谓墨学在中国其源不清，在中国其流不明。第十三章《关于年代问题》谓墨翟为婆罗门教徒其年代甚早，谓墨翟生在释迦灭度后二三十年，六七十年来中国；谓墨翟生于阿育王遣使传教之前约二百年，以私人传教东来极有可能。第十四章《关于交通问题》言中国古籍（如朱士行《经录》）言秦始皇时有人来传佛经，近人书及西人书亦言秦以前中印有交通，谓墨子来中国传教不见于记载是古书忽略。第十五章《答或问》，辨"狄"与"翟"通假、弟子及墨子皆有"翟"之称言、日者言墨为肤墨或气色暗等问题。第十六章《总结》从以上所论之要点及辩证方法（自谓"以书本为证"）论定墨翟为印度人。

在这场论辩中，同意胡怀琛观点并予以撰文应和的是卫聚贤。1929年1月卫聚贤在《认识周报》第2期上发表《墨子老子是印度人考证》，后又在《古史研究》第2集中仍坚持是说。关于胡怀琛自印本和卫聚贤文，方授楚在《墨学源流》有两文驳辩，列为下卷之第三章，取名曰《驳墨子为印度婆罗门教徒说》，包括《〈墨子学辨〉商兑》和《评古史研究者之墨子国籍观》两篇文章。前文是作者见1929年胡怀琛自印《墨子学辨》后写成的反驳文章，未发表；后文是作者1935年看见卫聚贤《古史研究》第2集仍在证墨子为印度人，而写的辩论文章，原名曰《墨子果印度或亚剌伯人欤》，后此文遗失，故又另草一文，即收于此章的后文。

　　《〈墨子学辨〉商兑》谓《墨子学辨》的"要义则在墨翟为印度婆罗门教徒"。就胡书中证据，方氏一一驳之如下：第一，驳墨翟肤色墨而为婆罗门教徒。方氏指出"历史上印度统治阶级，其肤色为白色，本阿利安种也"，举当时流行之《世界史纲》所载征服印度黑色土人种之吠陀雅利安人有三类，即婆罗门、刹帝利、吠舍，他们是"一种肤白、食牛肉之人"；《瞿昙略传》亦曰"婆罗门人虽享特权，有势力，尚未能据阶级最上层也。然在彼高贵之雅利安人与较黑之平民间，区别已着深痕……"。最后方氏直言不讳地讲："于印度史实现状，隔膜如此，安能高论墨子是否为印度人乎？"第二，论墨翟弟子无一为外国人。逐一驳胡氏书中索卢参为月氏人、禽滑釐为匈奴人。第三，从《孟子》攻击墨子无父、摩顶放踵，反证墨子非婆罗门人，证婆罗门人重家庭观念，证婆罗门人"未尝秃头"。第四，从哲学、科学、文学、文字等方面证墨子非婆罗门人。第五，从苦行相同但动机相反、火葬之俗、墨子主早婚与婆罗门信仰及风俗不同论墨子非婆罗门人。第六，论墨学源流与印度无关。第七，最大区别在于墨翟主平等，而婆罗门讲阶级。

　　《评古史研究者之墨子国籍观》主要针对《古史研究》第二集（商务印书馆版）中卫聚贤的"墨翟为印度人说"而写的驳论文章，对卫氏提出的证据一一驳辩。先驳卫氏《墨子小传》内提出的墨子"产生地究为印度或亚剌伯亦不易定"，及其《墨子引书考》《墨子各篇作者及其派别》等文中认定的"墨子为印度婆罗门教徒"说。总结卫氏证据有三：墨子之身体、生平、学术。方氏逐一驳卫氏提出的墨子身体之肤墨、高鼻（卫氏因《墨子·公孟》有跌鼻之人而附会墨子是高鼻）、秃头而发不黑（卫氏因班固《答宾戏》有"墨突不黔"而附会墨翟发不黑）、赤足；又驳卫氏因《墨子》书载墨子北之齐见日者故事附会"南之人……黑"而谓墨子非犹太人即印度雅利安人，因《墨子·尚贤上》"远鄙郊外之臣"而附会出墨子是中国以外很远国的人；又驳卫氏因《经下》有"通意后对"谓曾通其翻译而谓墨子为印度人，举先秦时因方言而需翻译数例驳之；驳卫氏之墨子道义不同似来自印度说；驳卫氏之墨子自苦为极不合中国人苟安性而来自印度说。次驳卫氏《墨子引书考》提出：《墨子》引书，逸文比先秦任何书都多；引同一书音同而字不同者多，似译音；所引《诗》《书》语句不类中国文体。方氏考《管子》书中引《诗》《书》之逸文远较《墨子》为多；分析卫氏认定的译音"决非印度字译音"；考证引书有异是先秦人通例。逐一驳卫说。又驳卫氏《墨子各篇的作者及其派别》中"苦获"即伯夫的异音，已齿之名不类中国，当非楚国人而为印度人说；驳卫氏《墨经》四篇文体不类中国，其中科技非中国原有说。最后从三方面证墨翟当为中国人：孟子不斥为外国人；墨家主平等比佛教更彻底；在卫氏考墨子来华之年（周考王初年）前墨子已有活动见于先秦书载。

《古史研究》第二集还收有金祖同《墨子为回教徒考》、陈良盛《〈墨子〉文法的研究》二文，主墨子为阿拉伯回教徒说。方授楚针对此写有《驳墨子为亚刺伯回教徒说》一文，收入《墨学源流》下卷，为第四章。

金祖同《墨子为回教徒考》论证的主要问题有：墨子非中国人，《墨子》书为宗教家言论，墨子非佛教及婆罗门教，墨子为回教，墨子与回教创教年代问题。方授楚文在分析前四点之非后，主驳其第五点。金氏明知回教创于穆罕默德，在中国陈宣帝太建三年（公元571年）；故考曰前埃及史学家马懿涛早已言及回族自外来胜埃及军队事，定曰"回教之不创始于穆罕默德也明矣"；故墨子于此强盛之时来中国。方氏依韦尔斯《世界史纲》之《埃及古史》节考入侵埃及之人为喜克索人，时当中国夏朝少康至商小甲四百年间，而墨子时他们已回伊斯兰并衰败至"寂寂无闻"，以证金说之非。

陈良盛《墨子文法的研究》考《墨子》中、下篇不似中国人作，其"特殊文句，有与中国边地民族及外国文句法相近，尤其是回文"。方氏以"误解古书"（如陈氏谓"若苟"古书无此词，而方氏谓《左传·成公二年》《考工记》中既有等）、"未能求同"（如陈氏以《尚同》中、下有"何故之以也"，《礼记》《荀子》诸书无，而方氏举《左传·昭公十三年》既有等）斥其误；

又论陈氏以当今回文等外国文法比较两千年前之《墨子》文，不取外国古文，犯比较法的常识性错误。

三、近百年墨学史研究与墨子国籍争论评析

近百年来关于墨学史诸问题的梳理和研究已取得很大成就。关于墨子的时代和国籍、《墨子》的内容分类和版本源流、墨学的渊源和流传、墨子弟子后学派别以及《墨子》整理研究的历史和论著等墨学史诸问题，清及其前人多限于资料的汇集、梳理。自胡适、梁启超特别是胡适的《中国哲学史大纲》起，才对这些问题进行专门、系统的研究，并取得一致的意见。大多数学者认为：墨子是鲁人，活动于孔子谢世和孟子出世间；今存《墨子》53篇依可靠程度可分为五组；墨学与夏文化、孔子学说、周人礼制文化等有渊源关系，其"中绝"既因自身学说的局限，也由于秦汉思想学术的发展变化；墨家后学有多派，既有发扬墨子科学精神的"墨辩"派，也有继承墨子军事学说的"城守"派，又有发扬墨子兼爱精神的任侠派。20年代关于"墨辩"和墨子国籍的大讨论，是20世纪墨学史研究的高潮。

20年代末这场关于墨子国籍，即墨子是否为印度人或阿拉伯人的激烈争论，虽然涉及的是具体问题，但反映的却是两种学术思潮间的斗争。清末丁谦在《中国人种所从来》中就曾主"中国人种西来说"，与其前盛行的"西学中源"说相抗衡。卫聚贤在《序》中，亦有对墨学研究中"西学中源"做法的批判，而自谓是传统学术观念的革新斗士。其实，妄自尊大的"西学中源"说在学术史上自然没有站住脚；但胡、卫等人的"墨翟为外国人"说，意在反对旧学传统，却也被历史大浪淘掉；个中原因，都在于二说的倡导者，难以举出令人信服的过硬证据，且对于立论的相关知识甚为缺乏，故只能耸人听闻于一时，而不能彪炳学术史于千古。

第二节　近百年来的墨家社会学说研究

一、1912—1948 年间的墨家社会学说研究

墨家社会学说研究是 1912—1948 年间墨学研究中的重要方面，产生的论著很多。以下摘其重要方面介绍如下。

（一）胡适的墨家社会学说研究

胡适对中国传统文化的研究，是从方法论角度切入的，其代表是他在哥伦比亚大学所作的博士学位论文《先秦名学史》。《先秦名学史》原以英文写成，是胡适在哥伦比亚大学为申请博士学位而撰写的论文，写于 1915 年 9 月至 1917 年 4 月。1917 年 7 月胡适回国任教于北京大学，以此论文为基础讲授"中国哲学史"。1922 年 1 月将此书交上海亚东图书馆以英文刊印，先后发行了三版。1981 年冬中国逻辑史研究会决定将该书译成中文。1982 年译校完毕，1983 年由学林出版社出版。

全书有《前言》及《附注》，交代本书的论述方法和特点，以及与《中国哲学史大纲》第一卷的关系；《导论　逻辑与哲学》讲本书研究的目的与范围，提出"哲学发展决定于逻辑方法的发展"的新观点，就宋明新儒家逻辑思想和逻辑方法、中西文化的关系等作以阐说；第一编《历史背景》，以《诗经》为基础材料考证孔子前的社会政治状况、文化思潮特别是初期辩者如诸隐士、邓析、老子的哲学思想和逻辑观念，提出孔子之前有一个"逻辑思想孕育阶段"的新观点；第二编《孔子的逻辑》，除介绍孔子的正名说外，重点以《易传》（特别是《象下》《系辞上》《系辞下》）为基础材料，讨论卦象中的逻辑思想和卦爻辞中的逻辑概念，还讨论了《春秋》"微言大义"所寓含的语言逻辑意念；第三编《墨翟及其学派的逻辑》，讨论墨辩逻辑和惠施、公孙龙的名辩逻辑；第四编《进化和逻辑》，

论庄子、荀子、韩非子的逻辑论说。从而对我国逻辑的起源、先秦诸子逻辑理论和逻辑方法的发展，作出了大致的、历时性的勾画。

胡适正是在论述先秦诸子逻辑理论和逻辑方法的发展中讨论墨辩逻辑的。第三编分为3卷，第一卷《导言》交代研究墨辩逻辑的可靠材料、墨翟的时代及学说、墨家后学及贡献。第二卷《墨翟的逻辑》计两章，第一章《应用主义的方法》分析墨家学说的应用主义特点，指明墨家不同于儒家先验判断的、重实际后果的逻辑判断特征；第二章《三表法》，讨论墨家三表法的得失。第三卷《别墨的逻辑》计6章，第一章《墨辩》，举例说明《墨经》的科学价值，和《大取》《小取》的逻辑学意义；第二章《知识》，介绍墨家的知识论和教育论；第三章《故、法和演绎》，讨论墨家推论的演绎逻辑；第四章《归纳法》，讨论墨家类比推理的归纳法；第五、六章讨论惠施和公孙龙的名辩逻辑。

《先秦名学史》中墨学研究的框架和材料，多被借用在胡适的《中国哲学史大纲》中。

1917年7月，胡适应聘到北京大学任教。结合教学，胡适写成了《中国哲学史大纲》（卷上），1918年9月交上海亚东图书馆，1919年2月出版。

胡适主张逻辑方法是古代名家哲学的中心问题，所以《中国哲学史大纲》（卷上）（以下简称《中国哲学史大纲》）以作者的博士论文《先秦名学史》为基础框架，加以修改而成，除蔡元培《序》和作者《再版自序》外，其他结构与《先秦名学史》相似。第一篇《导言》，交代作者对哲学、哲学史、哲学史学科的任务、中国古代哲学史分期及中国哲学史料学的规范等的认识，系统地论述了建立中国哲学史学科的基本问题，标志着中国哲学史现代化研究阶段的到来。第二篇《中国哲学发生的时代》分两章，第一章《中国哲学结胎的时代》介绍前8—前6世纪的社会政治状况；第二章《那时代的思潮（诗人时代）》介绍这300年间的思想派别（忧时派、厌世派、乐天安命派、纵欲自恣派、愤世派）。第三篇《老子》介绍《老子》哲学。第四篇《孔子》分5章，是本书的重点之一。第一章《孔子略传》考孔子生平，第二章《孔子的时代》论孔子时代的社会思想派别，第三章《易》主要讲易象逻辑和卦爻辞中的逻辑方法，第四章《正名主义》讲孔子的名辩逻辑，第五章《一以贯之》讲孔子重推论、重思虑的知识论和以"仁"为中心的人生道德哲学。第五篇《孔门弟子》讲孔门弟子后学在"孝""礼"两方面对孔门人生哲学的发展。第六篇《墨子》，是本书第二重点，共4章。第一章《墨子略传》考墨子时代、主要学说及今本《墨子》53篇的分组；第二章《墨子的哲学方法》讲儒家重目的、墨家重方法的哲学方法区别；第三章《三表法》讲"三表法"的重实用特点；第四章《墨子的宗教》解说应用主义是家"十论"的哲学基础。第七篇《杨朱》讲杨朱哲学与时代的关系，及"名、实"的哲学方法和"为我"的人生哲学。第八篇《别墨》是本书的第三重点，共6章。第一章《墨辩与别墨》介绍墨家后学及其著述《墨辩》六篇的性质和读法；第二章《墨辩知识论》讲墨家知识论；第三章《论辩》分析墨辩逻辑，是重点中的重要部分，篇幅为他章的数倍，且开列张惠言《墨子经说解》、孙诒让《墨子间诂》卷十及卷十一、章炳麟《原名》等参考书；第四章《惠施》，第五章《公孙龙及其他辩者》分析二人的名辩逻辑；第六章《墨学结论》分析墨家消亡的原因。第九篇《庄子》介绍庄子的进化说、名学及人生哲学。第十篇《荀子以前的儒家》讲《大学》《中庸》作者及孟轲的方法论和心性哲学。第十一篇《荀子》讲荀子的天道观、心性哲学和名辩哲学。第十二篇《古代哲学的终局》讲慎到、宋钘、许行、驺衍及诸法家人物（胡适不承认有法家）的哲学思想及法理论说，并述古代哲学中绝的原因。

　　将以上介绍的两书篇章加以对比就可看出，《中国哲学史大纲》是在《先秦名学史》的基础上增加了：第四篇第五章《一以贯之》中的人生哲学、第五篇《孔门弟子》人生哲学、第九篇《庄子》人生哲学诸论说，增加了第十篇《荀子以前的儒家》关于孔子到荀子间儒家诸派别特别是孟子的哲学思想的论说，第十二篇《古代哲学的终结》中关于慎到等稷下诸子的论说。从内容上来看，主要是增加了从庄子到荀子时关于人生哲学的论说。

这种添加，似乎与胡适关于"哲学史中心问题"的认识不一致。胡适在《中国哲学史大纲》台北版自记中谓："我这本书的特别立场是抓住每一位哲人或每一学派的'名学方法'（逻辑方法，即知识思考的方法），认为这是哲学史的中心问题。"胡适的这一观点，是他在中哲史研究方面成功的关键，他从这里入手，抓住了以往治中哲史、思想史者未予充分注意的问题，给人耳目一新的感觉；但他的中哲史研究中的缺陷也正在于此，他以名学方法作为各家哲学的中心问题，往往将古代哲人或学派的政治哲学、教育哲学乃至人生哲学也用名学方法统贯起来，将它们间的平行关系搞成主从关系，表现出哲学观念的偏颇。

胡适在与儒家思想方法的对比中，研究墨家社会思想特点。他是从纷纭万端的墨家论说中，抽取了《墨子》中的两个例子，来分析儒墨的两大区别。举《耕柱》记孔子答叶公子高"善为政者若之何"之问时，强调应使"远者近之，而旧者新之"，而墨子则认为叶公子高是"问所以为之若之何"，孔子答非所问。胡适即以此不同，来分析"儒墨的大区别"：儒家重"理想的目的"，而墨家重"进行的方法"。胡适又举《公孟》所载墨子和"儒者"关于"何故为乐"的问答，即"儒者"答"乐以为乐"，而墨子纠正之，谓应回答"为乐"的功用，来分析儒墨的另一大分别："儒者说的还是一个'什么'，墨子说的是一个'为什么'"。胡适就这两个例子所表现的儒墨区别，来总结儒家思想的特点在于"最爱提出一个极高的理想的标准"，其所强调的都是"理想的目的，却不是进行的方法"。而墨家"恰恰与此相反"，"处处要问一个'为什么'"，"墨子以为无论何种事物、制度、学说、观念，都有一个'为什么'。换言之，事事物物都有一个用处"，"这便是墨子的'应用主义'"，"又可叫做'实利主义'"。①

---

① 以上皆见胡适：《中国哲学史大纲》卷上，《胡适学术文集·中国哲学史》，中华书局1991年版，第107—112页。

　　胡适认为，"墨翟发现了应用主义的方法之后，便把它贯穿于自己的全部学说中，使它成为自己学说的基础，并使许多流行的学说受到它的检验。"① 因此，墨家创出了"三表说"。《墨子·非命上》曰："言必有三表。何谓三表？子墨子言曰：有本之者，有原之者，有用之者。于何本之？上本之于古圣王之事。于何原之？下原察百姓耳目之实。于何用之？废以为刑政，观其中国家百姓人民之利。此所谓言有三表也。"胡适总结墨家"三表法"的实质在于："（1）跟已经确立的思想中最好的一种相一致；（2）跟众人的经验事实相一致；（3）付诸实际运用时导致良好的目的。"② 胡适还举例分析了《墨子》篇章中对"三表法"的具体运用。

　　进而，胡适分析了"三表法"的价值和流弊。谓第三表的好处在于强调实际效果，其流弊在于将"应用"讲得太庸俗，没有注意到某些措施的潜在价值。如其"非乐"仅从费钱财等方面出发，没注意它那教化人心、调节人情的潜在作用。胡适谓第二表"注重耳目的经验"，是"科学的根本"，但其流弊在于耳目见闻有限，且耳目见闻"最易错误迷乱"。胡适谓第一表"强调过去的实际应用"，重经验效用，重"从历史的教训获名益，并学会去进行有益的实践活动而避免招致灾难的活动"。在以上分析基础上，胡适对墨家"三表法"总结道："在这当中存在着墨翟哲学方法的积极用处。墨翟一方面着重实际效果并经常批评儒家喜用抽象的名和原理而不顾它们在生活中的效果。同时，墨翟本人也在设法建立一个普遍原则的体系，一个用应用主义方法检验、权威地建立的真理体系，以指导个人行为，管理社会和国家。""墨翟的方法，一方面强调实际效果，同时致力于与特殊效果完全不同的某种东西，旨在形成一个关于行为的普遍规律的体系。这种思想曾大大地影响着墨翟的政治和宗教观点。在政治上，他想看到一个统一的最高权力和一个普遍的法制；在宗教上，他认为天志是对与

---

① 胡适：《先秦名学史》，学林出版社1983年版，第62—63页。

② 胡适：《先秦名学史》，学林出版社1983年版，第69页。

错的最普遍的标准。"①

就这样，胡适从哲学方法的不同入手，去分析儒家思想与墨家思想特点的不同，去寻求墨家思想方法特别是"三表法"对前期墨家政治思想和宗教学说创立的决定作用。这种研究方法，与胡适的哲学思想方法特点密切相关。胡适认为，"哲学的发展决定于逻辑方法的发展"②。胡适这种重方法论的思想方法，使胡适对于墨家哲学论说、社会思想、科技学说的内在本质联系能够清晰把握；而胡适对于墨家社会政治思想的复杂多彩的一面不能充分认识，在墨家政治思想研究方面导致了简单化倾向，其原因也在于此。

（二）梁启超的《墨子学案》

梁启超的《墨子学案》，初版于 1921 年，即商务印书馆民国十年排印本，后经商务印书馆多次重印，有台湾新文丰出版公司 1975 年影印本等；又有民国二十五年（1936）上海中华书局初版排印本，台湾中华书局 1957 年影印本。

该书前有梁启超《自序》，述该书写作缘起；又有《第二自序》，论墨学并未中绝，而是融入民族性格中，潜移默化地指导着中华民族的是非标准和道德观念；次《目录》；次第一章《总论》、第二章《墨学之根本观念——兼爱》、第三章《墨子之实利主义及其经济学说》、第四章《墨子之宗教思想》、第五章《墨子新社会之组织法》、第六章《实行的墨家》、第七章《墨家之论理学及其他科学》，依次论述了墨家兼爱、交利、天志明鬼、尚贤尚同等政治、经济、科技、宗教、道德问题以及实践精神等；第八章《结论》总括先秦、秦汉人的墨学论说。

---

① 以上见胡适：《中国哲学史大纲》卷上，《胡适学术文集·中国哲学史》，中华书局 1991 年版，第 112—116 页；又见胡适：《先秦名学史》，学林出版社 1983 年版，第 60—75 页。
② 胡适：《先秦名学史》，学林出版社 1983 年版，第 4 页。

较之于《子墨子学说》,《墨子学案》有如下特点:

第一,该书之最应注意者,为其所界定的墨家社会学说的理论基础的改变。

梁启超在《墨子学案·自叙》中谓此作"与少作全异其内容"。"少作"指他的《子墨子学说》与《墨子之论理学》。《墨子学案》虽不能说与此二著内容完全相异,但至少在对墨家理论体系的认识方面,梁启超作了较大改动。如《子墨子学说》以为"天志"宗教思想乃墨家学说"全体之源泉",而《墨子学案》则以"兼爱"为"墨子之根本观念"。

梁启超既以兼爱为墨家社会学说的理论基础,故比《子墨子学说》更详细地论述了兼爱在墨家社会学说中的地位。梁启超认为,作为墨家社会学说的"十论",都是从兼爱作为根本出发点的:由兼爱而讲交利,由兼爱、交利而讲非攻,出于兼爱天下百姓目的而讲节用、节葬、非乐、天志以限制少数人挥霍浪费,墨家明鬼说是推行兼爱的手段,墨家恐不利于兼爱推行故讲非命。因而,兼爱是墨家社会学说的理论基础。

由此观念出发,梁启超详细论述了兼爱与墨家其他主要理论观念的关系。如梁启超分析了"兼爱"与"交利"两说间的关系,谓"兼相爱是理论,交相利是实行这理论的方法。兼相爱是托尔斯泰的利他主义,交相利是科尔璞特金的互助主义"。墨子提倡兼爱,"最要紧的一句话,是'兼以易别'"。梁氏并解释"承认私有权的叫做'别',不承认私有权的叫做'兼'"。墨子兼爱与孔子"泛爱"间的本质差别是:孔子讲由己爱人;而墨子讲不分己、人的兼爱,并认为有了"己"与"人""己家"与"他家""己国"与"他国"的区别,是战争、篡夺、欺诈、盗窃等社会罪恶的源泉。所以墨子提倡爱所有人,而且要无"别"地去爱。梁氏进而推演墨家想以兼爱学说为指导,去建立一个"兼爱社会",谓墨家想"把一切含着'私有'性质的团体都破除了,成为一个'共有共享'的团体,就是墨子的兼爱社会"。

前以"天志"作墨家社会学说之纲领,今以"兼爱"作墨学社会学说之根本观念，这一改变的原因，大概有如下几点：

首先，该书出版于梁启超游欧归国后。1920 年 3 月，梁启超游历西欧，对西方文明失去信心，转而鼓吹发扬中国"固有文化"。回国后继续致力于中国传统文化的宣传。《墨子学案》即此时著述。所以，他的《墨子学案》，较鼓吹启蒙民众时所作《子墨子学说》显然少却了诸多政治热情，却增强了许多冷静的学术分析。

其次，它与梁启超的社会政治向往有关。梁启超从维新变法到参与国民政府，再到游历西欧，特别是接触到欧洲现实社会、了解十月革命后的苏联社会现状后，其政治观念有了很大变化。他由保皇、维新，转而向往西欧民主，羡慕苏联平等，并将其与墨家诸论说相结合，因而对墨家"十论"有了更为深刻的认识。

再次，梁启超关于墨学主旨认识的前后变化，及其他学者也多有对某一古代思想家或著述评价前后多变的例子，说明了中国解释学的一大特点——释义的可变性大。中国古代以字表义，且古代汉字又具有多义性特点，所以古人语录、学说可作多方面解释。古汉语又无标点，不同句读方式导致对语句的不同理解。自孔子开《春秋》"微言大义"著述法，古人著文又讲究"寓意"而少直言。凡此种种，造成了对前人学说解释的多变性。所以梁启超研究同一部《墨子》，得出的理论框架却前后有异。

第二，《墨子学案》的特点还在于，它比《子墨子学说》对墨家经济、宗教等思想的论说更加深入细致，更具实践意义。

同《子墨子学说》一样，梁启超首先分析了儒家与墨家的根本不同在于是否重利，墨家主张"道德和实利不能相离，利不利就是善不善的标准"，故墨学的特色是"从经济新组织上建设兼爱的社会"[①]。

梁氏在《子墨子学说》对墨家爱利关系论说的基础上，总结墨家的经济观念有如下几点：第一，消费方面，墨家诚如《庄子·天下》所说"以

① 梁启超：《墨子学案》序，《饮冰室合集》第 8 册，中华书局 1989 年版，第 13—21 页。

自苦为极",诚如《墨子·节用中》中所主张的"凡足以奉给民用则止",即社会消费"当以维持生命所必需之最低限度为标准",故墨家讲节用;第二,生产方面,《墨子·节用中》载墨家讲"诸加费不加利于民者,圣王弗为",即"费去的资本劳力能够增加多少效用?所费去的和所增得的比较,能否相抵而有余?"故墨家非乐,因为"音乐是'加费不加利于民'的事";第三,墨家的经济道德标准是"以中用不中用为应做不应做的标准,凡评论一种事业一种学问,都先问一句'有什么用处'";第四,墨家以劳力为本体,以"劳作神圣"为惟一信条,即《墨子·非乐上》所谓的"赖其力者生,不赖其力者不生";第五,墨家主张有社会劳动分工的必要,即《墨子·节用中》所谓的"各从事其所能",即"各因其力所能至而从事焉";第六,因墨家主"劳力本位",故看重时间,即《墨子·七患》所曰"以时生财","财不足则反之时",墨家非乐、反久丧都是因其徒徒浪费时光;第七,在人口方面,墨家提倡繁衍人口,即《墨子·辞过》所谓的"欲民之众而恶其寡",为繁衍人口,《墨子·节用上》载墨家提倡男二十而娶,女十五而嫁,《墨子·辞过》载墨家不许蓄妾。墨家反久丧、非战都有繁衍人口方面的原因,即《墨子·节葬下》所谓的久丧"败男女之交",不利于繁衍人口,《墨子·节用上》所谓的攻战使"男女久不相见,此所以寡人之道也";第八,分配方面,《墨子·尚同上》载墨家主张有余力以相劳,有余财以相分,梁启超认为这与孔子所讲的"货恶其弃于地也,不必藏诸己"[1]"同归宿到这一点","都是梦想一种完全互助的社会"[2]。

较之于《子墨子学说》,《墨子学案》对墨家宗教学说的研究范围更为广泛。梁启超以为,墨家宗教思想的特点,"是和时代潮流反抗"。梁启超认为,当时"民智渐开",作为"古代祝史遗教"的崇天信鬼,"已经减去大半了",而"像墨子这样极端主张实际主义的人,倒反从这方面建设他

---

① 孔颖达:《礼记正义》,《十三经注疏》,中华书局1980年版,第1414页。
② 梁启超:《墨子学案》,《饮冰室合集》第8册,中华书局1989年版,第13—21页。

学术的基础，不能不算奇怪"。其中原因，梁氏谓墨子的"天"不同于老子的"自然之天"，而是"有意欲，有感觉，有情操，有行为"的"人格神"。这种"人格天"的最大欲望，是"欲人之相爱相利，不欲人之相恶相贼"。所以，"天"以此为标准在人间进行赏罚，"顺天意者，兼相爱交相利，必得赏；反天意者，别相爱，交相贼，必得罚"。所以，梁启超分析"墨子讲天志，纯是用来做兼爱主义的后援。质言之，是劝人实行兼爱的一种手段罢了"①。

但梁启超认为墨家天志说的功效太微薄。这是因为：其一，墨家不像基督教、佛教那样讲灵魂，有他界，人们在现世受苦，却把希望寄予将来，还有个缥缈的企盼，所以难以推行。其二，墨家讲利害，而利害与苦乐相连；讲利而不讲乐，是墨家学说的矛盾。而天志说尤其矛盾，"罅漏百出，所论证多半陷于'循环论理'。我想都是困'天志论'自身，本难成立。"②梁启超此论是精辟的，找到了天志的反社会思潮性、自身矛盾性、与其他学说主张的矛盾性，抓住了问题的本质。

（三）王桐龄《儒墨之异同》

清及其前人的墨学比较研究，主要是墨学与儒学的比较研究。其研究发端于战国《孟子》中的杨墨对比论说，而大盛于唐人韩愈。韩愈在《读墨子》中认为墨家尚同、兼爱、尚贤、明鬼皆与孔子主张相通，提出"孔墨相互为用"说，曾引起长久的争论。清末墨学研究者以西方科技知识解《墨经》，是一种新的比较研究。而此1912—1948年间，则出现了专门作墨家与他家学说比较的著述，其中以王桐龄《儒墨之异同》成就最高。

王桐龄《儒墨之异同》，1922年北京高等师范大学图书馆排印出版，列为《求知学社丛书》之二。其书首为《凡例》，次《目录》，次正文八章，

① 梁启超：《墨子学案》，《饮冰室合集》第8册，中华书局1989年版，第21—25页。

② 梁启超：《墨子学案》，《饮冰室合集》第8册，中华书局1989年版，第21—25页。

分别为《序论 孔墨降生之地 孔墨降生之时代》《宗教观念之比较》《道德观念之比较》《政治观念之比较》《儒墨理想中之模范人物》《儒墨理想中之圣经贤传》《儒墨教义之实行》，共 28 节，各节排列书证比较儒墨学说异同，第八章是《结论》。①

王桐龄认为，孔墨虽非宗教家，但学说中有宗教思想，这从两家的天、明、鬼神、福祸观念中可看出来。在"天"的观念中，两家皆以天为衡量一切事物之标准，皆以天为造物主而全知全能，皆以天为人格之天，系理性道德所从出；而两家之异在于：儒家安天命而不求个人奋争，墨家"极端反对之"，而以天勉人为善，阻人为恶。谓两家小有出入，大体一致。对于"命"，孔墨两家持对立观念，儒家言命，所以止嗜欲、息竞争；墨家反对安于命运，倡人为努力；故儒家常天、命连言，而墨家却分天与命为二。王桐龄认为我国古代家族发达，故生鬼神祭祀，产生鬼神观念；孔子不语鬼神，敬而远之，不作具体解释；墨子则主有鬼神并极力证明之，但不加理论说明，其意在借以改良社会。关于祸福观念，王桐龄谓孔子不言祸福而《易》《书》偶言之；墨子则以福祸耸人听闻，因其宣扬"利之大原出于天，而祸福无不自己求之者"；此墨学之纲领也，而其与儒学根本差异处。王桐龄总结道："儒家言天言命，乃儒教中一种特别修养方法，不带迷信性质也。墨子言天言鬼，纯为宗教式的辩论，富于迷信思想，容易引导未开化之人类跻于向上之途。"②但墨家不讲灵魂，不讲来世，是教义不昌的根本原因。

王桐龄从仁爱观念、义利观念、礼乐观念三方面，去比较儒墨两家道德观念异同。谓两家在仁爱以维持社会、仁政可王天下、不仁不爱致国家危亡社会混乱、爱人即自爱诸方面观念一致；但儒家讲爱有差等，有自身

① 王桐龄：《儒墨之异同》，《无求备斋墨子集成》第 21 册，台湾成文出版社 1975 年版，第 1—238 页。
② 王桐龄：《儒墨之异同》，《无求备斋墨子集成》第 21 册，台湾成文出版社 1975 年版，第 37 页。

至亲人至家族至社会的次序，墨家讲平等无差别之爱，并及于一切人类。又谓儒家以仁义并称，以义抵利；墨家爱利并举，以实利为兼爱后援。前者为君子说法，后者为世人说法。又谓儒家以礼与仁、义并重，为修齐治平之本，为维系社会之纲，以礼乐并存，重视乐的教化功能；墨家则非儒之礼繁，非葬礼之靡财，非乐之费财误功，然不合世俗心，故不能大行于世。

王桐龄从儒墨两家对国家、社会、经济、军事、教育等的论说中，去比较儒墨两家政治观念之异同。谓儒家主国家起源于家族，墨家主国家由民意同意产生，似西欧共和体；墨家主君权神圣，儒家主君礼臣忠，因儒家理想之君主类乎家长，墨家则类于今之总统；两家皆主天以限君权；儒家主德治，墨家主法治。谓儒家理想国家为家族式，有阶级差别；墨家理想国家为公选式，倡平等，主尚贤。谓儒墨俱重经济立国，均主消极节用；墨家重劳动力，主增长人口。谓儒墨皆反对战争，但儒家以战争为不仁之举，墨家以战争为不利之举，伤财害时。谓儒墨皆教育家，以劝善为宗旨；但儒家以游说王公大人为主，墨家则下逮于百姓，故其说通俗，而儒家学说高深。

王桐龄认为，对于历史人物，儒墨两家皆援古以自重，援史以为证。关于理想中的圣君，两家同重尧、舜、禹、汤、文、武，而儒家尤重尧、舜，对汤、武以征诛得天下有微辞。关于理想中的贤相，谓两家主选贤，故皆不计出身而选相，皆主贤相可代天子行政或即位。关于理想中的暴君，谓儒墨同以桀、纣、幽、厉为暴君；但儒家仅指责其暴民，墨家除此外还因他们"诟天侮鬼执有命"。关于理想中的奸臣，恃力以暴君主之臣如羿、奡，儒家独攻之；恃诈以愚君主之臣如推哆、大戏、费中、飞廉、恶来、崇侯虎，两家共攻之。关于理想中的教主，谓两家同崇尧、舜、禹、汤、文武；孔子崇周公，孟子崇周公、孔子，而墨家特重禹。关于理想中的高士，儒家既重舍藏，又重用行之人，故重伯夷、柳下惠、姜太公等；墨家重有行之人，故赞舜、益、伊尹。

王桐龄认为，对于古代书籍，儒家多因袭，好古而长考据；墨家多创造，长于逻辑而自立新说。具体来讲，关于《诗》，在排比了两家引《诗》例后，谓儒墨同引《诗》，然墨家引《诗》多与今本异，且多逸诗；儒家所引多与今本合。关于《书》，在排比两家所引《书》后谓墨家所引多逸文，多不与今本合。关于《春秋》，谓孔子以鲁《春秋》寓教，墨子引百国《春秋》以证己说。关于《易》，谓儒以《易》为自家哲学，墨未引《易》，但信鬼神及卜筮。关于《礼》，谓孔子以《礼》教授，后学引《礼》为论；墨子非《礼》，此与孔子异，因战国时已不重礼，因墨子重实际轻形式。

王桐龄认为，在推行学说方面，儒墨两家有较大的差异。谓孔子、墨子游历售学经历相似，两家都以用世为目的；但儒家唯依附君王，肯屈从以得官，墨家除强扶弱，不肯为官以害学。谓儒家述而不作，传先王之旧，善因；墨子善创，政治、伦理、物理、军事无不通。谓孔子好礼、善处、敬君；墨子恶礼乐之烦，刻苦以自励。谓孔门弟子多学者，多循规蹈矩之士；墨门弟子多英雄，多卓荦不羁之才。谓两家皆由弟子承其学，战国初年儒学先昌，而墨学于战国中期代兴，战国末两家势力相等；汉起儒昌墨绝，王桐龄总结原因有二。其一，内部之原因：墨学重实行，主轻生死，忍苦痛，纯利他，是故非坚强之徒不可传；儒家重经典，后学可于训诂、注疏、校勘等方面予以发展。其二，外部之原因：儒学除弟子推行外，因其学说维护君权可为执政者用，故执政者以国力推行；墨学以除强扶弱为宗旨，演成游侠，不利于专制，故君主多抑制之。

在逐一比较之后，王桐龄得出三点结论：儒墨两家同祖述尧舜等圣王却发展成不同学说，孔墨两人师承颇相似却成不同人格，两人经历颇相似却成不同生活理想。王氏推言：若墨子学说盛行，则中国早成为美国共和制、俄国劳农政治。

王桐龄的《儒墨之异同》，收集资料之细、分类排比之翔实属罕见。在每章每节的每一论题下，他都排列十数条至数十条原文资料，借此加以比较，从原始论说中显示儒墨两家观点的同异，或同中之异。这种排比书证的论说方式，系传统旧学方法的延续。然如此细密、系统地对孔、墨学说的同异作比较，并能间及比较孔墨学说与耶稣教旨的同异、墨家民选天子与西欧共和制的同异，这却是学习西学方法的结果。要之，《儒墨之异同》是中西学方法结合的产物。

（四）陈柱《墨学十论》

陈柱《墨学十论》从十个方面讨论墨家与墨学，以下几方面涉及墨家社会学说：

《墨子之教育主旨》分析墨家教育不主张盲从，不同于荀子；墨子以兼爱和牺牲精神为教，又能身体力行，故弟子同样具有为兼爱而牺牲的精神。

《墨子之政治学说》论墨家政治目的在于实行兼爱，故主尚贤、尚同，又倡非攻、节用。

《墨子与诸子之异同》主论墨与儒、道诸子之异同。谓墨学出于《书》，孔学出于《易》，但孔墨同重五伦。不过墨本于天，若其学说行则政体会多变化；孔本于父母，故其说推行两千年而政体稳固不变。老、墨同讲兼爱、节用、非攻、法天，但墨子主积极，老庄主消极；韩非之学出于老子说，而墨家末流好利而无恩又为韩非吸取，变为主竞争之术。此以历史发展眼光论四家学说相互关系，甚有可借鉴处。

陈柱的《墨学十论》，总结了两千年注墨、研墨的成就，是现代墨学史上不容忽视的一部力作。

（五）冯友兰《中国哲学史》（上册）论墨

冯友兰《中国哲学史》（上册）第五章、第十一章主论墨学。《中国哲学史（上册）》，1931年先由上海神州国光社排印出版，1934年上海商务印书馆连下卷一并排印出版，后多次翻印。

该书第五章《墨子及前期墨家》分为《关于墨子的考证》《〈经〉，〈经说〉及〈大取〉〈小取〉，六篇之时代》《墨者为一有组织的团体》《墨子哲学为功利主义》《何为人民之大利》《兼爱》《宗教的制裁》《政治的制裁》和《余论》9个论题。

前三个论题主要为考证。墨子生卒年同意钱穆说；又考墨子起源于鲁，墨子先习儒业，但墨家兼爱、自苦亦有宋人之风；又引江瑔"墨子非姓墨"及钱穆"刑徒说"，并引申钱穆说谓墨家反贵族因及于周制；举《墨子》中故事论墨家有服从的纪律，举他书证墨家有巨子制度。此一部分中，最应予注意的是关于《墨经》产生时代的考证。冯氏先从顾颉刚说谓"经体"出现于战国后期，《大取》《小取》之专题材论文体亦是战国后期才有，"坚白同异""牛马非牛"等题好辩之孟子亦未涉及，故"墨辩"六篇当产生于战国后期。此考辨补充了胡适"前后期墨家说"中关于"墨辩"六篇产生时代的考证，增加了说服力。

中间五个论题论墨家思想学说。谓墨家重功利，"功""利"乃墨家哲学之根本意思。其功利以国家人民之大利，即人民富庶为目的，故非乐、节葬，故倡非攻。谓天志促人兼相爱，讲鬼罚止人交相攻，从天意故非命，此为墨家的宗教制裁。宗教制裁的形式之一是"需有一上帝于人间"从天意施政而罚赏。

《余论》谓墨子之意在于使人能生存繁衍，但自苦以求将来，较难推行于民间。

该书第十一章依次包括如下9个论题：

《〈墨经〉及后期墨家》谓"《墨经》之作，亦辩者之学之反动"，似从章士钊"名墨訾应"为说。以"互相指为非墨学正统"解"别墨"而反对胡适"别墨说"，亦似从梁启超、章士钊为论。

以下八个论题申说《墨经》内容。《〈墨经〉中之功利主义》谓墨家哲学的根本是功利主义，墨子虽讲重利，但未言何以必须重利，《墨经》从心理学、眼前利益和长远利益诸方面论重利之必要，又以"利"解墨家"义""忠""孝""功"等道德要素，较有新意。《论知识》讲墨家知识论及起源。谓《墨经》论知识来源于接受外界事物。谓《经上》"'闻、说、亲'谓吾人知识之来源。'名、实、合、为'谓吾人知识之种类"。此似引申胡适《中国哲学史大纲》之说。《论"辩"》讨论《墨经》中"辩"的定义及作用、立说的七种方法，亦似引进技术伸胡适说。《〈墨经〉中"同异之辩"》讨论《墨经》的"同""异"定义，并指出其与惠施、庄子"合同异"之说不同，《墨经》主张离同异。此亦是20年代墨辩讨论中栾调甫观点的继续。《〈墨经〉中"坚白之辩"》谓《墨经》主"合坚白"，以驳公孙龙"离坚白"；谓公孙龙"共相说"似西洋哲学之"实在论"，《墨经》"共相在个体中"之说近"唯名论"，但两家正名主张则同。《〈墨经〉对于其他辩者之辩论》依次论墨家驳"火不热说""尺棰说""孤犊未尝有母说""今日适越而昔至说"诸论题。《〈墨经〉对于兼爱之说之辩护》论后期墨家就兼爱之旨，与时人辩"无穷害兼"及"杀盗即杀人"等由兼爱说衍生出的时人之辩难。《对于当时其余诸家之辩论》依次分析《经下》"在诸其所然未者（同诸）然。说在于是推之"及《经说》文、《经下》"尧之义也，生于今而处于古而异时。说在所义二"及《经说》文是"驳儒家祖述尧舜之说"；《经下》"物之所以然，与所以知之，与所以使人知之，不必同。说在病"及《经说》文是驳儒家所举尧舜之义名未必合于实；《经下》"仁义之为外内也，非，说在仵颜"及《经说》文是驳"仁内义外"的告子一派说；《经下》"五行毋常胜。说在宜"及《经说》文是驳"驺衍阴阳五行家之说"；《经下》"学在益也。说在诽者"及《经说》文是驳《老子》"绝学无忧"等说；《经下》"谓辩无胜，必不当。说在辩""以言为尽悖，悖。说在其言""知知之否之是同也，悖，说在无以也""非诽者悖，说在弗非"以及相应的《经说》文，是驳庄子之非。这些观点，似受伍非百《〈名墨訾应考〉辨正》启发，加以发挥。

冯友兰《中国哲学史》中的墨学论说在如下诸论题上有更多创获：发挥俞正燮说，谓墨学起源与战国宋人学说及社会风气有关；墨家哲学核心为功利主义；"所指"中公孙龙"共相说"与墨家"个体说"不同，故不应混为一谈；受伍非百启发，考察了《墨辩》中墨家与名家以外诸子学说论争诸题。冯友兰论墨，影响最大者还是他的"前后期墨家说"。胡适《先秦名学史》依据《墨子》内容的差别，谓"十论"出于墨子及弟子，"墨辩"出于墨家后学。冯是更从文体产生、内容与时代关系、墨家与他家诸子论战诸方面加以补充论证，明确提出"前后期墨家说"，在墨学史上影响甚巨，成为 20 世纪 30 年代墨学义理研究成就的代表。

（六）侯外庐《中国古代思想学说史》论墨

侯外庐《中国古代思想学说史》写成于 1942 年，1944 年 6 月由文风书局出版，1946 年再版。其书第五章《孔墨显学主潮论上——方法论之异同》第一节《春秋思想文物的具文文化及其显学批判》及第三节《墨子知识论的特点》、第六章《孔墨显学主潮论下——学说体系之异同》第一节《孔墨显学的传统》及第三节《墨子的学说体系》、第九章《后期墨家及其通约了的墨学》，主论墨家学说。

侯先生是在与孔子学说的联系和对比中展开墨学论述的。认为孔墨两家学说的成立都源于对"春秋具文儒术的继承与批判"，孔墨两家都有批判"春秋具文文化"的相同精神，但墨子比孔子更激进；墨子反对"背诵古训"，反对烦琐的葬仪，灵活地运用《诗》《书》来说理，倡导"尚贤"，"是国民资格在相对的古典民主形成时期的意识反映"。侯先生亦在与孔子知识论特点的对比中论述墨子知识论的特点：与孔子言学之重《诗》《书》不同，墨子的知识对象"客观上是国民领域之农工商生活"；"孔子是循名以责实，墨子则取实以予名，孔子以古形式不能空有，必须求实以正名，墨子则以形式不为古拘，必须取今实而是名"；与孔子不同，墨子认为知识有一个"客观的价值问题"，故立"三表"以为衡量准则。

侯先生认为，与道家不同，孔墨显学都有崇高的社会理想，都有面对社会现实的优良传统。与孔子的批评现实、暴露矛盾不同，墨子"否定了古代仪式，攻击了社会的现实"，创立了自己的学说体系：批判贵族丑恶行径，倡导平民为主体的社会理想；宣扬兼爱交利非攻的社会政治理想；主张非命尊天事鬼的天道观念，并特别强调强力精神。

侯先生认为，"墨辩"六篇代表了后期墨家思想，后期墨家通约了墨学；与前期墨家不同，他们更重概念的界定与理论的思辨，"走入狭小的概念科学界"；他们抛弃了墨子的"先王"思想、天志明鬼主张和"三表"方法，通约为损己利人、人性在"知"；他们发展了墨子的兼爱交利的道德学说，总结创立了诸多科学论说和逻辑条例。

侯先生的墨学论说，在同时代的墨学研究中具有显著特点。

第一，与其他著述中程式化地平铺直叙墨家"十论"、述说墨家科技与逻辑成就不同，该书抓住了"人"的社会地位、社会思想的发展变化，以"尚贤"为墨学基本主张，在对当代社会继承和延续的前代社会思想、政治制度、风俗礼仪等的批判和否定，对孔学精神的继承和孔学思想的批判中，抓住天道与人事、前代与当代、贵族与平民三大关系的嬗变，展开对墨家学说的分析，因而更具理论意义和思辨色彩。

第二，在墨家学说的"政治内容""人类内容"（即天人关系——引者注）之外，另设"墨子学说的心理内容"，从众人的欲恶入手，去分析墨家禁欲主义的社会背景，去分析墨家宣扬"圣人"与"众人"之别的理论基础，去分析墨家社会理想与改革方式的矛盾性。

第三，比较研究方法的运用是此书墨学研究的显著特点，也是此书结构框架的主要形式。作者力图在当代与前代社会思想意识的对比，在墨家思想与孔子思想的比较中，去勾画孔墨思想与西周思想学说的联系与不同，去探索孔墨思想对西周思想学说的改造和发展，去论说孔墨两家对西周现实主义传统的继承和发扬，去考察墨家思想与孔子思想的内容差异，去寻绎墨家学说与孔子学说相异的社会原因特别是立场基础。

第四，矛盾分析方法的运用也是此书墨学研究的特点之一。就前期墨家的思想学说，作者注意分析"墨子学说的政治内容""墨子学说的人类内容""墨子学说的心理内容"等新学说，与推行这些学说所采取的旧形式间的巨大矛盾；就后期墨家的思想学说，作者指出他们重理性、重思辨的思想方法，与前期墨家那重实践、讲"三表"的思想方法间的矛盾。

（七）郭沫若《青铜时代》《十批判书》论墨

郭沫若《青铜时代》，1946 年 7 月重庆群益出版社出版，后多次重印。书中收作者 20 世纪 40 年代诸子研究文章 12 篇，《墨子的思想》为第五篇。据作者《十批判书·后记》，该文于 1943 年 8 月写于重庆乡下赖家桥。其书的姊妹篇《十批判书》收文 10 篇，1945 年由重庆群益出版社出版，后多次重印。其第二篇《孔墨的批判》、第七篇《名辩思潮的批判》中有专节论墨家和墨辩。据该书《后记》，前文于 1944 年 8 月、后文于 1945 年 1 月均写于赖家桥。此三文代表了郭沫若墨学研究的主要观点。

在《墨子的思想》中，作者以《墨子》"十论"为研究材料，证明墨子"不科学""不民主""反进化""反人性""名虽兼爱而实偏爱""名虽非攻而实美攻""名虽非命而实叛命"，所以墨子的思想"充分地带有反动性"；墨子是"满嘴的王公大人，一脑袋的鬼神上帝，极端专制，极端保守的宗教思想家"。又谓墨子的人格感召了大批信徒，但由于其后学"多数逃入了儒家道家"，"部分接近王公大人"而急骤消亡。又证墨家曾附秦，墨者不为侠。这些论说，与三四十年代墨学研究者的基调大悖。

《孔墨的批判》第三部分《墨子的思想体系》专论墨学。谓墨子是作为孔子的反对派而出现的，一反孔子反鬼神的传统而讲天志鬼神，成为神道设教的教主；谓兼爱、非攻都是为了维护私有权，兼爱奴隶是因墨家把奴隶当作私有财产；谓节用、节葬"是一套消极的经济政策"，目的之一是反对儒家之礼；谓墨子非乐反对了儒家研究音乐的"科学性质"；谓"三表法"是"由上而下的演绎"，是把浅薄的"经验"当做"真理的标准"；谓墨家非命的实质在于宣扬"死生无命，富贵在王"。

《名辩思潮的批判》第七部分为《墨家辩者》。谓"《经上》《说上》和《经下》《说下》在某种主张上是完全对立着的"，如"《经上》派主张盈坚白，《经下》派则主张离坚白"，"《经上》派的同异观是根据常识来的，《经下》派则颇承受惠施的主张，有时和公孙龙的见解也十分接近"。又举 10 条《经下》文和相应《经说》文，分析"《经下》派受惠施、公孙龙的影响极深，与《经上》派实不相同"；又对比分析"《大取》《小取》的见解与《经上》派相近，同是反公孙龙的"。

由上可见，郭沫若对墨家社会思想是持批判态度的，他否定了一般学者所认为的《墨子》"十论"中的优秀思想，而认定墨子是一个宣扬天帝鬼神的宗教家，与春秋兴起的"人文思潮"背道而驰，在思想信仰上是复辟派，不及孔子的"不语怪力乱神"进步；认定墨家尚同是维护将要消亡的奴隶主特权，在社会制度上是复辟派；认定墨家诸说与社会进化观相左，从而判定墨家是社会形态转变中的落后派，故而痛加攻击。

（八）1912—1948 年墨家社会思想学说研究评说

1912—1948 年是 20 世纪墨学研究史上的兴盛期，出现了众多的墨家社会思想研究著述，作者们从多方面进行了各种探讨。此时期的墨家社会思想研究较为兴盛，其原因主要有三个方面。其一，"整理国故"思潮的影响。五四后部分学者提出整理国故、清理传统文化的号召，导致了国故整理和国学研究的兴盛。此时期墨学义理研究著述中大部分出自 20 世纪 20 年代，这大概是原因之一。其二，西方社会科学大量引入和西方学术方法引进的影响。此时期大部分学者都是运用西方学科分类方式去研究墨家义理，在研究论述中多采用西方分析论述方法，间或用比较方法和社会矛盾分析方法。其三，学术空气较为自由。此时期既无清代的文禁，又无后来的政治运动，文人多倾心治学；阐述思想，务尽其言，促进了墨学研究。

但由于活跃于此时期的这批墨学义理研究者们，既无章太炎那般的国学根底，又未像胡适那样受西学方法的系统训练，且不具梁启超那样的学术眼光，故除陈柱《墨学十论》、王桐龄的《儒墨之异同》和侯外庐的墨学论述外，其墨学义理研究较少新见，多陈陈相因。

二、1949—1999 年的墨家社会思想学说研究

1949—1999 年间墨家社会思想学说研究论著很多，今择其重要者介绍如下。

（一）任继愈《墨子》

任继愈《墨子》，上海人民出版社 1956 年出版。全书共 7 章：第一章《墨子和他创立的墨家》、第二章《墨学产生的社会历史条件和它的阶级性》、第三章《反对侵略战争的伟大理想——非攻和兼爱》、第四章《对王公大人的腐朽享乐生活的抗议——非乐、非命、节用、节葬》、第五章《争取改善小私有者的社会地位的纲领——尚贤、贤同》、第六章《墨子的宗教思想——天志、明鬼》、第七章《具有唯物主义观点的思想方法——三表法》。其前有引言，以墨子止楚攻宋一事导入全篇；后有结论。

对于墨子生平、墨家著作、墨家学派，作者在吸收前人成果基础上作了考述：主张墨子姓墨名翟；依《墨子》之《非攻》《贵义》《鲁问》《备梯》各篇所载而定墨子为鲁国人；据《吕氏春秋·当染》《淮南子·要略》谓墨子先学儒又反儒；据墨子与公输般交往、《墨子》书中记各诸侯国关系等定墨翟"约生于前 480 年，约死于前 420 年"。谓《墨子》之《尚贤》等"十论"，"是根据墨子的弟子们的笔记整理而成"，各有上、中、下三篇是由于墨家后来分为三派，这 24 篇是研究墨子和早期墨家思想的主要材料；谓《备城门》以下 11 篇是研究工程史、战争史的"极可珍贵的原始材料"；谓《亲士》《修身》为儒家学说混入《墨子》；谓"墨辩" 6 篇是后期墨家的作品；谓《耕柱》至《公输》5 篇是墨子和弟子的言行行录，但亦杂有后学的增补材料。论述墨家巨子制度及墨家集团的四大特点。

关于墨学产生的背景，作者从社会历史条件和墨家的阶级属性两方面

立论，逐一考述春秋战国时铁器的使用、社会生产力的发展、战争掠夺和经济剥削，以及阶级关系的变动等，由此勾画墨家学说产生的社会背景和历史条件，来探讨墨家学说产生的内部原因。又考说墨子及弟子的阶级出身、墨家所代表的阶级阶层的利益和愿望等，由此探讨墨家学说产生的内部原因。

墨家"十论"，是本书论述的重点。作者提出，非攻和兼爱是墨家反对侵略战争的伟大理想。作者由《墨子》所载资料入手，列述被攻伐之国人民遭受的灾难，以及攻伐之国人民的苦难，分析墨子反对统治阶级侵略和掠夺、支持暴力抵抗、保卫和平、不反对正义战争的正确态度，并辩证地分析了墨子反对战争的主观愿望，和通过战争兼并才能结束割据而走向统一的历史规律间的矛盾；进而分析了墨家非攻主张和兼爱学说的关系，指出兼爱是非攻的理论基础，墨家主张以推行兼爱来消除战争根源；指出战争起于"不相爱"。作者认为这种把战争与社会不合理现象归为道德问题的认识是唯心主义，兼爱说实际上维持了摇摇欲坠的贵族制度；但是，墨家的主观愿望是好的，表达了人民的主观要求。

作者认为墨家的节用学说即非乐、非命、节用、节葬论，是对王公大人的腐朽生活的抗议。作者指出，当时人民的痛苦，除了战争原因之外，更在于剥削阶级的压榨。墨子为了减轻小生产者和劳动者的经济负担，提出节用学说，非乐、非命、节葬是节用的具体措施。就墨家节用学说的作用和价值，作者从以下三方面作了分析和论述：首先，谓音乐靡费民财，贻误朝政，不懂得音乐的艺术价值；把当时人民负担沉重归咎于音乐艺术，而不是贵族的剥削。这是本末倒置。其次，肯定了墨子非命说反对坐等命运支配、教人奋发自为的进步意义，初步可看出春秋末年小生产者已初步形成一股社会力量，并且他们自己对自己的力量有了一些认识；但是，墨子的历史观是唯心主义的，把推动历史的动力归为少数圣人天人，常把王公大人和劳动者视为一个社会整体，把剥削和被剥削视为社会分工不同。这是其历史性局限。再次，节用节葬在于反对王公大人铺张浪费，并要求统治者与被统治者生活平等。这种主张对广大人民无疑是有利的，但在当时却不可能做到，而且在客观上模糊了等级制度的界限。

作者提出，尚贤、尚同学说是墨家争取改善小私有者的社会地位的纲领。首先，作者分析了尚贤主张的进步意义，认为尚贤的时代原因在于手工业者、小私有者逐步有了独立的经济地位；墨子那"贤者为官长、不肖者为徒役"的尚贤主张对世袭贵族特权在客观上起瓦解作用，标志着世袭贵族制度终究要被官僚政治取代的历史趋向。其次，作者指出尚同是尚贤的理论基础，贤者应居高位而设立新的是非标准，这种标准代表了天志，在下的民人百姓应遵从这一标准。尚同理论代表了天下一统的时代要求；但是，墨家上同于天志的尚同原则以宗教迷信为依据，是唯心主义的。

就墨家天志、明鬼的宗教思想，作者认为，墨家用天志来作为王公大人、天下万民的言行尺度，它的具体内容实际上是小生产者和劳动者对于和平幸福生活的向往。墨家的"鬼罚"不仅仅针对小民，也包括那些有权有势者，实际上反映了被压抑阶层的意志；但其中也表现出墨子那唯心主义的世界观。另外，墨家的天志明鬼学说，被统治阶级借用来作为麻痹人民百姓的工具；它既反映着墨子对当时统治阶级的不满，又反映出墨子对剥削阶级的妥协。

墨家"十论"之外，作者着力讨论的是墨家的认识论——三表法，提出它是"具有唯物主义观点的思想方法"这一新观点。作者指出，墨家认为判断事物的真假是非，首先应借助于历史经验，其次应参照广大百姓的亲身体验，最后也最重要的是看它是否符合百姓民人的切身利益。这种根据经验和效果判断是非的认识方法——三表法，无疑是唯物主义的。但是，墨子搞不清感性认识和理性认识的本质区别，往往以感性认识或主观印象作为评判事物的标准，又不能将三表法推行到他的思想学说的各个领域如天志明鬼学说中去，留下了唯心主义的盲点。另外，作者指出，墨家重视推理，提出了"类"的概念和界说等，在认识论史上具有重要意义。

作者在结论中肯定了墨家学说的历史作用，认为它代表了小生产者的利益和愿望，但其中的唯心主义成分应予批判。

用今天的眼光来看这部 40 多年前作成的《墨子》，它的特点有如下几点。

第一，运用阶级分析的方法，去分析墨家所代表的小生产者利益的思想学说的产生、发展及其历史作用；立足于小生产者的时代进步性和历史妥协性，去辨别墨家学说的进步性和局限性，并依此去寻求墨学中绝的历史原因。

第二，以历史唯物主义标准评价墨家学说的历史价值和时代局限性，剖析某些学说的唯物、唯心成分，并能按照新的社会学说价值观念去重估墨家学说的历史价值。

第三，运用矛盾分析方法，一分为二地去辨别墨家学说比如非攻学说的两面性，在分析墨家结束战争、解救人民苦难的良好愿望的同时，不失时机地指出这种良好愿望，与当时社会条件下必须通过战争兼并才能结束割据而走向统一的历史规律间的矛盾。

第四，继承了传统的考据方法，从材料分析入手，去评价前人诸说的是非优劣，去论证问题、分析问题，给人以扎实、稳妥之感。

第五，作者还能透过现象把握本质，通过人物的言行表象去追寻墨家集团的内心世界，去透视墨家集团的道德准则、社会愿望和心性特点。

总之，这是一部文字简洁却有相当理论深度的墨学综合研究作，代表了此一时期墨学研究的最高水平。同时，运用阶级分析的方法，以历史唯物主义标准评价墨家学说，也带有那个时代的学术特征。

（二）严灵峰《墨子简编》

严灵峰《墨子简编》，1968 年台湾商务印书馆出版，1995 年再版。

该书为作者应辅仁大学校长于斌之邀，做辅仁大学教授讲授"墨子哲学"时编写的教材。首《自序》，次《凡例》，次《墨翟新传》，次《现存墨子诸篇内容之分析及其作者的鉴定》，次《墨子的思想体系及其功利主义），次《墨子简编》，次《墨子各篇内容表解》，最后是《本书引用及参考重要墨子书目》。

《自序》追述了墨学流传特别是清以来《墨子》书校理并述著作缘起及本书原则："以义理为主，校勘为辅；博摭众家，择善而从；立论客观，不作注解"。《凡例》谓此书以《经训堂丛书》录毕沅本为底本，注释以孙诒让《墨子间诂》为主，并列校本简称。《墨翟新传》依谭正璧《墨子读本》之《墨子小传》，简加校改，并辨墨子姓氏"姓墨，名翟，似无可疑"。

《现存墨子诸篇内容之分析及其作者的鉴定》，是作者用力较勤的部分之一，逐篇引证毕沅、汪中、孙诒让考证及梁启超意见，在毕沅、汪中、孙诒让考证及梁启超、胡适考辨基础上，从各篇内容分析入手，分9部分考辨《墨子》各篇的作者：第一，谓《亲士》与《老》《庄》所论同，《修身》与《礼记》《论语》《周易·系辞传》所论同，《所染》与《荀子·劝学》所论同且引《诗》与《荀子》例同，故它们都非《墨子》原书所有者。第二，谓《法仪》系墨子弟子引其师说，《尚贤》上中下、《尚同》上中下、《兼爱》上中下、《非攻》上中下、《节用》上中、《节葬下》《天志》上中下、《明鬼下》《非乐上》《非命》上中下系墨子门人传述其师之作。第三，谓《七患》似《节用》和《节葬》两篇之脱简合成，《辞过》疑《节用下》脱文。第四，疑《贵义》为《非攻下》前段脱文，《三辩》文不对题。第五，谓《耕柱》《公孟》《鲁问》《公输》为墨子门人或后学记墨子与弟子时人问答，传述了墨子学说。第六，考《经》上下体例不一，当属两家，后人因一家缺上篇，一家缺下篇，故拼在一起；第三家所论错简在《大取》中，如《语经》所言诸论题。另外，严氏还比证二《取》中有可补《经说》之内容者，有比《经说》增出者，有与《经说》义同者，所以为墨子门人后学所撰，第七，《经说》上下，为墨子后学所著，由三墨中两家本子拼凑成。第八，《大取》为墨子后学所作，其中有《三辩》本文；《小取》保留了墨辩方法，文中自称"墨者"，可证为墨子后学所为。第九，《备城门》《备高临》《备梯》《备穴》《备蛾傅》《杂守》由称谓看或禽滑釐弟子所记；《备水》《备突》

《迎敌祠》《旗帜》《号令》乃后人衍墨子守御而为之。第十，总结以上各说，并谓《兼爱》中下、《非攻中》《非儒下》《经说下》《大取》《耕柱》《公输》中凡"楚"皆改为"荆"，为避秦庄襄王子楚讳而改，乃秦时传本。

关于墨子的思想体系及其功利主义特征，作者先追寻了前人的墨学研究方式：乾嘉学者用校勘、训诂、考据法，自梁启超始分析其义理、作综合解说；就墨家哲学，梁启超、胡适等以西方思想相比附，将墨家之天附会为西方之"上帝"；更有人以"社会存在决定社会意识"研究墨子，殊不知老、孔、墨同时而思想不同。次探讨墨家思想：针对社会混乱、贫穷、荒政提出尚贤、尚同、节用、非攻、兼爱等十大主张；其中，墨家以"天志"作为治国平天下的"法仪"，谓"天志"的要义是兼爱交利，非攻是兼爱的逻辑发展，尚贤、尚同理想是民主集权制，明鬼是天志思想的延续，节用、节葬、非乐是功利主义的一环，非命也是从功利出发而重人力。另外，还论述到墨家的"慢差等"和道、儒、墨关于"和"的实施措施和表现方式的差异等问题。

作者在《墨子简编》中节录《法仪》《天志》《明鬼》《尚同》《尚贤》《兼爱》《非攻》《非命》《非乐》《节用》《节葬》诸篇文字，分段列出正文，正文后先解说此段文字大义，然后是校释。校释中先列前人校注，后加己意。列前人校注以孙诒让、吴毓江所引为多。

最后之《墨子各篇内容表解》以图解形式列出《鲁问》《天志》《明鬼》《兼爱》《非攻》《节用》及其间关系等。简括明了，使人对这些篇的思想内容一目了然。可看出作者是费了不少心思。

总观是著，其特点有三。

其一，这是一部应教学之需的教材，故内容浅近明白。书中力图较多地介绍前人的研究成果，并通过自己的取舍组织，形成一个相对完整的系统。在墨家思想内容的取舍方面，作者重社会政治思想，所以在其主体部分《墨子简编》中，从文句校释入手，收集前人成果，然后将自己理解的文章大意介绍给学生；并附以图解，让学生易于系统掌握。但对于墨家学说中的其他内容，诸如《墨辩》中包含的逻辑学说和科技知识，《备城门》以下 11 篇的军事守御知识及思想，除了对作者有考说外，其内容则基本没有涉及。

其二，在吸收前人成果基础上，对《墨子》今存 53 篇作者问题作更加深入、细致的考察。他主要运用了考察各篇思想内容以确定作者，用篇中称谓来考作者的实证方法。其方法前人已提及或已运用过，可如此细密地、逐篇加以考察，却是此著超越前人的地方。但以思想内容来比照哪些是墨子之作，哪些是弟子后学之作，则应先确立一个准确的参照系。可到底哪篇是墨子自作、确实可作为比照的基础，却是众人争论不休的问题。所以，严灵峰尽管费气力作了这样的考察，其准确性到底如何，有多大的比例可获学界承认，却是一大问题。

其三，严灵峰依照前人所讲《墨子》"十论"因有上、中、下三篇而各为"三墨"所记的例子，以比证《经》下体例不一，当出自不同传家，并努力从二《取》中寻求文句以证成《墨辩》亦当有三家传本的做法，在墨学研究史上是一创新之举。但其论证，不无牵强之处。

（三）孙广德《墨子政治思想之研究》

孙广德《墨子政治思想之研究》，1971 年台湾中华书局出版，1974 年再版。

该书首载作者《自序》，略述写作所用资料类别：墨子书以为研究根据，后人研究作以为研究参考，诸子书及西方相关著述以供对照比较。交代研究方法为：介绍以明学说本来面目，比较以便相互参照，批评以对某问题权衡估量。略述其书内容：绪论、本论、结论。

正文共 9 章：第一篇《绪论》计 3 章，第一章《墨子生平及著作》，考说墨子生平行事及著作内容类别等，考究墨子著作以确定基本研究资料，考察墨子生平，以求对其著作确切理解。第二章《墨子政治思想之哲学立场》，分《人性论》与《实利主义》两节，讨论墨家人性论及实利主义，以明其政治思想之哲学立场。第三章《墨子政治思想之基本精神》，分节论述了墨家的平等精神、群体精神、救世精神、择务精神、创造精神、力行精神。第二篇《本论》计6章。第一章《政治起源与政治思想》分《政治起源》《政治理想》《结语》三节，第二章《政治组织与贤人政治》，分为《政治组织》《贤人政治》《结语》三节；讨论墨子为实现其政治理想而设计的政体，及为其政治良性运作而提出的贤人政治理想。第三章《国际关系（和平主义）》分《攻战根源之探讨》《非攻之基本理由》《国际间之正常关系》《结语》四节，论述墨子的贪欲、争夺而致战争说，非攻的基本认识，及其理想中的国际正常关系。第四章《国民经济（物质建设）》分《节约》《生产》《分配》《结语》四节，论述墨家的社会经济主张，是实现墨家政治理想的物质基础。第五章《社会道德（伦理建设）》分《兼爱》《贵义》《结语》三节，论墨家关于社会道德之基本主张，是实现其社会政治理想的伦理基础。第六章《国民宗教（心理建设）》分《天志》《明鬼》《非命》《结语》四节，论墨家关于国民宗教的基本主张，是实现其社会政治理想的心理基础。第三篇《结论》，分《就伦理观点检讨》《就心理观点检讨》《就历史观点检讨》三个专题，分不同角度讨论墨家社会政治学说。从逻辑角度讲，其学说虽有矛盾疏漏处，但仍可构成一完整体系；就心理角度讲，其主张多违背人心，不合人之常情；就历史角度讲，其学说盛衰与时代环境大有关系。

这是墨学史上第一部专门论述墨家社会政治思想的著作。它以墨家社会理想——兼爱、非攻、互利为核心，就墨家社会政治理论的形成、其哲学基础、其实行措施、其物质基础、其道德基础、其心理基础等进行系统论说，建立起一个相对完整的理论系统。

（四）史墨卿《墨学探微》

史墨卿《墨学探微》，1976年3月台湾学生书局出版，1978年再版，1994年出版增订版。今据增订版分析。

该书首为《自序》；次《墨子之研究及其要籍》；次正文 6 章，乃增订自己的数篇文章而成；次附录《墨子传略》；最后是参考书目、文目举要。

《自序》主要交代著作缘起。《墨子之研究及其要籍》，分 3 部分：第一，《前言》略述墨子生平，第二，《研究之方法途径》主张研究墨学从其科学、哲学、名学、兵学、神学、文学、政治、经济、社会、教育十方面入手。第三，《要籍提要》述孙诒让《墨子间诂》、王桐龄《儒墨之异同》、张纯一《墨子集解》、方授楚《墨学源流》、吴毓江《墨子校注》、谭戒甫《墨辩发微》、李渔叔《墨辩新注》及作者的《墨学探微》的主要内容、学术特点及版本等。

正文计 6 章：第一章《墨子天论》，第二章《墨子德论》，第三章《墨子科学观》，第四章《墨子非乐思想平议》，第五章《墨子政经思想论略》，第六章《墨家精神探源》。

关于墨子的"天论"，作者先综述先秦两汉人论"天"之意蕴，古天字之形、之音；再概述蔡元培、李石岑、梁启超、胡适、罗光、王昌祉、雷雨、宇野哲人等 15 人的"墨家之天为主宰之天"论和陆世鸿、张铁君、陈顾远的"墨家天志即民意"，及高葆光、嵇哲、郎擎霄的"墨家之天是主宰之天但为推行其学说而设"三大派对墨家"天"的认识；最后申述自己的观点：墨家以"天"为统一天下之工具，为推行学说之手段。

关于墨子德论，作者先归结先秦人言"德"，或为修己之涵义，或为治人之内容；次谓墨子之"德"，涵盖仁、义、忠、信、孝、爱、礼、平、智、勇、任诸内容。

关于墨子科学观，作者从如下三方面讨论墨家科技：第一，科学理论，归结《墨经》中天文学、数学、物理学（含力学、光学）诸论说；第二，科学技术，举木鸢、车辖、军事工程等科技成果，第三，科学精神，谓墨家重实验、轻臆度，故能总结出三条实验定律——"三表说"。

关于墨子非乐思想，作者谓墨子"非乐"，系以厚敛造乐器、夺民财以奏乐、怠治害事以听乐、丧身败国之淫乐之为非，因它们不能去忧患，不能禁盗乱，却劳力废事，耗费资财，可致丧身亡国。这便从正面强调了墨子非乐学说的正面意义。至于这一观点与孔子相异，作者作如下解释：因其所处世道已战乱不已，淫乐不止。由此出发，作者就前人对墨家非乐，有误解而攻击者如荀子、梁启超、高葆光等，有赞赏此论谓墨家所非为害节用之淫乐者如曹耀湘、章太炎、张纯一等，有亦褒亦贬者如胡适、王桐龄、陈顾远等观点，一一作了评说。

就墨子政治学说，作者认为墨子因社会混乱，首言"尚同"为政，即百姓上同于贤仁之天子、正长之善行善言。而天子、正长须访百姓之善；天子、正长又须上同于天志，惧于鬼罚，以此达"贤人政治"。谓墨家又主尚贤，是达"贤人政治"的政治之本。谓墨家主兼爱以治内，非攻以对外。就墨子经济思想，作者谓墨子于生产方面主张开源以裕民财，于消费方面主张节流以足民用；又主张增加人口，节俭开支；余财相分，平抑物价。

关于墨家精神的论说是本书的一大特色，作者从如下十方面论墨家精神；刚健不苟精神；求知不倦精神；刻苦节俭精神；爱人利民精神；平等互助精神；知其不可为而为之精神；牺牲奋斗精神；革新创造精神；力行实践精神；和平济世精神。

附录《墨子传略》，排比墨子身世里籍、学术源出、游说诸侯、排解纷争、教育生徒、荐其出仕等行事。

史墨卿此书，系由多篇论文组成，故论述精审，枝蔓较少。在某些问题上较前人所论翔实。如墨家天论，前人曾多次论述过，但细细排比先秦两汉论"天"之文，分析先秦两汉所论"天"与"帝"之关系，及"天"之字形字音衍变，以此比较墨家论"天"之特点，总结墨家天论的社会意义和社会作用，史书于此却是第一次。

其次，较多借用前人成果，并详细注出引用出处，亦是本书的特点。这种重视研究资料搜求和利用的治学方法，是史氏墨学研究雄踞台南的原因之一。

史氏在架构此书时，力图避开前贤习用的西文框架模式，如宗教论、道德论、政治论等，而借用传统学术模式来组织全书，如"天论""德论"等。这在同时期的墨学研究著作中，也是别具一格的。

史氏此书的主要缺点是所论问题的前后重复，第一章《墨子天论》、第二章《墨子德论》中的不少内容，当归第五章《墨子政治思想论略》中的墨家政治思想所论；第六章论墨家精神与第二章《墨子德论》亦有不少重复处。这是由论文整理成分章论述著作时，往往难以避免的事情。

（五）薛保纶《墨子的人生哲学》

薛保纶的《墨子的人生哲学》，为其博士学位论文，1976年4月台湾"国立编译馆"出版，1986年3月再版。

该书首载作者《序言》，追述了先秦由"神"到"人"的社会思想历程，到孔子以"仁"为核心、墨学以"义"为核心的人文思想的发展。正文共8章：第一章《墨子生平事迹》，第二章《墨子的宗教思想》，第三章《墨子人生哲学的最高道德规律——义》，第四章《义的实践——内圣》，第五章《墨子的政治理论——义政》，第六章《墨子的经济主张——利民》，第七章《墨子的社会理想——世界大同》，第八章《墨子人生思想的评判》。最后附有参考资料。

就墨子生平与《墨子》书，作者概述了关于墨子生平的历代争议，讨论了墨子是否著过书、墨子所著书的内容和体裁、墨子原著书与传本《墨子》七十一篇的关系，讨论了墨子书的写成、流传及墨子书的分类，讨论了墨子思想的渊源，考述了墨子弟子及其学派流传。

关于墨子的宗教思想，作者在讨论夏代及其前、殷商、周代宗教信仰及变迁基础上，谓墨家天是人类万物的主宰，是一人格神，它能赏善罚恶，故要则天法天；讨论了墨家天志与天命的异同，和夏商周三代人对天命意义的理解及墨子的非命；讨论了墨家的鬼神真实存在、鬼神的德性及德能、鬼神的分类、事鬼等观点；并对墨家宗教思想进行评说，讨论了墨子是一位哲学家还是宗教学家，墨家以"三表法"对鬼神的证明是否有哲学科学价值。

关于墨子人生哲学的最高道德规律——义，作者谓墨子人生思想的本源为天及天志，并论墨子主天之大德曰义、墨子以"义"为其道德及人生思想的最高统一规律；谓墨家"义"的含义即，义，利也，义即兼爱；谓墨家分别从义的本质，从"义，利也"的观念，从"义为兼爱"的角度论义的分类。另外，作者还讨论了墨家所主张的"义与实践不可分离"和"义在人间的实践"问题、"求义的历程"和"义规律的实际应用"问题。

关于墨家的"义的实践"即"内圣"问题，作者从人的天性是求福避祸的意义及分类出发，去讲墨家关于人与禽兽的区别和对人性内涵的基本认识，讲墨家关于发挥天赋以追求幸福的主张，及修德行义的三条纲领（去六僻、用仁义、天人合一）等问题。

作者认为墨子的政治理论是"义政"。作者从墨家"三表法"的内容、含义及它与墨家所倡导之义政的关系入手，去讨论墨家关于政治的意义及分类、政治的起源、政治及统御阶级的产生等政治观，去讨论墨家重贤、众贤之术、天子的选立及其权力的制衡等尚贤理论。作者提出：墨家主张政治的目的在于爱民利民、非攻寝兵。

就墨子利民的经济主张，作者讨论了墨家的经济观，讨论了墨家包括财物生产、财物使用两内容的生产观，讨论了墨家的节用、节葬学说，介绍了墨家非乐观的意义及精神；并从劳动观念及劳动成果、节用节葬非乐所表现的"中庸"思想两方面，去评论墨家的经济思想。

就墨子世界大同的社会理想，作者从人类崇尚光明未来的一般规律入手，去论《墨子》之《天志》《法仪》篇中的"天人一家"及"人类皆弟兄"思想，和《尚同》篇中所表现的人类平等、自由、民主的基本人权思想；去讨论墨子主张贤能政治所代表的人类自治精神的义政新内涵，及墨子"物质利民"的经济主张的新内涵；去论说墨子兼爱非攻的积极意义——非攻可减除国家间的杀戮侵害仇恨等灾害、讲兼爱可建立国家间的融洽友好和平关系；并从考察《礼记·礼运》之"大同"一节的作者入手，去分析"否认大同为孔子主张"和"肯定其为孔子学说"两观点的是非，去考察墨子与"大同"的关系。

关于墨子人生思想的评判，作者首先列述汉前诸家对墨子人生思想的批评，列述唐宋明清诸家对墨子人生思想的批评，并从墨子对我国学术文化的贡献及墨子思想的缺点这正反两方面，去分析墨家思想的得失。

这是一篇博士学位论文，所以它在同时期墨学综合研究著述中，不但篇幅长，而且论述周详，思辨色彩浓郁。它认为：墨子以"天"的观念立本，以天志为法仪，以非命尽人力，以尽情贵义立己，以尚贤、亲士为政，以节用、节葬、非乐来利民，以尚同、兼爱、非攻实现人类大同，并以明鬼、利鬼、事鬼而不忘人的来生，从而建立起一套系统严密的、爱民的、全民的实利哲学体系。

作者信奉天主教，所以在对墨家社会思想学说的分析论述中，他把天主教的博爱教义融入其中，去论述墨家的兼爱、互利、非攻及宗教意识等学说，并把"来生来世"思想加给墨家。由上述可以看出作者的哲学素养对其墨学研究的指导作用，也可看出其宗教信仰对其学术研究的影响。

（六）蔡仁厚《墨家哲学》

蔡仁厚《墨家哲学》，台湾东大图书有限公司 1978 年出版，1983 年再版，1993 年三版。

该书首为作者《自序》，正文有绪论、上卷、下卷及附录。绪论有五题，分别论墨子生平、墨子书、墨学渊源、墨子时代及精神气质、墨学传授。谓墨非姓，墨子为鲁人，《墨子》今本 53 篇分 5 组；多无新见。唯论儒道是三家皆为救周文隳坏而起，儒家顺救，道墨逆救，可发人思。

上卷《墨子思想》共 7 章：第一章《最高的价值规范——天志》，第二章《权威主义的政治论——尚同》，第三章《爱的社会之向往——兼爱》，第四章《墨子的文化观》，第五章《墨学的中心观念》，第六章《墨学中的心性问题》，第七章《关于墨学的评论》；下卷《墨辩》共 7 章：第一章《墨辩的时代与作者》，第二章《墨辩与名家》，第三章《墨辩中的逻辑理论》，第四章《墨辩论知识与时空》，第五章《墨辩中的辩术》，第六章《墨辩中的道德观》，第七章《墨辩中的科学知识》。

就墨家天志，作者认为天志为墨家最高的价值规范和法则。谓墨家之天以德性价值为特性，以爱、利为本质，为义之所从出，是政治的最高权原；天欲世人义而恶不义；谓墨家以鬼神为实有，介于天与人之间，起赏罚作用，能以义辅政于天下。就墨家尚同，作者先从墨家所论国家的起源——同众人之义谈起，继论墨家尚同政治机构设想，谓墨家之意在于层层尚同，上同于天。又谓墨家为治用人时弊而倡尚贤，其意在教王公大人进贤使能，而本身亦尽为贤而成为贤者。就墨家兼爱，作者谓墨家为改易天下人自爱而致贼乱，故倡兼爱，兼爱是天意的要求；为兼爱、兼利天下，故非攻；但墨家并不否定行诛。就墨子的文化观，作者谓墨家节用、节葬，并立"三表"以非命；非命的积极意义在于教人强力从事；这些主张，都从功利实用的观点来立说，以生活中的实利作为价值之准衡，并皆针对儒家而发。故节用、节葬、非命、非儒，皆基于墨家纯粹功利主义立场。就墨学的中心观念，作者谓墨家"天志""是统一诸观念的一个根本观念"，兼爱观念据天志而来。"就墨学的理论构造而言，'天志'表示垂直的纵贯，'兼爱'表示横面的联系"。谓天志沟通了天人关系，是整个人间依以为法的惟一标准，落实到社会中，便是行义。于社会中，墨家肯牺牲自己，为绝对的利他主义。就墨学中的心性问题，作者谓墨学之义，从根源上说是"天之义"，具体体现出的却是人的"心性之义"；"天之义"与"心性之义"有四点不同，墨子并没有真正认识和明确提出"心性之义"。关于墨学的评论，作者首先分析先秦人所论，谓庄子派论墨家俭约之道，躬身亲行，为之太过，背乎人情；谓荀子论其僈差等，泯灭了人的个性差异；谓墨家以"天之义"统一人心，以尚同统一政令，从爱到天下人出发而桎梏天下人，谓墨家并没发展成宗教。

关于墨辩的时代与作者，蔡仁厚谓《墨辩》六篇产生于庄子之后（因有公孙龙论题）、《天下》篇之前，为墨子后学作，较少墨子本人观点。关于墨辩与名家，作者谓名家、墨家旨趣各异，但后期墨家已无救世心而游于辩，曾与惠施、公孙龙，辩者就"合同异""离坚白"等题论辩。关于墨辩中的逻辑理论，作者谓墨家"同异"不同于惠施纯名理谈，而是从实际出发；谓墨家"坚白相盈不相离"；谓墨家逻辑概念有三名（达、类、私）三谓（移、举、加），墨家逻辑有八种关系式（有"S必有P"等），墨家实讲同一律、矛盾律、排中律，墨家有譬、类比、侔、援等推理式，并总结出墨家推理五种谬式。关于墨辩论知识与时空，作者就能知——人的认识本能、所知——认识对象、有目的求知活动，认知过程、获得知识之途径，以及感觉以外的知识——时空、对一般知识之论析几个方面，讲述墨家知识论。关于墨辩中的辩术，作者从辩与胜关系、辩中的破与立（或、假、效）、譬喻与比辞（辟、侔）、援引与推予（援、推），辩术应用禁忌等方面，总结墨家辩术。关于墨辩中的道德观，作者谓后期墨家承前期墨家学说，在《墨辩》中设立了诸多道德规范，涉及兼爱与差等、利他主义、道德实践、圣人观等方面。关于墨辩中的科学知识，作者从光学、力学、几何三方面分析《墨经》中的科技条目。

以心性之说释墨家天志，是本书的显著特点之一。作者在《墨家中的心性问题》章中，首先提出墨家天志之含义——天之义，是通过人的具体的心性来表现这一观点；继而分析了"心性之义"与"天之义"的不同："心性之义"表示为合理的行为，不能以"利"的概念界定，而"天之义"可用"公利""利他"来界定；心性之义不只限于现实之利，还基于道德价值的利益，故即可利公又可利己，而"天之义"只可利他；"心性之义"不但讲外有行为，而且讲内在动机——即至善的人性，而"天之义"，仅限于"利他"之概念；"心性之义"没有实现"观念"的问题，"天之义"有具体可实行之观念。在此区别基础上，作者论述了墨家未能建立心性主体，故只能刻意追求外在概念——"天之义"的实现，而不能从心性改造上入手去改革社会。故墨家已初步认识到人性教养问题（如"所染"说），但没有认识到"心性之义"的根源——至善心，故只能讲超越而外在的天志、"天之义"，不能讲心性改革。通过这一番细致入微的天志与心性的分析对比，使读者对墨家天志的观念、作用，特别是从社会人生角度而言所存在的缺陷，都能有一个清晰的把握。

（七）詹剑峰《墨子的哲学与科学》

詹剑峰《墨子的哲学与科学》，人民出版社1981年出版。

全书共七章。第一章《墨子的生平》，第二章《墨子的宇宙论》，第三章《墨子的认识论》，第四章《墨子的政治学说》，第五章《墨子的逻辑》，第六章《墨子的科学》，第七章《结论》。

关于墨子的生平，作者在叙述墨子所处时代的经济状况和阶级斗争背景基础上，考证墨子的工匠出身、学习过程、思想精神、活动项目和组织结社等。并考《墨子》53篇的分类：谓《经》上下为墨子自著，《说》上下为弟子听课所记；"十论"为墨子说教，三派墨者所记，《非儒》为后学作；《小、大取》与《亲士》至《三辩》7篇，发挥"十论"写成的论文；《墨语》即《耕柱》至《公输》5篇，记墨子同时人论辩，像《孟子》；《备城门》以下11篇，是墨子主要部分。以上共5组。作者认为它们是墨子一家之言，不必分前后期墨家。

关于墨子的宇宙论，作者谓墨有如下主张：事物存在必有原因；世界是一整体且以共性相联系、以特殊性相区别；天地万物始于"有"；时间是由"一切异时的总量"构成的，空间是"遍合一切异所而成"，它们都是无限的，物体运动在时空中进行；物质运动由力而生，宇宙是物与力的统一；物质运动有化、损、益、环、库、动六种形态。

关于墨子的认识论，作者谓墨家认为认识源于大脑对外物的反映，客观实际在先而认识所成之"名"在后，认识来源于闻知、说知、亲知，验证认识用"三表法"；始于经验，终于实践是墨家认识论的"异彩"，其缺点是过于强调经验。

关于墨子的政治学说，作者认为学术斗争是阶级斗争的反映，儒墨斗争即代表了贵族和庶民的不同，"《墨子》全面地系统地揭发和控诉了贵族阶级残酷掠夺"和"殉葬"，墨家反对侵略战争因其给劳动人民带来痛苦，兼爱反映了冲破等级制的庶民阶级要求，尚同不是君主专制而是反对儒家以礼治国并倡以法治国，天志是制裁王公大人的武器故是站在庶民阶级立场上说话。

关于墨子的逻辑，作者谓墨家逻辑是研究"别同异，明是非"的法则及方法的科学。它以"正是非而立'彼（是非）不可两不可，也不可两可'的大法作为思维的基本规律"，并在论同异中提出"一自同律和二必异律"，在论正名中确立了思维的同一、毋矛盾和排中三律；墨家以为"名"反映"实"，并有广狭、异名同实、音同义异、一名数义、字组合成辞则意义改变等歧义，可分达名、类名、私名三类；墨家之"辞"分"言"（表命题）和"谓"（表判断），判断有正合即实然判断、宜合即应然判断、必合即必然判断三种，墨家的谓词有举谓、命谓、加谓三种，"简单而肤浅"；墨家之"说"有"察往以知来""所以明""以说出故"三义，立说的方法有七种两大类：效（直言推理）、假（假言推理）、或（选言推理）是演绎推理类，推是归纳推理，援是类比推理，辟与侔是墨家立说特法，后四者是类同推理类。

就墨子的科学，作者分心理学、物理学、形学（几何学），分析《墨经》中的科技论说。

本书特点有三：

首先，本书最显著的特点，是留有大陆 20 世纪五六十年代的研究作风。这主要表现在：其一，作者在墨学研究中时时运用阶级分析方法，如第一章谓墨学产生的时代原因之一是阶级斗争的激烈。其二，作者以唯物、唯心来评说墨家哲学，在第三章中论墨家认识论源于实践属唯物论，其天志说"滑到唯心论的泥坑"。

其次，本书仍留有作者 50 年代出版的《墨家的形式逻辑》那种以西方理论体系，来框架墨家学说的弊端。如第二章以亚里士多德的哲学定律、哲学对象来图解墨家论说等。

再次，论述中缺乏必要的文献考证。甚至出现误解文献处。如谓《备城门》以下十一篇"刘歆总编的《七略》""在《兵书略》技巧家"，"班固编《艺文志》，把它抽出来编在《墨子》，成为七十一篇"，但《汉书·艺文志》班固于"兵技巧家"下仅注"省《墨子》重"所谓"重"者，乃重出，是《墨子》中"兵技巧"与"墨家"并收，非"抽出来"又加编入《墨子》。

（八）冯友兰《中国哲学史新编》论墨

冯友兰《中国哲学史新编》第一册（1964 年 6 月人民出版社出版）《墨翟和前期墨家的哲学思想》主论前期墨家，1980 年又写成观点改动较大的修订本，1982 年由人民出版社出版。冯友兰《中国哲学史新编》第二册（1964 年 6 月人民出版社出版）《墨辩——后期墨家向唯物主义的发展》主论后期墨家，1983 年写成修订本，1984 年 10 月由人民出版社出版。

作者在修订本第一册《自序》中说:60 年代出版的《中国哲学史新编》"寻找一些马克思主义的词句，作为条条框框，生搬硬套"；而 70 年代的再版本更是"按照'评法批儒'的种种说法"，"工作又走入歧途"；但"文革"后的修订本"只写我自己在现有的马克思主义水平上所能见到的东西，直接写我自己在现有的马克思主义水平上对于中国哲学的文化的理解和体会，不依傍别人"；所以，我们依据修订本来讨论冯友兰《中国哲学史新编》中的墨学论说，看作者对墨家墨学的分析和评说，较之其 30 年代《中国哲学史》内的评说分析有何变化和发展。

《中国哲学史新编》（以下简称"新编"）的墨学研究部分，较之《中国哲学史》（以下简称"旧作"），实为新写。作者不仅在思想观点上有重大改动，在结构形式、论说内容上亦有重大变化。请看如下对比：

"旧作"第五章	"新编"第七章
墨子及前期墨家	墨翟和前期墨家的哲学思想
(一)关于墨子之考证	第一节 大转变时期独立手工业的兴起
(二)《经》,《经说》及《大取》,《小取》,六篇之时代	第二节 《墨子》其书和墨翟其人
(三)墨者为一有组织的集团	第三节 墨翟对于劳动和劳动成果的重视
(四)墨子哲学为功利主义	第四节 墨翟对于奴隶主贵族生活方式的批判
(五)何为人民之大利	第五节 墨翟关于"尚贤""尚同"的思想
(六)兼爱	第六节 功利主义的道德观和经验主义的真理论
(七)宗教的制裁	第七节 "兼爱""非攻"的阶级调和论
(八)政治的制裁	第八节 主张"天志""明鬼"的宗教思想
(九)余论	第九节 前期墨家向后期墨家的转化

由上对比可见,"新编"压缩了考证内容(在行文中亦改变了"旧作"大段引文的做法),增加了《墨子》书、"三表法"的论说,增加了时代背景和阶级归属的论说。

"新编"删去了"旧作"中的墨子不姓墨、墨为刑徒的考说,一方面是对20世纪20年代末起学界就此问题争论成果的接受,另外也可能与"刑徒说"为随蒋去台的钱穆所主有关。

"新编"增加了墨学兴起的时代背景——独立手工业兴起的考说,而没有像其他著述那样考证墨子与孔子的、与"清庙之守"的学术关系,表现出作者对马列主义"经济基础决定上层建筑"说的接受。

"新编"讨论"墨子所代表的阶级,究竟与儒家不同"在何处,认为墨翟重视劳动、重视劳动成果,重在"反映了小手工业主这样的小私有者保护他自己的劳动成果的要求"。这表现出作者对马列主义阶级分析方法的运用。

"新编"在论墨子"三表法"时也提出:墨子"肯定外界的存在,并且肯定耳目的闻见是认识的来源。这样的认识论基础上是唯物主义的"。这表现出作者也接受了马克思主义哲学的唯物、唯心的认识论区别方法。

"新编"关于后期墨家的论说中，同样贯穿着"阶级分析""经济基础决定说""唯物、唯心区别"等观念，使用着与"新编"第七章同样的方法。

作为一个日臻成熟的哲学家，在他晚年改作的"新编"中，较"旧作"具有更浓的哲学思辨论说，有更深入细致的理性分析。如"新编"第十九章第七节《后期墨家的进步的社会政治思想》中，依据霍尔巴赫的伦理思想，把《墨经》中反映的后期墨家的利害观与喜恶感情联系起来分析等。

"新编"与"旧作"始终没变的，是冯友兰在前人研究基础上明晰起来的前后期墨家学说，谓前期墨家思想以《墨子》"十论"为代表，后期墨家思想以《墨经》为代表。

（九）陈问梅《墨学之省察》

陈问梅《墨学之省察》，台湾学生书局 1988 年出版。

此书首载《增订本自序》、次牟宗三《牟序》（《墨学研究》原收），次《自序》（《墨学研究》原收），次正文三编，最后是附录《墨子人格阐微》。正文主要内容如下：

上编《绪论》关于墨学史诸问题研究。

就墨子和墨子书，作者考证了墨子生平，调和"墨子姓墨""墨不为其姓氏"两说，谓其得氏为墨或许与其生后艰难甚至为刑徒有关，但其确姓墨；考定墨子生在周惠王五年（前 484）左右，即孔子死前四五年，卒在周安王初年至七八年间，即前 401—前 394 年间；批判胡怀琛等墨子外国人说为"标新立异""不算是考证"，同意孙诒让、张纯一所考，主墨子为鲁人说；依次考墨子居鲁、与宋关系、游楚、游齐、游魏及越等。第二节考证《墨子》之存佚、作者等，在胡适、梁启超、方授楚诸说基础上，将今本《墨子》53 篇分为 7 组：第一组《亲士》《修身》《所染》3 篇否定胡适说，谓《亲士》必作于墨家但杂道、法等家言，《修身》多属儒家旨，《所染》作于墨子后学；第二组 4 篇，谓《法仪》《七患》《辞过》为弟子或后学据墨子意而作，《三辩》当记录墨子言；第三组《尚贤》至《非命》23 篇，"是墨子思想最重要的部分"，除《兼爱上》《非攻上》为弟子或后学据墨子意所作外，余21篇均弟子直接记录墨子之言；第四组《非儒下》1篇，决非墨子言，为墨家后学对抗孟、荀之非墨而作；第五组《墨辩》6篇，《经》上下之作"在秦惠王之后，必晚于庄子之迄年，但必早于公孙龙及邹衍"，而《说》两篇自应晚于此，"《大取》《小取》，则当更晚出，可能已届战国末期"；第六组《耕柱》至《公输》5篇，弟子后学所记，墨子一生言行录；第七组《备城门》以下11篇，取方授楚论，谓《迎敌祠》《旗帜》2篇乃阳阳五行家伪作，《号令》《杂守》汉人伪作，余7篇为墨家后学作于战国时。

就墨学之所以形成，作者先列述前人说，后据《庄子·天下》《淮南子·要略》《汉书·艺文志》所说而考墨学出于夏禹之道，由夏禹勤苦精神而生节用节葬等观念，清庙守史角之后人将学说托名于尹佚而为墨子所学，清庙守养三老五更引发墨家兼爱观念，大射选士引发墨家尚贤观念等。又论周文疲敝、社会衰乱，为墨学产生之社会背景。此外因。复论墨子提倡诸观念的客观精神，为墨学产生之内因。

中编《墨学之系统申述》论墨家学说。

就墨家宗教学说，作者谓墨子为现实社会建体、立极。先论天志的根本内容与理论结构，谓墨家天志是超越现实的绝对体，是德性的、价值的人格神，是以爱利为本质的造物主，天为义之所出，是天下最高和最后的统治者。天志作为天下法仪，"根本只在这一个义上"，由此出现义政及天下人的社会准则。又论墨家以鬼神为实有，其地位在天之下，人之上，支配、主宰人间，赏善伐暴。

就墨家政治学说，作者谓墨家主贤人政治，主天人交通。言墨家认为王公大人应尽力为贤，然后才可进贤、使能；论墨家尚同观念为：建全层层上同于天子的"金字塔式"的政治组织和层层同于天子之义的政治规定，民通过天子实现天人交通。

就墨家兼爱学说，作者谓墨家以天下动乱在于人不相爱，顺天志以兼爱可治世之衰乱，并实现交利天下；论墨家推行非攻主张以使国际社会安定。

就墨家节用学说，作者谓墨家以非命观念促世人强力从事，非乐、非浪费、非荒废、提倡节葬、薄葬、短丧以富贫、众寡、治乱，倡导节用、去奢、崇俭以增加生产、富国、富天下。

下编《墨家之疏导与评定》重在评价墨学。

就墨学根本观念之解析，作者谓墨学诸观念具有超越意味的统一，尚贤、尚同、兼爱、非攻、节用诸观念皆统一于天志，从而构成一个立体性的统一系统；但落实到社会现实之用上，却又是"义"，是墨家诸观念的根本观念，墨子思想"即是一个义之系统的思想"，它是以义为根而产生、而展开的。故义当为本为体，墨家其他十大观念为末为用；义即公利。

就墨学与心性问题，作者谓墨家以为"义"乃指合理的行为，更出于合理的动机，再进一步讲是出于至善心性，但心性之义与天之义的不同墨子没有清醒认识，故墨家刻意要求以天之义推行到现实世界中；墨家对生命和心性缺乏深切体识，故其学说未建立在心性的内在基础上而建立在外在基础上。

就墨家"偃差等"问题，作者在综合前人论说基础上而谓墨学理论弊端有二：其一，过于使人们俭约、尚功、劳苦；其二，使人们不能有差等之异。谓墨家非命、节用、天志、尚贤、尚同、兼爱、节用等观念"在现实之用上，其偃差等的程度固然可以有所不同，但其均有所偃则是相同的"，因为他们都是"天之义"的具体概念，而"天之义"具有普遍性，故它们也普遍化为具体教条，成为一无差等的平等主义教条，这是诸概念在现实之用上所以"偃差等"的本质原因。其最后原因，即心灵意识原因在于墨子那"公利"的心灵意识。墨学所立，只限于周文制度疲敝，而不能透过此否定人生命本身之疲敝，故只讲到"人欲福恶祸"这一生物性本能生命，不能让人透显其道德理性，不能为人树立道德普遍性原则，故不能实现其理想。其诸具体观念之理想的实现，要靠其尚同政治机构付诸实践；但尚同的政治机构之推行须用暴力手段，这便与其最重要的兼爱学说产生了矛盾，出现了自我否定。

就墨家人格，作者从墨家集团的具体行动，论到墨子的诸为义精神：自苦而急于为义的精神、超越世俗见和知的为义精神、超越世俗毁和誉的为义精神、超越生和死的为义精神、为求功善多而利天下的为义精神等，以及墨家义之具体化的人格——天之义的化身，这种人格难以普及，最高尚而缺乏合理性。

此书第一特点是论述翔实，每论题先引证前人诸论，逐一分析评说，然后提出自己的见解，在自己见解中不乏新说。如上编第一章第二节考今本《墨子》53篇，分为7组，将《非儒》一篇独立为一组，并加论证，证其非墨子之言，而为后学反击孟、荀非墨而作。

分析入微是本书的第二特点。就墨学"十论"，作者引叙原文，详加分析，比较其义，每一学说从不同角度加以解说，并论证其在整个墨学体系中的作用和地位、与其他学说间的联系和逻辑关系，从而把墨家思想学说构成一立体系统，呈现给读者。

从心性角度解墨学，是本书的最大特色。所谓自心性角度解墨，是指除了联系作者思想来论述墨学观点外，再结合心性来论墨学产生的原因，诸学说的优劣，是否可用于社会实践，会取得什么样的社会效果。这是牟宗三、陈问梅、蔡仁厚等墨学研究中运用的方法。这一方法，在更深入的作者蔡自身条件层次上去把握和研究墨学，不但给人耳目一新的感觉，而且更容易掌握墨学学说的本质，从而对墨学作出恰如实际的评价。

（十）李绍崑《墨学十讲》

李绍崑《墨学十讲》，台湾水牛出版社1990年出版。

该书首载杨宽序，次王讚源《前言》，次正文，次《总结与志感》，次《后记》，次《参考书目》，最后是《人名索引》。

杨宽在《序》中追述了过去《墨辩》研究的弊端后发表了他对墨家学说的新观点，墨家天志源于商、周革命之"天命"观念而有创造，"是当时神学上一大重大革新"；天志是人类社会的共同法仪，它公正无私，是墨家"兼爱"来源；此为墨子"天赋法仪"的政治主张，与西方近世"天赋人权"同。墨子在政治上为民去"三患"而使国家达"三务"，主尚同而行"天赋法仪"，实行民主基础上的法治。

王讚源在《前言》中分析了李著异乎前人诸观点，并认为墨家之兼爱不是平行的爱而是"互惠交利的爱"。

李著正文 10 讲，第一讲《墨子与墨学》，第二讲《〈亲士〉与传统》，第三讲《〈兼爱〉与政治》，第四讲《〈天志〉与宗教》，第五讲《〈非儒〉与社会》，第六讲《〈墨经〉与科学》，第七讲《〈耕柱〉与教育》，第八讲《〈备城门〉与军事》，第九讲《墨子与中国》，第十讲《墨学与世界》。

关于墨子与墨学，作者就前人争论的墨学史问题发表意见，主墨子姓墨名翟，非外国人，前 492 年左右—前 403 年左右在世；认为《墨子》前 7 篇是墨子早年作品，《尚贤》以下 23 篇是墨学大纲，《备城门》以下 11 篇是墨子晚年指示，弟子记录。关于《亲士》篇，作者在张纯一等人说基础上提出《亲士》是墨子早年作，是其治道的基本纲领，并论现代知识分子的社会文化责任。关于墨家兼爱学说，谓墨家之兼爱即仁，墨家倡政体实为"开明专制"。关于墨家天志学说，谓墨家宗教为自然神学，墨家以天为主宰，全知全能之天，鬼神明智过人；墨家讲天志、明鬼乃出于虔诚信仰。谓墨家伦理出于天志。关于墨家非儒问题，分析墨家批儒涉及神学、经济、社会、哲学各方面。葬厚薄、丧长短表儒墨经济观矛盾，儒墨社会观同是理想主义的，有命与否表儒墨人生哲学之矛盾。关于墨家科技，谓形式逻辑是墨子科学方法论，并论墨子的时空观和《墨经》中的物理学。就墨家教育思想，归结孔墨教育哲学、教材、教学方法的不同及墨家教育系统。[1] 举例论述了墨子的教育心理学。关于墨家军事，讨论了墨家的攻守法术、墨子的非攻守战，以及墨子学说对现代军事心理学的影

---

[1]　基本转述氏著《墨子：伟大的教育家》相关论述及《导论》。

响。就墨学与中国命运，结合申说墨家学说来评论中国贫穷和不民主。就墨学在世界的流传，分别论述了日本的《墨子》版本，研究文章，欧美的墨学研究论著和译本，及《墨子》与《训导篇》的关系。①

本书在思想观点、研究方法、论述方式上，表现出与其他墨学义理研究作不同的特点。其特点主要有四。

其一，与社会现实改革、人性改造紧密联系来论述墨学。作者在论述墨学每一思想观点时，都紧密联系现实，对他认为不合理的东西直言不讳地批评。如第三讲中由墨子见楚惠王遭斥却坚持己见。

其二，多用比较研究的方法，联系西方哲学、宗教、心理学观点来发挥墨学。如第六讲中以亚里士多德、托玛斯、莱布尼兹一脉相承的形式逻辑科学方法，来比说墨子逻辑的成就，及后继无人的可悲。

其三，书中多引前人观点，资料丰富；征引然后加以评说，有时是直言不讳的批评。如第一讲中批评郭沫若"批斗墨学，突出马学"。

其四，此书是在讲演稿的基础上修改而成的，所以语言平白、论说通俗、风格活泼。但有些论说，或许受演讲对象的限制，没有进一步展开理论分析，如第六讲中讲到亚里士多德逻辑学与墨子逻辑学不同命运后，本应对双方所处的文化环境，特别是东西方社会文化的不同发展方向作深入分析，来展示两个方法论伟人不同文化命运的历史必然性，但作者并没如此去做，而匆匆以詹剑峰论墨家逻辑的成就作结，使人觉得难入膝理。

（十一）杨俊光《墨子新论》

杨俊光《墨子新论》，江苏教育出版社 1992 年出版。

该书前有阎韬 1991 年 6 月《序》；次作者《前言》，概述墨家思想学说；次正文 12 部分；最后是附录。正文内容如下：

---

① 均据原已发表之论文：《墨学在日本》，台湾《现代学苑》第 4 卷第 1 期，1967 年 1 月；《墨学在欧美》，台湾《现代学苑》第 5 卷第 4 期，1968 年 4 月；《〈墨〉与〈训导篇〉之关系》，台湾《中华文化复兴月刊》，第 15 卷第 2 期，1982 年 2 月。

就墨翟生平，作者考证了墨姓名、出生地和年代，及活动事迹。在列述、分析前人诸说基础上认为："墨"原系于墨翟姓氏，后又用作学派之称；墨子当为中国人，梁启超所考墨翟年代近是；墨翟出身匠人，技艺精湛，学于史角之后和孔子后学，继而自立门户；曾居鲁、游宋、卫、楚、齐诸国，终身未仕而行义不懈。关于墨家与"别墨"，作者考论了墨家巨子制度及其"墨家之法"和墨徒之服从制度。关于"别墨"，作者考证了墨家后学三派及其与《墨经》的关系，同意梁启超"别墨"为"墨家派别相互攻击之称"说。关于名墨之辩，否定胡适"公孙龙等为后期墨家"说，同意栾调甫"坚白离盈两宗说"。关于《墨子》书，作者分析了前人篇卷存佚诸说及"五十三篇本"和"十三篇本"；评说了前人的"五十三篇作者"诸说，肯定杨宽《墨经哲学》"十论"由《墨经》推衍而成之说；谓"十论"为前期墨家作。又列述前人"旁行读"问题。以上3部分为墨学考证，作者的专长是哲学而非文献，故多列前人成说而加分析，无重要新说。

就墨家社会历史观，作者谓墨家具有历史进化观念，具有述而且作的社会改革理想。就墨家政治思想，作者在列述分析前人诸说基础上，谓墨家尚同"要在强调君主集权，尚贤是从尚同派生出来的，尚贤为保证尚同"；谓墨家主非攻是因战争损人又损己，墨家提倡正义战争，故研究守御并身体力行。就墨家伦理道德，作者谓墨家主人性可以改变故强调道德修养，墨家最早主道德规范为"义"，为行义而主节欲；谓兼爱乃墨家伦理之核心，兼爱可行仁行义、交利天下；并论说道德的阶级性问题，谓墨家道德有为劳动者的因素。就墨家经济思想，作者谓墨家重视物质生产，法家"生产论"从此出；谓墨家消费思想总原则为节用，分之则曰节用、节葬、非乐；并辩墨家未提出分配学说，梁启超谓墨家的"有余财以相分"可与苏联政策相参，是误解。

就墨家的认识论，作者讨论了墨家关于认识的来源和过程，谓墨家的认识论是唯物主义的；谓墨家"三表法"提出重"经验"重"效果"的真理标准；谓墨家后学提出的"以名举实"是唯物主义认识论特质。就墨家的辩证方法与逻辑，作者谓墨家的"同异关系说"是对立统一因素，表现出对事物矛盾和对立转化的认识；谓墨家后学创立了以"类""故"为基本概念，并有种种判断、推理形式的"粗具规模的逻辑科学体系"。

就墨家世界观，作者谓墨家具有面向实际和对客观世界的朴素唯物主义态度，主"力"非"命"；谓墨家天志明鬼"看起来确是宗教唯心主义的"，但"实际只是推行自己主义的一种工具"。就墨家教育思想，作者谓墨家认识到教育的重要意义，故极重教育，主强教强学；谓墨家教育的目的是培养厚德、辩谈、博道的贤良之士；谓墨家重因材、因宜、因时施教。就墨家墨学的理论体系、阶级属性与历史地位，作者谓墨子尚同、尚贤、非论的政治思想是他的救世主义理论的核心，兼爱的伦理思想和非命、天志、明鬼的哲学思想只是他的观点和方法，节用、节葬、非乐的经济思想则是一些具体政策。三者中以政治思想为主体，其中又以尚同为第一义。谓墨家属于当时社会统治阶级而非被统治阶级的意识形态，基本代表地主阶级利益，而农民小生产者的代表是农家许行。谓墨学核心——政治思想是"二千多年中国封建政治之滥觞"。

另外，书末有附录3篇：《墨家流布兴衰考略》（包括墨学流布、非墨子后学辨，墨学衰亡和复兴3部分）、《"孔墨对立"说驳议》《战国汉唐诸子论墨资料》。

此书的显著特点之一是对墨家诸思想范畴诸如义、利、兼等论题的周到论述、深入发掘，及其间关系的入微分析。此书在认定墨子道德论具功利主义色彩的前提下，论述义、利及其间关系，谓"义"即"利"也，"利"则有"功"，以"功"即效果评价是否"利"，谓"义"为墨子最高道德规范，行义就要节欲。①

此书的显著特点之二是对前人论述详尽援引，然后在此基础上分析评说，提出自己的观点。如关于墨家尚同，分析评说中引梁启超、吕振羽、

① 参见杨俊光：《墨子新论》，江苏教育出版社1992年版，第97—104页。

郭沫若、陈柱、吴熙、方授楚、伍非百、赵纪彬、王焕镳、詹剑峰、张惠言、马宗霍、顾颉刚等人说，逐一分析、评判、论说，然后得出结论：墨家尚同要在强调君主集权，它符合当时结束战乱的时代要求，后通过法家的继承和发扬，成为两千年封建政治的基本格局。

此书的显著特点之三是借助西方社会科学理论构架来解析墨家学说，如关于墨家哲学的阐述是本书的重点，共有 3 部分。第一部分为《认识论》，第二部分《辩证方法与逻辑》讨论墨家方法论，第三部分为《世界观》。在论述中也常用阶级分析法，如以劳动者道德因素和旧奴隶主阶级道德观念的比例来评说墨子道德思想。① 以"阶级属性"作为重要标准之一来评价墨家学说。②

另外，作者对于墨家的思想学说亦有某些片面理解，如谓墨家没有分配学说，梁启超论墨家分配理论有误解等。其实，作为小生产者利益代表的墨家，是很重视产品分配的，如在《非攻》中反对不劳而获，在《天志》中主张有财以相分人等。梁启超正是对照西方经济理论对墨学加以研究，才发现了墨家分配学说与苏联分配政策的相似性，而加以对比研究的，这在墨学研究史上是一个进步，不应加以指责。

（十二）孙中原《墨学通论》

孙中原《墨学通论》，收入辽宁教育出版社 1993 年出版的国学丛书。

该书除《丛书》总序外，前有张岱年序，次为《引言》，中为正文 7 章：第一章述墨学的创立和发展，第二章论墨家的经济、政治、论理、教育学说，第三章论墨家哲学，第四章论墨家逻辑，第五章论墨家自然科学与技术，第六章论墨家积极防御的军事学，第七章论墨学的命运和现代价值，后有《综合索引》《参考文献》《后记》。

---

① 　参见杨俊光：《墨子新论》，江苏教育出版社 1992 年版，第 177 页。

② 　参见杨俊光：《墨子新论》，江苏教育出版社 1992 年版，第 256—272 页。

关于墨学的创立和发展，作者论述了墨子生年、墨学源出、墨学流派、《墨经》等问题。多引述前人论谈，没有新的考证和结论。介绍了关于墨家的经济、政治、论理、教育学说。谓墨家重视生产、节约，主张"价宜则售"，谓墨家重尚贤，主平民参政，重尚同主全国统一，谓墨家伦理核心是兼相爱交相利，主义利统一，对等互报，志功统一，万事莫贵于义，谓墨家为义以教人，重科技和应用教学，主学用结合。关于墨家哲学，作者谓墨家世界观从有神到无神，墨子在世时对有神论已有所动摇，并且否认命运，强调人为，一直发展到后期墨家表现在《墨经》中的唯物一元无神论。谓墨家认识论从唯物经验论的"三表法"，发展到"摹略万物之然"的经验与理性并重的认识论系统，形成了"同异交得""两而勿偏"的辩证方法论，和"尧治古不治今"的历史发展观。关于墨家逻辑，作者谓墨家逻辑的宗旨是"摹略万物之然，寻求群言之比"。墨家精研了名的物质、作用和种类，解析了这些科学范畴的定义与分类，讨论了语句判断的关系和真假，以及判断的种类，论述了形式逻辑的基本规律即同一律、矛盾律和排中律；研究了推理、证明和反驳的实质、方式和规则；因而建立起精细而又系统的墨家逻辑体系。关于墨家自然科学与技术，作者用现代科技知识和表述方式，描述了《墨经》中的教学理论、力学理论、几何光学，举例总结了墨家的科技成就。关于墨家积极防御的军事学，作者谓墨家从平民道德推演出非攻理论，由非攻而发展到积极防御的军事学说，具有"全城之民皆兵"的全民防御思想；并描述了墨家的防御战武器和防御工程设施以及战术。关于墨学的命运和现代价值，作者列述了墨学的中绝和复兴，并分析了各种原因；概述了墨学的现代价值。

该书没像其他墨学综合论著那样把论说的重点放在墨家"十论"所包含的墨家社会学说上，而是重点论述了墨家哲学、科技特别是墨辩逻辑。对墨辩逻辑目的、概念判断、推理的论说，较前此类书更加简明切当；其对墨家类比推理的分析论说，发前人所不及，并由此肯定了墨家辩学在世界逻辑史上的应有地位，可谓切中肯綮，把握要津。另外，作者将墨家军事列专章论述，就《备城门》以下诸篇所包含的墨家军事防御学论和防御器具、设施等加以条理、综述，亦为前代墨学综合研究作所未及。

在具体的义理阐发方面，该书有许多独到的分析，如关于后期墨家的认识目的、认识能力和过程、亲知亲见与臆测和猜疑对于认识的不同作用，以及人的认识出现错误的原因等分析论说。①

该书的缺陷是作者对立论所据材料缺乏应有的考辨和证实。如作者在论墨家世界观有一从墨子的有神论到后期墨家无神论的转化过程②，其立论基础为《墨子》"十论"诸篇表现的墨子本人的观点，《墨经》表现的是后期墨家的思想。殊不知这种分类和归属前人有很大争论，而《经上》乃至《经说上》前人多认为是墨子所作。但作者对这些材料不加考辨分析，先入为主地用作主证材料，使立论的基础不稳。

三、大陆与台湾墨学研究之比较

1950 年后大陆与港台的墨学研究在研究类别、研究方法等方面各有特点。

（一）大陆与港台墨学研究类别之比较

大陆与港台的墨学研究，在研究类别上各有侧重。

在综合研究方面，大陆著作数量较港台著作少。在思想学说方面。大陆墨学综合研究著作中仅有任继愈的《墨子》称得上研究著作。作者以其深厚的哲学功底，对墨学产生及其思想学识的进步与局限性，特别是"三表法"的历史作用和在认识论史上的地位，作了深入分析。而台湾的墨学综合研究法，则有薛保纶《墨子的人生哲学》等多种著作，对墨学史上的

---

① 参见孙中原：《墨学通论》，辽宁教育出版社 1993 年版，第 64—91 页。
② 参见孙中原：《墨学通论》，辽宁教育出版社 1993 年版，第 46—63 页。此似从胡适《中国哲学史大纲》关于前期是宗教墨家、后期是科学墨家的论说发展而来。

有关问题及墨家思想学说作了综合论说，并在某些研究方面有自己独到的见解。

综合研究之外，港台此期的墨学研究中引人注目者应属墨学专题研究。在社会政治方面，有张幸助的《墨子的社会思想》、孙广德《墨子政治思想之研究》；在学说比较方面，有陈拱的《儒墨平议》、王冬珍的《名墨异同考辩》；在语言文字研究方面，有周富美的《墨子假借字集证》和《墨子虚字研究》。可谓门类多样。而此一时期大陆墨学研究中最有成就者当属墨辩研究。在墨辩综合研究方面，有谭戒甫的《墨辩发微》、高亨的《墨经校诠》；在墨家逻辑研究方面，有詹剑峰的《墨家的形式逻辑》、汪奠基的《墨辩的逻辑科学思想分析》；在墨家科技方面，有陈奇猷的《墨子的科学——力学与光学》。

（二）大陆与港台墨学研究方法之比较

1949 年后，大陆台湾虽然两岸阻隔，但却传承着共同的文化传统，延续着同样的民族文化。所以两地的墨学研究方法，更多地具有同一性。这种同一性主要表现在如下三个方面。

第一，两地学者在墨学史研究和《墨子》校释方面，基本都运用乾嘉以来的考据学方法。如大陆任继愈《墨子》第一章关于墨子生平、墨子著作、墨家学派的研究，主要是运用书证来确定《墨子》53 篇的作者。

第二，两地学者在墨家思想学说研究中，大都运用近代西方传入的解析归纳法。如汪奠基《墨辩的逻辑科学思想分析》主要依据《墨辩》原文立论，他把《墨经》181 条解析为 20 章，逐条分析解说。其对《大取》《小取》思想体系的研究亦用此法，而台湾严灵峰《墨子简编》也是选取了《墨子》"十论"的主要篇章，通过分段校释，解说其义来把握墨家社会思想学说的。

第三，两地学者在墨学义理研究中都曾使用比较法。如詹剑峰《墨子的形式逻辑》第五章连举《墨子》论辩 6 例来与因明三支式比较，证明《墨子》书中论辩形式有与三支式相同者。而台湾史墨卿《墨学探微》中关于墨家之"天"之"德"的论说，也是先举前人、时人之论，来比较墨家论说与他们的同异，以明墨家此说的渊源、发展和影响。

但大陆与港台有不同的社会环境，处于不同的文化政策下，所以两地墨学研究中又出现相异的研究方法。

由于某些特殊的历史原因，在一段时间内大陆学界历史反映论、阶级分析方法被当做惟一正确的社会科学研究方法。具体到墨学研究中，即先设计一个理论框架，然后从《墨子》中寻求材料，强作解释。如詹剑峰的《墨子的形式逻辑》，便是依据西方形式逻辑的框架，按照西方近现代逻辑教科书的论述结构，去图解墨辩逻辑。

台湾墨学研究方法与大陆大异者，莫过于对墨学的实用性研究。20世纪60年代，台湾兴起了"中华文化复兴运动"，不少学者的墨学研究，是为了复兴中华文化，借此改造社会不良风气。学者们发现，儒家思想的核心是讲个人道德修养，而缺乏大公无私精神，墨学学说正可补此缺陷。更有学者，从墨家思想学说的研究中追寻三民主义的理论渊源，以此论证三民主义的合理性[1]。

（三）大陆与港台墨学研究同异之原因

就墨学研究的思想内容看，大陆学者与港台学者无一例外地重视社会学说、逻辑与科技论说的研究。但两地又各有侧重，大陆多墨辩逻辑与墨家科技研究作，港台多墨家社会学说研究作。个中原因，一方面是对两岸分离前墨学研究内容的延续，另一方面是两地不同政治环境下对传统文化的共同要求。台湾曾出现过"中华文化复兴运动"，欲以传统文化精神改进社会弊端，所以学者们更多地关注墨学社会学说研究，欲以墨家优秀学说补充儒学学说之不足，以更好地改造社会。而大陆学者更倾向于选择那

---

[1] 张铁君：《三民主义与儒墨正名思想》，台湾三民主义研究所1976年版，第73—77页。

些远离政治墨辩逻辑和墨家科技作为研究对象。

就墨学研究方法来讲，大陆、港台两地学者共同使用考据法、解析归纳法、比较研究法等。这主要出于对旧研究方法的延续。大陆虽曾一度批判乾嘉考据，但实践证明，古代文史研究中考据方法是不可或缺的基本方法。两地相异的墨学研究方法主要是：大陆盛行历史唯物主义方法、阶级分析法，这主要是普及马克思主义的结果。台湾学者更重与现实社会问题的结合，当与台湾推行"中华文化复兴运动"有关。另外，有的台湾学者在墨学研究中将墨家学说与西方宗教学说作比较研究，这与台湾自由的宗教信仰政策有关。

结　语

战国前期，墨子因不喜儒家繁琐的礼节渐从儒家分出，独立招生授徒，创立了墨家学派。墨子在传授学说的过程中，根据弟子性格、能力的差异，将其分为谈辩、说书、从事三类，逐渐形成以"巨子"为首领的准军事化学团，传承前代典籍，从事游说止战活动。

在墨子及后继"巨子"的领导下，墨家学团成为战国时期活跃于各诸侯国间的一支重要的政治、学术力量。其学说与同时的儒家学说并称"显学"。战国中后期，墨家学团发生分化，形成"墨离为三"的局面。

秦汉以降，学界将儒家、墨家统归于与"从天而治"相异的"从史而治"派，故在两汉时人著作中出现了儒墨对举的学术现象和"视墨同儒"的学术观念，导致墨学独有的学术观点、学说理念逐渐被忽视而最终被官方尊崇的儒家学说所掩蔽。但由于墨学有尊天事鬼等观念，对民间宗教信仰产生影响，促进了早期道教的产生。

自魏晋至清中期，虽然见于《汉书·艺文志》的墨家典籍逐渐被边缘化而大多散佚，但《墨子》一书仍代有传承，墨学思想也在文人学士的著作中得到关注、评论而流传有绪。就《墨子》一书的流传而言，不仅有晋鲁胜为其中的"墨辩"部分作注，还形成了三大传本系统。就墨学思想的传承看，葛洪、韩愈、柳宗元、欧阳修、王安石、苏轼、朱熹、宋濂、王守仁等著名文人学士基本都对墨学思想进行过评说、研究。

清中期，毕沅、孙星衍、卢文弨、张惠言等学者开始运用乾嘉汉学训诂、考据的方法对作为先秦要籍的《墨子》一书进行系统整理。以此为标志，墨学研究开始复兴。晚清孙诒让所撰《墨子间诂》一书吸收了明清诸学者校释、研究《墨子》的成果而集清代墨学研究之大成，成为墨学发展史上的里程碑。

20 世纪以来，在"西学东渐"的大背景下，墨学研究也发生着深刻的变革。一方面，梁启超、胡适等人将西方的学术理念、学术方法引入墨学史及墨家社会思想研究领域，并以章节体的著作形式将研究成果呈现出来。另一方面，胡适、梁启超、栾调甫、谭戒甫等人继承自清中期兴起的"墨辩"研究热潮，运用西学中的逻辑学、数学、物理学知识注释、解说"墨辩"文本，推动"墨辩"研究达到新的高度。

20 世纪后半期，受政治形势影响，墨学研究在中国大陆和台湾呈现出不同特点。在中国大陆，墨学史及墨家社会思想的研究论著大多以历史唯物主义为指导，以历史反映论和阶级分析法为主要研究方法，同时，多运用自然科学方法的"墨辩"研究因成为众多学者关注的领域，涌现出诸多优秀研究论著。在台湾，墨学研究因多与社会现实问题结合而以墨学史和墨家社会思想研究为主，"墨辩"研究成果较中国大陆逊色。大陆与台湾两方面的研究成果，共同构成了中国当代墨学研究的学术图景。

主要参考文献

（按著作名称首字笔顺排序）

1.《十三经注疏》，中华书局 1980 年版。

2.《十批判书》，郭沫若著，人民出版社 1959 年版。

3.《三国志》，陈寿撰，中华书局 1959 年版。

4.《上海博物馆藏战国楚竹书（一）》，马承源主编，上海古籍出版社 2001 年版。

5.《王阳明全集》，王守仁撰，上海古籍出版社 1992 年版。

6.《王安石全集》，王安石撰，上海古籍出版社 1999 年版。

7.《无求备斋墨子集成》，严灵峰编，成文出版社 1975 年版。

8.《元史》，宋濂等撰，中华书局 1976 年版。

9.《元和姓纂》，林宝撰，《文渊阁四库全书》本，台湾商务印书馆 1982 年版。

10.《云麓漫钞》，赵彦卫撰，中华书局 1996 年版。

11.《历代名家评〈史记〉》，杨燕起等编，北京师范大学出版社 1986 年版。

12.《太平经合校》，王明撰，中华书局 1960 年版。

13.《太平御览》，李昉等撰，中华书局影印 1935 年商务印书馆影宋本 1985 年版。

14.《书林清话》，叶德辉撰，中华书局 1957 年版。

15.《日知录集释》，黄汝成撰，岳麓书社 1994 年版。

16.《中国书史简编》，刘国钧等著，书目文献出版社 1982 年版。

17.《中国历史研究法》，梁启超著，商务印书馆 1922 年版。

18.《中国古代纵横家论》，郑杰文著，山东人民出版社 1995 年版。

19.《中国古代思想学说史》，侯外庐著，文风书局 1944 年版。

20.《中国近三百年学术史》，梁启超著，中国书店 1985 年版。

21.《中国思想通史》第一卷，侯外庐等著，人民出版社 1957 年版。

22.《中国哲学史》上册，冯友兰著，神州国光社 1931 年版。

23.《中国哲学史新编》第一册，冯友兰著，人民出版社 1984 年版。

24.《中国道教史》第一卷，卿希泰著，四川人民出版社 1988 年版。

25.《少室山房笔丛》，胡应麟撰，《文渊阁四库全书》本，台湾商务印书馆 1982

年版。

26.《风俗通义》，应劭撰，上海古籍出版社影印常熟瞿氏铁琴铜剑楼藏元本 1990年版。

27.《长短经》，赵蕤撰，《丛书集成初编》本，中华书局 1985 年版。

28.《六臣注文选》，李善等撰，中华书局影印《四部丛刊》1987 年版。

29.《古代中国思想的研究——〈孔子传的形成〉和儒墨集团的思想和行动》，创文社 1973 年版。

30.《古字通假会典》，高亨撰，齐鲁书社 1989 年版。

31.《申鉴》，荀悦撰，《丛书集成初编》本，中华书局 1985 年版。

32.《史记会注考证附校补》，[日] 泷川资言等撰，上海古籍出版社 1986 年版。

33.《旧唐书》，刘昫等撰，中华书局 1975 年版。

34.《归潜志》，刘祁撰，中华书局 1983 年版。

35.《汉书》，班固撰，中华书局 1962 年版。

36.《有怀堂文稿》，韩菼撰，《四库存目丛书》本，齐鲁书社 1997 年版。

37.《吕氏春秋校释》，陈奇猷撰，学林出版社 1984 年版。

38.《朱子语类》，黎靖德编，中华书局 1994 年版。

39.《先秦文献与先秦文学》，董治安著，齐鲁书社 1994 年版。

40.《先秦名学史》，胡适著，学林出版社 1983 年版。

41.《先秦诸子系年》，钱穆著，商务印书馆 2001 年版。

42.《后汉书》，范晔撰，中华书局 1965 年版。

43.《庄子集释》，郭庆藩撰，中华书局 1961 年版。

44.《论语译注》，杨伯峻撰，中华书局 1980 年版。

45.《论衡校释》，黄晖撰，中华书局 1990 年版。

46.《苏轼全集》，苏轼撰，上海古籍出版社 2000 年版。

47.《苏辙集》，苏辙撰，中华书局 1990 年版。

48.《杨向奎学述》，杨向奎著，浙江人民出版社 2000 年版。

49.《杨墨哲学》，[日] 高瀬武次郎著，金港堂书籍株式会社 1902 年版。

50.《陈书》，姚思廉撰，中华书局 1973 年版。

51.《评注墨子菁华》，张之纯撰，商务印书馆 1916 年版。

52.《宋书》，沈约撰，中华书局 1974 年版。

53.《宋史》，脱脱撰，中华书局 1977 年版。

54.《宋濂全集》，宋濂撰，浙江古籍出版社 1999 年版。

55.《青铜时代》，郭沫若著，科学出版社 1957 年版。

56.《欧阳修全集》，欧阳修撰，中国书店影印 1936 年世界书局本 1991 年版。

57.《抱朴子内篇校释》，王明撰，中华书局1985年版。

58.《孟子译注》，杨伯峻撰，中华书局1960年版。

59.《国故学讨论集》第一集，胡适等著，群学出版社1927年版。

60.《周书》，令狐德棻撰，中华书局1971年版。

61.《诗三家义集疏》，王先谦撰，中华书局1987年版。

62.《定本墨子间诂校补》，李笠撰，商务印书馆1925年版。

63.《尚书学史》，刘起釪著，中华书局1989年版。

64.《胡适学术文集·中国哲学史》，胡适著，中华书局1991年版。

65.《荀子集解》，王先谦撰，中华书局1988年版。

66.《茗柯文编初编》，张惠言撰，中华书局影印《四部丛刊》1987年版。

67.《南齐书》，萧子显撰，中华书局1972年版。

68.《柳河东全集》，柳宗元撰，中国书店影印1935年世界书局本1991年版。

69.《癸巳存稿》，俞正燮撰，《续修四库全书》本，上海古籍出版社2003年版。

70.《战国策文新论》，郑杰文著，山东人民出版社1998年版。

71.《战国策集注汇考》，诸祖耿撰，江苏古籍出版社1985年版。

72.《钦定四库全书总目》，纪昀等撰，中华书局1997年版。

73.《郭店楚墓竹简》，文物出版社1998年版。

74.《郭沫若全集·历史编》第一卷，郭沫若著，人民出版社1982年版。

75.《说郛三种》，陶宗仪撰，上海古籍出版社1988年版。

76.《神仙传》，葛洪撰，学苑出版社1998年版。

77.《贾谊集校注》，王洲明等撰，人民文学出版社1996年版。

78.《盐铁论校注》，王利器撰，天津古籍出版社1983年版。

79.《晋书》，房玄龄撰，中华书局1974年版。

80.《晏子春秋校注》，张纯一撰，河北人民出版社影印1935年世界书局《诸子集成》本1986年版。

81.《晏子春秋集释》，吴则虞撰，中华书局1962年版。

82.《逸周书》，辽宁教育出版社1997年版。

83.《诸子平议》，俞樾撰，上海书店1988年版。

84.《读书杂志》，王念孙撰，江苏古籍出版社1985年版。

85.《读书敏求记》，钱曾撰，《丛书集成初编》本，中华书局1985年版。

86.《读墨子杂记》，王绍兰撰，《丛书集成续编》本，上海书店1994年版。

87.《宾退录》，赵与时撰，上海古籍出版社1983年版。

88.《容斋续笔》，洪迈撰，《四部丛刊续编》本，商务印书馆1934年版。

89.《隋书》，魏徵等撰，中华书局1973年版。

90.《道藏》，文物出版社等 1988 年版。

91.《梁启超思想研究》，钟珍维等著，海南人民出版社 1986 年版。

92.《淮南鸿烈集解》，刘文典撰，中华书局 1989 年版。

93.《博物志校注》，范宁撰，中华书局 1980 年版。

94.《辍耕录》，陶宗仪撰，《丛书集成初编》本，中华书局 1985 年版。

95.《韩非子集释》，陈奇猷撰，上海人民出版社 1974 年版。

96.《韩昌黎文集校注》，马其昶撰，上海古籍出版社 1986 年版。

97.《韩诗外传》，韩婴撰，《两汉全书》本，山东大学出版社 1999 年版。

98.《释名》，刘熙撰，《丛书集成初编》本，中华书局 1985 年版。

99.《群书治要》，魏徵等撰，汲古书院影印宫内厅书陵部藏镰仓写本 1989 年版。

100.《新五代史》，欧阳修撰，中华书局 1974 年版。

101.《新语校注》，王利器撰，中华书局 1986 年版。

102.《新唐书》，欧阳修等撰，中华书局 1975 年版。

103.《嘉祐集笺注》，曾枣庄撰，上海古籍出版社 1993 年版。

104.《管子通解》，赵守正撰，北京经济学院出版社 1989 年版。

105.《墨子》，任继愈著，上海人民出版社 1956 年版。

106.《墨子之论理学》，梁启超著，《饮冰室合集》本，中华书局 1989 年版。

107.《墨子间诂》，孙诒让撰，中华书局 1986 年版。

108.《墨子批选》，李贽撰，《古今图书集成》本，中华书局、巴蜀书社 1985 年版。

109.《墨子的人生哲学》，薛保纶著，台湾"国立编译馆" 1976 年版。

110.《墨子的哲学与科学》，詹剑锋著，人民出版社 1981 年版。

111.《墨子学案》，梁启超著，《饮冰室合集》本，中华书局 1989 年版。

112.《墨子城守各篇简注》，岑仲勉撰，中华书局 1958 年版。

113.《墨子政治思想之研究》，孙广德著，台湾中华书局 1971 年版。

114.《墨子研究》，谭家健著，贵州教育出版社 1995 年版。

115.《墨子研究论文集》，栾调甫著，人民出版社 1957 年版。

116.《墨子研究论丛》（二），张知寒主编，山东大学出版社 1993 年版。

117.《墨子思想新探》，黄省三著，万卷楼图书公司 1995 年版。

118.《墨子校释》，王焕镳撰，浙江文艺出版社 1984 年版。

119.《墨子校释商兑》，王焕镳撰，中国社会科学出版社 1986 年版。

120.《墨子笺校商补》，刘如瑛撰，山东教育出版社 1995 年版。

121.《墨子集解》，张纯一撰，成都古籍书店 1988 年版。

122.《墨子简编》，严灵峰著，台湾商务印书馆 1968 年版。

123.《墨子新论》，杨俊光著，江苏教育出版社 1992 年版。

124.《墨子新论》，秦彦士著，电子科技大学出版社 1994 年版。

125.《墨经中的数学和物理学》，方孝博著，中国社会科学出版社 1983 年版。

126.《墨经训释》，姜宝昌撰，齐鲁书社 1993 年版。

127.《墨经的逻辑学》，沈有鼎著，中国社会科学出版社 1980 年版。

128.《墨经校诠》，高亨撰，科学出版社 1958 年版。

129.《墨经校释》，梁启超撰，《饮冰室合集》本，中华书局 1989 年版。

130.《墨经数理研究》，杨向奎著，山东大学出版社 1993 年版。

131.《墨学十讲》，李绍崑著，台湾水牛出版社 1990 年版。

132.《墨学之省察》，陈问梅著，台湾学生书局 1988 年版。

133.《墨学通论》，孙中原著，辽宁教育出版社 1993 年版。

134.《墨家哲学》，蔡仁厚著，台湾东大图书有限公司 1978 年版。

135.《墨学探微》，史墨卿，台湾学生书局 1976 年版。

136.《墨学源流》，方授楚著，中华书局 1937 年版。

137.《墨家的形式逻辑》，詹剑锋著，湖北人民出版社 1956 年版。

138.《颜氏家训》，颜之推撰，河北人民出版社影印 1935 年世界书局《诸子集成》本 1986 年版。

139.《魏书》，魏收撰，中华书局 1974 年版。

后　记

我与墨学结缘始于师辈的安排。20世纪80年代我从山东大学研究生班毕业留校后，导师董治安先生指导我以先秦诸子为学术研究方向，做了一个时期的《鬼谷子》与纵横家研究。1990年在滕州召开的墨学研讨会上，已经退休的张知寒教授又向董老师"借"我做他的助手，董老师答应后通知了我。我除了在教学之余协助张老师处理墨子学会的事务、参与组织墨学研究和操办墨学研讨会外，又在张老师引导下转做墨学研究。先申请到清华大学招标项目做20世纪墨学史研究，又于2000年申请到国家社科基金项目"墨学史研究"（00BZS002），并于2004年以"盲评全优"结项，荣登全国社科规划办"学术成果红榜"，入选首批《国家社科基金成果文库》（10种）。经半年修改，将结项成果扩展成《中国墨学通史》一书，由人民出版社于2006年1月出版。

含《中国墨学通史》在内的《国家社科基金成果文库》第一批优秀成果（共10种）出齐后，新华社、中央电视台《新闻联播》（2006年3月4日）、《人民日报》（2006年3月5日）、《光明日报》（2006年3月5日）予以综合报道。2006年3月18日，全国社科规划办组织50余位专家在京讨论《国家社科基金成果文库》"首批优秀成果十种"。会后，中央电视台《晚间新闻》（2006年3月18日）、《人民日报》（2006年3月19日）、《光明日报》（2006年3月19日）、《经济日报》（2006年3月19日）均予报道，《光明日报》（2006年3月27日）还整版刊登会议发言摘要，北京大学沙健孙教授在发言中特别推重《中国墨学通史》从文献研究出发而作理论探讨的扎实学风。

其前其后，报刊多有针对《中国墨学通史》的评论文章，如《中华读书报》（2006 年 4 月 12 日）刊登吉林大学古籍所所长张鹤泉教授的《观两千年墨学之流变》，说《中国墨学通史》有四大创新；《光明日报》（2006 年 8 月 19 日）《书评》版刊登西北大学副校长方光华教授的《穷源索流的中国墨学通史》，说《中国墨学通史》"有三个主要方面的创新"；《管子学刊》2006 年第 4 期刊登山东理工大学巩曰国教授的《新见迭出，功力扎实》，谓《中国墨学通史》"原创性明显，学术价值厚重"；《诸子学刊》第一辑（上海古籍出版社 2007 年 12 月出版）刊登曲阜师范大学杨朝明教授的《考镜源流，参验求诚》，谓《中国墨学通史》是"一部参验求'诚'的优秀著作"；《时代文学》2007 年第 4 期刊登沈阳师范大学郝桂敏教授的《墨学整理与研究的新成果》，谓《中国墨学通史》"求创新发展"。诸多研究论著、硕士博士学位论文也多参考、引用《中国墨学通史》。是书还于 2007 年获山东省社会科学优秀成果重大成果奖，2009 年获中国高等学校科学研究优秀成果奖（人文社会科学）一等奖。

学术影响波及境外，韩国《东洋哲学研究》第 49 辑（2007 年 2 月出版）刊登韩国成均馆大学研究教授尹武学博士的《评郑杰文的〈中国墨学通史〉上、下》，谓此书是"墨学研究史的集大成之作"；日本《东方》杂志（326 期）刊登西山尚志博士的《对二千数百年间〈墨子〉整理研究的总结》，谓《中国墨学通史》在穷尽三大类资料基础上求创新；《澳门人文学刊》（第二期）刊登北京大学王长民博士的《墨学研究领域的一部创新之作》论《中国墨学通史》的创新性；著名历史学家、美国艺文及科学院院士何炳棣先生在清华大学演讲（2010 年 5 月 13 日下午）中多次提及《中国墨学通史》一书，称赞此书在墨家学团组织、巨子制度演变及墨家学派分裂原因等方面"均较前人论述详细"，尤其是对墨者"论辩""说书""从事"三派的功能与活动，"有很好的叙述与分析"（人民网［北京］2010—06—03；又见何炳棣：《国史上的"大事姻缘"解谜：从重建秦墨史实入手》，载《何炳棣思想制度史论》，台湾联经出版社 2013 年出版，第 347、378 页）。

　　鉴于学界的推重，《中国墨学通史》于 2019 年入选全国哲学社会科学工作办公室"中华学术外译"项目。境外出版社建议将《中国墨学通史》86 万字予以压缩。我年纪愈大却学术事务愈多，于是与承担此书外译项目的邢永凤教授商妥，委托我的博士生张伟承担压缩工作。张伟同学从我学习多年，人虽木讷，却思维敏捷，写作效率高。他用半年时间，细读原书，改正错讹，删除部分引文，简化部分例证，删除原书正文后所附 4 个附录，终成 30 万字左右。

　　人民出版社方国根主任觉得此简本更利于大众阅读，故名之《中国墨学简史》安排出版。

　　欢迎大家批评指正。

郑杰文

2020 年 6 月 6 日于山东大学教工宿舍

责任编辑：方国根　崔秀军

封面设计：汪　阳

图书在版编目（CIP）数据

中国墨学简史／郑杰文，张伟　著 . — 北京：人民出版社，2024.11

ISBN 978－7－01－024885－1

I. ①中⋯　II. ①郑⋯ ②张⋯　III. ①墨家－研究－历史－中国

　IV. ① B224.5

中国版本图书馆 CIP 数据核字（2022）第 121412 号

中国墨学简史

ZHONGGUO MOXUE JIANSHI

郑杰文　张　伟　著

人民出版社 出版发行

（100706　北京市东城区隆福寺街 99 号）

北京汇林印务有限公司印刷　新华书店经销

2024 年 11 月第 1 版　2024 年 11 月北京第 1 次印刷

开本：710 毫米 ×1000 毫米 1/16　印张：28.75

字数：400 千字

ISBN 978－7－01－024885－1　定价：119.00 元

邮购地址 100706　北京市东城区隆福寺街 99 号

人民东方图书销售中心　电话（010）65250042　65289539